JN012094

イギリス近代と自由主義

近代の鏡は乱反射する

筑摩書房

イギリス近代と自由主義

近代の鏡は乱反射する

目次

第二章 「安価な政府」と植民地財政——英印財政関係を中心にして……53

イギリス近代と自由主義——近代の鏡は乱反射する

はじめに——近代の鏡は乱反射する

イギリス近代像と時代状況

「経済的自由主義」は、近代の古典派経済学の時代から、現代の「新自由主義」まで、繰り返し主張されてきた。「経済的自由主義」は歴史上、イデオロギーとして強い影響を及ぼしたが、その主張がそのまま実現することはなかった。本書の中心的なテーマは、イギリス近代の隠されたメカニズムの分析を通じて、その実相を明らかにすることである。

言うまでもなく、「経済的自由主義」を歴史上もっとも体現したのが、イギリス近代だからである。そのことは、次のような問いを生む。「経済的自由主義」が文字通り実現したわけでないとすれば、イギリス近代とは何だったのか、と。その背後には、資本主義とは何かという大きな問いが控えているが、それに答えるのは簡単なことではない。イギリス近代、あるいはイギリス近代国家とは何であったのかという問いかけとその内容は、時代とともに変わってきたからである。本書もその歴史的制約を免れてはいない。

筆者がイギリス近代研究を始めた背景には、サッチャー、レーガンをはじめとする「新自由主義」の台頭があった。マネタリズム、合理的期待形成派、サプライサイド経済学、公共選択学派など、ケインズ経済学を批判する新たな新古典派経済学が興隆した。

その中で、公共選択学派のJ・M・ブキャナンとR・E・ワグナーの二人は『赤字の民主主義——ケインズが遺したもの』[1]において、ケインズ理論は「善良な専制君主」による経済政策のコントロールが可能だと前提していると批判した。二人はそれを「ハーベイロードの前提」と呼んだ。選挙に基づく民主主義的制度の下でのケインジアン的な財政運営は、議員たちのたかりを生み、財政赤字を膨張させてしまうというのである。ブキャナン＝ワグナーはその歴史的な根拠を、大恐慌以前と以後のアメリカでの財政運営の比較に求めた。予算編成の「基本理念」としてケインズ経済学が登場する前の時代であれば、均衡財政を主張するアダム・スミスやデヴィッド・リカードゥらの古典派経済学の下で、財政赤字は戦時に、黒字は平時にそれぞれ発生しており、厳密な均衡予算ルールではなかったものの、平時における黒字は、「減債基金」を活用して戦時債務を圧縮するために充当されていたと指摘する。

だが、移民による人工国家であるアメリカが一九世紀半ばまでに行なった戦争は、おもに南北戦争とネイティブアメリカンとの戦争に限られ、第二次世界大戦が起きるまで、欧州諸国に対しては基本的にモンロー主義の立場をとってきた。それゆえ、ブキャナン＝ワグナーの議論を検討するにはアメリカではなく、古典派経済学の母国イギリスを検証する必要がある。

というのも、「経済的自由主義」を実現したとされるのはイギリス近代国家だからである。一八世紀まで欧州諸国との戦争を繰り返し、一九世紀に入っても世界中に植民地を拡大し、パクス・ブリタニカを確立した。そして、穀物関税で農業を保護した穀物法ならびに貿易から外国船を排除した航海条例の廃止、そして関税縮小・撤廃と「小さな政府」によって自由貿易を実現したがゆえに、「経済的自由主義」を代表するのである。

日本では、こうしたイギリス近代像が定着して久しい。少なくとも高度成長期まで、日本にとってイギリス近代は、学ぶべき手本であった。戦後のイギリス近代研究の担い手たちは、戦前の軍部が天皇制を後ろ盾に独裁政権を樹立し、太平洋戦争に走ったのはなぜかという問題意識を共有していた。その裏返しとして、個人主義に基づく近代的市民が確立され、「自由・平等・博愛」が実現されたという、過度に理想化された西欧国家像が作り上げられていった。そして、それは敗戦後に経済のキャッチ・アップを目指した日本社会に広く受け入れられた。

資本主義批判を掲げるマルクス主義でさえ、こうしたイギリス近代像を共有していた。戦後のマルクス主義は、日本では「近代化論」と特殊な結びつき方をしてきたからである。たとえば大塚久雄は、自由で独立した中産的生産者層の発達と資本主義の精神（エートス）の形成の中に、資本主義的な「国民経済」の担い手を見出した。大塚史学と対立した宇野弘蔵も、イギリス近代において「資本主義の純粋化傾向」が出来し、市場経済の自動調整力が作動したとする解釈に立ち、それを根拠にして原理論から段階論を分離した（「帝国主義」段階で不純化傾向を示すのだが）。こうした近代資本主義像は、その限りでは新古典派経済学者の市場像と変わらない。

日本では、イギリス近代をはじめとする「近代」を客観的にとらえる社会科学の理論的枠組みは脆弱なままであった。とくに戦後日本の社会科学においては、西欧的な「経済的自由主義」の「虚構性」を分析する枠組みが欠如していた。それゆえ、「遅れた日本」を再生するには、「進んだ」英米諸国の「新自由主義」を受け入れ、グローバリゼーションを受け入れることが第一だという心性が再生産されたと筆者は考えている。本書の目的の一つは、イギリス近代の「経済的自由主義」が持つ虚構性を明らかにすることにある。

グローバリゼーションと覇権国家

イギリス近代は、パクス・ブリタニカを築き上げ、世界を支配した時代でもある。それは、欧州中心とはいえ、世界的な「自由貿易体制」の背景をなす、覇権国家としての軍事力と通貨・金融制度が本格的に形成された時期である。「経済的自由主義」を掲げるイギリス近代において、世界支配のメカニズムと国民国家的な政策の枠組みとがどのような関係にあったのかが問題となる。このような問題意識は、現代におけるパクス・アメリカーナの動揺と金融自由化を軸としたグローバリゼーションの進行と深いところで結びついている。

米国が戦後世界において握った覇権は、一九六〇～七〇年代に動揺が見られた。ベトナム戦争以降における財政赤字と貿易赤字の著しい拡大、そして一九七〇年代のニクソン・ショックと二つの石油ショックが、米国の衰退という懸念を生み出した。ニクソン・ショックは、基軸通貨としてのドルの既得権を前提にしつつ、固定相場制から変動相場制に移行する重要な契機となった。また、二つの石油ショックによって発生したスタグフレーション（不況下の物価上昇）は、フィリップス曲線ならびにケインズ政策に対する強力な批判をもたらした。これらを契機として、いわゆる「新自由主義」が急速に台頭してくることになる。

その一方で、一九八九年にベルリンの壁が崩壊して、旧ソ連・東欧諸国の「社会主義体制」がドミノ倒しのように崩れると、世界は「自由と民主主義」の「勝利」による「歴史の終わり」（フランシス・フクヤマ）という歴史観まで登場したのである。そして一九九〇年代に入ると、金融自由化と情報通信産業の発達によって強まった「グローバリゼーション」によって、米国中心の世界支配が復活したかのように見えた。サッチャー政権による金融ビッグバンを契機にして、ロンドンのシティの金融市場は、このグローバリゼーションの進展にいち早く対応し、その中心のひとつとして機能してきた。

こうした時代背景の下で、金融帝国としてのイギリス「帝国」を描いたP・J・ケイン&A・G・ホプキンスの「ジェントルマン資本主義の帝国」論[2]に注目が集まった。「ジェントルマン資本主義の帝国」論は、産業革命を主導した北部工業利害よりシティの金融利害を強調し、従来の土地ジェントルマンの利害ではなく、証券投資を中心にした金融利害を軸に歴史を描いた。それと前後して、ジョン・ブルーワの「財政＝軍事国家」論[3]も台頭してきた。「財政＝軍事国家」論も、後で詳しく検討するように、名誉革命を経た一八世紀のイギリス国家は実はフランスより近代的な常備軍と徴税機構（とくに消費税）を持ち、イングランド銀行による国債＝公信用市場の発達とともに戦費調達に成功した点を強調している。サッチャリズムの「成功」の後に登場した「強いイギリス」を強調する歴史論が、今も通説的な位置を占めている。

だが、時代背景は大きく変わっている。二〇〇三年にイラク戦争が起き、金融自由化は周期的にバブルとバブル崩壊を繰り返すようになり、ついに二〇〇八年九月に「百年に一度」と言われるリーマン・ショックをもたらし、取り返しのつかない格差と貧困を生み出すようになっている。移民排斥とナショナリズムが台頭し、イギリスも二〇一六年六月にEU離脱を決めた。そして二〇二一年には中国でも不動産バブルが崩壊し、翌二二年二月にはロシアのウクライナ侵略が発生している。金融自由化を基軸にしたグローバリゼーションとシティの「復活」という時代認識は、少なくとも修正を余儀なくされている（補論参照）。

近代と非近代のダイナミズム――植民地財政

上に述べたような状況を背景にした問題意識を歴史解釈に直截に持ちこむことには、同じように批判を免れられなくなるだろう。この研究に「普遍性」を持たせるには、筆者の視点をより限定しなければならない。本書の問いは次のようなものである。

イギリス近代国家は世界市場において、いかにして「支配」的地位を占め続けることができたのか。より具体的に言えば、一九世紀後半以降に、欧州レベルで金本位制と自由貿易の国際経済秩序を作り上げたイギリスは、国内においては均衡財政と「小さな政府」を追求し、国外では自由貿易を掲げながら、どのようにしてアジア・アフリカにおける非資本主義的な経済圏を世界市場に組み込んでいったのか。さらに言えば、パクス・ブリタニカを成立させたメカニズムにおいて、経済的「自由主義」というイデオロギーは、いかなる役割を果したのか。これらの問いに答えることが、本書の目的である。

こうした問いは、派生的にいくつかの問いを生む。

一九世紀を通じてイギリスは、アジア・アフリカ地域をどのように「支配」していたのか。ギャラハー＝ロビンソンの「自由貿易帝国主義」論[4]以来、その統治機構に着目して、植民地化ないし直接支配を行なう「公式帝国」と、植民地化に至らない不平等な条約などを通じて経済進出を行なう「非公式帝国」の両方の形式があったとされる。「非公式帝国」が基本で、相手国ないし地域が応じない場合に戦争に及ぶとされたが、一九世紀のアジア・アフリカ地域でしばしば行なわれた戦争は、インドの植民地支配を拠点とするものであった。何より世界における軍事的優位なしに「公式帝国」と「非公式帝国」もなかった。そしてマルチェロ・デ・チェッコが言うように、一九世紀後半のイギリス金本位制は、インドの財政余剰と金準備の供給を背景に維持されたのである。[5]それこそが、パクス・ブリタニカという覇権を成立させたメカニズムであり、パクス・アメリカーナとの決定的な違いである。「自由貿易帝国主義」論を含めてこれまでの研究は、パクス・ブリタニカにおけるインドの軍事財政の戦略的な役割を軽視していた。

その際、主導する産業の利害に即して政策を再評価するという視点は、ある意味で古くさいように見える。実際、統治階級の人格的結びつきに着目して、「ジェントルマン資本主義」のように金融支配を強調する議論が一定の影響を与えている状況がある。それゆえ、あえて政策論の伝統的理解そのものを正面から問い直す必要性が生じている。一般に主導する産業に優位性を持ち、その貿易黒字を基盤にして覇権国の地位を築いてきた国が、次第に他の先進諸国のキャッチ・アップにあう中で、基軸通貨の特権的地位とそれまでに築いてきた国際決済機構を持つ金融システムの優位性に依存しつつ、その地位を維持しようとする傾向は、パクス・ブリタニカもパクス・アメリカーナも同じである。「ジェントルマン資本主義」論は、イギリスがバブル的繁栄を謳歌してきた現在の時代状況をあまりに前提としているがゆえに、この覇権国のダイナミズムを無視しているという点で問題が多い。とくにリーマン・ショックを経てみると、こうした金融資本主義を過度に過去に読み込むことが正しかったのか、という疑いが生ずる。

加えて、方法論的にいえば、イギリスの近代資本主義の性格を論ずるうえで、そもそも製造業者（あるいは「産業資本」）がイギリスの伝統的な統治階級に加わっているか否かという論点は、あまり重要性を持たないと考えられる。統治階級と経済的利害を直裁に結びつける国家論、あるいは商業資本、産業資本、金融資本といった資本類型で資本主義の発展段階をみる方法がすでに過去のものだと考えれば、産業資本と地主ジェントルマンのどちらが支配的だったかという論点自体があまり意味をなすとは考えにくい。問わなければいけないのは、地主ジェントルマン、商業利害、金融利害も含めて主導的な産業利害の間で、時として対立が起きつつも、その諸利害を調整しつつ、一つのシステムとして機能するメカニズムがいかに形成されたのか、そしてそれを正統化した「経済的自由主義」のイデオロギー性はどこにあったのかである。

近代と非近代のダイナミズム——直接税改革と地方的自律性

次に、イギリス国内に視点を移すと、一八世紀の度重なる戦争が、「近代的」な常備軍と財務官僚（とりわけ消費税官吏）を生み出し、ジョン・ブルーワの言う「財政＝軍事国家」が形作られる要因となった。ブルーワの「財政＝軍事国家」論は、フランスの絶対主義国家と対比して、名誉革命を経たイギリス国家の「自由主義」的性格とその「弱体さ」を強調するホイッグ史観を批判した点で、研究史の画期となるものであった。

だが、筆者は、「強力な国家」か「弱体な国家」かという論争軸自体が、イギリス近代国家の全体像をかえって見失わせるのではないかと考えている。名誉革命体制は、王権を頂点とする「強力な国家」と、地主ジェントルマンが支配する「地方的自律性（＝地方自治）」に基づく「弱体な国家」という両面を持っている。まさに当時の「混合政府形態」は、両者のチェック・アンド・バランスでできていたのであり、もう一度、全体像を問い直す必要がある。

財政史的観点から見ても、消費税官吏の「近代的」な性格と直接税＝地税の「非近代」性を対比して、前者のみを強調する視点が有効であるとは言いがたい。近代国家の税制は、「大蔵省統制」と「議会統制」という二面性を持つ。ブルーワが強調する消費税官吏の「近代性」は、前者の「大蔵省統制」の萌芽的形態である。「議会統制」にとって重要な意味を持ったのは直接税である。イギリスの名誉革命体制では、土地ジェントルマンが負担者となる地税（Land Tax）がそれに当たるが、ブルーワは税制としては「非近代」的性格を有し、かつ税収の増加に限界があったがゆえに地税の役割を軽視し、消費税の重要性を強調するという論理構成をとっている。だが、王権が直接介入できない「地方的自律性」という「非近代性」こそが、地税を議会統制の手段たらしめていた面を無視できない。

直接税は議会統制の要である。その後の所得税の臨時的導入と議会統制の再編こそが、イギリス近代国家の統治の性格を徐々に変えていく。実際、「財政＝軍事国家」における地税が議会統制としての機能を果たせなくなった契機は、アメリカ独立戦争にあった。国内において急進的な議会改革運動を抱える中で、地税収入だけでは戦争財源として決定的に不足したからである。

イギリス近代国家は二つの抜け道を追求し始めた。一つは、植民地に戦争財源を求める道である。だが、この道はアメリカでは失敗し、インドでは「成功」した。白人植民地は独立する道を選んだが、後で詳述するように、インドにはパクス・ブリタニカを形成するための戦争財政を担わせたのである。こうしたインド財政の役割は、西欧中心史観からは光がほとんど当てられてこなかった。

「財政＝軍事国家」のいま一つの「脱出口」は、直接税としての所得税導入である。税収を確保するために、配賦税方式の地税から次第に分類所得税方式の所得税という形で、土地貴族以外の金融業者や商工業者などの富裕階級全体に負担を求めざるをえなくなった。土地貴族政は、自らの利害だけを追求するわけにはいかなくなり、統治者の立場にとどまるために、諸利害を調整する形で急進的議会改革を回避しつつ、「自由主義」的な財政改革を漸進的に実現していくことになったのである。

こうした改革の過程において地主貴族階級の支配力は次第に低下していく。とはいえ、議会の構成をみれば、地主貴族階級は、なおも政治的支配層の中核を占めていた。とすれば、改めて問題を正面から問わなければならない。いかにして地主貴族階級は、「経済的自由主義」に基づく穀物法廃止や自由貿易などの改革を受け入れていったのだろうか。

文化的な視点を強調する文脈では、地主ジェントルマン秩序という文化的ヘゲモニーと、親族関係や婚姻関係を通じた地主貴族や銀行家、各種専門職とのつながりを通じて、ケイン＝ホプキンスの言う「ジェントルマン資本主義」の帝国が形成されたと言えるだろう。そうであるとして、それは国内政治における地主貴族制の漸進的後退と、どう両立するのだろうか。こうしてみると、政治的統治階級と経済政策における一定の「乖離」を説明することは、いまなお重要な課題として残されていることがわかるだろう。

この点について筆者は、従来の文化理論とは違って、まずイギリスにおける土地所有権の確立のあり方が政治文化に与えた影響に着目する。土地法におけるリース（一定期間、土地の占有権を与える代わりに使用料を徴収すること）と「信託」の法理、コモンロー（慣習法）による法秩序が、改革を漸進的に受け入れる「保守主義」（エドマンド・バーク）をもたらしたからである。と同時に、土地貴族たちが体制を維持するために、他の諸利害との調整を行なう過程で、土地の税負担を軽減するという論理から、穀物法廃止などの「経済的自由主義」改革の代替策として、公共事業貸付だけでなく、各種の補助金政策がとられていった点に着目する必要がある。後で明らかにするように、税負担をめぐる利害調整において、とりわけ教育や警察に対する補助金の導入が、統治階級たる地主貴族の基盤をなす「地方的自律性」を掘り崩し、「近代国家」の漸進的な形成を促したのである。

イギリス近代国家を、従来とは異なる視角から分析する筆者の立場を改めて強調しておこう。これまで近代国家に関する研究は、税制を含めて「近代」的性格を持つ諸制度を並べていき、一見「近代的」でないように見える諸制度を切り捨てていく手法をとってきた。ブルーワが消費税官吏の「近代」的性格を過度に強調するのも同じである。ある意味で日本の戦後啓蒙の思考法も同じである。しかし、こうした手法は、近代国家の全体像と変化のダイナミズムをかえって見失わせる。

西欧的な意味での「近代的」な諸制度は、内にも外にも「非近代的」な諸領域を前提として機能していた。そして、イギリス「近代」国家は内外に絶えず「非近代的」なものを前提として組み込みながら、それを食い尽くそうとする傾向を持つ。一般的傾向として資本主義において市場的領域が絶えず非市場的領域を前提としながら食い潰していくのと似ている。つまり内には地方、外には植民地という「非近代的」な領域を組み入れながら、絶えず食い潰していくのが近代国家の歴史過程なのである。その意味で、本書を貫く問題意識は、西欧近代のより徹底した相対化である。

具体的に言えば、内には、名誉革命体制の下で地主ジェントルマンによる「地方自律性」の「非近代的」性格が王権に対抗する議会統制にとって不可欠な要素として組み込まれ、その後、所得税の導入、「古い腐敗」を取り除く官僚制改革、司法警察や教育における補助金と査察官制度などを通じて、「地方自律性」の「非近代的」性格は漸進的に掘り崩されていく。外では、インドを中心とした植民地財政を組み込みながら、イギリス綿工業のために暴力的な市場創出を達成していく。インドの自治・独立への動きは第一次大戦後から本格化し、第二次大戦後に植民地を脱した時、パクス・ブリタニカはその戦争財源も金準備も失って崩壊していった。イギリス近代国家のダイナミズムは、内外に「非近代的」な世界を前提としつつ、それを食い尽くす歴史として描くことができるのである。

補論

東西冷戦と金融自由化を軸にしたグローバリゼーションは、ブッシュ・ジュニア政権の下で二〇〇三年のイラク戦争と二〇〇八年のリーマン・ショックで行き詰まった。グローバリゼーションが世界を覆う中で、戦後のパクス・アメリカーナをめぐる評価は、二つの正反対の見方に分かれた。まず、イラク戦争直前に刊行されたアントニオ・ネグリとマイケル・ハートの『帝国』（Michael Hardt & Antonio Negri, *Empire*, Harvard University Press, 2000：アントニオ・ネグリ＆マイケル・ハート（水嶋一憲、酒井隆史、浜邦彦、吉田俊実訳）『帝国――グローバル化の世界秩序とマルチチュードの可能性』以文社、二〇〇三年）は、インターネットのイメージと重ね合わせる形で、中心のない支配システムを「帝国」と名づけた。それは、イラク戦争を予言したかのように受け止められたが、実際は違っていた。イラク攻撃に際して先進諸国は、米国のユニラテラリズム（単独行動主義）に直面して分裂した。また、ネグリ＝ハートの枠組みでは、米国中心の情報通信産業が引き起こす新たな独占という問題が軽視されており、ＩＴによるソーシャルネットワークに対する楽観論が横たわっている。

他方、アイケンベリーの自由国際秩序論（G. John Ikenberry, *Liberal Order and Imperial Ambition: Essays on American Power and International Order*, Polity Press, 2006：G・ジョン・アイケンベリー（細谷雄一監訳）『リベラルな秩序か帝国か――アメリカと世界政治の行方』上・下、勁草書房、二〇一二年）は、こうした「帝国」論に対抗する位置にある。第二次世界大戦後に米国が主導して創設した国際連合、日米安全保障条約や北大西洋条約機構（ＮＡＴＯ）といった安全保障の枠組み、ＩＭＦやＧＡＴＴのようなブレトン・ウッズ体制を基盤とする自由貿易制度などで構成される国際秩序は、「帝国」的なものではなくルールに基づくものだとし、それをアイケンベリーは、民主主義的な価値を体現した「リベラル」な秩序と見なす。

だが、以上のような議論のいずれもが、まず二〇〇三年のイラク戦争で根底から揺さぶられた。二〇〇一年にブッシュ・ジュニア政権が成立し、背後にいるネオコンが主導して、大量破壊兵器が存在するとしながら証拠もなくイラク戦争を開始し、サダム・フセインを処刑した。大義なき戦争であった。しかも、その後、米英諸国を中心に侵攻したアフガニスタンとイラク、そして内戦となったシリアは国家秩序が壊れ、大量の難民があふれて欧州に流入していった。自由と民主主義の「勝利」と「歴史の終わり」は脆くも崩れ去った。

米英によるイラク戦争には、中国・ロシアだけでなく独仏中心のEU諸国も反対した。また、その後の大量の移民流入は欧州諸国内部に、移民排斥を主張する極右勢力の台頭を招き、西欧福祉国家を動揺させている。世界を主導する覇権国の力が衰えた。その隙を突いて、今度はロシアが同じように天然ガスのパイプラインに沿って、チェチェン、ジョージア、シリア、ウクライナと侵略を始めている。

他方、金融自由化を軸とするグローバリゼーションは様々な矛盾を拡大させている。中でも金融資本主義は、世界的にバブルとバブルの崩壊を繰り返し、二〇〇八年九月一五日のリーマン・ショックで「一〇〇年に一度」の深刻な金融危機をもたらし、地域間でも個人間でも、取り戻せないような格差と貧困を作り出した。リーマン・ショック後、二〇二一年に入ってからは中国の不動産バブルも弾け、グローバリゼーションの行き詰まりがはっきりしてきた。

その間、秘密警察の国家保安委員会（KGB）出身のプーチンは、石油天然ガスなどの資源を武器に、権威主義的な政治を行ない、移民排斥のポピュリストやナショナリストとの関係を深めていった。イギリスではEU離脱をめぐって二〇一六年六月に国民投票が実施され、賛成多数でEU離脱が決まった。同年一一月には米国大統領選が行なわれ、ドナルド・トランプが当選した。トランプ大統領は「アメリカ第一」を掲げて、それまでのグローバリゼーションを否定し、有権者の感情に訴えかけるポピュリスト的手法を用いて移民排斥を主張した。さらにトランプ政権は保護貿易を唱え、激しい米中貿易摩擦が起きた。世界は分断されているが、「自由民主主義」陣営と「専制主義」陣営とにくっきり二分されているわけではない。

アメリカはバイデン政権に交替し、国際協調を打ち出しているが、米中貿易戦争は終わっていない。中国の先端的な情報通信産業を抑え込むために、米国政府はグーグルなど基本OSの使用を認めなくなった。それが米中経済のデカップリング（分断化）を強めている。こうした中で、二〇二〇年に新型コロナ・ウィルスが世界的に流行し、一〇〇年前のスペイン風邪以来のパンデミックの時代となった。加えて二〇二二年二月にロシアによるウクライナ侵略が起き、欧米諸国を中心にしたロシアに対する経済制裁が実施された。アイケンベリーの「自由国際秩序」ともネグリ＝ハートの「帝国」とも違う世界が現出している。少なくとも、モノ、ヒト、カネが自由に動き回るグローバル化の時代は、部分的には終わりつつある。金融自由化に基づくグローバリゼーションの動きをさかのぼるかのような「ジェントルマン資本主義」論、あるいは「強いイギリス」を強調する議論も今後、修正を余儀なくされていくだろう。

第一章

幼稚産業保護——インド対イギリス

I　はじめに

一九世紀半ば以降、イギリスは輸出入にかかわる関税を縮小・撤廃する自由貿易政策をとった。デヴィッド・リカードゥの比較生産費説はそれを理論化し、国際貿易の領域では、今日でもそれは重要な経済学の一般原理と考えられている。[1] しかし、ハジュン・チャンが指摘するように、先進諸国は産業発展の初期段階において、かつてフリードリッヒ・リストが主張した関税による幼稚産業保護策や輸出補助金政策をとり、自国が比較優位を獲得すると、「自由貿易」の論理をもって、後進国が同様の政策をとることを拒否し、はしごを外す。

ただし、ハジュン・チャンの場合、イギリスに関する記述は、毛織物産業に関するものが中心になっている。羊毛輸出税による輸入代替政策がとられた後、一七二一年にウォルポールによって、原料の輸入関税引下げと撤廃、輸出関税の払い戻し、工業製品の輸出税撤廃、外国工業製品に対する関税引上げ、輸出補助金の拡大、繊維製品の品質管理のための規制の導入などがとられた。だが、本章が対象とするインドの綿織物に対抗する保護制度は、一八一三年の東インド会社による貿易独占が終わる頃までに「崩壊」したとされている。[2]

しかし、これまでも、経済の発展段階論では、機械制工業に発展したことで生産性を高めた綿織物工業によって、重商主義時代にとられてきた通商保護政策が撤廃されていったという理解が一般的であり、この通説的な理解を根本的に見直すには、産業革命を経て機械制工業となっていく綿工業を育成する際に、インドの綿織物に対抗するためにとられた関税政策が、より重要な意味を持つ。本章で明らかにしようとしているのは、埋もれていた研究を発掘することによって、当のイギリス綿織物工業自体も、幼稚産業の段階では関税によって保護され育成された後に、注意深く保護を取り外されていったことである。

それが課題だと考えるのは、「経済的自由主義」は自力で成立したという通説的な理解が、あまりに長く定着してきたからである。古典派経済学だけでなく新古典派経済学も、市場経済の自律性を暗黙の前提とする経済学の成立を導いてきた。実は、マルクス経済学の一部でさえそれは共有されてきた。その典型は、宇野弘蔵による資本主義の発展段階論である。宇野の方法的枠組みにおいては、イギリス綿工業の資本蓄積様式に対応してレッセ・フェール（自由放任主義）が実現され、「国家の消極化」（「純粋化傾向」）が起きたとされ、それが経済原論の抽象が可能とされる根拠とされたのである。[3]

今日の先進諸国間においても、比較生産費説の説明力は必ずしも高くはないが、[4] 本書ではまず基礎作業として、第一章において、西欧中心主義を脱することによって、産業革命によって生まれた機械制工業としてのイギリス綿工業が幼稚産業として保護された事実を掘り起こし、比較生産費説に基づく自由貿易論のイデオロギー性を明らかにする。それによって、発展途上国が輸入代替政策として関税保護を行なうことは自由貿易を妨げるという「批判」の、歴史的根拠の疑わしさを明らかにしておきたい。

II

産業革命とイギリス綿業保護政策

イギリス綿工業が、その成長とともに重商主義保護政策を排除して自由貿易政策を実現してゆくという、長く続いた通説的な理解には大きな問題がある。産業革命期に入ると、最大の競争製品であるインド綿織物に対して差別関税が強化され、同時にイギリス綿織物に対する輸出補助金、戻税制度等の輸出促進政策がとられたからである。イギリス綿工業は紡績部門への機械制導入によって新たな生産力水準を獲得し始めるとともに、帝国内に抱え込んだインド綿業との本格的な衝突を回避できず、そのために強力な保護政策を必要とした。つまりイギリス綿工業は、一貫して自由貿易の担い手であったのではなく、いったん自ら保護政策を採用して国際競争力を獲得した後に、その優位性を背景にして他国に自由貿易政策を強制していったにすぎない。

もちろん、産業革命期のイギリス綿業保護政策についてはマントゥ以来、事実をめぐる指摘はされてきたし、[5] 日本においてもインドのナショナリストの主張にふれた論考がなかったわけではない。[6] だが、その事実については、理論上のあるいは世界史的な位置づけをもって十分に検討されてきたとは言いがたい。産業革命期のイギリス綿業保護政策を取り上げる場合でも、キャラコ論争以来の重商主義保護政策の延長上と見なすか、その残滓が偶然、綿工業の形成に有利に作用したものと捉えられており、しかもインド綿業の破壊過程にまで立ち入って具体的に検討されてきたわけではない。他の場合でも、産業革命期の対外通商政策の基調を小ピットの初期自由貿易政策と捉え、綿業保護政策はその初期的限界ないし逸脱としてふれるにとどめられるか全く無視されてきたのである。

1―インド綿業に対する差別関税

まずインド綿業に対する差別関税問題から検討してゆこう。周知のように東インド産捺染(なせん)綿織物は、キャラコ論争を契機にしてイギリス羊毛工業を保護する目的で輸入を禁じられた。一七〇〇年法・〇一年法(11 & 12 Wm. II, c. 10)は、インド・ペルシャ・中国の捺染キャラコの輸入を禁止し、さらに一七二一年法(7, Geo. I, c. 7)は、捺染キャラコの使用・着用を禁止した。その後、基軸産業は羊毛工業から綿工業へと交替したが、この捺染綿織物の輸入禁止措置は一八二五年まで継続された。

だが、東インド産綿織物に対する差別措置に変化がなかったわけではない。産業革命期に入って最も重要な変更をみたのは、捺染布以外の無地白色綿布に対する輸入関税であった。まず一七八三年法(23 Geo III, c. 74)は、モスリン・キャラコ・南京木綿に対する以前の高関税を全て廃止した上で、新たに従価で一八%の単一の輸入関税を課し、再輸出の場合には一〇%の控除を受けるものとした。この関税引下げ措置は、一七八四年に茶税を一二・五%から二五%へと引き下げたCommutation Tax（減税分は窓税引上げで補充）と同様、高関税による密輸の防止を目的とし、初期的な自由貿易政策と同じ性格を持つ措置であった。だが、四年後にこの一部を覆す新関税が設定された。一七八七年法（27 Geo. III, c. 13）は、東インド会社が輸入する綿織物に賦課すべき関税について、

（1）無地白色綿布には従価税率一六ポンド一〇シリング（一〇〇ポンドあたり）とともに、一ヤードあたり一シリング六ペンスの関税を賦課し、再輸出の際は、ほぼ同額を控除する

（2）無地白色キャラコには、従価税率一六ポンド一〇シリングにくわえて、一反あたり五シリング三ペンスの関税を課し、再輸出の際は、ほぼ同額を控除する（幅1 1/4ヤード以下の時は長さ一〇ヤード、幅1 1/4ヤード以上の時は長さ六ヤードのものを一反とする）

（3）無地モスリン・南京木綿・花模様ないし裁縫されたモスリンおよび白色キャラコは、従来通り従価税率で一八%の関税を課し、再輸出の際は一〇%を控除する

（4）上に記載されていないものは、従価税率五〇%の関税を課す。また東インド会社以外によって輸入された綿製品で上に記載されていないものには従価で四四%を課し、再輸出の際は従価で四一ポンド一〇シリングを控除する

と定めた。[7] つまり東インド産綿織物に対する輸入関税は、密輸防止のために一七八三年にいったん引き下げられたものの、モスリンを除く無地白色綿布、とくに無地白色キャラコには、一六ポンド一〇シリングの従価関税と反あたり五シリング三ペンスの関税が課され、税率は一八%から約四〇%へとふたたび引き上げられたのである。[8] しかも表1-1が示すように、一七八七年以降、モスリンも含めて東インド産綿織物に対する輸入関税は急速に引き上げられていったのである。

表1-1　インド綿製品に対する輸入関税率

品目／年	東インド産の白色キャラコ						東インド産モスリンおよび南京木綿			東インド産の染物
	（1反当たり）			（従価%）			（従価%）			
	s.	d.		£.	s.	d.	£.	s.	d.	
1787	5	3	&	16	10	0	18	0	0	輸入禁止の継続
1797	5	9	&	18	3	0	19	16	0	
1798	5	9	&	21	3	0	22	16	0	
1799	6	8	&	26	9	1	30	3	9	
1802	6	8	&	27	1	1	30	15	9	
1803				59	1	3	30	18	9	
1804				65	12	6	34	7	6	
1805				66	18	9	35	1	3	
1806				71	6	3	37	7	1	
1809				71	13	4	37	6	8	
1813				85	2	1	44	6	8	
1814				67	10	1	37	10	0	

1825年　10%の従価税。捺染した場合、1ヤード平方あたり$3\frac{1}{2}$ペンスの追加関税。
1832年　10%の従価税。（1ヤード平方あたり$3\frac{1}{2}$ペンスの追加関税の廃止）。
〔出所〕 E. Baines, *History of the Cotton Manufacture in Great Britain*, 1835, p. 325.
〔備考〕 従価税率（Percent ad val.）は100ポンドあたりの税率を表わす。

このような保護関税引上げについて注意しておかねばならないのは、それが羊毛工業に対する重商主義保護政策の単なる延長ではないということである。たしかに、当初、羊毛工業保護を目的としていた捺染綿織物の輸入禁止措置は、産業革命期に入っても継続されたが、捺染布以外のインド綿布に対する一七八七年以降の関税引上げはもはや、羊毛工業が保護の対象ではなく、明らかにイギリス綿工業を対象とした保護政策であったからである。しかも、その保護政策は、機械制導入以降のイギリス綿工業を対象としていた。つまりジェニー紡績機が広範に普及し、さらにミュール紡績機の導入が本格的に進行したことで、インド綿布に対する競争力をつけ始めたがゆえに、イギリス綿工業は差別関税の引上げを必要としたのである。

だが、インド綿布に対する関税引上げは一様に進められたわけではない。その特徴の第一は、競争力をつけた低質品から保護が開始されたことである。表1-2を見てみよう。この表は、（1）一七八七〜八八年恐慌までは、ファスチアンおよびマンチェスターもののヨーロッパ向け輸出が綿織物輸出の大部分を占め、一七八八年以後しばらくは、無地のスタッフがそれに代わること、（2）綿・リンネル混紡の捺染布および六〜八ペンスの捺染前のスタッフとキャラコの輸出が、はじめはアメリカ市場向けに

表1-2　イギリス綿製品の製品別・地域別輸出額　1780-1806年　（単位：1000ポンド）

年	マンチェスターものおよびファスチアン		無地のスタッフ(stuff)		綿・リンネル混紡の捺染布		6～8ペンスの捺染前のスタッフおよびキャラコ		白色のスタッフ		モスリン		製品(綿糸)	
	ヨーロッパ	アメリカ	ヨーロッパ	アメリカ	ヨーロッパ	アメリカ	ヨーロッパ	アメリカ	ヨーロッパ	アメリカ	ヨーロッパ	アメリカ	ヨーロッパ	アメリカ
1780	177	35			37	80								
1782	231	24			48	73								
1784	248	122			31	90	7	230						
1786	337	26			27	49	8	134						
1788	216	35	310	3	42	42	24	298			13	11		
1790	195	83	331	15	50	94	23	440	3	2	33	38		
1792	144	82	140	29	67	76	28	719	4	7	48	59		
1794	48	106	401	3	80	335	30	679	3	4	29	102		
1796	171	196	173	20	102	317	39	1,152	1	6	55	292		
1798	150	225	239	17	277	545	30	922	1	4	156	496		
1800	169	119	157		976	802	69	931	40	148	410	222	523	406
1802	217	113	471	1	2,206	712	136	1,030	454	144	233	249	414	161
1804	50	105	270		1,979	1,033	204	1,792	170	530	36	161	356	582
1806	32	76	209	31	1,882	1,427	220	2,331	273	1,249	6	145	234	950

〔出所〕 M. Edwards, *The Growth of the British Cotton Trade 1780-1815*, 1967, p. 246 より作成。

伸び、次にナポレオン戦争が大陸の競争産業に打撃を与えたことで、ヨーロッパ市場へも次第に進出を始め、戦闘の一時的停止をみた一八〇〇～〇四年には急増したことを示している。

　つまり揺籃期のイギリス綿工業は、低質品から競争力をつけ輸出産業として成長していった。そして一七八七年の保護関税引上げは、このようなイギリス綿工業の成長のあり方を反映していたのである。すなわち、東インド会社製品が優位に立ち、富裕階級に定着していたモスリンについては、八三年に引き下げた税率をそのまま維持しながら、より低質の無地白色キャラコ――イギリス製品と競合し始めていた――に重点をおいて、関税引上げが行なわれたのである。

　もちろん一七八七～八八年の時点でも、ミュール紡績機導入で細糸生産が可能になったことによって、すでに年五〇万反以上の生産力を持つに至っていたモスリン製造業者たちの保護要求がなかったわけではない。彼らは、東インド会社による反物の過剰輸入が不況の原因であるとして、「東インド産キャラコとモスリンの本国での消費の全面禁止」を枢密院に請願した。しかし、それはイギリスのモスリン製造業者と競合する勢力の抵抗を惹起した。一つは東インド会社で、輸入禁止は密輸を促進するという請願を提出し、いま一つは国内のファスチアン製造業者で、モスリン製造業者の請願の妨害に回り、その実現を阻止した。[9] そして結局、一七八七～八八年恐慌を一つの画期として、多くのモスリン業者も、最良質品からインド製品との競合が少ないより安価な低質品へとシフトし、また東インド会社も、イギリス綿製品のキャッチ・アップに対応して、より良質な綿布生産に重点を移行させるようインド現地に指示を出した。[10] イギリス綿工業は、良質のインド綿織物の再輸出によってフランス高級織物と競争させつつ、自らは保護関税で守られながら、より安いリンネルとの混紡製品で欧米市場制覇を狙うという国際分業関係を志向したのである。

保護関税政策の第二の特徴は、イギリス綿工業の不況（市況悪化）のたびに関税引上げが実行されていったことである。言うまでもなく、関税引上げが開始された一七八七年という年は、紡績部門の機械化が進行して以来、イギリス綿工業が経験した最初の「過剰生産恐慌」[11]であった。さらに一七九七年恐慌以降の関税引上げは、ナポレオン戦争の影響による市況悪化と明確に結びついたものであった。一七九六年末、和平交渉の結果から先行き不安が広がって信用不安を生じ、翌九七年二月から一年近くイングランド銀行の支払停止が続き、一七九七年夏には不作による穀物輸入の急増もあって、食糧価格の急騰とともに輸入決済資金の不足を招き、さらに同年一〇月の輸出中継地ハンブルクでの金融混乱が信用逼迫を加速した。一八〇〇年の和平交渉、一八〇一年以降の戦争の一時的停止で市況は回復基調に向かったものの、一八〇三年の戦争再開以降、ヨーロッパ市場は再び悪化し、そのまま一八〇六年一一月のベルリン条例に至る。そして一八一二年にはアメリカとの戦争が勃発して、代替的な役割を果たしていたアメリカ市場も悪化していった。表1-1に示される保護関税引上げも、このようなナポレオン戦争を契機とする市況悪化に明確に対応していたのである。

海外市場で困難が生ずると、輸出業者は輸出商品を本国市場に流入させ、それが綿製品の値崩れを引き起こした。とくに一八〇三年以降は、こうした事態が頻繁に発生したので[12]、一層の値崩れを引き起こさないためには、東インド会社の綿織物の本国市場への流入を防ぐ必要があった。資本破壊が進む不況期にあって、紡績部門の機械化をもってしても完全な競争力を確保しえない間、イギリスの綿工業は保護関税引上げによって競争製品（インド綿織物）を排除せねばならなかったのである。[13]

だが、同時に、イギリス綿工業は市況悪化のたびごとに織布工の賃金引下げによるコスト・ダウンで対処していった[14]ことにも付言しておかねばならない。この事実は、保護関税強化とともに、産業革命期のイギリス綿工業の発展とレッセ・フェールの連関を理解するうえで重要な意味を持つからである。では、産業革命期におけるイギリス綿工業の発展のあり方は、どのような特色を持っていたのか。

何よりもまず、産業革命が「中産的生産者層」の両極分解＝手織工の没落を引き起こした[15]のではなく、むしろ（1）紡織両工程間の技術変革の跛行性（力織機に残る技術的欠陥）と（2）人口増加やエンクロージャーに伴う潜在的に豊富な低賃金労働力の増加といった条件下では、紡績部門の機械化による綿糸の生産力増大は、必然的に手織機の改良と下請け工（capitalist outwork）としての手織工の拡大を伴わざるをえなかったという事実[16]に注目しなければならない（表1-3参照）。つまり紡績部門での機械制工場の拡大が主導しつつ、織布部門での労働集約的な「横の拡大」によって、急速な資本蓄積を進めるという産業革命期のイギリス綿工業の発展過程の下では、不況時の打撃を回避するために織布工の賃下げによるコスト・ダウンに向かわざるをえなかったのである。そして織布工の賃金引下げを可能にするためには、団結禁止法に見られるように、資本の「生産の自由」を法的に強制せねばならなかった[17]のである。

表1-3　手織工の増加

1788-1820年

（単位：1000人）

年	人数
1788	108
1801	164
1806	184
1807	188
1808	192
1809	196
1810	200
1811	204
1812	208
1813	212
1814	216
1815	220
1816	224
1817	228
1818	232
1819	236
1820	240

〔出所〕N. J. Smelser, *Social Change in the Industrial Revolution*, 1959, p. 137.

以上、見てきたように、産業革命期のイギリス綿工業の発展過程の初期において、イギリス政府は、(1)保護関税の強化によって「交換の自由」を国境で制限しつつ、(2)国内では団結禁止法に見られる「生産の自由」の法的強制を求めたのであり、かかる国家介入なしにイギリス綿工業の成立はなかったのである。

2 インド内陸通関税

インド綿業に対する差別政策は、英領インド内でも貫かれていた。インドにおける内陸通関税制度(British Inland Transit Duty System)がそれである。[18] 英領インド域内の税であったが、イギリス商人とそれ以外、イギリス製品とそれ以外の製品との間に税率の違いが存在する、事実上の「関税」であった。[19] 内陸通関税制度におけるイギリス商品への本格的免税措置は一七五七年七月一五日に出たベンガルのナワブ(太守)Mir Jafar の布告に端を発するが、一七八八年にコーンウォリス総督がいったん廃止した後、一七九三年に再導入された。

その際、注目すべきことは、以前の内陸通関制度と異なり、その管轄が英領インド政府の歳入局(Revenue Department)の関税課(Board of Customs)から通商局(Commercial Department)へと移管されたことである。この時点で内陸通関税は、歳入税源としてよりも差別的通商政策の一手段として目的意識的に位置づけられたのである。後述する一八〇九年におけるインド財政危機の下で、再び歳入増加の目的で The Colebrooke Lumsden Committee が任命され、翌一〇年に新しい内陸通関税規則が制定された。

それは全てのインド内陸通商に適用すると宣していたが、実際にはイギリス商人に対して免除が継続された。またインド産品にはイギリス製品よりも高い税率が適用された。綿製品に限ってみても、インド綿製品は棉花二・五%、綿糸七・五%、綿布五・〇%(最高税率七・五%)、捺染五・〇%の計二〇%の内陸通関税を支払った(これに加えて town duty が賦課される場合がある)が、イギリス綿製品は綿糸二・五%、綿布二・五%の計五・〇%にすぎなかった。

その後、たしかに一八二三年にはインド綿織物に対する内陸通関税は最高七・五%から二・五%の均一税率へと軽減されたが、(1)もし外国船舶でヨーロッパ以外の地域へ輸出されると、さらに二・五%が追加され、(2)棉花、綿糸、捺染に対する内陸通関税は依然そのままであり、(3)英領インドからの輸出に際して税の三分の二が戻し税となったが、水先案内人によって航行されず、また税関官吏を乗せないインド船舶には支払われなかった。かくてインド綿織物は、内陸通関税の税関区域内での自給向け生産以外は抑圧される結果となったのである。

さらに歳出入に関しても、一八一一年規則III(Regulation III)は、(1)外国船舶について英印貿易およびインド沿岸貿易を禁止する一方、(2)外国からの輸入に際して外国船舶にはイギリス船舶の倍の関税が課された[20]。また一八一五年には、イギリス船舶で輸入されるイギリス製品の関税は廃止されるか二・五%に軽減された。以上のように、一七八八年にいったん廃止された内陸通関税は一七九三年以降、復活・強化され、さらにインド側での差別関税措置が整備されていった。これも産業革命期に入って新たに適用されたのである[21]。

3 輸出促進的な保護育成政策

これまで英印関係を主軸としたイギリス綿業保護政策について見てきたが、次に主として欧米市場向け輸出のためにとられた輸出促進的な保護育成政策について検討しよう。一七七四年に始まり八〇年代前半に強化された、国際競争力保全のための機械輸出禁止、職人移住禁止政策[22]を別にして、まず第一に、一七八三年法(23 Geo. III, c. 21)によってイギリスの捺染布に対して輸出補助金制度が設けられた。それは、捺染前に一ヤードあたり五ペンス未満の綿布には一ヤードあたり1/2ペンス、五ペンス以上六ペンス未満の綿布には1 1/2ペンスというように、綿布の等級別に輸出補助金を与えるというものであった[23]。

第二に、一七八七年三月に捺染消費税に対する輸出戻税制度が設けられた。輸出戻税制度成立までの経緯をみ

表1-4　捺染綿布量と捺染消費税額　1814-1830年

年	1反当たり平均5シリングの税を課せられた捺染キャラコ等の量（1000反）			捺染・染色に対する消費税（1000ポンド）		
	総　量	輸出量	本国消費量	総　税　収	輸出の際の払戻額	純税収額
				（%）	（%）	（%）
1814	5,192	3,324	1,868	1,228 (100)	831 (67.7)	467 (38.0)
1815	5,327	3,813	1,514	1,332 (100)	953 (71.5)	378 (28.4)
1816	4,511	2,879	1,633	1,128 (100)	720 (63.8)	408 (36.2)
1817	4,695	3,282	1,413	1,174 (100)	221 (18.8)	353 (30.1)
1818	6,283	4,318	1,965	1,571 (100)	1,072 (68.2)	491 (31.3)
1819	5,939	3,520	2,419	1,485 (100)	880 (59.3)	605 (40.7)
1820	5,456	3,728	1,728	1,614 (100)	932 (57.7)	682 (42.3)
1821	7,005	4,334	2,672	1,751 (100)	1,083 (61.9)	568 (32.4)
1822	6,731	4,730	2,001	1,683 (100)	1,183 (70.3)	500 (29.7)
1823	7,248	4,587	2,661	1,817 (100)	1,147 (63.1)	670 (36.9)
1824	8,163	5,528	2,635	2,041 (100)	1,382 (67.7)	659 (32.3)
1825	8,140	6,662	1,479	2,035 (100)	1,666 (81.9)	370 (18.2)
1826	6,099	4,082	2,016	1,525 (100)	1,021 (67.0)	504 (33.0)
1827	8,089	5,440	2,649	2,022 (100)	1,360 (67.3)	662 (32.7)
1828	8,396	5,770	2,631	2,099 (100)	1,441 (68.7)	658 (31.3)
1829	7,768	5,562	2,106	1,942 (100)	1,391 (71.6)	551 (28.4)
1830	8,597	6,315	2,282	2,149 (100)	1,579 (73.5)	570 (26.5)

〔出所〕　E. Baines, *op. cit.*, p. 283より作成。

ると、（1）まず一七七四年にイギリス綿織物に対して一ヤードあたり三ペンスの消費税が賦課され、さらに一七七九年と八二年に合計一五％の付加税が追加された。（2）次に一七八四年法（24 Geo. III, c. 40）が制定され、一ヤードあたり三シリング未満の綿織物および綿・リンネル混紡の織物に対しては一ペンス、三シリング以上のものには二ペンスの追加税が設定されたが、同法は内国消費税反対運動[24]によって八五年に廃止された。（3）しかし同年八月一日、捺染布に限定してではあるが、（1）の旧税に加えて、一ヤードあたり一シリング八ペンス以上、三シリング未満の綿布には二ペンス、三シリング以上の綿布には四ペンスの追加税が設定された。

以上の経緯を経て、一七八七年には、この旧捺染消費税を全て廃止した上で、新たに一ヤードあたり一律3 1/2ペンスの税率に引き下げた新捺染消費税を設定し、この新捺染消費税に輸出戻税制度が適用されたのである。[25]このため表1-4に示されるように、捺染布の六～七割が輸出され、戻税制度が適用されていった。しかも輸出されない場合には表1-5のように、外国製キャラコ・モスリンを捺染する時は、イギリス綿布

表 1-5 捺染消費税における差別課税 （単位：ポンド）

	税 率	1796 年		1800 年	
		ヤ ー ド	税 額	ヤ ー ド	税 額
(イングランド)					
外国製キャラコ及びモスリン	7d.	1,750,270	51,049	1,577,536	46,011
イギリス製キャラコ及びモスリン	$3\frac{1}{2}$d.	24,363,240	355,297	28,692,790	418,436
(スコットランド)					
外国製キャラコ及びモスリン	7d.	141,403	4,124	78,868	2,300
イギリス製キャラコ及びモスリン	$3\frac{1}{2}$d.	4,258,557	62,103	4,176,939	60,913

〔出所〕 E.Baines, *op. ict.*, p. 283.

を使用する時の二倍の捺染消費税が課され、ここでも差別課税政策が貫かれたのである。

以上のように一七八〇年代に入って、イギリス綿織物業を輸出産業として保護育成する政策がとられた。これらの政策は、羊毛工業を中心とする重商主義的国際分業関係に代えて、綿工業を新たな基軸的輸出産業とする国際分業体制の形成を促進してゆくものであった。これらの輸出促進政策も、もはや重商主義保護政策の単なる延長上にあったのではなく、明らかに産業革命の開始に伴ってとられた政策だったのである。

III 植民地体制再編と輸出向けインド綿業の破壊

輸出向けインド綿業の衰退は、イギリス側の保護政策だけで説明することはできない。インドのナショナリストたちも、イギリスの保護関税やインド内陸通関税の他に、イギリス綿製品の廉価、すなわち機械化によるイギリス綿製品の価格競争力をその原因の一つとしてあげている。[26]だが、前述の保護政策を除外したとしても、純粋にイギリス綿工業との価格競争の結果として輸出向けインド綿業が破壊されたと想定することはできない。イギリス綿製品がインド市場に本格的に進出する以前に、（内陸土着綿布を別にして）輸出向けインド綿業は事実上、破壊されていたからである。[27]

その過程を理解してゆくには、イギリスのインド植民地再編政策と「世界市場」制覇をめぐる英仏対抗（ナポレオン戦争）を契機としたインド財政危機によってインド綿織物輸出のメカニズムが崩壊してゆくというプロセスを明らかにせねばならない。また、植民地インドの政治的再編問題を検討せずに、インドをイギリスの綿製品市場へと転換してゆく起点となった一八一三年、東インド会社のインド貿易独占権廃止の歴史的意義を理解することはできないのである。

1―インド洋帝国形成とインド財政悪化

周知のように東インド会社は、一七六五年にムガル皇帝からベンガル・ビハール・オリッサにおけるディーワーニー（徴税権）を獲得して以降、特権貿易会社（商社）であると同時にインドの統治機関となり、その貿易も、単なる商業貿易利潤の源泉としての貿易から送金貿易としての性格を付与された。つまり会社の綿織物貿易は、（1）代価を払うことなく、地税収入（次いで塩専売）などを基礎とする統治会計から商業会計上の投資（インヴェストメント）資金の供給を得、（2）その資金によってインド人手織工から綿織物を直接、前貸購入して、（3）それをロンドンで競売しヨーロッパに再輸出するという送金貿易へと変化したのである[28]。

そのためインドの財政事情は、東インド会社の綿織物貿易を左右する決定条件の一つとなった。インド財政の赤字化は投資資金の枯渇を意味し、送金貿易を不能にしてゆくからである。東インド会社では、特権的貿易会社（商社）としての性格と統治機構という性格との間にジレンマが生じ、再編成を余儀なくされた[29]。後述するように、一七九〇年代末からこうした事態が現実化した。一七八〇年代のアメリカの独立戦争からナポレオン戦争に至る過程において、インド負担による国王軍派遣を認めた一七八八年宣言法（The Declaratory Act of 1788）と、その後の度重なる征服戦争が、インドにおける公的債務と利払い費を急増させたからである。

まず、一七八四年の小ピット（William Pitt）のインド法[30]によって、商業活動を統制する会社取締役会の他に、インド統治を本国から統制する監督局（Board of Control）が設置された。これ以降、本国の軍事的政治的利害を代表する監督局が膨張政策をとるのに対して、取締役会は、商業活動に資する限りで領土拡大を支持したが、その財政赤字が商業活動を制約することには反対し、一定の矛盾と対立をはらみつつ征服戦争が繰り返されていった[31]。

一七八四年一一月、小ピット内閣の陸軍大臣であり監督局総裁でもあったH・ダンダスは、国王軍と会社軍を国王の下に統一する計画案を作成した。彼の意図は、第一に、節約的改革の圧力の下で、アメリカ独立戦争後に多数発生した休職給（half-pay）扱いの将校をインドに移すことで、休職給支出を削減しつつ彼らを現役のまま保持することであり、第二に、イギリスの国庫負担なしにイギリス軍を拡大して、アジアにおけるイギリスの権益防衛を図ることであった[32]。

しかしダンダスの計画は原案通り実現されたわけではない。彼は、新総督選抜過程で次第に計画案の内容的後退を余儀なくされながらも、一七八七年一〇月、蘭領インドをめぐる緊張の高まりを背景とした国王軍四連隊派遣問題が発生した機会をとらえて、その実現を図ろうとした。ダンダスは、国王が新たに任命することになる七八名の将校を、休職給扱いの国王軍将校と会社の定員外将校から満たすことで、両軍融合の第一歩を踏み出そうとしたのである。

しかし、ダンダスが、指揮官たる中佐の職位を会社軍将校に与えようとした点に国王が抵抗し、他方、国王軍将校との平等な処遇を要求する会社軍将校と取締役会の強い抵抗[33]にあったため、結局、ダンダスは、両軍の融合案は放棄し、また監督局がインド負担で派遣を命じうるヨーロッパ人部隊を制限する等の譲歩をした上で、一七八八年宣言法を通過させた[34]。ともあれ、同法によって、インド軍およびインド駐留イギリス軍は、アジアにおけるイギリスの戦略的常備軍と位置づけられ、インド財政の負担の下に国王軍を派遣する道が開かれたのである。

こうした軍制改革を基礎にしてインド財政を危機に陥れた直接の原因は、ナポレオン戦争であった。まずイン

表 1-6　インド軍兵力とその構成　（単位：人）

	1794年				1808年			
	ベンガル	マドラス	ボンベイ	計	ベンガル	マドラス	ボンベイ	計
国王軍	397	3,948	965	5,310	5,654	8,858	5,836	20,348
会社軍	3,226	3,396	1,568	8,190	1,404	1,933	689	4,026
(ヨーロッパ兵合計)	(3,623)	(7,344)	(2,533)	(13,500)	(7,058)	(10,791)	(6,525)	(24,374)
インド兵(会社軍)	24,251	23,483	8,701	56,435	56,686	52,798	19,593	129,077
総計	27,874	30,827	11,234	69,935	63,744	63,589	26,118	153,451

〔出所〕 *The Second Report from the Select Committee on the Affairs of the East India Company*, 1810, Appendix No. 52より作成。

ド国内で、一七九九〜一八〇一年に、フランスと結んだティプ＝スルタン（Tipu Sultaun）との間に第四次マイソール戦争が誘発され、さらに引き続いて一八〇三〜〇五年には第二次マラーター戦争が勃発した。だが、それだけではなく、ナポレオン戦争においてインド軍は帝国戦略に組み込まれ、インド以外の地域にも動員されていった。一七九四年にモーリシャス、一七九四〜九五年にケープ、一七九六〜九八年にセイロン、一七九七年にマニラ、一八〇一年にエジプト……と、インド軍はインド洋帝国形成の中核部隊となり、兵站基地となったのである。このようなインド内外の戦争は、インド財政に次のような影響を与えた。

まず第一に、表1-6が示すように、一七九四年から一八〇八年までにインド軍の規模を二倍以上に拡大させ、軍事費の急膨張を引き起こした。一八〇二年から〇八年の六年間だけでも、国王軍歩兵連隊七、会社軍歩兵連隊一二、騎兵隊三が増加し、計一〇〇万ポンドにのぼる軍事費増加を招いた。[35]

しかも第二に、より重要なことは、ナポレオン戦争勃発後、本格化したインドからの外国遠征の費用の弁済に関して明確な約定を欠いたまま軍事力拡大と遠征が繰り返されていったことであった。一七九四年から一八〇三年までの間に行なわれた遠征・軍事行動の費用分担を調整するために、三度、イギリス国庫と東インド会社の双方の代表からなる委員会が任命されたが、資料不足と意見の相違から結論を出せず、一八〇五年六月になって、やっと両者の会計を調整する委員会報告が提出された。

表1-7-a　インド洋帝国建設のための戦費　1793～1803年　（単位：ポンド）

（1）	1794年モーリシャスへの遠征費	216,134
	1794―5年等のケープへの遠征費	123,250
（2）	1797年マニラへの遠征費	445,182
（3）	セイロンおよび東洋のオランダ領の獲得・所有の費用（1803年までの捕虜維持費を含む）	3,871,713
（4）	インド半島のフランスおよびオランダ植民地の獲得・所有の費用（1803年までの捕虜維持費を含む）	1,083,592
（5）	インドにおける国王艦隊の船舶および備品等の購入	74,837
（6）	議会法の承認数を越えるインドの国王軍の費用（1800年までの概算）	578,196
（7）	デンマーク人捕虜および囚人の費用	29,248
（8）	1803年までのエジプト遠征費	2,148,179
	総　　　計	8,570,336

〔出所〕 *Report from the Committee on the Account between the Public and the East India Company*, 1805, p. 8より作成。

〔備考〕 1. 年4%の利子費1,556,000ポンドを含む。
2. インド軍務につく国王軍の費用で支出局（the Pay Office）が請求する1,553,600ポンドを含む。
3. ベルガルの支出はシッカ・ルピーを2シリング4ペンスとし、ボンベイでは1ルピーを2シリング3ペンスとして計算している。しかし会社は1ルピーを2シリング6ペンスで支出しており、各プレジデンシィーでの差額は257,000ポンドに達した。

同報告は、ナポレオン戦争で支出した東インド会社の軍事費を表1-7-aのようにまとめ、英印間の費用分担原則を明示した。すなわち、まず表1-7-aの（1）（2）（5）（7）（8）、それに（3）の一部（一八〇一年一二月におけるセイロンでの資産残高、インドからの送金、セイロンの獲得費用）は基本的にイギリス本国が負う。次に（4）と（6）は基本的に東インド会社が負う。そして（3）のうち、マラッカおよびモルッカ諸島の獲得・維持の費用、香料貿易の利益を控除したセイロンの維持費は双方が折半するとした。表1-7-bに示されるように、同報告は、最終的に約二三〇万ポンドをイギリス国庫の分担額とし、一八〇五年の会議開期中にすでに一〇〇万ポンドが支払われたので、残余額についてはさらに相互の調整が必要であると勧告した[36]。その後、翌一八〇六年の議会開期中にも一〇〇万ポンドが会社に支払われたが、それでも会社の財政赤字は深刻化し、一八〇八年に会社が請願書を提出したのを契機に、東インド会社業態調査委員会（Select Committee on the Affairs of the East India Company）が任命された。

その第一次報告は、一八〇五年報告以降に生じたイギリス国庫が負うべき支出として、（1）トリニダードへの中国人移民のためにインドで生じた経費、（2）一八〇五年のケープ遠征

表 1-7-b　Bragge と Vansittart 両氏による支出認定額　（単位：ポンド）

(1) モーリシャスへの遠征費	204,241
ケープへの遠征費	93,423
(2) マニラへの遠征費	429,826
(3) セイロンおよび東方諸島の獲得費用	393,989
セイロンおよび東方諸島でのオランダ人捕虜の維持費	199,735
(5) インドで英帝国海軍が使用するための船舶備品等の購入費（会社負担分）	41,789
小計[1)]	1,363,003
内）未払残高[2)]	897,670
(8) エジプトへの遠征費（利子費を除く）	1,500,000
総計[3)]	2,397,670

〔出所〕 *Ibid.*, p. 162 より作成。
〔備考〕 1) 1803 年 3 月 31 日までの 4% 利子費を含む。
2) 1798 年 8 月、10 月、1799 年 7 月に会社に 465,333 ポンドが支払われた。
3) 総計の中、960 ポンドは、インドでの国王軍の徴兵・衣服等の経費である。

費用、（3）ブエノスアイレス遠征のための補給費をあげ、また一八〇五年報告が見落としたイギリス国庫分担支出として、英帝国船舶が海上で捕えた捕虜費用をあげる一方、イギリス国庫が会社に請求しうる費用として、軍需部糧食局（Victualling Office）が会社軍に供給した兵糧費をあげた上で、差引き約一五〇万ポンドをイギリス国庫が負うべき額とした。[37] 同年、一五〇万ポンドが会社に支払われた。[38] このようにして、ナポレオン戦争の戦費分担について何度か会計調整が行なわれたが、結局、会社が実際に負った戦費の大部分は支払われないままに終わったのである。

そのため、インド財政は表1-8に示すように、一七九七年以降、恒常的な赤字状態に陥った。支出では、軍事費が二倍以上の急増を見せたのに対し、収入では、地税収入を中心とする会社領収入が停滞したため、「土侯国（Native States）」との負担金同盟[39]（Subsidiary Alliance）に基づく負担金収入（貢税や略奪金など）で補わざるをえなかった。後述するように、東インド会社が中国へのアヘン貿易で収益を上げるようになるまでは、塩専売が重要な収入源となっていた。[40] しかし、それでも収入不足を満たせず、結局、公債にますます依存せざるをえず、表1-9（四六頁）が示すように急速な公債累積をもたらし、その利子負担がインド財政をさらに圧迫するという悪循環を作り出したのである。

表1-8　東インド会社の財政状況　（単位：1000ポンド）

年度	収入			支出						財政収支状況	
	会社領からの収入	土侯国からの負担金収入[2]	合計	軍事	建物・要塞	民政・徴税・司法・海運	ベンコーレン・ペナン等への支出	負債利子[3]	総計	収入超過	支出超過
1792-3年	5,985	2,241	8,226	3,481	108	2,387	66	636	7,007	1,219	
1793-4	6,359	1,917	8,277	3,362	115	2,413	41	526	6,634	1,643	
1794-5	6,539	1,488	8,026	3,410	137	2,401	62	484	6,630	1,396	
1795-6	6,320	1,546	7,866	3,623	99	2,617	104	415	6,993	873	
1796-7	6,485	1,532	8,016	4,107	123	2,687	101	427	7,609	407	
1797-8	6,316	1,744	8,060	4,506	100	2,619	163	604	8,179		119
1798-9	6,381	2,271	8,652	5,474	110	2,624	121	722	9,260		608
1799-1800	6,777	2,960	9,737	5,526	163	2,953	171	957	10,127		390
1800-1	6,848	3,637	10,485	6,512	183	3,055	156	1,063	11,625		1,139
1801-2	7,207	4,957	12,164	6,997	176	2,954	241	1,387	12,651		488
1802-3	7,824	5,641	13,465	6,061	184	3,509	197	1,361	12,524	941	
1803-4	7,877	5,395	13,271	7,778	165	3,518	304	1,394	14,699		1,428
1804-5	8,158	6,791	14,949	8,460	220	3,724	372	1,567	16,487		1,538
1805-6	8,254	7,150	15,403	9,033	278	3,797	351	1,860	17,672		2,269
1806-7	7,795	6,741	14,536	8,772	291	3,725	179	2,225	17,688		3,152
1807-8	—	—	15,670	7,470	289		129	2,226	15,979		309
1808-9	—	—	15,525	7,380	279		158	2,242	15,551		26
1809-10[1]	—	—	15,656	7,838	174		123	1,925	15,658		2

〔出所〕 *The Second Report*, Appendix No. 6 より作成。
（備考）（1） 1809-10年は推計額。
（2） 負担金収入は粗収入額で、純収入額については *Ibid.*, Appendix No. 6（B）を参照。
（3） 1798年に設置された減債基金によって償還された債券は除く。

ただし、神田さやこによれば、一八〇一年度から一八五八年度までの東インド会社の財政をみると、利払い費を除く基礎的財政収支は基本的に黒字基調であり、一八一〇年度、一八二四年度、一八五四年度の各年度およびその前後に赤字幅が拡大しているのは、低利の社債への借り換えや償還を促す政策をとったからだとされている。[41]

ともあれ、利払いを含めると、東インド会社における恒常的な財政赤字は、会社のインド綿織物貿易にいかなる影響を与えたのだろうか。それは会社に投資資金の供給の枯渇を、すなわち送金貿易の資金的基盤の喪失をもたらした。だが、ナポレオン戦争が送金貿易に与えた影響はそれだけではない。ナポレオン戦争は、従来の会社株式配当に加えて、国王軍派遣や備品購入の増大、さらには一七九六年退役規則（会社軍将校への退職金支払い

表1-9　東インド会社の負債累積額（単位：1000ポンド）

年　度	負　債 Debt	流動負債 Floating Debt	合　計
1792年	7,130	2,013	9,143
1793	6,193	1,779	7,972
1794	5,539	1,766	7,305
1795	5,335	1,464	6,799
1796	5,604	1,532	7,136
1797	7,352	1,791	9,143
1798	8,789	2,077	10,867
1799	9,850	2,734	12,584
1800	11,702	2,297	13,999
1801	14,174	2,436	16,610
1802	15,588	2,816	18,404
1803	16,711	2,816	19,572
1804	18,697	3,425	22,121
1805	21,278	4,348	25,627
1806	24,432	4,070	28,502
1807	26,357	3,889	30,244
1808	27,912	4,096	32,008
1809	27,153	3,724	30,877

〔出所〕 *The Second Report*, Appendix No. 7より作成。

の開始）等によって、イギリスでの支払い義務（本国費）を増大させ[42]、かえって会社に送金貿易の必要性を拡大させた。つまりナポレオン戦争は、イギリスでの支払い義務を増大させ、送金貿易の必要性を拡大しながら、他方でインド財政の恒常的赤字状況を作り出すことで、送金貿易の資金的基盤を奪っていったのである。

そのため会社は、後述するようにインド綿織物輸出を私商人に一部開放し、自ら貿易独占のなし崩し的な放棄を余儀なくされていった。イギリス本国は「安価な政府」の要求を植民地インドに押し付けることによって、迂回する形で、イギリス綿工業の最大の競争者である東インド会社のインド綿織物貿易の基礎を掘り崩していったのである。では次に、輸出向けインド綿業の破壊過程と、一八一三年に会社のインド貿易独占権が廃止されたことについて検討しよう。

2―輸出向けインド綿業の衰退過程

輸出向けインド綿業は、前述のように、（1）イギリスの保護関税強化による本国市場からの排除と、（2）インド財政の恒常的赤字による投資資金の不足という二つの制約条件の下で、ナポレオン戦争による欧米市場の混乱を受け止めねばならなかった。まず軍事費圧迫による恒常的な赤字財政のために投資資金を賄えず、東インド会社は、ロンドンで競売する本国向け綿織物供給の不足を補うために私商人による私貿易を許可せざるをえなくなった。私貿易自体は、すでに一七九三年の特許更新時に会社船の一定枠内という条件で許可されていたが、一八〇〇年九月一九日の参事会命令によって、会社は、私船（private ship）によるイギリスへの輸出を許可せざるをえなかったのである。[43]

もともと、一七九三年における私商人の東インド貿易参加の原則は、（1）会社の資本力が及びえない範囲で行なう、（2）イギリス製品の輸出増加、（3）インドの原料輸入をもって本国製造業を富ます、（4）インドとヨーロッパ大陸間の貿易をイギリスに引きつける、（5）定期的に行なわれている会社の投資に基づく主要商品には介入せず、東インド会社の商業利益を減少させない、というものであった[44]が、私商人は（2）（3）の原則を満たすことができず[45]、さらに会社も（1）（5）の原則を維持できなくなっていった。事実上、会社の貿易独占の崩壊が始まったのである。

図1-1　東インドの織物輸出　1793-1809年

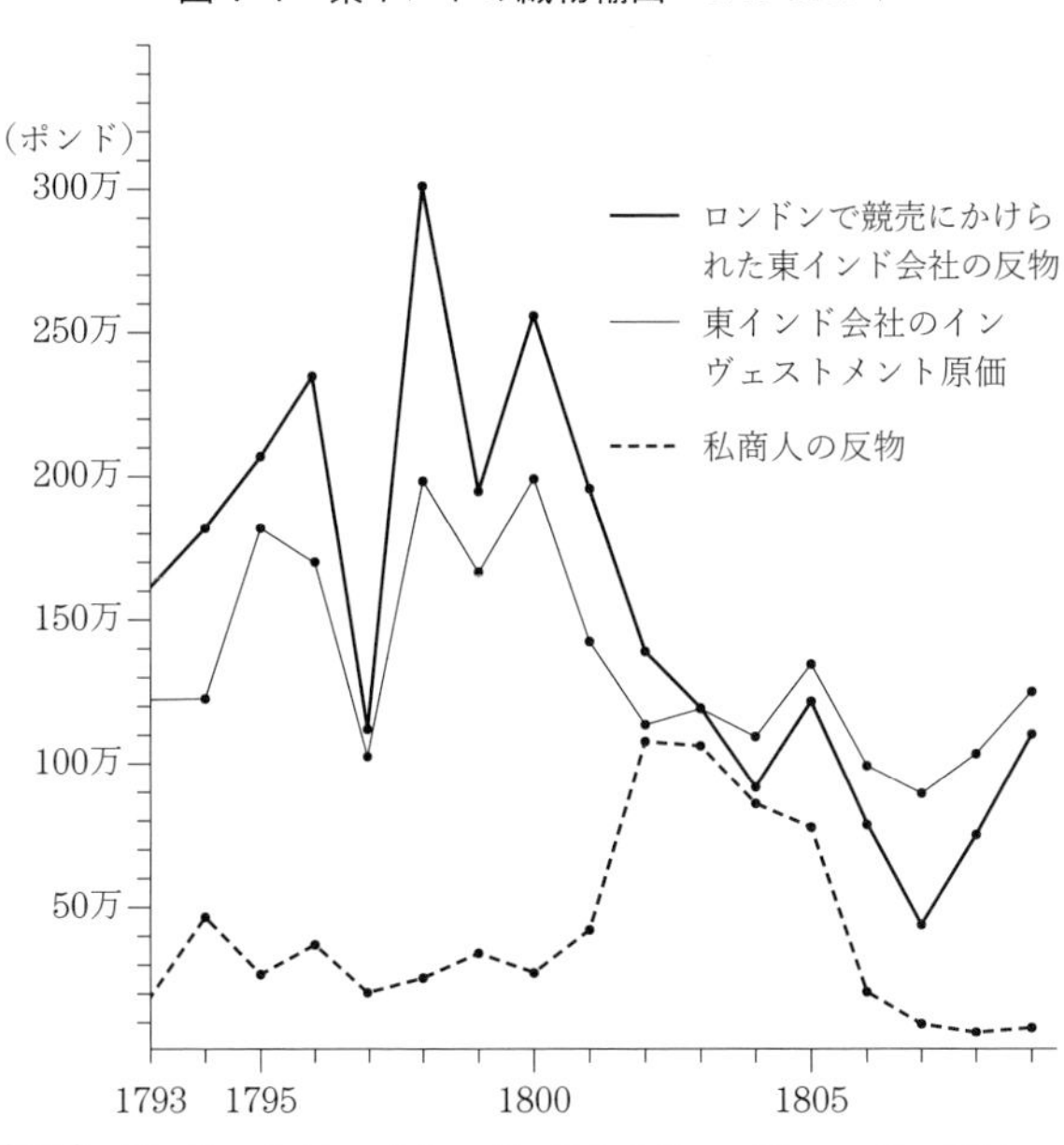

〔出所〕*The Fourth Report from the Select Committee on the Affairs of the East India Company*, 1812, Appendix No.24 および R. C. Dutt, *op. cit.*, p. 263 より作成。

図1-1は、投資資金の減少を反映した会社の綿織物輸出の急減と、一八〇二年以降、その不足を補うために私商人の綿織物貿易が一層促進され、その取引量が急増したことを示している。[46]このため会社は、表1-10からも明らかなように、私貿易品よりも良質品に絞ることで、販売量の低下を価格によって補い、収益を維持しようとした。

表1-10　インド綿反物の中級品競売価格

5年間平均	ベンガル産綿反物			インド沿岸産の綿反物		
1772～76年	1£.	14s.	7d.	2£.	15s.	2d.
1777～81年	1	14	4	2	—	4
1782～86年	2	—	—	2	11	11
1787～91年	1	14	2	2	—	—
1792～96年	1	11	8	1	15	3

競売年月	ベンガル産の綿反物						インド沿岸産の綿反物					
	会社品			私貿易品			会社品			私貿易品		
1797年	1£.	17s.	—d.	1£.	3s.	—d.	1£.	12s.	11d.	£.	s.	d.
1798年	1	14	—	1	8	6	1	16	—			
1799年3月	1	10	6	1	13	6	1	17	7			
9月	1	4	6		19		1	2	8			
1800年3月・9月	1	5	—	1	—	10	1	9	9		11	11
1801年3月・9月	1	8	6		19	1	1	12	9		11	11
1802年3月・9月	1	10	—		15	4	1	7	—		13	2
1803年3月	1	4			12	6	1	1	6		17	11
9月		19			11	10	1	6	3		15	4
1804年3月		19			11	2		19	5		14	4
9月		19			10	2		18	11	1		4
1805年3月		16	6		12			16	7		16	
9月		—			—			—			—	
1806年3月		16	5		11	10		14	7		—	
9月		14	9		12			16	10		17	7

〔出所〕 *Supplement to Fourth Report*, pp. 209-211 より作成。

しかしこうした方策も、一八〇三年の戦争再開と大陸封鎖の影響を直接的に被らざるをえなかった。表1-11に見られるように、一八〇三年三月の競売から一八〇六年まで、競売日は半年の遅延が生じ、大量の売れ残り在庫が生じた。しかもその間、インド綿布に対する差別関税が強化されていったから[47]（表1-1参照）、インド綿布は、イギリス国内市場への流入を阻まれ、滞貨を累積させていった。そのため会社品と私貿易品との間に競合関係が生じ、私貿易品の価格引下げに先導されて会社製品の綿布価格も急速に下落し（表1-10参照）、さらに私商人との競争を介したコスト・ダウンの要請は、インド織布工の側に品質や規格に対する無関心を生み出すことで、インド綿布の粗悪化を進め[48]、輸出向けインド綿業の内部的崩壊を加速していったのである。

しかも、こうした大量の滞貨と価格急落によってもたらされた収益の急減は、本国の会社宛に振り出された為替手形の決済だけでな

表 1-11　ベンガル綿反物の競売状況　1799-1806 年　（単位：反）

競売予定年月	実際の実施年月	会社			私商人		
		提出量	販売量	売残り量	提出量	販売量	売残り量
1799 年 9 月	同	457,917	450,500	7,417	153,375	152,870	505
1800 年 3 月・9 月	同	1,136,201	1,129,501	6,700	304,550	304,530	20
1801 年 3 月・9 月	同	838,823	838,712	111	396,857	396,444	413
1802 年 3 月・9 月	同	443,993	437,862	6,131	1,273,273	1,252,503	20,770
1803 年 3 月	1803 年 9 月	364,394	242,164	122,230	756,089	742,193	13,896
9 月	1804 年 3 月	494,648	381,477	113,171	501,293	343,546	157,747
1804 年 3 月	9 月	539,294	442,952	96,342	762,250	548,186	214,064
9 月	1805 年 3 月	543,882	518,019	25,863	439,444	431,013	8,431
1805 年 3 月	8 月	178,086	174,321	3,765	320,820	320,727	93
9 月	—						
1806 年 3 月	同	538,174	410,196	127,978	113,233	113,233	
9 月	同	358,453	199,500	158,900	96,364	96,264	100

〔出所〕 *Supplement to Fourth Report*, Appendix No. 47, p. 210 および W. Milburn, *op. cit.*, pp. 222-5 より作成。

く、投資資金の確保をも困難にし、一層の負債増加を導いていった。つまり綿織物について送金貿易を継続すればするほど、滞貨と財政赤字が拡大するという事態が作り出されたのである。

こうした事実を踏まえて、一八一三年に会社のインド貿易独占権が廃止されたことをみる時、それをイギリス産業資本の自由貿易運動[49]の直接的成果と考えることが、いかに皮相な捉え方であるかが明らかになるであろう。図1-2、図1-3および表1-11が示すように、英印貿易の主要商品である綿織物輸出の減退と採算割れによって、インド貿易独占が事実上、意味を持たなくなったために、会社は、それを放棄せざるをえなかったのである。しかも、かかる事態を惹起した原因は、前述したように、(1)保護関税強化によるインド綿織物の本国市場からの排除と、(2)本国の負担を軽減する軍事戦略の強制によって生じたインド財政の恒常的赤字であった。つまり会社のインド貿易独占権の廃止は、イギリス産業資本の自由貿易運動の直接的な成果であったというよりも、むしろイギリス本国の保護政策の強化と植民地改革=軍事政策によってもたらされたと考えられるのである。[50]

その結果、東インド会社は、もはや赤字をもたらすだけの英印貿易の独占を放棄して、採算のとれるアヘンや茶の中国貿易の独占を確保しようとしたのであり、中国輸出向けのインド・アヘンを育成しつつ、イギリス綿製品のインド輸出を受け入れてゆくというアジア三角貿易の形成へと向かっていったのである。[51]

3―小括

産業革命期にとられたイギリスの綿業保護政策を見るかぎり、近代資本主義は誕生するはじめから、幼稚産業の保護政策がとられるのが一般的であった。リカードゥが定式化した「比較優位」と自由貿易の利益は、理論上はともあれ、歴史的事実としては成り立っていなかった。あえて言えば、フリードリッヒ・リストが主張するように、主導的産業が基盤を築いた後に、「強者の論理」として機能するものである。こうした点がよく見えてこなかったのは、イギリス・インドの関係が対等な「国民国家」同士のそれではなく、産業の競争相手となったインドを植民地化していく過程にあったからである。

図 1-2-a　東インド会社の商品販売額
（上位 4 品目）

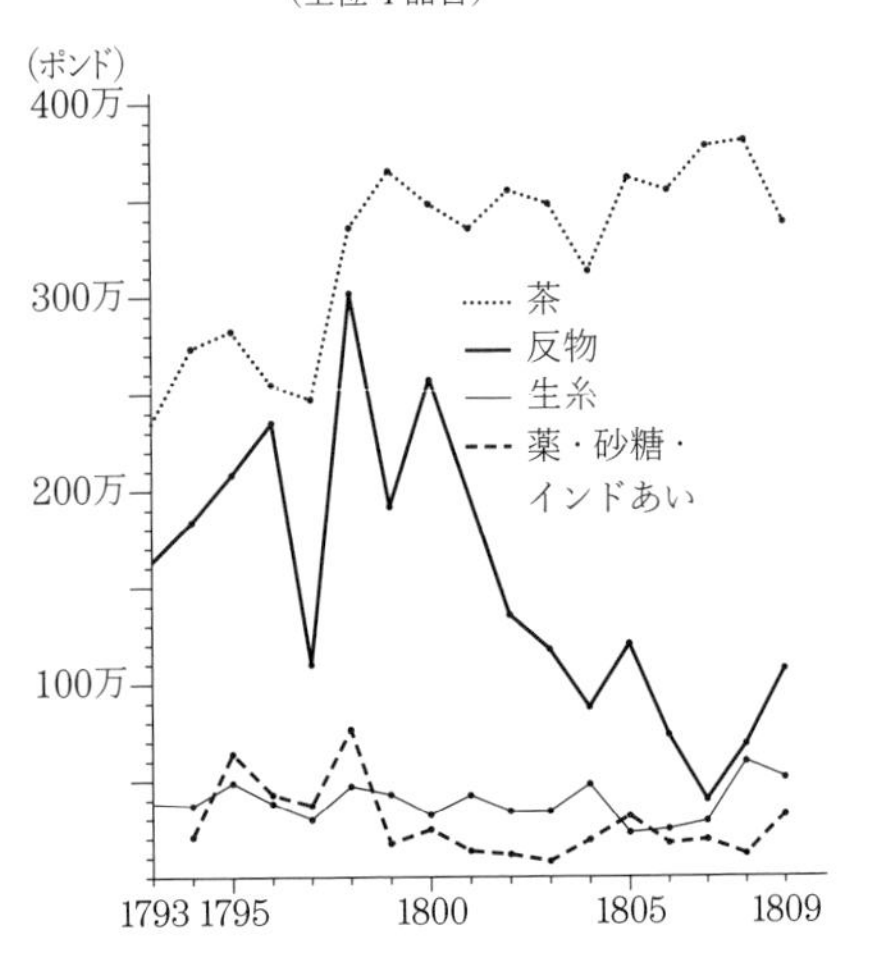

図 1-2-b　私商人による商品販売額
（上位 4 品目）

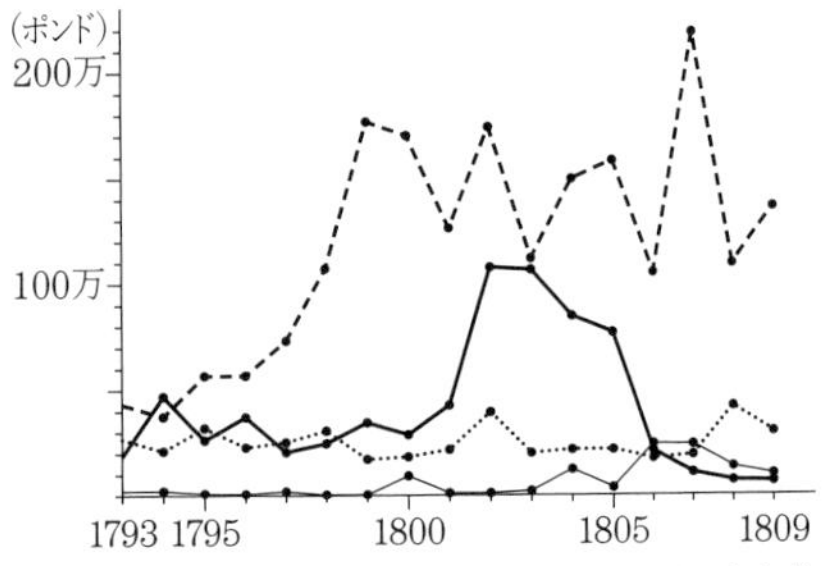

〔出所〕 *The Fourth Report*, Appendix No. 25 より作成。
〔備考〕 薬とはアヘンをさす。

図1-3　東インド会社の貿易収益状況　1793-1809年

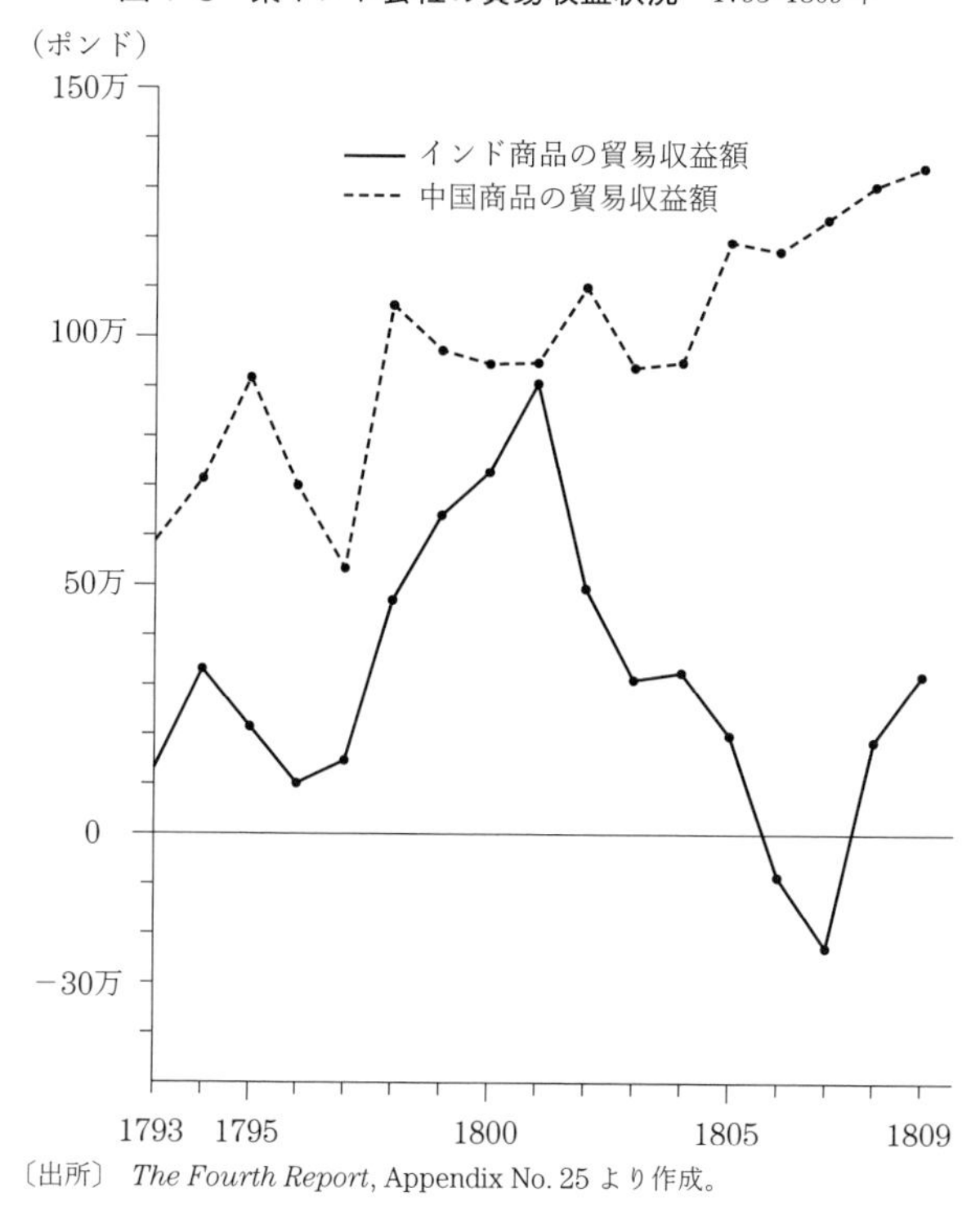

〔出所〕 *The Fourth Report*, Appendix No. 25 より作成。

さらに言えば、「自由貿易」の論理で東インド会社の「独占」が打ち破られ、競争によってインド綿織物業が負かされたというより、むしろ逆に東インド会社がナポレオン戦争に動員され、征服戦争が拡大していくことで、インド綿織物貿易の資金的基礎は失われていったのである。植民地改革＝軍事政策が、インド綿業を破壊していった後に、イギリス本国で本格的な「自由貿易」政策および「小さな政府」路線がとられていく。だが、この「自由主義」の全盛期においても、インドの軍事的負担と本国への送金に基づいて、インド洋帝国では戦争が繰り返され、インド洋帝国を軸にアジア・アフリカ地域をイギリス綿製品の最大の市場へと編制してゆくのである。

この点について、次章で検討していこう。

第二章

「安価な政府」と植民地財政

――英印財政関係を中心にして

I はじめに

ここまで、自由貿易政策ではなく本国の保護政策によって、またナポレオン戦争を契機とする東インド会社の再編に伴うインド綿織物業の衰退によって、産業革命期のイギリス綿工業が成長できたことを明らかにしたが、本章ではイギリス製品、なかんずく綿織物がいかにしてアジア・アフリカ地域の市場拡大をなしえたのかという問題を検討する。

それは、インド財政とインド軍を利用した暴力的世界市場の創出過程を伴っていた。しかし、一九世紀の半ばのイギリス財政は「安価な政府（あるいは小さな政府）」、経済政策としてはレッセ・フェールと、長きにわたって特徴づけられてきた。したがって本章の課題は、イギリス本国における「安価な政府」の下で、いかにしてイギリス帝国は膨張しえたのかという問いに答えることである。それは、アジア・アフリカ地域において、インド財政の負担とインド軍の利用によって戦争政策を遂行するという英印財政関係のメカニズムを媒介項にして、パクス・ブリタニカの全体構造を明らかにすることでもある。

先述したように、「自由主義」段階と「帝国主義」段階を区分する、かつての「通説」は、ギャラハー＝ロビンソンの「自由貿易帝国主義」論[1]以降、その有効性は大きく減じられてきた。ギャラハー＝ロビンソンの研究には、統治機構の違いから「公式」帝国と「非公式」帝国に分類し、「非公式」帝国という「支配」の形態を析出した点に画期的意義がある。そこでは、経済的原因のみならず、現地における反発や協調といった社会的・政治的な反応のあり方が影響を及ぼすことを重視している。それによって、ヨーロッパ中心史観に大きな転換をもたらす契機となった。第三章で述べるように、その分岐点はアメリカ独立戦争による白人植民地の独立と、インドを中心としたアジア・アフリカの植民地拡大であったが、この「自由貿易帝国主義」論には、財政論に基づく「帝国」建設の全体構造がどのようなものであったかという視点が欠けている。

一方で、一八世紀に「財政＝軍事国家」[2]が形成されたというジョン・ブルーワの議論は、一九世紀の「安価な政府」という「自由主義」的財政改革がいかに可能になったのかという問いに十分には答えられていない。具体的には、自由貿易を掲げ、かつグラッドストーンの大蔵省統制に結実していく財政規律を課された国家財政の下で、いかにして膨張する帝国を建設する軍事国家たりえたのか、その負担はいかにして調達されたのかという問題である。もっとも、「財政＝軍事国家」論に触発されてジョン・リチャーズが、インドの植民地が軍事的膨張とともに、地税を中心にして塩税、アヘンなどの歳入を拡大していったことを明示的に指摘するようになった。[3]しかし、インド財政が、いかにして当時の主導産業である綿工業製品のアジア・アフリカ市場を切り開き拡大していったのか、その際、インドの植民地拡大がどのようにイギリス帝国を支えたのかは明らかにされていない。

他方、ケイン＝ホプキンスの「ジェントルマン資本主義」の帝国論[4]は、「文化的」共通性を持つ政治権力を担う階層を人格的主体にして、金本位制に基づくポンド・スターリング体制という世界経済の金融的支配を軸に帝国的膨張を説くという点に特徴がある。しかし、シティの金融支配を一面的に強調することは、かえって「帝国」の歴史のダイナミズムを見失わせる。

問いを正面から立ててみよう。まず、一九世紀半ばまでのイギリス資本主義は、大植民地帝国として不断に膨張を続けていたにもかかわらず、本国の国家財政規模は抑制され、「安価な政府」（およびレッセ・フェール）が保たれていた。[5]このアポリアを解くには、本国の国家財政だけでなく、対外政策（帝国の膨張と世界市場の創出）と対内政策（「安価な政府」）の媒介手段となった植民地財政の実態を把握することが必要となる。[6]

その際、白人植民地アメリカでは、より多くの税負担を課すイギリスの試みへの反発が生じ、課税負担を植民地に移転する限界が露呈した一方、東インド会社はインドから税収を引き出し、貿易会社から税によって支えられる領土権力へと転換していった。結局、インド農民が、イギリスの世界的な軍事的コストの相当部分を背負ったのである。[7] このコストの移転に着目することで、イギリス国家が国家経費（とくに軍事費・公債費）を相対的に低く抑えながら、膨大な帝国の費用を賄いつつ、世界的な政治的・軍事的優位（パクス・ブリタニカ）を実現しえたメカニズムも明らかになっていく。と同時に、イギリス資本は、いかなる政策と負担の下に、非資本主義圏への世界市場創出（とくにイギリス綿業資本のアジア市場拡大）を遂行しえたのか、という点を明らかにしなければならない。「ジェントルマン資本主義」論とは異なって、この時期を通して形成されてきたインドの貿易黒字と金準備を背景にして、一九世紀末にイギリスは、国際金本位制に基づくポンド・スターリングを国際決済通貨として確立していくからである。[8]

II　イギリス植民地財政の急膨張とインドの戦略的地位

〝膨張する大植民地帝国の財政〟として、一九世紀のイギリス財政を再構成するという本章の目的に沿って、まず植民地財政の全体像を明らかにしなければならない。だが従来の研究では、この膨大な植民地財政が果たしてどの程度の規模であったかについては、ほとんど明らかにされていない。[9] したがって、植民地財政がイギリス帝国に対していかなる役割を果たしていたかを論ずる前に、まず、その財政規模と推移を明らかにしておかねばならない。表2-1、表2-2は、議会青書から作成した植民地財政の規模と推移を表わしている。この表は不完全ではあるが、手に入る最も近似的な数字であり、ほぼその全体規模を表わしていると考えてよいであろう。[10]

この表で、まず表2-1、表2-2に注目すべきなのは、一八四六年から一八七〇年まで植民地財政が極めて急激に膨張しているからである。すなわち、「総計」でみて、一八四六年の約二八六五万ポンドから、一八五五年の約三八七七万ポンド、一八六五年の約六三八八万ポンド、一八七〇年の約七二八八万ポンドと、二五年の間に約二・五倍に増加しているのである。他方、イギリス本国では、クリミア戦争期を除いてほぼ停滞していた。すなわち、ミッチェルによれば、一八四六年のイギリス国家財政は粗支出額で約五三七〇万ポンド、一八五五年は約六九一〇万ポンド、一八六五年は約六七一〇万ポンド、一八七〇年は約六七一〇万ポンドと、ほとんど増加していない。[11] この結果、一八四六年に本国の約半分であった植民地財政は、一八七〇年にはついに本国の財政規模を上回った。つまり、表2-1・表2-2は、本国財政の経費停滞（「安価な政府」）と植民地財政の急膨張（「高価な政府」）という対照的な事実を明らかにしているのである。

同様のことは、公債についても言える。植民地公債の残高について表2-3を見れば、一八五二年の約六〇六

表2-1　イギリス植民地における財政支出　1846年

（単位：ポンド）

		1846年
	インド	27,120,630
	（総計中に占める割合）	（94.7%）
	セイロン	498,205
	モーリシャス	50,598
	香港	60,351
オーストラリヤ	ニュー・サウス・ウェールズ	281,164
	ヴァン・ダイメンズ・ランド	—
	南オーストラリア	37,208
	西オーストラリア	7,839
	ニュージーランド	No. Report
	フォークランド諸島	7,178
	イオニア諸島	—
	ケープ植民地	189,494
	セントヘレナ	21,193
	黄金海岸	4,127
	シエラ・レオネ	16,760
	ガンビア	No. Report
北アメリカ	カナダ	No. Report
	ニュー・ブランズウイック	85,607
	ノヴァ・スコーシャ	—
	プリンス・エドワード島	12,663
	ニュー・ファウンドランド	—
	バミューダ	17,136
	ホンジュラス	19,200
西インド諸島	ジャマイカ	No. Report
	バハマ	22,745
	バルバドス	—
	グレナダ	17,103
	トバコ	—
	セント・ヴィンセント	21,942
	セント・ルシア	—
	アンチグア	37,385*
	セント・キッツ	—
	モントセラット	4,061
	ヴァージン諸島	1,865
	ネーヴィス	4,176
	ドミニカ	—
	トリニダード	—
	英領ギアナ	（1,207,281ドル）
	ジブラルタル	—
	マルタ	112,846
	総計**	28,651,476

〔出所〕 インドについては、K. T. Shah, *Sixty Years of Indian Finance*, 1921, P. 3, 他の植民地については *The Reports exhibiting The Past and Present State of Her majesty's Colonial Possessions, and of the United States of the Ionian Islands for the year 1846, 1847*, 各巻より抽出。

〔注〕 *1846年9月30日までの数字

**総計は報告書を提出していない植民地及び報告書が提出されていても、財政支出について触れられていない植民地を除いている。

また、英領ギアナはドル表示なので、これも総計から除いた。

表 2-2　イギリス植民地に於ける粗財政支出額　（単位：ポンド）

		1852 年	1855 年	1860 年	1865 年	1870 年
	イ　ン　ド （総計中に占める割合）	27,098,462 （86.2%）	30,753,456 （79.3%）	51,861,720 （79.2%）	46,450,920 （72.7%）	53,382,026 （73.3%）
	海峡植民地（Straits settlements）	—	—	—	375,242	267,617
	セ　イ　ロ　ン	412,871	405,610	705,440	838,193	1,026,871
	モーリシャス（Mauritius）	283,053	317,830	500,854	667,716	591,579
	ラ バ ン（Labuan）	6,208	3,416	8,409	7,484	7,302
	香　港	34,765	40,814	72,391	195,376	183,596
オーストラリア	ニュー・サウス・ウェールズ*	600,322	1,675,024	2,047,955	2,314,794	3,298,353
	ヴ ィ ク ト リ ア	978,922	2,612,807	3,315,307	2,229,747	3,428,382
	南オーストラリア*	140,047	805,418	620,602	809,159	949,592
	西オーストラリア	34,777	49,241	61,745	74,985	113,046
	タ ス マ ニ ア*	177,467	393,195	403,194	353,456	—
	ニュージーランド*	—	—	—	2,906,332	2,979,726
	ク イ ン ズ ラ ン ド	—	—	180,103	459,026	812,238
	フォークランド諸島 （Falkland Isles）	6,102	5,354	5,427	8,616	—
	ナ タ ー ル（Natal）*	31,806	33,894	80,385	169,214	—
	ケ ー プ 植 民 地*	252,495	329,565	729,690	870,089	795,695
	セ ン ト ヘ レ ナ	15,944	16,866	22,294	20,603	18,943
	黄　金　海　岸	6,401	8,501	9,558	—	35,609
	シエラ・レオネ（Sierra Leone）	26,430	32,418	31,136	48,490	68,041
	ガ　ン　ビ　ア	13,263	15,210	15,274	17,151	21,937
北アメリカ	カナダ（オンタリオとケベック）	—	—	2,988,557	2,685,482	2,988,648
	ニュー・ブランズウィック	129,356	138,353	174,419	189,679	
	ノヴァ・スコーシャ	113,786	—	116,991	220,471	
	プリンス・エドワード島	14,857	30,193	41,196	50,634	70,663
	ニュー・ファウンドランド （New found land）	99,310	133,270	132,667	156,454	147,844
	英 領 コ ロ ン ビ ア*	—	—	47,171	141,762	100,523
	ヴァンクーバー島*	—	—	24,054	90,278	
	バ ミ ュ ー ダ	14,891	15,599	17,405	35,627	33,202
	ホンジュラス（Honduras）	18,543	21,511	30,270	35,614	26,220
	西インド諸島合計**	548,721	531,518	750,169	950,055	989,839
	英　領　ギ　ア　ナ	227,070	239,511	314,858	300,894	325,185
	ジ ブ ラ ル タ ル	28,384	29,830	29,035	33,810	41,921
	マ　ル　タ	123,086	127,003	148,303	167,818	171,788
	総　計***	31,437,339	38,765,407	65,486,309	63,875,171	72,876,386

〔出所〕 *Statistical Abstract for the several Colonial and other Possessions of the United Kingdom*, No.3, PP. 8-9 & No. 9, PP. 8-9 より作成。

〔注〕 ＊公債償還費（Repayment of Loans）を含んでいる。

＊＊Jamaica, Virgin Islands, Antigua, Montserrat, Tobago, Trinidad は公債償還費を含むが、Bahamas, Turk's Island, St. Christopher, Nevis, Dominica, St. Lucia, St. Vincent, Barbadoes, Grenada は含まない。

＊＊＊総計はあくまで上記資料に掲載されている植民地に限られている。
また、不明の部分についてはとりあえず除いて総計とした。
なおニュージーランドは 1857 年、カナダは 1867 年に自治を付与されている。

表2-3 イギリス植民地に於ける公債

（単位：ポンド）

		1852年	1855年	1860年	1865年	1870年
	イ ン ド (総計中に占めた割合)	55,114,493 (90.9%)	55,531,120 (82.3%)	98,107,460 (79.5%)	98,477,555 (70.9%)	108,186,338 (63.3%)
	海峡植民地	—	—	—	—	—
	セ イ ロ ン	—	—	—	450,000	700,000
	モーリシャス	—	—	—	900,000	1,100,000
	ラバン (Labuan)	—	—	—	—	—
	香 港	—	—	—	—	—
オーストラリア	ニュー・サウス・ウェールズ	212,000	1,011,300	3,830,230	5,749,630	9,681,130
	ヴィクトリア	—	480,000	5,118,100	8,622,245	11,924,800
	南オーストラリア*	—	127,000	870,100	796,200	1,944,600
	西オーストラリア	—	12,939	1,750	1,750	—
	タ ス マ ニ ア	—	—	—	—	1,268,700
	ニュージーランド	—	—	594,044	●4,368,682	⊙7,841,891
	クィーンズランド	—	—	—	1,131,550	3,509,250
	フォークランド諸島 (Falkland Isles)	—	—	—	—	—
	ナタール (Natal)	—	—	50,000	110,000	268,000
	ケープ植民地	—	—	368,400	851,650	1,106,458
	セントヘレナ	—	—	—	—	10,000
	黄金海岸	—	—	—	—	—
	シエラ・レオネ (Sierra Leone)	823	1,963	2,571	—	—
	ガンビア	—	—	—	—	—
北アメリカ	カナダ(オンタリオとケベック)	4,291,051	8,885,582	11,977,905	12,864,483	21,016,904 (カナダ・ニュー・ブランズウィック・ノヴァ・スコーシャ計)
	ニュー・ブランズウィック	—	—	1,035,614	1,249,174	
	ノヴァ・スコーシャ	—	—	—	971,706	
	プリンス・エドワード島	5,960	8,735	41,420	71,083	133,797
	ニュー・ファウンドランド	111,712	151,805	182,139	197,506	242,254
	英領コロンビア	—	—	5,200	237,986	322,328 (英領コロンビア・ヴァンクーバー島計)
	ヴァンクーバー島	—	—	880	40,000	
	バ ミ ュ ー ダ	—	—	—	500	11,710
	ホンジュラス	—	—	—	28,239	29,591
	西インド諸島 合計	868,727	1,184,552	1,063,878	1,081,102	974,664
	英領ギアナ	—	—	—	559,517	582,423
	ジブラルタル	—	4,909	—	—	—
	マ ル タ	—	89,690	88,789	204,114	Not stated
	総 計**	60,604,766	67,489,595	123,338,480	138,964,672	170,854,838

〔出所〕 表2-2と同じ、No. 3, PP. 12-13 & No. 9, PP. 12-13より作成。

〔注〕 ＊再生産的公共事業の為の公債loansに限られている。

●1,851,400ポンドは地方政府債 (Debts of Provincial Governments)

⊙3,298,575ポンドは地方政府債（同上）

＊＊総計はあくまで上記資料に掲載されている植民地に限られている。

〇万ポンドから一八七〇年には約一億七〇八五万ポンドと、約二〇年間で三倍弱の急膨張を示している。他方、イギリス本国の方は、一八四六年に七億八七二〇万ポンドであったのが、一八七〇年には七億四一五〇万ポンドと、逆に四五七〇万ポンドの減少を示している。[12] やはり、ここでも本国の公債停滞・削減と植民地での公債増加という見事な対照を示しているのである。

以上を約言するならば、（1）イギリス本国では外見上「安価な政府」を維持しつつも、（2）植民地において、その財政を膨張させ、（3）そのために生ずる財政赤字は、本国から支弁せず、結局、植民地当局の公債で賄っていたということである。

しかし、表2-1、表2-2で見逃してはならないもう一つの事実がある。それは、植民地の外延的・内包的拡大に伴って比重をわずかに落としつつも、全植民地支出の約七〜八割の圧倒的比重をインド財政が占めていたことである。[13] まさにインドこそ、イギリス植民地の中で、最大かつ中軸的な地位を占める植民地だったのであり、したがって、イギリス植民地財政・植民地政策を明らかにするという時、何よりもまずインド財政が分析されねばならないのである。

III 「安価な政府」を支えたインド財政

1 イギリスのもう一つの軍事財政・インド

表2-4によって、最大かつ中軸的な地位を占めるインド財政の推移をみると、一八五七〜五九年の大反乱以前のインド財政の経費構成はほぼ一定しており、約半分が軍事費、これに続いて本国費（イギリスでの支払）、利

表2-4　インド財政の経費構成（純支出）　（単位：ポンド）

	1837-38年	1849-50年	1850-51年
民政費	1,332,256（9.87%）	2,054,361（10.69%）	1,993,989（10.34%）
司法・警察費	1,604,012（11.89）	1,914,334（ 9.97）	2,048,846（10.62）
艦隊費	160,524（ 1.19）	253,363（ 1.32）	338,411（ 1.75）
陸軍費	6,725,937（49.85）	9,406,417（48.97）	9,933,545（51.49）
戦費	—	778,624（ 4.05）	58,313（ 0.30）
公債利子	1,365,382（10.12）	2,050,935（10.68）	2,201,105（11.41）
（小計）	（11,188,111）	（16,458,034）	（16,574,209）
本国費（イギリスでの支払）	2,066,016（15.31）	2,372,837（12.35）	2,352,800（12.20）
政治的備品のインドへの輸出	238,429（ 1.77）	378,100（ 1.97）	364,386（ 1.89）
総計	13,492,556（100）	19,208,971（100）	19,291,395（100）

〔出所〕 *Report from the Select Committee on Indian Territories*, 1852, Appendix No. 8.
（以下 The Report of 1852 と略す）

表2-5　英印陸軍費規模比較　（単位：百万ポンド）

	①イギリス	②インド	②／①
1837年	8.0	6.7	0.84
1849年	8.9	9.4	1.06
1850年	9.0	9.9	1.10
1855年	27.8	10.9	0.39
1858年	12.5	15.6	1.25
1860年	15.0	20.9	1.39

〔出所〕 インドについては、*The Report of 1852*, Appendix No. 8 および *Statistical Table relating to the Colonial and other possessions of the United Kingdom*, part IV（1857）, P.6& Part VII（1860）, P. 3, イギリスについては、B. R. Mitchell& P. Deane, *op. cit.*, PP. 396-7.

子費、司法警察費で、民政費はわずかに一〇％足らずであった。[14] 常に軍事費だけで約半分（司法警察費を含めると六〇％以上）を占めている。[15] すなわち、インド政府は常に軍事（戦争）財政としての性格を保ち続けていた。しかも、陸軍費の規模をイギリス本国と比較すると、インド陸軍費は、当初からイギリス本国に匹敵する規模であったばかりか、一八六〇年には本国の約一・四倍に達していた（表2-5）。インド財政は、イギリスのもう一つの軍事財政として機能していた。そして、このインド軍事財政の拡張こそ、先述のイギリス植民地財政の急膨張を牽引した主因であったのである。

しかし、これをインド側からみるならば、インド人の意志とは無関係に、すなわちイギリス人によるイギリス帝国建設のための戦争[16]によって、インド財政は振り回されたということになる。イギリスのインド征服戦争とインド財政との関係を示した図2-1によれば、イギリスのインド征服戦争と財政赤字は見事に一致しており、しかも度重なる侵略戦争は、インド財政を慢性的赤字状態に陥れた[17]。そして、このような慢性的赤字は当然、公債の累増を誘発した。つまり、「あらゆる公債の増加は、イギリス政府による非常に重要なインドでの諸戦争とともに生じた[18]」のである。そして、戦費がインド財政の負担であり、本国の納税者に関係しないかぎり、これらの諸戦争は、本国議会で検討する制度的な必要性はなかったのである。イギリス本国の「安価な政府」が、実際は、(1)資本主義的な諸改革によって、社会行政費が漸増を続け[19]、(2)(議会討論においても事実として)その経費削減政策が軍事費・公債費に集中していただけにすぎない[20]、という事実を踏まえるならば、イギリスは「帝国」形成のための必要経費(軍事費・公債費)のほとんどを、もう一つの軍事財政・インドに背負わせていたのであり、イギリス人が本国で抑制していたものを、全てインドで吐き出していたと言うことができよう。まさに、「安価な政府」およびレッセ・フェール論の一つのからくりが、ここにあったのである。

2 インドにおける軍隊の統制問題

では、「安価な政府」を支えたインド軍事財政が、イギリス帝国内で果たした役割とは何であったのか。この具体的検討にあたっては、(1)インド国内の侵略支配と、(2)インド以外の諸地域での侵略とを区別して考えねばならないが、ここでは、まずインド国内における帝国軍事政策のあり方と、その軍事財政上の特徴を見てゆくことにする。

まず図2-2を見てみよう。このグラフから、一八五七~五九年の大反乱直前までのインド軍の兵力構成の特徴は、次の二点にあるといえよう。まず第一に、一八二七年以降のベンティンクとメトカーフの経費削減政策期を除いて、インド兵(シパーヒー)は一貫して増加しているにもかかわらず、イギリス兵は絶対数としてもはる

図2-1 インドの歳出入 1792-1857年

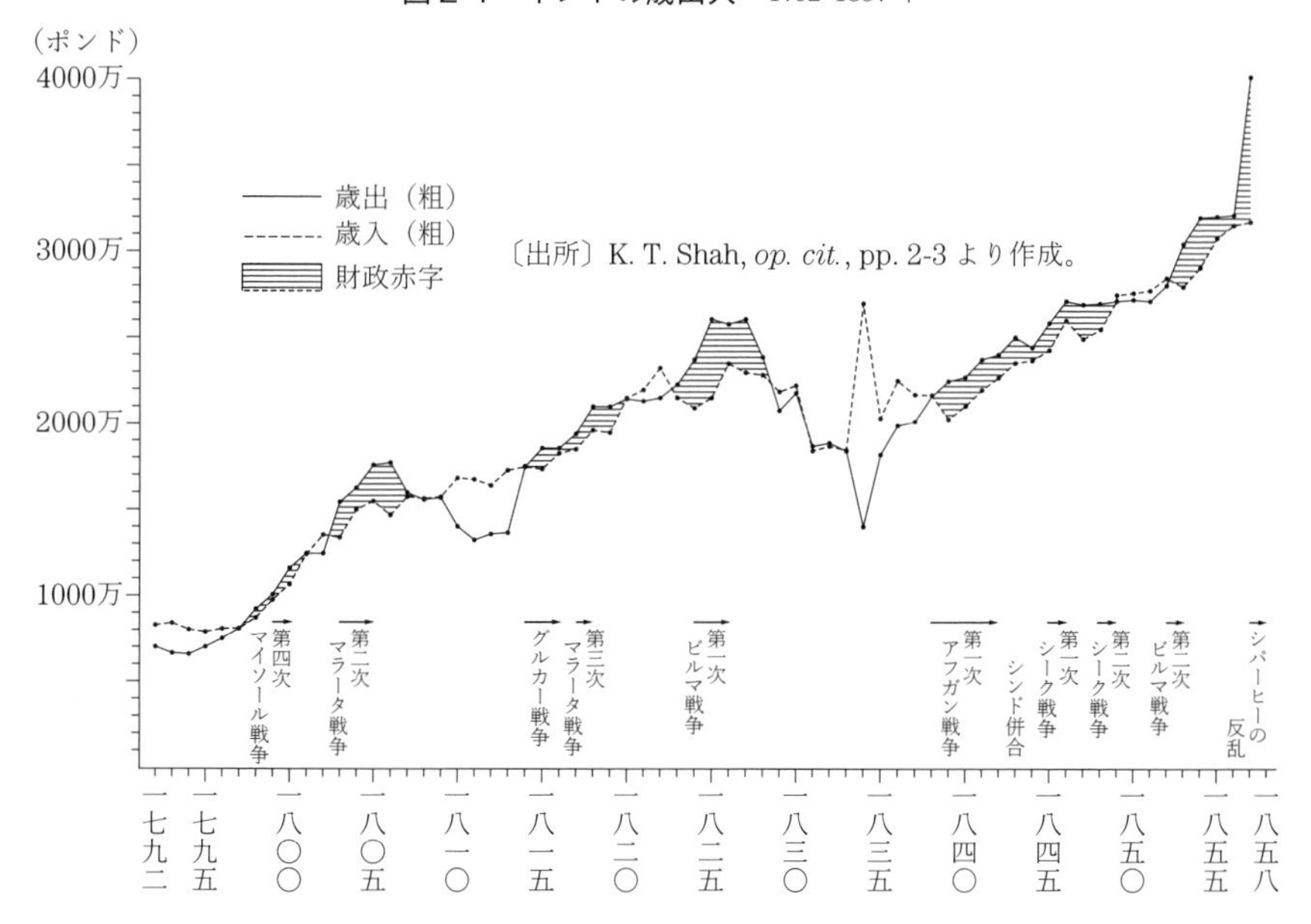

図2-2 インドにおける兵力構成 1793-1856年

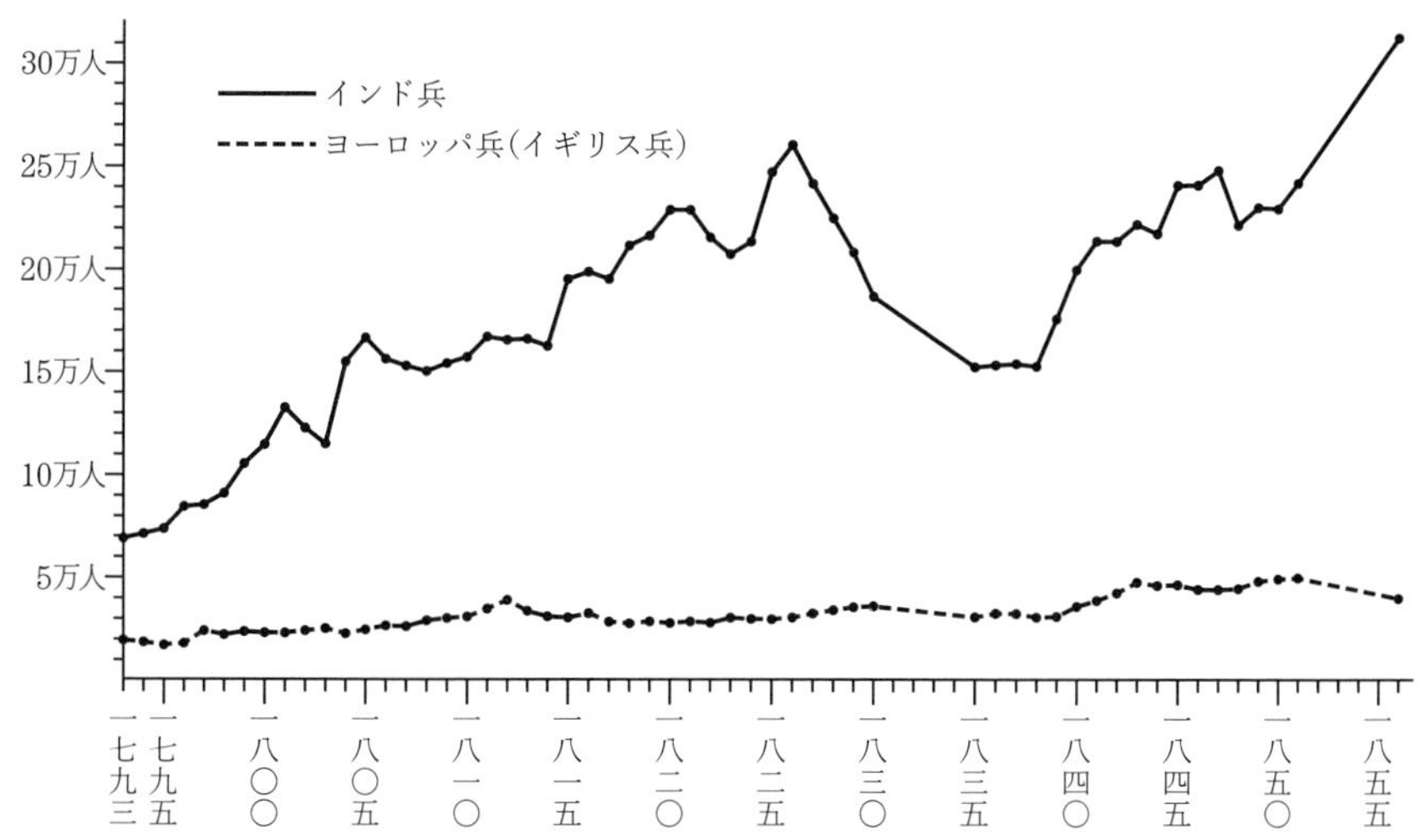

〔出所〕 1793-1830年については、*Minutes of Evidence taken before the Select Committee on the Affairs of the East India Company*, 1832, V. Military. 1835-1851年については *The Report of 1852*, Appendix No. 7. 1856年については C. N. Vakil, *Financial Developments in Modern India 1860-1924*, P. 111.

表2-6　ヨーロッパ兵とインド兵の経費比較（1年当たり）（単位：ポンド）

管区 / 人種	ベンガル		マドラス		ボンベイ	
	ヨーロッパ兵	インド兵	ヨーロッパ兵	インド兵	ヨーロッパ兵	インド兵
騎兵	100	64	109	90	107	87
砲兵（歩兵）	61	28	81	45	90	46
歩兵 国王軍	61	30	66	35	65	32
歩兵 会社軍	59		68		67	

〔出所〕 *Minutes of Evidence taken before the Select Committee on the Affairs of East India Company*, 1832, V. Military. xxxi.

〔備考〕 1.　将校及び兵、そして他のあらゆる連隊費用を含めて算出している。
2.　ヨーロッパ人及びインド人の騎乗砲兵の経費比較は表に独自に示されていない。
3.　また上表2段目の砲兵（歩兵）でマドラス・ボンベイがベンガルより高いのは the gun lascars の費用が総計に含まれているためである。

かに少ないばかりか（大反乱直前でインド兵の約1/8）、一貫して停滞ないし微増にとどまっていたことである。先述の諸戦争（図2-1参照）の際に、シパーヒーは必ず急増しているにもかかわらず、イギリス兵は必ずしもそうはなっていないのである。つまり図2-2が示すのは、インド侵略がイギリス兵ではなく、インド兵を主力としてなされたということであり、イギリスは、〝インド人によるインドの侵略〟という形で、人的にほとんど犠牲を払うことなく侵略を遂行してきた。[21] しかも、このシパーヒーを主力とするインド軍は、新興地主層・高利貸商人による苛斂誅求やイギリス人による藍強制栽培などによって頻発するようになった農民反乱を鎮圧する治安部隊としても十分に働いたのである。[22]

では、インド侵略の主力がイギリス兵でなくインド兵であったということは、財政的にみてどのようなことを意味したであろうか。それは、極めて「安あがりな」侵略方法であったということである。下層に薄いイギリス軍の兵力構成を無視したと思われるイギリスの文書の上でさえ、インド兵の費用はかなり低く現われた。すなわち、一八三二年特別委員会でのWatson中佐の証言では、インド兵とヨーロッパ兵の経費は、一対三ないし一対四であり、[23] Sir John Malcolmの証言では、およそ一対二となっており、[24] 表2-6もほぼそれに対応している。まさに人的のみならず金銭的負担をも最小限に押しとどめる政策が貫徹されたのである。

こうしたシパーヒーの多用政策は、インド社会の内部構造に依拠したものであった。カースト・宗教・人種による分断は決して固定的なものではなかったが、[25]「民族」意識が未だ形成されていない当時の状況下では、戦士カーストであるシパーヒーは、駐屯地住民とは決定的に遊離し、かつ自力で新たな権力を創出する意志や思想も有しない、単に上級権力に雇われるだけの「傭兵」的存在にすぎなかった。[26]しかも、先行するムガル帝国の政治構造も、有力地方勢力との水平的な個人的ネットワークの上に、上級調停者としてかかわるだけで、真の垂直的ヒエラルキー構造（垂直的軍事命令系統）を持たないものであった[27]（したがってイギリスも、その一勢力として地位を高めてゆけた）。

一八三二年特別委員会証言録は、この社会構造を利用したイギリスの対シパーヒー政策をよく伝えている。イギリスは、シパーヒーのカースト・宗教上の特権を尊重しつつ、その特権意識を巧みに利用した。[28]まず彼らとその寡婦たちのために衣服・医療の手当と昇進・年金の優位性を与え、[29]また家族を同じ兵団に置くことを許すとともに、手紙を無料で送る特権を認めた。[30]民事訴訟の優先審理や聖地巡礼税の免除という特典も与えられた。さらに、シパーヒーたちの個人的自尊心をくすぐる方法として、勲章の授与という方法もあることをイギリス人は熟知していた。[31]しかもイギリスは、狡猾にシパーヒーたちを分断し、イギリス人将校に服させる方法を軍隊制度の中に組み入れていた。すなわち、インド人将校はシパーヒーたちに対して細かな監督をさせながら、[32]配属されたヨーロッパ人将校は、戦場での指揮だけでなく、シパーヒーの特権意識に最もかかわる武装・服装（しばしばカーストの位を表わす）や兵の給与や勲章の授与などに責任を持つ[33]という体制を作り上げ、そのため本来シパーヒーをまとめるはずの「土民」将校は「その兵団にほとんど影響力を持っておらず、兵たちはヨーロッパ人将校に対してのみ昇進を期待するように教えられている」[34]という状態を作り出していたのである。

しかし、シパーヒーたちは全く反乱を起こさなかったわけではなく、しばしば小反乱を繰り返してきた。[35]そのため、前述の特権尊重政策＝「分断政策」だけでなく、シパーヒーに対する「力の政策」も必要となった。その中では、シパーヒーたちを牽制するイギリス軍の役割と、シパーヒーに対するイギリス兵の比率・配置が重要な

表 2-7　インド陸軍の兵力構成

年	(A)英国人軍隊	(B)インド人軍隊	(A)／(B)	注
1856	39,500 人	311,038 人	12.7	大反乱以前
64	65,000	140,000	46.4	大反乱以後
78	65,000	135,000	48.1	第二アフガニスタン戦争
87	73,602	153,092	48.1	1885―6 年の増強
1903	74,170	157,941	47.0	
14(a)	80,090	156,650	51.1	第一次大戦前
22(a)	77,751	170,557	45.6	〃　後

〔出所〕 C. N. Vakil, *op. cit.*, P.111.
〔注(a)〕 文官と随員は除いてある。それは 1914 年 64,762 人、1922 年 61,585 人であった。

問題となった。イギリス軍をシパーヒーに対する牽制部隊として位置づけることは、イギリス人将校たちのかなり一般的な考え方であった[36]。しかし、一八五七～五九年の大反乱前までは、シパーヒーに対する信頼感は決定的には揺らいでおらず、シパーヒーに対する適切なイギリス軍の比率についても意見は様々で[37]、実際にも図2-2で見たように、インド兵の人数が一方的に増加する傾向にあった。

だが大反乱は、インドの軍制[38]、とりわけイギリス兵とインド兵の関係を大きく転換させた。その第一は、インド兵に対する「力の政策」の強化、すなわち、（1）インド兵からの大砲の回収、（2）インド兵に対するイギリス兵の比率の増加[39]であった。表2-7からもわかるように、反乱直前に八対一であったインド兵とイギリス兵の比率は、大反乱後には二対一に引き上げられた[40]。第二は、前述の「分断政策」の徹底化であった。すなわち、イギリスは、高カーストのシパーヒーの比率を低下させながら、インド兵士を様々な階級およびカーストから徴募した上で、「軍組織をインド人の社会的区別に応じて振り分け[41]」たのである。

ところで、先述のインド社会構造に依拠したイギリスの軍事政策において、"Divide and Rule" の原則が、一八世紀末からのインド侵略過程で、「土侯国(Native States)」との間に結ばれていった軍事保障条約[42]に、すでに現われていたことにも注目しておかねばならない。これらの条約は、（1）「土侯国」と他の西欧諸国との関係を断ち切るために、ヨーロッパ人の雇用を禁じ、（2）「土侯国」が「互いに直接的な政治関係を維持しない」ために、第一に、イギリスが宗主国としてその外交権を握り、また第二に、条約の内容について各「土侯国」の法・宗教上の慣習に細心の注意を払い、「土侯国」が共通の目的の下に連合して反抗しないように

「土侯国」ごとに多様なものにした。[43] そして、(3) 以上の諸目的を遂行するために、イギリスは宗主国として様々な政治使節を派遣するとともに、[44] 他の「土侯国」からの攻撃を共同して防衛するという名目の下に、各土侯国に分遣隊(contingent)を組織し、駐在官とイギリス人将校の指揮下においた。[45] こうして、一八五七年までにほとんどの「土侯国」は、イギリス権力とだけ直接的に連結させられたのである。だが、この条約が、財政的に見て、極めて「安あがりな」方式であったということを見逃してはならない。この条約は、負担金同盟(subsidiary alliance)とも呼ばれ、各「土侯国」はインド政庁に対し、分遣隊とイギリス人将校(およびイギリス政治使節)の費用を、負担金という形で支払わねばならないと規定していたからである。シャーによれば、この負担金同盟政策こそ、「軍事費の継続的増大を改善するためになされた唯一の試み」[46] であったのである。ギャラハー＝ロビンソン流の枠組みで言えば、「公式」帝国の内部において「非公式」帝国の統治方法が組み込まれていたとも言え、イギリス植民地支配において両者は断絶していたわけではない。軍事的優位があって初めて「非公式」帝国も成り立ちうるのであって、問われるべきは、「公式」「非公式」の区分の前に、財政的・軍事的な面からみた、植民地支配の全体的なメカニズムなのである。

以上、不十分ではあるが、イギリスの対シパーヒー政策・軍事保障条約を中心に、インド人に対する軍事政策について関説してきた。そこで次に、イギリス軍自身の問題について検討しなければならないが、ここでは紙幅の関係上、インド駐留のイギリス軍の負担問題に限定して検討を加えておこう。

まず第一に重要なのは、イギリス軍の全費用を、インド財政が負担したということである。しかも、イギリス兵、なかんずくその将校は極めて「高価な存在」[47] であった。表2-8が示すように、イギリス全軍のわずか〇・二~〇・四%にすぎないイギリス人幕僚参謀が実に全経費の一一~一五%を費消するという完全な逆ピラミッド型の軍事支出構造を作り出していた。

第二に、イギリス軍のためにインドが負った負担は、実際にインドでかかった費用だけでなく、イギリスでか

表2-8　イギリス人幕僚参謀の人数と経費　1813-30年（単位：人・ポンド）

	人	数		経	費	
	①総　数	②幕僚参謀	②／①	③総　計	④幕僚参謀	④／③
1813年	201,122	464	0.23%	7,787,810	1,011,033	12.98%
1814	195,472	487	0.25	7,578,881	846,052	11.16
1815	228,085	533	0.23	8,558,990	976,762	11.41
1816	231,707	495	0.21	9,334,557	1,135,215	12.16
1817	226,990	584	0.26	8,845,630	1,173,895	13.27
1818	244,064	627	0.26	10,143,814	1,433,032	14.13
1819	246,139	759	0.31	10,638,991	1,438,947	13.53
1820	258,009	744	0.29	10,000,979	1,207,870	12.08
1821	257,837	817	0.32	10,469,458	1,753,152	16.75
1822	246,137	723	0.29	9,532,486	1,437,901	15.08
1823	238,674	760	0.32	9,233,174	1,199,607	12.99
1824	244,329	811	0.33	9,490,589	1,342,417	14.14
1825	277,539	848	0.31	11,308,185	1,317,520	11.65
1826	292,162	875	0.30	12,919,258	1,513,137	11.71
1827	274,643	890	0.32	12,022,754	1,372,697	11.32
1828	260,066	981	0.38	10,773,966	1,547,402	14.36
1829	244,522	1,058	0.43	9,751,155	1,062,093	10.89
1830	224,444	1,033	0.46	9,461,953	1,102,817	11.66

〔出所〕 表6と同じ。

かった費用も含まれており、毎年相当額を本国費としてイギリスに送金していた。すなわち、その費用には、「（1）休暇および年金手当[48]、（2）インド駐留の女王軍に対する本国政府への支払い、（3）退職金・年金等[49]、（4）軍隊の輸送費、（5）参謀将校の輸送部隊の費用、（6）Warleyにある徴兵本部の経費、（7）アディスコム（Addiscombe）の陸軍学校の支出、そして（8）クライヴ卿基金条例[50]に基づく年金[51]」など、およそ軍隊に必要とされる経費の全てを含んでいた。まさにイギリス軍は、完全にインド財政に寄生していたのである。

以上の検討から、インド国内における帝国軍事政策および軍事財政上の特徴を要言すると、イギリスは、（1）インド社会の内部構造に依拠したシパーヒーの多用、「土侯国」との軍事保障条約（負担金同盟）、（2）イギリス軍の全費用のインド負担、というイギリスにとって徹底的に「安あがりな」侵略体系によって、恒常的な戦争体制をインドにおいて維持することができたのである。

3 ―「帝国」建設とインドの軍隊

次に、(1)イギリス帝国の建設、および(2)インド国外での諸戦争におけるインド軍事力・軍事財政の役割が検討されねばならない。最初に(1)の問題からみれば、前項の検討からも類推しうるように、インド以外の諸地域での帝国建設も、インドの人的・費用的負担の下に行なわれた。しかも、このことと表裏一体となって、イギリスの帝国建設は、インドを最大の中心として組み立てられていった。分岐点はナポレオン戦争だった。イギリス国内では、所得税を導入し、経費削減政策が実施される一方、ナポレオン戦争を起点とするイギリス帝国の建設において、イギリスは、インドに至る航路(インド・ルート)に沿って、セイロン(一七九六)、マルタ・イオニア諸島(一八〇〇~〇三)、ケープ(一八〇六)、モーリシャス(一八一〇)、シンガポール(一八一九)、マラッカ(一八二四)、アデン(一八三八)、香港(一八四二)などを次々と獲得していった。[52]

だが、「帝国領」となったこれらのアジア・アフリカ諸地域は、なお海上防衛・石炭補給のための港ないしは貿易拠点にとどまっており、[53] 一九世紀半ばにおいては、ノールスの言う「第二帝国」の特徴=「大陸内部の拡大」[54] はインドのみにとどまっていた。[55] 以上のようなアジア・アフリカ地域におけるイギリス帝国膨張の特徴、とりわけ「安あがりな」帝国建設という点では、ロビンソンの"collaboration"理論が一定の説明を与えている。[56]

しかし、"collaboration"理論は、一地域の協調機構(collaborative mechanism)が、いかにしてその地域におけるイギリス支配のあり方(「公式」「非公式」)を規定していったかを説明する論理であって、軍事力配置のあり方を含めた各地域の有機的連関や帝国の全体構造を説明する論理ではない。ここで重要なのは、「安価な政府」の下で、イギリス帝国主義が、当該地域に現地人のcollaboratorを形成しようと努めたというだけでなく、アジア人(インド軍)をもって、他のアジア人と戦わしめる政策を形成していった点である。

では、前述の帝国膨張の特徴をもたらしたインドを軸とする帝国体制とは、いかなるものであったのか。それは、まず、(1)インドの大軍事力・財政力をもって、前述のようにインド・ルートに沿って一連の港・貿易拠点を侵略・併合し、[57]次に、（2）既存の大海軍を背景とした「安あがりな」海軍省の郵便補助金制度[58]によって、P＆Oの郵便蒸気船（「非公式の帝国艦隊」）を、これらの港・貿易拠点を結ぶ植民地航路網に就航させつつ、その制海権を確保し（インド－中国航路にはインド政庁から補助金が出された）、さらに（3）そのインド防衛圏にあるペルシャ、セントヘレナ、中国、アデンなどへのイギリス政治使節の費用はインドが負担する[59]というものであった。まさに、「安価な政府」という財政的制約の下では、大軍事力・財政力を常時保有するインドの存在なしに、この段階のイギリス帝国の膨張はありえなかったのであり、その意味で、インドこそ「全帝国体制を建設し展開する旋回軸（the pivot）」であり、「乳牛[60]」だったのである。

だが、この段階の帝国膨張のあり方をより明らかにするには、さらに、インド軍の参加したインド洋帝国での戦争の特徴をみなければならない。表2‐9は、それを示した表である。ここでも「アジアの全地域における英国の戦争」は、「インド陸軍と財源をもって行なわれ[61]」ている。また、これらの諸戦争の性格について、一八七二年八月九日の陸軍省宛の書状において、インド大臣は、「確実なことは、これらの全戦争は全て帝国政府によって命ぜられ、そしてそれらを決定する理由は、英国の商業上の利益や、英国商人の不平の申し立てや、英国王室の名誉であった[62]」と述べている。

しかも、この表をみると、大不況以降の戦争の頻発化と比べて、一九世紀半ばの「自由主義」段階の諸戦争は、明確に恐慌（正確には恐慌の兆候が見え始める好況末期から不況期）と時期的な一致を示している。すなわち、一八三七年、一八五七年、一八六六年の各恐慌期とほぼ前後して諸戦争が勃発しており、また、この表には現われてこない一八四七年恐慌の場合も、インド国内において、一八四八年の第二次シーク戦争をはじめとするダルフージの強力な侵略併合政策が、これに続く。[63]図2‐3が示すように、恐慌のたびに繰り返される戦争を契機にして、インドの綿製品の輸入は増えていった。恐慌および不況という要因が、「英国の商業上の利害」として政策決定プロセスにいかなるインパクトを与えたかについては、今後、十分な実証的検討を必要とする。だが少なく

表2-9 インド軍の参加したインド国外での軍事行動

期間	遠征名	経常費		臨時費	
		インドの負担	イギリスの負担	インドの負担	イギリスの負担
1838—42	第一次アフガニスタン	全部			全部
1839—40	第一次中国	全部			全部[1]
1856—57	第二次中国		全部[1]		全部[1]
1856	ペルシャ	全部		半分	半分
1859	第三次中国		全部[1]		全部[1]
1867—68	アビシニア	全部			全部
1875	ペラック(Perak)	全部			全部(植民地政府)
1878	マルタ		全部		全部
1878—81	第二次アフガニスタン	全部		500万ポンドを除く全て	500万ポンド
1882	エジプト	全部		50万ポンドを除く全て	50万ポンド
1885—86	スーダン	全部			全部
1885—91	ビルマ	全部		全部	
1896	モンバサ(Mombasa)		全部		全部
1896	スアキン(Suakin)	全部			全部
1898—1914	{南ア・中国 ペルシャ(etc)}	ペルシャの場合幾らか負担	全部	ペルシャの場合幾らか負担	全部
1914—20	第一次大戦と戦後	全部			全部

〔出所〕 C. N. Vakil, *op. cit.*, P.126.
〔注〕1) 対中国戦争の場合、イギリスは、清国から、その戦費を賠償として取っている。

とも、恐慌・不況期の本国の製造業者、なかんずくレッセ・フェールの主体と考えられてきた綿業資本が、これらの戦争を支持していたことを見逃してはならない。とくに中国に対して、マンチェスター綿業関係者は、市場拡大・確保のために[64]、しばしば政治的暴力の行使を外務大臣のパーマストンに要求したのである。

一八三九年六月、清の政治家である林則徐が行なったアヘン没収は、ジャーディンら現地商人の働きかけもあって[65]、「所有権」侵害として本国の各商業会議所の猛烈な反響を引き起こした。同年九月三〇日のマンチェスターを皮切りに、イギリス各地の商業会議所から次々と外相宛の請願書が発せられ、その中で一〇月中旬、パーマストンは遠征軍派遣を決意した[66]。ボンベイおよびカルカッ

図 2-3　インドの輸入　1835-77年

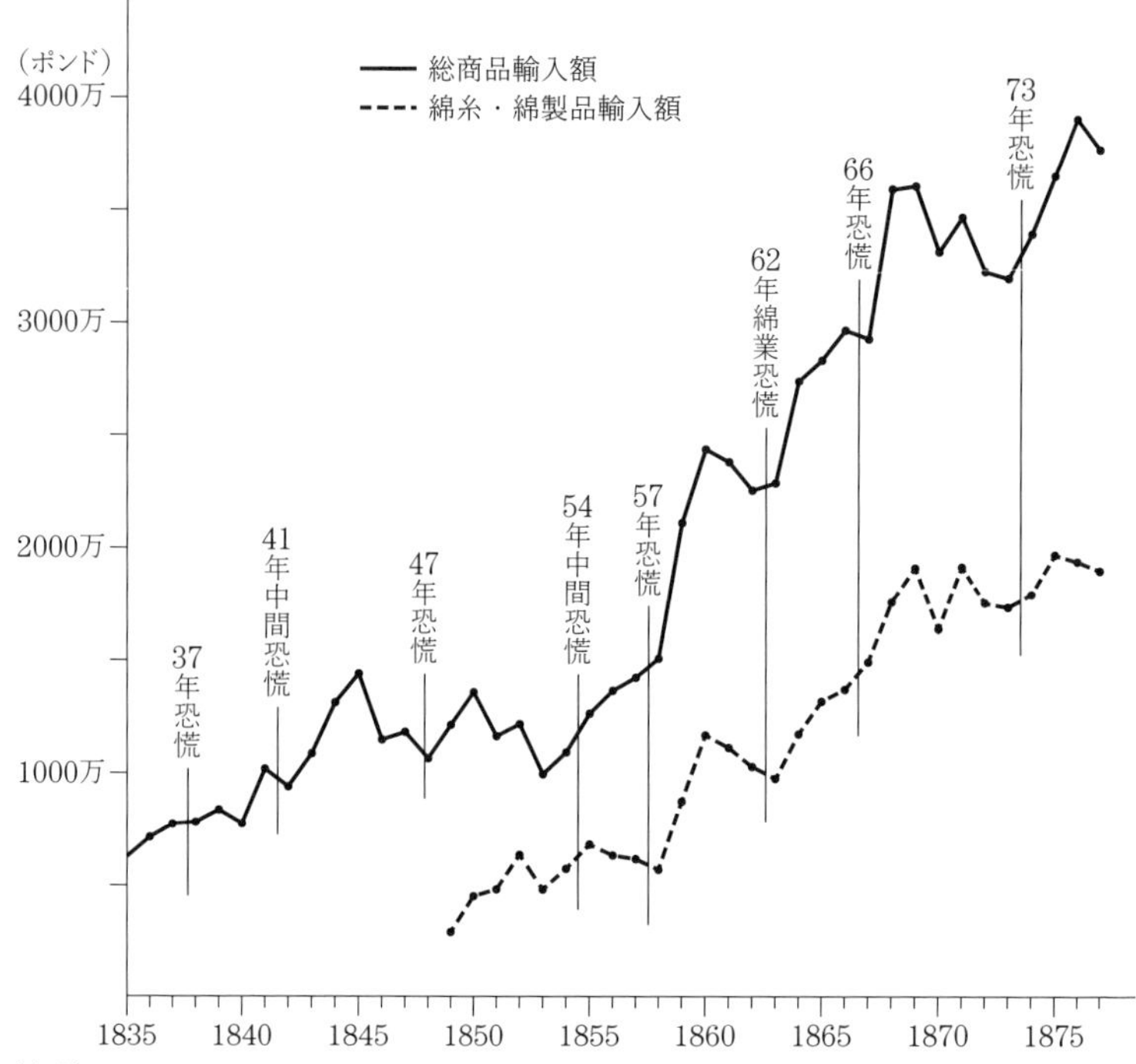

〔出所〕 R. Dutt. *The Economic History of India in the Victorian Age*, 1956(Isted. 1903), p. 158, pp. 160-1, & pp. 343-4 より作成。
〔備考〕 1835-1849 年の総輸入額は貴金属輸入も含まれている。

タ商業会議所は、アヘンの賠償についてマンチェスター商業会議所に援助を依頼したが、同年一一月のマンチェスター商業会議所からパーマストン宛の請願書は、アヘンの損害よりも中国市場こそが彼らにとってより重要であることを示していた。[67]

一八四七年三月、大規模な戦闘には至らなかったが、現地の反英運動に対してJ・F・ディヴィスは、香港から軍艦四隻、九〇〇名で広東ファクトリーを占領した。[68] その年の七月、リバプールの東インド・中国協会（the East India and China Association of Liverpool）は、広東におけるイギリス人の防衛問題について、マンチェスター商業会議所に協力を求め、翌年三月にマンチェスター商人たちは、シナ海に二隻の軍艦を送るようパーマストンに求めた。[69] 一八五三年、大平天国による南

表 2-10　イギリス綿布の国・地域別輸出量とその比率の推移　（単位：千ヤード）

<table>
<tr><th></th><th>1820 年</th><th>1830 年</th><th>1840 年</th><th>1850 年</th><th>1860 年</th><th>1870 年</th><th>1880 年</th></tr>
<tr><td>①ヨーロッパ</td><td>127.7
(50.9%)</td><td>137.4
(30.9%)</td><td>200.4
(25.4%)</td><td>222.1
(16.4%)</td><td>200.5
(7.5%)</td><td>294.6
(9.1%)</td><td>365.1
(8.1%)</td></tr>
<tr><td>②アメリカ</td><td>56.0
(22.3%)</td><td>140.8
(31.7%)</td><td>278.6
(35.2%)</td><td>360.4
(26.5%)</td><td>527.1
(19.7%)</td><td>594.5
(18.3%)</td><td>651.6
(14.5%)</td></tr>
<tr><td>③米国</td><td>23.8
(9.5%)</td><td>49.3
(11.7%)</td><td>32.1
(4.1%)</td><td>104.2
(7.7%)</td><td>226.8
(8.5%)</td><td>103.3
(3.2%)</td><td>74.9
(1.7%)</td></tr>
<tr><td>④トルコ・エジプト・アフリカ</td><td>9.5
(3.8%)</td><td>40.0
(9.0%)</td><td>74.6
(9.4%)</td><td>193.9
(14.3%)</td><td>357.8
(13.4%)</td><td>670.5
(20.6%)</td><td>588.6
(13.1%)</td></tr>
<tr><td>⑤英領東インド</td><td rowspan="2">14.2
(5.7%)</td><td rowspan="2">56.9
(12.8%)</td><td>145.1
(18.4%)</td><td>314.4
(23.2%)</td><td>825.1
(30.8%)</td><td>923.3
(28.4%)</td><td>1,813.4
(40.3%)</td></tr>
<tr><td>⑥中国・日本・ジャワ etc</td><td>29.9
(3.8%)</td><td>104.3
(7.7%)</td><td>324.2
(12.1%)</td><td>478.2
(14.7%)</td><td>632.0
(14.2%)</td></tr>
<tr><td>⑦その他</td><td>19.7
(7.9%)</td><td>20.2
(4.5%)</td><td>29.9
(3.8%)</td><td>58.9
(4.3%)</td><td>214.7
(8.0%)</td><td>188.4
(5.8%)</td><td>367.7
(8.2%)</td></tr>
<tr><td>総計</td><td>250.9
(100%)</td><td>444.6
(100%)</td><td>790.6
(100%)</td><td>1,358.2
(100%)</td><td>2,676.2
(100%)</td><td>3,252.8
(100%)</td><td>4,496.3
(100%)</td></tr>
</table>

〔出所〕 Thomas Ellison, *The Cotton Trade of Great Britain*, 1886, PP.63-4.

京占領と北上以降も、市場の混乱を恐れたマンチェスター商業会議所は、強力な防衛力を上海に供給する必要性を繰り返し主張してきたが、一八五七年三月三日、R・コブデンのアロー号事件に対する政府反対動議が可決されると、すぐに「中国にいるイギリス人のより効果的な防衛」を求める請願書を提出したのである。[70]

このような綿業関係者の圧力は、議会にも反映した。アヘン戦争の際には、Hume、Buller、Wardらの急進派(Radicals)も戦争賛成に回った(またHumeは、インド貿易を守るために第二次シーク戦争にも賛成を表明した)[71]し、本章の最後に述べるように、アロー号戦争を争点とした議会解散後の総選挙の際には、戦争に反対したコブデン、ブライトらマンチェスター派は落選させられたのである。

以上のごときマンチェスター商業会議所の、中国市場に対する暴力的開放の執拗な要求は、「自由主義」段階のイギリス綿業の新しい資本蓄積の動向に規定されていると考えられる。すなわち、第一に、イギリス綿業が、イギリス国民経済の枠を超えた大輸出産業であり、しかも欧米のキャッチ・アップによる対欧米輸出の停滞のために、ますますアジア・アフリカに世界市場を創出せねばならないという必然性を持ち[72]、第二に、輸出信用の発達と輸出の投機的強行が、過剰生産を隠蔽することによって恐慌の破壊力を一層強め、不可避的に国外に向かって恐慌から脱出する衝動を極めて大きなものにしたのである。

実際、この恐慌・不況時の戦争を契機とするアジア・アフリカへの暴力的な世界市場の創出は、イギリス綿製品の輸出（なかんずく綿布輸出）の地域構成に反映していった。表2-10は、（1）ヨーロッパ市場での一貫した比重の低下、（2）一八四〇年までのアメリカ地域（米国を除く）の伸び、（3）そして何よりも、インドおよびインド洋帝国（④〜⑥）の絶対量と比重の一貫した急増を明確にしている。しかも、一八六〇年には、これらの諸地域だけで輸出量の半分を上回ってしまう（約五六％）のである。まさに先述の、インドを基軸としたイギリス帝国膨張体系と、見事な地域的一致を示しているのである。以上の諸事実からも、インドを軸とした「自由主義」段階の帝国の膨張と、イギリス綿業の資本蓄積との密接な連関を読みとることができるのである[73]。

IV　インド財政への寄生——本国費の実態と背景

1　本国におけるインド統治費用

インド財政が軍事財政であったことは、すでに繰り返し強調してきたが、イギリス本国の「安価な政府」を支えたのは、ひとり軍事費のみではなかった。インドが負担した様々な帝国維持費の中でも、質的にも量的にも重要であった本国費を無視することはできない。本国費は、「富の流出」論争として、ナショナリスト[74]から近年の「費用便益（cost-benefit）」分析[75]に至るまで実に一〇〇年近くにわたって議論されてきたが、それについて詳しくふれる余裕はない。ここでは「富の流出」それ自体の評価よりも、むしろ「自由主義」段階の「安価な政府」の

表2-11　本国費内訳　1835-50年

（単位：ポンド）

	1835—36年	1840—41年	1845—46年	1850—51年
①東インド会社株式配当	626,098	631,645	623,163	636,495
②理事会・監督局関係（理事・職員の給与等）	139,927	142,633	154,229	163,215
③年　金*（文官・軍人）	603,094	371,838	364,592	363,509
④民政関係（文官の休暇手当及び渡航費、ヘーリベリ専門学校、司法経費、囚人移送、精神病、海陸の郵便、棉花栽培対策等…）	58,770	35,251	110,559	95,776
⑤ペルシャ、中国、広東、セントヘレナ、タンジョール土侯国への使節	40,488	34,876	19,125	24,314
⑥軍事関係（軍人手当、退職金、駐留費、徴兵費、陸軍学校、軍人及び備品の輸送費等…）	653,756	929,584	1,138,989	919,458
⑦海運関係	45,000	83,142	182,242	114,273
（1. 艦船購入及び蒸気船に関する費用等）	(45,000)	(83,142)	(118,535)	(44,273)
（2. P&O汽船会社への補助金（インド—中国航路等））	(—)	(—)	(63,707)	(70,000)
⑧備品購入（備品局の費用も含む）	191,320	335,759	483,691	321,479
⑨公債利子	83,556	51,383	69,271	144,970
⑩その他	18,993	73,639	—	—
合計	2,461,002	2,689,750	3,143,361	2,780,989

〔出所〕 *The Report of 1852*, PP.432-5より作成。
〔備考〕 ＊年金はイギリス議会法によるインド駐留の国王軍のための年6万ポンドの年金の他に、the Bengal Civil Fund, the Madras Civil Fund, Compensation Annuities, Lord Clive Fund, Widows' Funds for the Home Serviceなどを含んでいる。

虚構を支えたという視点に限定して検討したい。

表2-11は、本国費の内訳を示した表である。この表からも明らかなように、本国費には、まず本国での「監督局の経費、理事会の給料および東インド会社の常置人員の経費[76]、ヘーリベリ文官専門学校[77]およびアディスコムの陸軍学校の維持費、徴兵費用、イギリス兵・文官の輸送とその支度品の費用、年金および賜金、イギリス政府への法定費用と郵便支払[78]」などがあり、また、東インド会社の株式配当[79]、イギリス軍人の駐留費、備品購入費[80]、艦隊購入費およびP&Oへの補助金、公債利子、さらには、前述のペルシャや中国などへのイギリス使節の費用まで含まれていた。すなわち、イギリスの「安価な政府」は、インド帝国を維持するための一切の費用をインドに負担させていただけでなく、現に、インドにいないイギ

リス人の費用までをもインド財政に支出させながら、この本国費によって、イギリス本国の中間階級・ジェントルマンの再生産を確保していたのである。[81] しかも、この費用がなければインド財政は十分に均衡しえたはずなのに、一向に削減されないばかりか、表2-12のように膨張させられてきたのである。

表2-12　本国費の増加（単位：百万ポンド）

	絶対額	年平均額
1834—1856	75.7	3.3
1857—1860	28.4	7.1
1861—1874	146.6	10.5
1875—1898	357.8	14.9
1899—1913	283.4	18.9
1914—1920	167.7	24.0
1921—1924	122.9	30.7

〔出所〕 C. N. Vakil, *op. cit.*, P.322.

2　本国費の形成過程

では、この露骨な収奪的費目は、どのようにして形成されてきたのか。それはまず、東インド会社統治下のインドを、本国政府の意志に服させてゆく統治機構改革の過程[82]で生じていった。すなわち、（1）一七八四年の、小ピットのインド法による監督局の形成（一七九三年に委員会から官庁組織に昇格）とそのインド負担、（2）一七八八年宣言法に基づく会社負担による国王のインド派兵権の承認[83]、（3）一八三三年、会社の商業活動停止と同時に保障された一〇・五％の株式配当[84]などがそれである。それはまた、インドにおける近代的植民地官僚の創出過程[85]でも生じていった。つまり、私貿易に従事する会社官吏に代わって、本国政府に服する有能で、統治に専念する専門官僚を創り出すためには、法的規制だけでなく、給与引上げ[86]と年金の充実[87]、さらには本国における文官養成学校などを必要とした。そして、インドを重商主義的植民地から近代的植民地に脱皮させる過程で、財政費目としての本国費が形成されていったのである。

しかし、より重要なことは、近代的植民地官僚を創出する過程で、インド人排除政策が一貫してとられたことである。[88] なぜなら、多くのインド人官吏を採用していれば、この露骨な収奪的費目（本国費）がこれほど大きくなることはなかったからである。しかし、このインド人排除政策の意味は、本国費の大小を決めるというような量的なものにとどまらない。すなわち、この政策こそ、インド人をその財政決定権から排除しつつ[89]、イギリス人が、自分たちのための費用を勝手に決め、そして、インド人の意志にかかわりなく本国の「安価な政府」のツケを全てインドに押しつけることを可能にする不可欠の前提に他ならなかった。そして以上のようにして、イギリス本国のための軍事費や本国費などを、インド人納税者に背負わせたのである。表2-13からもわかるように、大反乱後、若干比重を落としたとはいえ、インド歳入の半ばは地税収入であったから[90]、結局、インド人納税者、つまりインド農民によって、イギリス本国の「安価な政府」は支えられたのである。

表2-13　歳入に占める地税収入の割合（単位：千ポンド）

	(1)歳入総額	(2)地税収入	(2)／(1)%
1837年	20,859	11,854	56.8
1840	20,851	12,314	59.1
1850	27,625	15,382	55.7
1860	42,903	18,509	43.1
1870	51,414	20,623	40.1

〔出所〕 R. C. Dutt, *op. cit.*, P.212 & p.373 より作成。

V　一八五七～五九年の大反乱の軍事財政的帰結

次に、前章で明らかにされた特質をもつインド財政が、その歴史的展開過程の中に、政策上の対立を生じ、レッセ・フェールの原則の矛盾を露呈してゆく点に検討を進めてゆこう。そのためにはまず、一八五七～五九年の大反乱が財政構造に与えた影響[91]についてふれておかねばならない。なぜなら、大反乱を境としてイギリスのインド国内侵略（第一期）は完了し、その後は大反乱以前に侵略併合した内陸諸地域の開発政策へと重点を移行させる（第二期）というように、大反乱は、インド植民地政策を時期的に二分したばかりでなく、その軍事財政的帰結（なかんずく巨額の赤字と公債累積）が、この第二期の内陸開発政策（とりわけ鉄道建設）を財政的に制約し、インド財政政策におけるイギリスの利害の亀裂を導いてゆくからである。

では、大反乱とその財政支出構造の変化を表わした表2-14を見てみよう。特徴的な点は、経費の全体的な膨張もさることながら、何より大反乱中の軍事費と本国費の急増

表2-14 「セポイ」の反乱と財政支出構造の変化 （粗支出）（単位：千ポンド）

年度（4月末終了）	民事・政治機関		司法・警察		陸軍		海軍	
	金額	%	金額	%	金額	%	金額	%
1854―55	2,500	8.2	2,295	7.5	10,874	35.7	439	1.4
1855―56	2,428	7.8	2,482	7.9	11,112	35.5	463	1.5
1856―57	2,610	8.3	2,546	8.1	10,796	34.2	491	1.6
1857―58	4,052	9.9	2,358	5.8	15,570	38.2	993	2.4
1858―59	4,062	8.0	3,515	6.9	21,081	41.3	821	1.6
1859―60	3,835	7.4	3,810	7.3	20,910	40.3	791	1.5

年度（4月末終了）	公債利子		その他（徴税費）etc	本国費		総計	
	金額	%	金額	金額	%	金額	%
1854―55	2,036	6.7	9,186	3,012	9.9	30,442	100
1855―56	2,181	7.0	9,336	3,264	10.4	31,266	100
1856―57	2,241	7.1	9,396	3,530	11.2	31,609	100
1857―58	2,197	5.4	9,431	6,162	15.1	40,764	100
1858―59	2,739	5.4	11,374	7,466	14.6	51,057	100
1859―60	3,123	6.0	12,153	7,239	14.0	51,862	100

〔出所〕 *Statistical Table relating to the Colonial and other possessions of the United Kingdom*, Part IV （1857）, P.6 & Part VII （1860）, P.3 より作成。

である。すなわち、両費目とも反乱前の三年間と比べ、反乱終了の年（一八五九〜六〇年）には倍に膨張し、またその比重を著しく高めている。

まず軍事費であるが、反乱によって財政困難の極にあったにもかかわらず、一切の反乱鎮圧費用がインド財政の負担であったことは、これまでと同じであった。しかし、シパーヒーの主力がこの反乱に加わっていたため、当然これを鎮圧する主力部隊はイギリス兵でなければならなかった（事実、イギリス兵は、反乱直前の四万五千人から一一万人に増加した[92]）。そして、このイギリス兵増強が、陸軍費を一挙に膨張させる原因となった。当時、イギリス兵のコストは、インド兵の約四ないし五倍になっており[93]、しかも反乱鎮圧のために急派された増発部隊のイギリスへの出向前六カ月の経費までをインドに負わせた[94]のである。

たしかに反乱後、相当数のイギリス兵を削減した[95]けれども、先述のようにシパーヒーの反乱対策のため、インド兵に対するイギリス兵の比率を1/8から1/2に高めておかねばならず、大反乱後も、なお反乱以前の倍近くのイギリス兵の駐留を必要とした（表2-7）。しかも、軍隊におけるイギリス人の規模が拡大するにつれ、「その給与および軍務条件は、健全な兵が加入しうるように次々と改善[96]」せざるをえなかった。とくにその兵舎は、一八六二年陸軍衛生委員会(the Army Sanitary Commission)の勧告に基づき二階建とされ[97]、この「高価な」兵舎のための支出は、一八六三年から七二年まで年平均一〇〇万ポンドにも上ったのである[98]。

次に本国費の急増について見てみよう。この本国費の膨張は、何よりもまず、前述のイギリス兵増強によるものであったが、同時に、イギリスからの公債借入れの急増によるところが大きいことにも注目せねばならない。図2-4によって、まず反乱以前の「公債の大部分がインドで募集された」ことがわかるであろう。しかしインド公債といっても、その債権者の大部分はイギリス人で、「一八五七年までにインド公債の1/3がその国の「土着人」によって保有された[99]」程度である。しかもインド人保有といっても、表2-15から明らかなように、アワド王などの買弁的政治勢力が大きく、一八三四年から四六年までの公債累積増加額(約四九〇〇万ルピー[100])の相当部分(単純合計で約1/4)を占めていたのである。

しかし、ダルフージの併合政策と大反乱によって、こうした政策も不可能になり、巨額の反乱鎮圧費支弁に際しては、イギリスでの公債借入れの形をとらざるをえなくなった。事実、図2-4(八一頁)に示されているように、公債累積総額は一八五六~五七年から一八六〇~六一年にかけて約四〇〇〇万ポンド増加したが、そのうちイギリスでの公債は約二六〇〇万ポンドも増加したのである。当然ながらこれは、イギリスへの利子支払いの増加を意味した。

以上を約言すれば、大反乱はたしかにイギリスを大いに震撼させたが、結果としては、(1)イギリス兵の増強、(2)イギリス公債の増加によって、かえってイギリスによる収奪のパイプを強めることになった。そして、このイギリスの収奪の強化が、これまでの諸戦争による慢性赤字に加えて、三一〇〇万ポンド(一八五七~六〇年)という巨額の赤字[101]をインド財政に強いることとなり、結局、大反乱以降の内陸開発政策(なかんずく鉄道建

表 2-15　インド土侯のインド公債投資　1834-46 年

年		利　率	金　額	備　考
1834	アワドの王（シヤー）	4%政府債	300,000 ルピー	ラクナウの貧民に対する救済。
1836	アワドの王	4%債	33,00,000 ルピー	
1839	アワドの王	4%政府債券	17,00,000 ルピー	利子は毎年、彼の家族に支払われる。
1840	アワドの王	4%債	12,00,000 ルピー	利子は駐在官以外の受託者 trustees に支払われる。
	インドールのチムナ	4%債	250,000 ルピー	Bheema Baee を養子にした Appa Bolia が投資。
1841	マイソールのラージャー	政府債	300,000 ルピー	
		5%債	100,000 ルピー	
1842	マイソールのラージャー	5%債	300,000 ルピー	
1842	アワドの王	5%債	1,400,000 ルピー	20 万ルピーは王室の様々な者達の為、120 万ルピーは王のお気に入りの王妃達への年金の一部として利子が支払われる。
1842	マイソールのラージャー	5%債	232,000 ルピー	
1843	アワドの王	5%債	2,000,000 ルピー	120 万ルピーは王の名の下通常の形で、80 万ルピーは 3 人の王妃達の名の下、約束手形で。
1843	アワドの王	5%債	1,200,000 ルピー	一定のグループ名の約束手形として、イギリス国庫に預けられていた。
1843	バージー・ラーオ	5%債	500,000 ルピー	
1846	タンジョールのプレタウプ・シン	4%債	59,505 ルピー	
合	計		12,841,505 ルピー	

〔出所〕 *The Report of 1852*, Appendix No.17 より作成。

図2-4　インドの公債累積　1837-76年

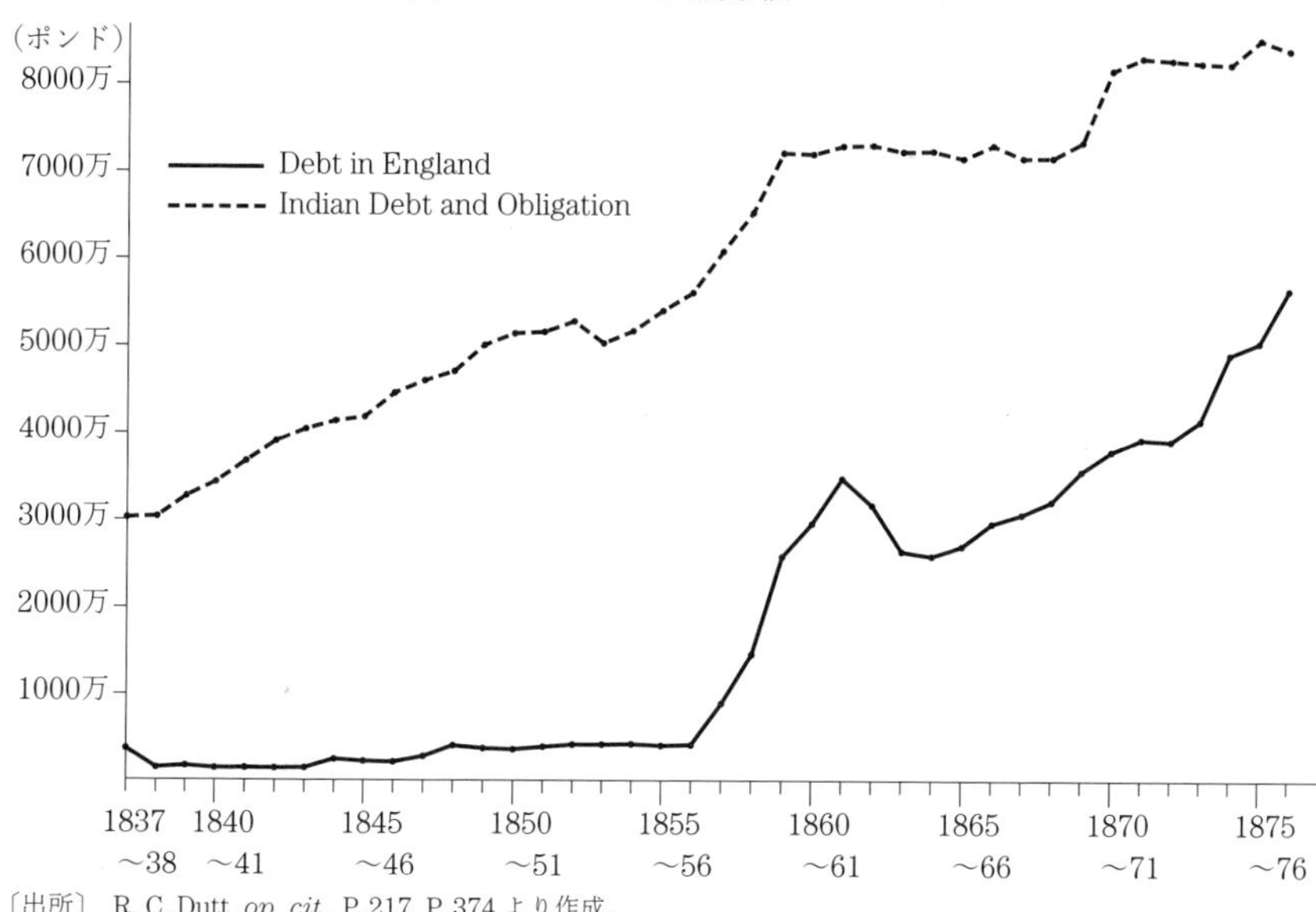

〔出所〕 R. C. Dutt, *op. cit.*, P. 217, P. 374 より作成。

設）の推進を絶えず制約してゆくことになったのである。

次に、この点について見てゆこう。

VI　インド内陸開発政策とイギリス綿業資本

1—ダルフージの政策（一八四八～五六年）

第二期の中心政策たるインド内陸開発政策は、大反乱以後、突然出現したわけではなく、その大部分は、それ以前のダルフージ総督時代に周到に準備されたものであった。このダルフージの政策を理解するうえで重要なことは、東インド会社が、特許更新の正当化のために、本国議会の政策圧力に一層左右されるようになり、産業資本の本格的な出先機関へと事実上転化してゆく時期に、ダルフージが総督に任命されたという[102]事実である。

その出発点となったのは、好況末期の原棉の急騰と、恐慌を契機としたブライトを議長とする一八四八年インド棉作調査委員会の活動であった。同委員会は、（1）アメリカ棉花への専一的依存からの脱却、および原棉価格の低廉化のために、インド棉花の栽培・輸入を促進し、（2）同時にインド内陸部にイギリス製品の市場を拡大させることを、その目的としていた。そして委員会は、そのために次の三つの手段、すなわち、（1）棉花地帯の地税の軽減、（2）私的土地所有権（土地譲渡）の確立、（3）輸出入の中心地から内陸部への輸送手段（鉄道・道路・運河など）の建設を主張したのである。[103] こうしたマンチェスターの圧力を背景に、産業資本の要求にしたがった政策をインドで大々的に展開した者こそ、かのダルフージ総督だったのである。

彼がまず第一に行なったのは、「土侯国」に対する強力な併合政策であった。併合の政治的な理由は、西欧的「近代主義」を強引に持ち込むという点で共通していたが、[104] より重要なのは、全ての併合地域が国際的商品作物（あるいは鉄・石炭などの鉱物資源）のあるインド内陸地域に存在していたことであった。それが併合の重要な理由であることは、ダルフージが退職する一八五六年二月二八日に書かれた彼自身の言葉から十分にうかがい知ることができる。[105]

彼がとくに重要視していたのは、ベラール、ナーグプル、ペグー北部（下ビルマ）の棉花、そしてパンジャーブの亜麻、絹、牧畜、穀物などであった。しかも後述するように、併合されたパンジャーブ・アワドなどは、明らかに棉花地帯としても十分に価値あるものであった（図2-5参照）。これらの事実は、ダルフージの政策が一八四八年委員会の意向と見事に合致していることを示している。否、後述するように、この強引な併合政策に反対し、平和的方法（交通手段）のみに期待したマンチェスター派よりもダルフージの方が、より綿業資本の要求に忠実であったと言っても過言ではない。[106]

ダルフージは、単に歳入を獲得するために「土侯国」を併合したのではなかった。これらの内陸併合地域を産業資本のために開発することが、その重要な目的であった。[107] それはすなわち、内陸併合地域における国際商品作物を港へ運び、代わりにイギリス製品を内陸部へ運び込むことであった。そしてそのためには、運搬手段を必要としたのである。彼は、こうした綿業資本の要請にこたえるため、種々の公共事業政策を行なった。

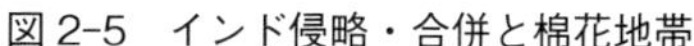
図2-5　インド侵略・合併と棉花地帯

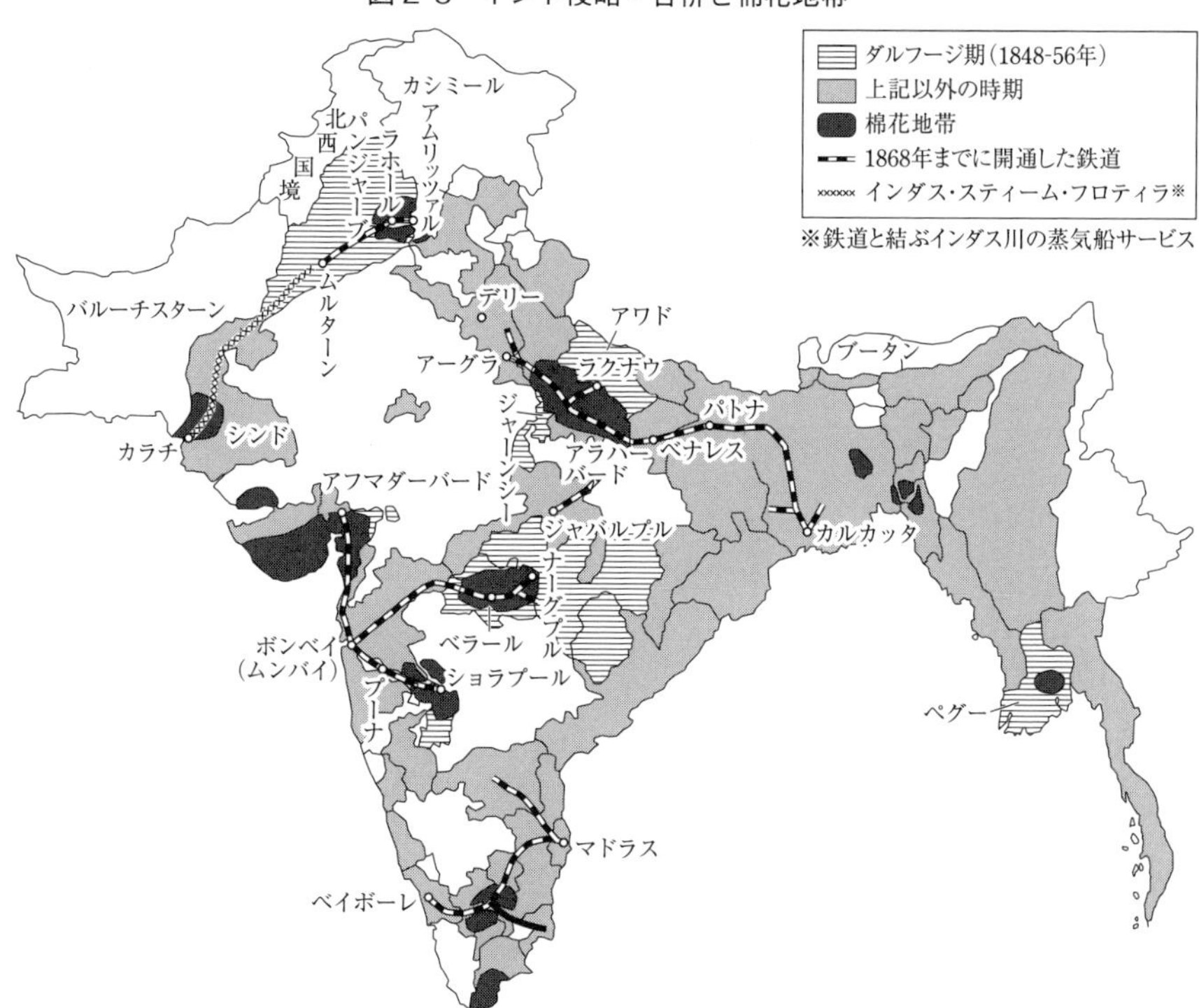

〔出所〕 A. Guha, "Raw Cotton of Western India: 1756-1850", *IESHR*, 9（1）, 1972, P. 42; M. Gilbert, *British History Atlas*, 1968, P. 77; 東亜経済調査局『イギリスの印度統治』昭和10年、付表。
〔備考〕 いったん合併後、返還された地域も含む。

ダルフージは、まず一八五三年にカルカッタからデリーを経て、パンジャーブ併合によって得たペシャーワルまでの大幹線道路 Grand Trank Road（三六〇〇マイル分）を完成させた[108]。一八五四年には、灌漑と河川輸送という二つの目的を持つガンジス運河の主流部分を完成させた[109]。さらに、「以前ヨーロッパに与えた社会改良の三つの大きな動力、鉄道・統一的郵便および電信[110]」を最初に導入し、これらの事業を遂行するために公共事業局（the Public Works Department）を設立した[111]。後の展開との関連でとくに重要なのは、彼の鉄道政策であった。まずダルフージは、インドにはじめて鉄道を導入した人であった。すなわち、彼は一八四九年に大インド半島鉄道（Great India Peninsula Railway Co.）と東インド鉄道（East India Railway Co.）の二つの会社を認可し、一八五三年には着工を認めた。しかも、後の鉄道政策の基本となる鉄道債の元利保証（Ⅳ（2）参照）や、主要幹線計画の策定[112]なども彼の決めたことであり、インド鉄道政策の基本は、ほとんどこのダルフージが決定していた。

ところで、鉄道建設計画が、スティヴンソンのような鉄道マニアと現地商人たちによって開始されたという事実は無視できないが[113]、ここではマンチェスター綿業資本の強力な介入によって、はじめて鉄道政策が急展開したという事実に注意すべきである。鉄道が認可された一八四九年も、建設が始まった一八五三年も、ちょうどマンチェスター綿業資本の介入が強まった時期であった。一八四九年には先述のブライト委員会が、一八五三年の場合にはマンチェスターのインド改革協会（the Indian Reform Society）の設立が、マンチェスター綿業資本による圧力を強力に媒介した。しかも、監督局総裁であるウッドの側でも、この圧力を受け入れざるをえない事情を抱えていた。すなわち、ラッセル内閣は連立政権として極めて不安定で、改革派（the Reformers）の反対の効果を気づかわざるをえなかった[114]からである。こうした中で、鉄道建設がついに開始されることになったのである。

2　公共事業とインド市場の開発政策

さて、このようにダルフージによって準備が進められ、始められた鉄道政策は大反乱以降、急速に展開していった[115]。その特徴を、イギリス綿業資本との関連でとくに重要と思われる点に限ってみておこう。

第一の特徴は、図2-5にみられる用地、主要な鉄道幹線が、内陸の棉花地帯（大部分はダルフージによって併合された地域）と主要貿易港とを放射線状に結ぶ「港市志向型」[116]であったということである。つまり、路線の地域的特徴をみる限り、（政治的・軍事的理由[117]を別にすれば）インドの鉄道建設は、内陸の原料（とりわけ棉花）をイギリスに供給し、代わりにイギリス製品を内陸部に送るというイギリス産業資本の一貫した意図を体現しているのである。[118]

表2-16　インドにおける綿製品消費構成　（単位：千重量ポンド）

	1831-35年平均		1856-60年平均		1880-81年平均	
イギリスから輸入された綿製品	14,350	3.9%	160,420	35.3%	350,000	58.4%
インドで生産された綿製品	360,650	96.1%	294,580	64.7%	250,000	41.6%
総消費量	375,000	100%	455,000	100%	600,000	100%

〔出所〕 T. Ellison, *op. cit.*, P. 63.

だが、実際の政策的効果はどうであったろうか。まずイギリス綿製品のインド内陸部への浸透についてみるならば、内陸土着綿布が根強く残っていたために浸透は緩慢であったが[119]、その需要が集中していた三管区周辺のイギリス綿製品については、ある程度、鉄道運賃のコスト低下が有利に働いたと考えられよう（表2-16参照）。

内陸土着綿布への政策効果の統計的検討は困難であるとしても[120]、図2-3に見られるように、棉花飢饉・恐慌のたびごとにマンチェスター綿業資本による強力な鉄道建設要求を伴いつつ、インドはイギリス資本主義の恐慌の脱出口（クッション）となっていった。その際、先述の恐慌・不況期のインド洋帝国における諸戦争の発生時期との関係性を無視することはできない。

他方、インド棉花のイギリスへの供給についてみると、その効果もイギリス綿業資本の意図通りになったとは言いがたい。南北戦争中の一八六二年にその輸入は、イギリスの棉花輸入総量の七五％にまで達したが、その後すぐに減少に転じ、一八七一年には二四％にまで落ち込んだのである[121]。それは、イギリス綿業にとってインド棉花の繊維が短かく、何度か試みられてきた改良・移植も失敗してきたためであった[122]。しかし、棉花ブームが去っても、インドの棉花輸出総量は、大陸ヨーロッパ諸国・中国などへの輸出の伸びによって減少せず[123]、また、この棉花ブームは他の農産物の生産を促進し、さらに鉄道がこれらの過程を強力に後押しした[124]。つまり、これらの農産物の生産・輸出が、イギリス製品への購買力を付与したといういうかぎりで、インド鉄道はイギリス綿業資本に寄与したといえよう。

特徴の第二は、インド鉄道会社が手厚い政府保護の下におかれていたということである。すなわち、インド政府が鉄道会社と交わした契約は、まず第一に、政府が鉄道会社に無償で土地を供与し、九九年間にわたって地代を一切徴収しない、第二に、鉄道会社の株主、債権保有者に対して必ず五％の利子をインド政庁が保証する、第三に、三カ月間の稼働後、鉄道会社はそれを政府に譲渡し、棄権する権利を持つ、第四に、二五年、五〇年の期限ごとに政府は鉄道を買収する権利を持つが、その株式、債権の評価は、買収日の前三年間のロンドンでの平均市場価値によって計算される、ことなどを定めていた[125]。つまり、政府は当初から、鉄道会社の損失を見込んでおり、投資家の警戒心を解いてイギリス資本を流入させるためには、その損失を国家の手で保証しておくことが絶対不可欠であったのである。

しかも、このような反レッセ・フェール的措置を、インド政庁に対して一貫して要求し圧力を加えてきた者たちこそが、かのイギリス綿業資本とマンチェスター派に他ならなかった。まず、一八四九年に、元利保証制度に消極的な監督局に対して、ブライト、コブデン、T・バズレイ（マンチェスター商業会議所会頭）、J・A・ターナー（同商業協会会長）などが連日、監督局を訪れて圧力をかけた[126]。監督局の中でこれを画策したのは、自由貿易主義者J・ウィルソンであった。しかもマンチェスター関係者は、一八五三年、一八五七年、一八六一年と、前記と同じ契約内容の鉄道建設を進めるよう強力な圧力を加え続けたのである[127]。ここでは、イギリス綿業資本とマンチェスター派は、従来言われているのとは逆にレッセ・フェールに敵対し、綿業資本の要求をごり押ししようとする保護干渉主義者に他ならないのである。

3―鉄道建設政策と政府介入

さて、ここで元利保証に関連して、もう一つの事実に注目しなければならない。それは、この有利なインド鉄道債への投資が、一八五六〜六八年のイギリス対外投資総額のうち、最大のシェアを占めたことである[128]。しかも、インドの鉄道会社の総資本利益率は「一八五四年で〇・二二％、一八六四年で一・九八％、一八六九年で三・〇

表2-17　本国費内訳　1861-1873年　（単位：百万ポンド）

	1861年	1864年	1867年	1870年	1873年
鉄道債・灌漑債の利子保証	1.8	2.7	3.5	4.4	4.6
軍事関係	2.5	2.3	2.7	2.6	2.5
公債・負債の利子	1.4	1.2	1.5	1.7	1.8
民政関係	0.6	0.6	0.8	1.4	1.7
備品購入	1.0	0.6	1.0	1.3	1.2
東インド会社株式配当	0.6	0.6	0.6	0.6	0.6
海運関係	0.04	0.06	0.06	0.21	0.11
総計	8.0	8.1	10.2	12.3	12.5

〔出所〕 C. N. Vakil, *op. cit.*, P. 580.

五％」と、「保証された五％に満たなかった」[129]から、当然その差額は全てインド財政が負担しなければならなかった。表2-17を見てもわかるように、第一期の軍事関係中心の本国費の収奪構造が、大反乱以降（第二期）は、この鉄道債の利子保証を通じたものへと大きく転換を余儀なくされてゆくのである。そして、このことが、後のインドに対するロンドン金融利害の台頭を引き起こしてゆくのである。[130]

4―インド鉄道建設をめぐる財政政策上の対立

政府の保護の下での高価な鉄道政策は、表2-18に示されているように、次第に公共事業支出を膨張させていった。しかもIIIの「「安価な政府」を支えたインド財政」で述べたように、大反乱に至る軍事財政の帰結として、インド財政はすでに巨額の公債を抱えていたから、公共事業政策の推進は、絶えずインド財政と矛盾することになった。それはまず、大反乱後、マンチェスターが再三再四要求した大規模な公債発行による鉄道建設（公共事業）を、そのたびごとにインド側が拒否するという形で現われた。すなわち、（1）一八五八年秋、「棉花供給協会」による二〇〇〇万ポンドの公債発行の提案、（2）一八六一年、マンチェスター商業会議所会頭による三〇〇〇万から四〇〇〇万ポンドの開発債発行の要求に対し、前者はインド政庁が、後者はインド大臣が、それぞれ財政的な理由から拒否した。[131]それどころかインド大臣ウッドは一八六二年に、翌年の公共事業を一三％以上削減するように命じたのである。[132]

表2-18　インドの公共事業支出　（単位：百万ポンド）

	(1) 総経費	(2) 公共事業支出	(2)/(1)
1842—3年	21.43	0.19	0.96%
1852—3年	25.27	0.63	2.53
1862—3年	37.75	4.40	11.58
1872—3年	56.87	12.52	21.96
1882—3年	73.09	23.71	32.48

〔出所〕 P. J. Thomas, *op. cit.*, P. 120.
〔備考〕 (2)は政府による資本支出、国営鉄道および運河の費用、元利保証鉄道会社への利子支払も含む。

次は、（保証利子額が一層の財政困難を招くため）、元利保証制度自体が変更を余儀なくされるという形で現われた。すなわち、インド大臣ウッドは、早くも一八六〇～六一年に財政的な理由から、元利保証制鉄道を認めないと言明し、実際、新しく認可したThe Indian Branch Railway Co. とThe Indian Tramway Co. を政府補助金のみの非保証制鉄道とした。[133] さらに、一八六八年までに年四一三万ポンドの保証利子差額を支払わねばならないところにまで追い込まれたインド政庁は、ついに一八六九年以降の新鉄道建設を国営（最も典型的な国家干渉）に切り換えざるをえなくなったのである。[134] まさに、マンチェスターによる反レッセ・フェール的な鉄道政策は、財政均衡（健全財政主義）というもう一方のレッセ・フェールの原則を絶えず脅かし続け、その矛盾の中で遂行されてきたのである。そして言うまでもなく、その矛盾は、「安価な政府」のツケを一方的にインドに押しつけるというイギリス帝国政策の必然的な帰結であったのである。[135] 次に、この過程を考察しつつ、マンチェスター綿業資本とマンチェスター派の歴史的役割に再検討を加えよう。

5―マンチェスター派の自己矛盾とその敗北――一貫性を失うレッセ・フェール

大反乱による財政危機を契機としたインド財政政策をめぐる以上のような対立は、レッセ・フェールの原則自体が、政策理念として、完全な自家撞着に陥ったことを、次々と露呈させていった。その第一は、マンチェスター綿業資本の元利保証制鉄道建設の推進が、（それ自体、強い政府保護を前提としているだけでなく）

前述のようにインド財政の均衡というもう一つのレッセ・フェールの原則と矛盾せざるをえず、しかもインド財政の均衡という主張も、結局、最も典型的な国家干渉形態である鉄道の国営化（一八六九年）に行きつかざるをえなかったことである。

第二は、財政赤字を支弁しようとするインド政庁による綿製品の関税引上げが、今度はマンチェスターの自由貿易の原理と矛盾するという事態を招来したことである。すなわち、この関税政策をめぐって、「自由貿易」を主張するマンチェスター綿業資本と、財政均衡を主張する自由党インド大臣という〝奇妙な〟対抗関係が生じていったのである。[136]

第三は、インド鉄道債の元利保証が本国の利子率を高めるように作用し、本国の産業的利害との矛盾を引き起こしたことである。すなわち、マンチェスター綿業資本は、一方で政府の鉄道債利子保証を強く要求しながら、他方で、その結果として生ずる資本流出と利子率上昇には不満を述べざるをえないという自己矛盾に陥ったのである。

だが実際には、彼らはこの事態を逆手にとって、「（たとえインド政庁の歳入を減少させても）インド綿関税を廃止させるための一つの論拠として使った[137]」。そしてさらに、再三再四のインド公債発行要求に見られるように、インド財政均衡の徹底的な破壊によって、第一・第二の矛盾をも乗り切ろうとした。つまり、マンチェスター綿業資本は、上記の矛盾を、全てレッセ・フェールの一つの原理である〝インド財政均衡〟の破壊で「解決」しようとしたのである。「安価な政府」を含むレッセ・フェールの原理は、インドにおいて完全な矛盾に陥るとともに、マンチェスター綿業資本はもはや、その原理の真の担い手ではないことを露呈した[138]。そして、アフガニスタン戦争の一五〇〇万ポンドと、大反乱の四〇〇〇万ポンドの戦費（両者で英国国家予算の約八割にあたる）をイギリス国民が負うべきであるというブライトの非現実的な主張[139]を別にすれば、マンチェスター派も、結局、イギリス綿業資本の露骨な産業的利害の実現のために先頭に立たざるをえなかったのである。

しかし、マンチェスター派は、どこかで政策主張の一貫性を保たねばならない。それは「反帝国主義の言葉で」[140]レッセ・フェールに反する諸政策をおおい隠すことであった。つまり、自らのインドでの交通・公共事業政策を平和的手段として描きながら、それをパーマストンの強硬外交政策（戦争政策）と対置することによって、自らの「自由主義者」としての立場を浮き立たせながら、実質的には、そのレッセ・フェールに反する諸政策をインドに押しつけることによって、自らが依って立つ基盤であるマンチェスター綿業関係者の支持を何とか集めようとしたのであった。しかしマンチェスター派は、この苦肉の策をもってしても、結局、イギリス綿業関係者の暴力的世界市場拡大の強い要求の前に、次々と後退を余儀なくされることになった。彼らは、一八四八年以降のダルフージの侵略・併合政策に反対し、また一八五六年以降のアロー戦争に反対した。[141]しかし、彼らはそのたびに支持を失っていった。一八五二年の総選挙でブライトはかろうじて当選はしたが、票差はわずか一〇〇票であった。[142]そして、アロー戦争が絡んだ一八五七年の総選挙では、先述のように、ついにコブデン、ブライト、ミルナ・ギブソン、チャールズ・フォックスなどのマンチェスター派の主要メンバーは落選させられたのである。[143]こうしてイギリス綿業資本は、一時的にせよ、「反帝国主義で」レッセ・フェールの原則を踏みはずしたマンチェスター派をも見離したのである。[144]

以上からも明らかなように、イギリス産業資本の対外政策を、一つの普遍的原理（レッセ・フェール）に基づく一元的方法（自由貿易政策）として描くことには誤りがある。それは、対欧米資本主義圏と、インドを軸とする対非資本主義圏とではまったく異なっていた。欧米資本主義圏に対しては、ともあれ「平和的な」自由貿易政策であったのに対し、非資本主義圏に対しては、政治的暴力による侵略と市場開放（「自由貿易」の強制）、そして反レッセ・フェール的内陸開発政策であったのである。[145]そして言うまでもなく、この「自由貿易政策」の亀裂は、これまで述べてきた暴力的世界市場の創出という、イギリス産業資本（なかんずく綿工業）の内的必然性に規定されており、一八四六年に穀物法が廃止されて以降のマンチェスター派も、この必然からは逃れることができなかった。まさに、ここに彼らの歴史的役割の限界を規定する要因があったのである。[146]と同時に、マンチェスター派において、すでに萌芽的に見られた「自由主義」的主張の自己矛盾は、一九世紀後半以降のイギリスのインド政策において、一層鮮明になっていく。

VII 「自由主義」財政の世界史的位置

最後に、外部（世界市場）の展開という面から見たイギリス「自由主義」的財政論の批判的再検討という本章の課題に沿って、これまでの検討から明らかになった点を要約して、まとめに代えよう。まず、植民地における財政規模の統計的検証から、（1）イギリス本国における「安価な政府」の背後に、植民地財政における「高価な政府」が存在し、（2）インド財政が、その中でも基軸的地位を占めながら、イギリスのもう一つの軍事財政として機能していたことが明らかにされた。イギリスは、（1）インド社会の内部構造に依拠した、シパーヒーの多用・軍事保障条約・本国費という「安あがりな」侵略体制によって、インドにおける恒常的な戦争体制を維持し、さらに、（2）インド国内のみならず、恐慌・不況期におけるインド洋帝国での諸戦争（暴力的世界市場の創出）を、その軍隊でもって遂行してきたのである。

だが、イギリスのインド植民地政策は、大反乱によって新たな段階を迎え、イギリス綿業資本の強力な圧力の下、反レッセ・フェール的内陸開発政策が推進されることになった。しかし、大反乱に至る軍事財政的帰結（巨額の公債累積）は、公共事業をめぐるインド財政政策上の対立を導き、レッセ・フェールの原則は、インドにおいてその政策的一貫性を完全に失うことになった。しかも、イギリス綿業資本による要求の先頭に立ってきたかに見えるマンチェスター派ですら、綿業資本の暴力的世界市場の創出という要求の前に、一時的にせよ綿業資本に見捨てられるのである。

以上のように、(1) これらの反レッセ・フェール的帝国政策は、非資本主義圏に対する絶えざる世界市場創出という必然性を持つイギリス綿業資本の資本蓄積に規定されていた。(2) また、これらの諸政策は、植民地財政、とりわけインド財政によって遂行され、イギリス本国の「安価な政府」は傷つけられることがなかったばかりか、インド財政によって支えられていた。だが、(3) これらの諸政策の帰結としてのインド財政の急膨張は、政策理念としてのレッセ・フェールの原則の実現を困難ならしめ、それを破綻に導いたのである。まさにこの意味で「安価な政府」と、レッセ・フェールを中心とする従来の「自由主義」財政論は「虚構」であったのである。

次に、イギリス国内における「自由主義」的行財政改革について検討していこう。今度は、問いはまったく逆である。産業資本あるいは商工業者の政治的影響力が限定されながら、つまり地主議会主導の地主貴族政でありながら、なぜ「自由主義」的行財政改革をなしえたのかという問題を論じる。それは究極のところ、世界で最初に議会を成立させたイギリス近代の名誉革命体制とはどういう統治構造だったのか、という問いに行き着く。そして、その面でもイギリス「近代」は、これまでの通説とは大きく違ってくる。

第三章

名誉革命体制とイギリス近代国家

I 「財政＝軍事国家」論の登場

イギリス近代財政史にはいくつかのアポリアが横たわっている。

イギリス近代財政史をさかのぼれば、名誉革命によって王権を制限する立憲君主制と租税法定主義を実現したイギリスが、名誉革命後にいかにして権力を集中させて、ルイ一四世およびルイ一五世治下のフランスと戦う常備軍と行政府を強化しえたかという問題がある。ジョン・ブルーワの「財政＝軍事国家」論の登場によって、この課題に焦点が当てられることになった。

ブルーワによれば、名誉革命以降にイギリスは戦争の世紀を迎え、それを遂行する近代的な「財政＝軍事国家」をいち早く作り上げた。実際、一六八九〜九七年、一七〇二〜一三年、一七三九〜六三年、一七七五〜八五年には、フランスとその同盟軍との戦争が発生したため、まず第一に常備軍が形成され、国家財政は膨張した。この時代は、「毎年の歳入の七五〜八五パーセントが陸海軍費および軍需費、あるいは前の戦争時の債務利払いに充てられている」とされた。[1] 第二に、その財源は消費税と関税に求められており、そこから近代的租税制度と近代官僚制が形成され、さらにそれを基盤にして公信用制度が発展してきた。

王政復古とともに一六六三年に消費税の徴税請負リースが始まり、一六八三年に徴税請負制は廃止された。関税では一六七一年に徴税請負制が廃止された。この二〇年間は、財務省と関税委員会（the commissioners for customs）と消費税委員会（the commissioners for excise）に、私的な経営をモニターし、調査し、学習する機会を与えた。[2] 大蔵省の役人として徐々に「近代的」官僚制に変わっていった。

さらに消費税を中心にして税収は飛躍的に増加した。それなくして、一六八九年から一八一五年の間に起きた軍事支出の劇的な増加に対応して資金を融通することはできなかっただろう。実際、一七八二年までに消費税担当職は、四倍以上に膨れ上がった。[3] 一六八八～九七年まで税収総額の四二％を占めた地税は、一七一三年を境に重要性が低下し、税収総額の三〇％を超えることがなくなる一方で、消費税の比重が急速に高まり、四〇％以上を占めるようになった。[4] そのうち約六〇％は、ビールその他酒類の課税から来ている。[5]

そして一六九四年にイングランド銀行が設立されて以降、長期国債を引き受けることで公信用市場が整っていった。この消費税や関税の税収を特定の債務の利払いに充当することで、短期借入金を長期国債に転換する方法が発達した。長期国債発行が可能にならなければ、一八世紀の度重なる対外戦争を遂行できず、財政は破綻していただろう。この長期国債発行は、一六九四年から一七一三年にかけて発展した財政革命の中心的特徴をなしている。[6]

第三にブルーワは、王権の下で常備軍と消費税が肥大化したにもかかわらず、地主ジェントルマンをバックにした議会によって監視・統制されていた点を指摘する。「イングランドは、オランダ共和国を別にすれば、陸海軍の兵員規模とその財源が「身分代表議会(エステイツ)」によって決定される一八世紀でただ一つの大国であった」のであり、「議会は軍事予算を左右でき、陸軍の規模と軍法の内容を決める権利を手中に収めた。議会の同意がないかぎり、平時に常備軍を徴発することはできなかった」[7] とする。軍隊や行政府の肥大化に対抗しえたのは、土地所有を基盤とする地主階級こそが統治階級であるという「地方イデオロギー」であり、この「地方イデオロギー」が「議会の言説を支配する形式」であったとする。[8]

ブルーワは、このように税制と官僚制の「近代的」性格と税収の伸びという観点から、消費税を税源に利払い費を支払うことで長期国債を発行して、一八世紀の膨大な戦費を賄った点に着目し、「財政＝軍事国家」と特徴づけた。「弱体な国家」というホイッグ史観に基づく通説に代わって、絶対主義国家フランスに対抗する「強力な国家」イギリスという国制上の比較史的視点に基づく「財政＝軍事国家」論は、いまや新たな通説の位置を占めるようになっている。

しかし、「はじめに」で述べたように、財政統制には大蔵省統制と議会統制の二面性がある。ブルーワの「財政＝軍事国家」は、税制としての近代性や税収の伸びからみて消費税の意義を強調しているが、それは大蔵省統制の萌芽という観点からそう言えるだけである。議会統制という点から言えば、ブルーワが軽視した直接税こそが重要な役割を果たす。その点では、むしろ地主ジェントルマンが負う地税（Land Tax）こそが重要な役割を果たしていた。消費税の課税は一回切りの議会の議決でよく、それだけでは王権の影響力を排除しえないが、地税では戦争に際してその都度、税率を引き上げるために議会の議決が必要となるがゆえに、王権の影響力を抑制しうるのである。そして近代的租税として新しくはないがゆえに、地税は、むしろ私的財産権を守る上で極めて適合的であった。つまり議会統制という観点から言えば、「地方的自律性（＝地方自治）」を尊重し、国家的に統一的な徴税機構を持たず、配賦税方式という「非近代的」な性格ゆえにこそ、私的土地所有権の保護のために「近代的」性格を持ちえたのである。逆説的だが、それは単なる「地方イデオロギー」だったのではない。

常備軍と消費税官吏の「近代」性ゆえに「強力な財政＝軍事国家」が成り立つが、その一方で地主貴族による議会統制が機能してバランスをとっていた。逆説的だが、議会統制という「近代」的な諸制度は、地主貴族支配による「地方的自律性」に基づいた「非近代」的な直接税＝地税に支えられていたがゆえに、王権の介入を抑制することができた。名誉革命体制という国制は、かくして「強力な国家」と「弱体な国家」において、一方が他方を退けるというものではなかった。その双方がチェック・アンド・バランスする「混合政府形態」だったのである。

そして、この逆説ゆえに、第四章、第五章で詳しくみるように、この地主ジェントルマンが自ら負担する税（後に地税から課税ベースを広げ、徐々に「近代化」していった所得税へと変わる）を背景にして、地主貴族政が「財政＝軍事国家」を批判し、自ら「自由主義」的行財政改革を主導するというパラドクスを解き明かすことができるのである。

もちろんアメリカ独立戦争を契機にした財政危機に直面して、税収面から見て、議会統制を地税だけで機能させるのは決定的に不十分となった。小ピットの所得税を導入して以降、税収不足と議会統制の不十分さを、臨時的な所得税を導入することによって克服していくのであるが、税収を上げるには、土地貴族だけでなく、それ以外の諸階層を含む富裕階級全般を課税対象とせざるをえなくなった。と同時に、土地貴族政を守って急進的議会改革を回避するために、直接税改革を契機にして富裕階級内部における諸利害の調整を必要とするようになった。所得税は当初、臨時課税であったが、その後のピールやグラッドストーンも含めて、トーリー・リベラルによる所得税導入を契機に、急進的な議会改革に代わる「自由主義」的財政改革が、諸階層の利害を調整するとともに実行されていくのである。ブルーワは、地税から所得税へと転換していく過程を含めた直接税の役割を軽視しており、その「財政＝軍事国家」論は、名誉革命体制の統治の全体構造を十分に捉えているとは言い難い。それゆえ、「自由主義」的財政改革へと向かうイギリス近代のダイナミズムを見失ってしまうのである。

II 名誉革命体制と統治構造

1 イギリス重商主義国家における「対極的構造」

名誉革命体制から「自由主義」的行財政改革への展開過程を解明するためには、まず何より、私有財産権の確立をもって成立したイギリス名誉革命体制の、全体的な統治構造を明らかにしなければならない。従来、重商主義段階の国家財政についての研究視角は、保護制度（保護政策体系）、特許会社と植民地政策、あるいは原始的蓄積の促進政策などが中心とされ、統治構造の動態的展開とのかかわりで財政あるいは政策の全体構造を捉えるという視角が弱かった。最も重要な点は、名誉革命体制の内部に「地方的自律性」と、国王および行政府への権力集中という「対極的構造」が形成されたことである。それが、地主貴族政の下で漸進的な「自由主義」的行財政改革を導く出発点となってゆくのである。

まず、私的土地所有権の確立にともなって「地方的自律性」が形成された。すなわち、一六四一年の星法院裁判所（Court of Star Chamber）[9]廃止をはじめとする絶対王制の大権裁判所機構の解体を契機として私的土地所有権が確立されてゆくとともに、治安判事に対する枢密院の厳格な統制が排除され、また治安判事の国王任命も次第に有名無実化し、事実上、治安判事を中心とする「地方的自律性」が実現されていったのである。有力治安判事が統轄する四季裁判所は、カウンティ（地方行政の単位）のコモン・ロー裁判所としての刑事管轄権と、下位の即決裁判所に対する第一次上訴裁判権を獲得し、さらに司法権のみならず、地方における行政権・立法権をも一元的に統合してゆき、それに対しては、コモン・ロー裁判所の司法統制と議会立法以外に「中央的」な監督はなくなっていった。[10]後述するように、大土地所有者（地主ジェントルマン）から構成される治安判事を主体とした「地方的自律性」こそが、私的大土地所有の支配を保障する制度的基盤となったのである。

だが、土地所有権の問題と密接に絡み合いつつも、何よりもまず一六二八年の権利請願にいち早く体現されたように、名誉革命体制は、絶対王制による度重なる封建的租税の追徴、国王の特権収入の賦課、強制国債を拒否する政治体制の創出過程でもあった。すなわち、名誉革命によって王権に対する議会の優位が確認され、「国王および行政府」はもはや、議会の同意なしに課税も常備軍強化もなしえないことを国制の原理としたのである。そして、言うまでもなく議会の主要構成員は、「地方的自律性」を担う治安判事となり、私的土地所有者として「独立的地位」を高めていった土地貴族を頂点とする地主ジェントルマンであった。このように、私的土地所有権を脅かす常備軍増強と租税負担の回避を中央において保障する「議会主権」と一対のものとして、「地方的自律性」は成立したのである。

しかし、以上のような絶対王制の制度的基盤の喪失に伴う「地方的自律性」と王権に対する「議会主権」が、ただちに中央政府の弱体化を招いたのではなく、また王権に対する議会の一義的優位をもたらしたわけでもない。「地方的自律性」の対極に、議会からは相対的に独自に権限集中をなす「国王およびその行政府」が成立し、戦争を強力に展開していったからである。

すなわち、第一に、国王は王領地に代えて、消費税・関税の一部を世襲的・終身的に付与された。第二に、土地に対する直接課税（地租）と異なり、ただ一度の議決を必要とするだけで世襲的・終身的に付与されたこれらの諸税を財源に、シヴィル・リストが設定された。[11] そして、そこから国王の裁量権に基づいて、王室費のみならず裁判官・外交官などの民政官の給与が支払われ、さらに閑職や年金の授与も行なわれていった。そして第三に、国王および政府有力者は、大臣任免権および廷吏・陸軍将校から税官吏・政府契約商人に至るまで広範なパトロネジ（情実任用権）を行使してゆき、また三大特権会社は政府貸上・公債引受を通じて政府と癒着し、存続していった。[12] もちろんブルーワは、売官制によって蝕まれたフランス絶対王制と比べて、イギリスの国王の裁量権は限られている点を強調しているが、それでも国王および行政府は、一定の裁量権を行使することによって議会統制の有効性を減じつつ、強力な権力集中を獲得していた。

しかも、こうした事態に対応して、中小の財産所有者および下層民の議会に対する影響力を遮断するために、議会の寡頭制（オリガーキ）を強化していった。まず一七一一年法によって、議員の土地財産資格（カウンティで六〇〇ポンド、バラ（イギリスの特権都市）で三〇〇ポンド）を設け、次にハノーヴァー朝の王位継承権をめぐる旧教徒＝「ジャコバイト」の反乱に対して、一七一五年騒擾取締法（Riot Act）を制定すると同時に、[13] 一七一六年の七年議員法によって、三年ごとの選挙を七年に延長し、議会が選挙民の意思に左右されないようにし、もって前述の王権の擁護と行政府への権力集中を補強していったのである。

以上見てきたように、名誉革命体制はその内部に「対極的構造」を生み出していった。すなわち、一方で、絶対王制の制度的基盤の喪失による「地方的自律性」とそれに基づく「議会主権」――分権国家への志向――をもたらし、他方で、議会を制約する国王を頂点とした行政府への権力集中と重商主義戦争国家――集権国家への志向――を生み出したのである。そして、このような「対極的構造」は、名誉革命が相互に矛盾する政策課題を生み出したがゆえに生じたものであった。すなわち、名誉革命によって、重商主義国家は、一方で私有財産と「地方的自律性」を保持するために、国王＝行政府の拡大、租税負担（とくに土地課税）、常備軍強化などを回避する《「弱体」な国家》を維持するという政策課題を負わされ、他方で財産権秩序を強化し、同時に急速な本源的蓄積を増進する重商主義戦争のための軍備強化と、それを可能にする近代的租税と国債制度（公信用）を備えた《強力な国家》[14]を実現するという課題を負わされたのである。

イギリス重商主義国家は、その内部に「対極的構造」を抱え、その微妙な「均衡」の上ではじめて成立する国家体制であった。[15]それゆえ、ウィッグ・エスタブリッシュメントは、自らの国制を国王・貴族院・庶民院の三者の均衡と抑制に基づく「混合政府形態（mixed government）」と表現したのであり、[16]また議会内の対立も「宮廷派（Court Party）」対「地方派（Country Party）」の対立として現われたのである。そして後述するように、かかる対抗関係を通じて表出される矛盾的構造を自己調整してゆく過程で、名誉革命体制の財政は自己破綻を余儀なくされてゆくのである。

2 財産権に基づく垂直的権威秩序

イギリス「市民戦争」によっていったん共和制になり、その後、王政復古するという複雑な過程を経て成立したがゆえに、名誉革命体制は、集権と分権の相互牽制の仕組みとして「対極的構造」を内包していた。しかし、この「対極的構造」は、財産権に基づく垂直的権威秩序によって統合されていた。「市民政府（Civil Government)」とは、何よりも私有財産を保護する政府であり、したがって一方で既述のように王権から私有財産権を保護するために「地方的自律性」――分権国家への志向――を生み出すと同時に、財産所有者の私有財産の絶対的安全を確保するために、中央・地方を通して財産権に基づく垂直的権威秩序を確立することが要請されたからである。

本節では、「対極的構造」を統合する支配構造を明らかにするために、まず第一に、中央の「混合政府形態」において垂直的権威秩序が前提とされ、「自律的」な地方統治機構においても同様の権威秩序が貫かれていることを確認し、第二に、それが財産権に基づいたものであることを明らかにし、そしてその媒介手段となったパトロネジの役割と、財産所有者と無産者の間の「法の支配」の意味を検討する。そして次節では、こうした垂直的権威秩序に「都市自治体」がいかに組み込まれていたかについて検討する。では第一の点から検討に入ろう。

まず、(1)「混合政府形態」において、国王・貴族院・庶民院はそれぞれ、次のような理念上の役割をもって権威秩序を構成する。すなわち、国王は首席裁判官(chief magistrate)として法の上に立ち(国王は立法拒否権を持つ)、名誉の源泉となり、そして行政府の長として外交権、議会の召集・閉会・解散を含む諸特権を有する。貴族院は、土地貴族(および大主教)によって構成され、貴族制を代表するとともに土地に関する最高の司法裁判所となる。そして庶民院は、地主ジェントルマンを中心とする臣民(=財産所有者)の代表として、その自由を保護し、臣民の不平を代弁するものとされる。

次に、(2)国王の同意の下に、第一大蔵卿たる有力土地貴族を中心に中央政府=行政府が形成され、その際、既述のように国王の広範なパトロネジ(情実任用権)によって大臣・官吏を任命し、同時にそれを議会多数派維持の操作手段として行使し、行政府の権力集中と「安定性」を確保する。

そして、(3)「国王の行政府」の歳出は、国王自身の自由裁量に委ねられ[17]、また歳出法案については議会によってチェックされるが、その際も、国王・貴族院・庶民院の三者全てが立法権を有するものとされ、庶民院はただ抵抗ないし抑制を加える主体としてのみ位置づけられる。以上のように、「混合政府形態」とは制度上、厳格な意味での司法・行政・立法の権力分立を有さず、国王―貴族―庶民の垂直的権威秩序を前提とした、三者相互間の均衡と抑制の体制であった。[18]

次に地方統治機構においても、地主貴族を頂点とした同様の権威秩序が（地方ごとに小宇宙的に）形成されていたことを見ておかねばならない。[19] すなわち、まず（1）国王代官（Lord Lieutenant）は「カウンティにおける国王自身の代表」であり、カウンティ内で最大の所領を有する有力貴族がその地位につく。そして彼はカウンティ内で、国王の擬似的機能を営む。すなわち、彼は記録保管官（Keeper of the Records of the County）となり、首席治安判事として最高の名誉が与えられると同時に、治安判事の指名権（国王の名で大法官が任命）、四季裁判所を主宰する機能、さらに副代官（Vice-Lieutenant）、代官補（Deputy-Lieutenant）、および法律専門家であり行政官たる治安書記（Clerk of the Peace）の任命権を有する。

また、（2）首席官（a ministerial officer）としてカウンティ裁判所の司法行政を行なう執行官（the Sheriff）が、国王によって任命され、さらに彼ないしハンドレッド有力地主貴族（Lord of the Hundred）によって代官（the High Bariffs of Hundreds, Franchises, or Liberties）が任命され、全体として王座裁判所（the Court of King's Bench）の下におかれる。

次に、（3）国王代官、執行官は、指導的な有力治安判事の協力の下に、四季裁判所を中心にカウンティ内の司法・行政・立法を執行する。その際、彼らはパトロネジによって、ハンドレッドの代官、警吏長（the High Constables）から教区の有給・無給の官吏までを任命する。[20]

そして、（4）カウンティ内では大陪審（grand jury）が、財源支出をチェックする庶民院の擬似的機能を営む。大陪審は治安判事によって占められ、[21] しかも、一七一〇年法による議員の財産資格設定（年価値六〇〇ポンド）に対応して、治安判事の財産資格も一七三二年法によって年価値二〇ポンドから一〇〇ポンドに引き上げられた。

以上のように、「自律的」とされる地方統治機構においても中央と同様に、有力土地貴族（国王代官・執行官）―指導的治安判事（四季裁判所官職）―治安判事（大陪審）という垂直的権威秩序を形成し、明確な権力分立を伴わないまま、相互の均衡と抑制が図られたのである。

しかし、国王への権限集中と「貴族的」大土地所有の存続を基軸に、中央・地方を通じた垂直的権威秩序が保持されたとしても、また、それが「古来の国制（the ancient constitution）」[22]論で正当化されたとしても、そのこと自体は封建遺制やその残滓であることを意味しない。[23]

まず第一に、この体制は中央から地方の末端に至るまで、基本的に財産所有を基軸に権力配分がなされていた。すなわち、それは既述の中央・地方の統治機構だけでなく、末端単位の教区レベルにも及んでいた。まずカウンティにおいて、治安判事およびその主要役職は国王代官の有力土地貴族を頂点に、土地貴族、中小地主から牧師・弁護士・商人に至るまでの層に配分され、次に彼らの基盤となる各々の教区では、警吏（constable）、教会委員（churchwarden）、貧民監督官（overseer of the poor）、公道監視官（surveyor of highway）の役職が、中位のヨーマン、ファーマー、商工業者などに配分されていた。

そして第二により重要なことは、大権裁判所の廃止によって、王と臣民の封建的臣従関係による身分関係が最終的に否認されたことである。このことは、国王＝行政府と土地貴族という中央対地方の関係においてだけでなく、土地貴族自身も自らのカウンティ内において、封建的身分関係、マナー秩序をもって政治的ヒエラルキー（支配―従属関係）を構成することができないことを意味する。すなわち、「継承財産設定」によって、貴族的大土地所有の存続は認められたものの、市民革命によって、王との臣従関係、封建的身分関係を基礎とするフォーマルな人格的従属関係が最終的に否認された以上、カウンティ内でも、貴族的土地所有は最大の私的所有の一つとして認められるにすぎなくなったからである（土地貴族も、大小の土地所有者と同様にファーマーと契約し、商工業者にも「営業の自由」を認める）。また、「市民革命」が生み出した個人の自然権（なかんずく私有財産権）を保護する市民政府（Civil Government）という観念も、政府の政治的義務を基礎づけるが、理念上は個々人（＝財産所有者）に対して絶対的義務を強制しうるものではない。[24]

すなわち、こうした社会では、財産所有者内部において財産権に基づく垂直的権威秩序を形成しうる法的権力的関係はもはや存在しない。では何がそれを媒介していったのか。その最も重要な媒介手段が、公的・私的なパトロネジであった。このパトロネジは国王に限らず、中央政府—地方政府—私的領域と、社会のあらゆるレベルを垂直的に包摂していた。たとえば、財産資格によって「政治的国民」となった大土地所有者も、地方社会において、聖職者、書記、有給無給のカウンティ官吏、救貧官吏から土地代理人（estate agent）、家庭教師に至るまで、公的・私的なあらゆるレベルで血縁とコネクションによる個人的選抜制度を用いていた。パトロネジは、財産所有者内部において財産所有に基づいて権力配分を行なう媒介手段であったのであり、財産の権威を社会全体に分節化してゆくシステムでもあったのである。したがって、議会の多数派工作のための手段となり、行政権の集中と「安定」をもたらした国王のパトロネジも、かかる財産権秩序を頂点において集約してゆくものに他ならなかった。[25]

すなわち、国王は一方で私的所有権を脅かすかぎりで、十分な王領地を付与されず、また土地課税（地税）に関しては議会のチェック（課税協賛権）を受けることによって、先述のような「混合政府形態」によるチェック・アンド・バランスの下におかれながら、他方で、社会全体において財産の権威を保持するために、消費税・関税の一部を世襲的・終身的に付与され、もって最高の財産保有者として、至上のパトロネジを行使しえたのである。したがって、このような王室財政と国家財政の「未分離」、議会の課税協賛権の「不徹底」も、決して「市民革命」の不徹底を意味するものではない。[26]

行論からも明らかなように、「市民革命」が私有財産の権威を確立したがゆえに、王室に「財産」として関税・消費税という一定の財政収入とそれに伴うパトロネジと裁量権を付与したのである。つまり、「市民革命」

は、王権に義務を負う地位・官職ゆえに財産を保有しうるという封建的臣従関係を、財産が地位・官職を決定するという私有財産権に基づく権威秩序へと転換させたのであり、かかる転倒した関係の中に、王の権威が与えられたのである。また、こうした関係にあっては、パトロネジをはじめとして、統治階級が所有した諸権利はもはや、地位・官職それ自体に伴うものではなく、あくまで財産所有に付着する権利とされたのであり、したがってまた、官職それ自体も私的所有（freehold）の対象となったのである（それゆえ、その所有者は役務Serviceを遂行する見返りであるか否かにかかわらず、その収入を受けとる権利を持った）[27]。

ブルーワは、イギリスの閑職はフランスの猟官制と比べてひどくはないと述べているが、公的・私的なパトロネジに媒介される財産権秩序は、もはや、封建的臣従関係のようにフォーマルで「強制的」な人格的従属関係ではないと同時に、「資本家的貨幣支払（Capitalist 'Cash Payment'）」による契約関係よりも個人的かつ包括的な人格的依存関係を含んでおり、両者の中間的タームであったといえよう[28]。ともあれ、財産権に基づくかかる垂直的権威秩序が「対極的構造」の中に貫かれ、それによってイギリス重商主義国家は、国家体制として統合されていたのである。

3　財産所有者と「無産者」

パトロネジを媒介とする財産権秩序は、財産所有者内の権力配分原理であるだけでなく、財産所有者と無産者の間にも拡延された。まず、貧民は「教区のジェントルマン」に認知されうる者（定住者）のみが、すなわち治安判事と貧民監督官が人格的依存関係を及ぼしうる者のみが、救貧（poor relief）、ないし地方的慈善（local charity）を受給するものとされた。商品経済の展開――労働力の移動と救貧費の増大――に対応しつつも、一六六二年定住法、一六九一年法による居住権の資格制限の強化によって、最下層の貧民も、財産権とパトロネジによる人格的でface-to-faceな依存関係に組み入れられたのである[29]。

しかし、財産所有者と「無産者」の関係は、財産所有者間の関係とは異なり、法的強制関係を基本としていた。盗木、密猟など私有財産を侵す者には、財産所有者＝治安判事自らが即決裁判で重罪を科しうるものとし、そのうえで、治安判事に付与された裁量権が行使され、酌量や保護によって前述の人格的な依存関係を有効に補強していったのである。[30]

だが、水平的な結合によって財産権秩序を破壊する者には、絶対的な「法の支配」が貫徹されねばならない。それは先述の騒擾取締法（Riot Act）[31]だけでなく、マスターとサーヴァント、ファーマーと労働者、商工業者と労働者の間の雇用関係における法的強制関係の中にも体現されていた。

まず、農業労働者に対しては、救貧法とも関連して、土地への緊縛＝就労強制規定を中心とする職人規制法が維持され、また、その適用が困難となった商工業部門の雇用関係には、主従法 Master and Servant Acts が導入されていった。後者は、たしかに契約締結の自由（労働力取引における契約の自由および移動の自由の承認）と、雇主の不当解雇禁止規定の排除（解雇の自由）を認めたものであり、すぐれて「営業の自由」に基づくものであった[32]が、同時に、なお家族関係法から派生したマスターとサーヴァントという身分関係を擬制的に設定した上で、労働者に刑罰による契約履行の強制を強化したことにも注目しておかねばならない。少なくとも、いったん雇用契約関係に入れば、雇主＝財産所有者と被傭者＝賠償能力のない「無産者」の関係は、私有財産権不可侵を絶対的に確保するための法的強制―義務関係として設定されねばならず、かかる〝絶対的な私有財産権不可侵〟に基づく強制―義務関係を基礎づける垂直的な財産権秩序として、マスターとサーヴァントという絶対的な「身分関係」を援用せねばならなかったのである。[33]

以上のように、一方で封建制を否認し、他方で中小生産者による人民主権を否定したうえで、私有財産権を絶対的権利として確立したイギリス名誉革命体制は、（1）財産所有によって「政治的国民」を限定し、次いで被傭者・「無産者」との間に絶対的な法的強制―「暴力的支配」を確保したうえで、（2）国王から末端の貧民まで、幾層にも重なるstatus groupから構成されるヒエラルキーとして想定され[34]、そして、(3)パトロネジを媒介手段とする財産権秩序がその階層間を垂直的に結合していたのである。かかる垂直的権威秩序を統治機構に集約的に反映するものとして「混合政府形態」が創出され、〈私有財産を保護する市民政府〉という形で正統化された[35]のである。

4―「都市自治体」の包摂と矛盾

次に、こうした名誉革命体制の中に、都市自治体がいかに編制されていったかが検討されねばならない。後述する都市オリガーキのシステムの中に、名誉革命体制の基底における都市利害と農村利害の共生と矛盾の構造が、したがってまた、商業・金融利害と地主利害の融和と反発の構造が集約されているからである。

日本との対比で、イギリスの地方自治体は長らく古典的自治の典型とされてきたが[36]、イギリスの都市自治体は決して歴史的にみて権力機構から独立した自治権を持っていたのではない。絶対主義以前のドイツや神聖ローマ帝国と異なり、イギリスの都市自治体は「例外なく国家の創造物(a creation of the state)であり、国王権力から創出された法的実在(legal entity)[37]」であった。実際、表3-1にみられるように、絶対王制期に国王の特許状によって「都市自治」が創出されたのである。もともと「都市自治」とは、都市の国家的統合のために、都市権力を有力商人らに限定するものとして王権が付与したものであった。

すなわち、国王の自治体特許はまず、(1)バラ(Boroughs)に刑事管轄権を与え、さらに記録官(recorder)を任命することによって治安強化をはかり、(2)執事長(High Steward)という貴族の名誉職を作り、それによってバラと貴族・国王との結びつきを強め、(3)さらに、下院議員を選出する権限を、特許が創出した特別団体(the selected bodies)に限定することによって、貴族ないし王室が、議員の選出に影響を及ぼすことができるようにしたものであった[38]。

表 3-1　自治体特許を受けたバラ（都市）

治　　　世	年　代	バラの数
エドワード 1 世	1272〜1307	1
アランデル伯（エドワード2世時代）	1307〜1327	2
エドワード 3 世	1327〜1377	2
エドワード黒太子		1
ヘンリー 4 世	1399〜1413	1
ヘンリー 6 世	1422〜1461	4
エドワード 4 世	1461〜1483	1
リチャード 3 世	1483〜1485	1
ヘンリー 7 世	1485〜1509	2
ヘンリー 8 世	1509〜1547	3
エドワード 6 世	1547〜1553	2
フィリップとメアリー	1553〜1558	7
エリザベス女王	1558〜1603	23
ジェームズ 1 世	1603〜1625	33
チャールズ 1 世	1625〜1649	21
モートン（ダラム主教）	1634	1
チャールズ 2 世	1660〜1685	36
ジェームズ 2 世	1685〜1688	12
ウィリアムとメアリー	1689〜1702	11
アン女王	1702〜1714	3
ジョージ 1 世	1714〜1727	3
ジョージ 2 世	1727〜1760	3
ジョージ 3 世	1760〜1820	8
エジャートン（ダラム主教）	1780	1
ジョージ 4 世	1820〜1830	2
幾つかの特許による		20
古い特許で日付がない		1
慣　例		17
公開されず知られていない特許		15
総　　計		237

〔出所〕 *First Report from Commissioners on Municipal Corporation*, 1835, p. 91.

その後、王政復古後のチャールズ二世・ジェームズ二世の王権拡大策によって、このような自治体特許の多くが廃棄させられ、さらに、都市の主要官職の任免権を国王に付与する新特許を受容させられたが、名誉革命の過程にあった一六八八年一〇月一七日のジェームズ二世の宣言によって、こうした政策は放棄された。だが、名誉革命後に認められた特許状も、決して住民自治や人民主権に基づくものではなく、絶対主義的に出された以前の特許をモデルとした「都市自治体[39]」——すなわち有力商人・名望家を頂点とする都市オリガーキ（寡頭制）を再現したものであった。以上のように、イギリスにおいてはまず、絶対王制が都市オリガーキの形成によって都市の国家的統合を図るために、「都市自治」を付与したのであり、次に王権の「制限」と議会の「優位」が確立された名誉革命体制においても、そのような「都市自治体」の機構は基本的に継承され、先述した財産権とパトロネジに基づく垂直的権威秩序の中に組み入れられていったのである。

では、都市の統治機構におけるオリガーキ構造とはいかなるものであったのか。イギリスの「都市自治体」の統治機構は特許状によって多様であり、各都市の相違まで詳述することはできない。ここでは、（1）自治体構成員（Corporators）としてのフリーマン（Freeman）、（2）統治機関（Governing Body）、（3）市長（Mayor）を中心とする主要官職の三つの構成部分について、その基本的特徴を把握する中から、都市のオリガーキ構造の性格を明らかにする。[40]

まず、（1）の自治体構成員について指摘せねばならないことは、都市住民がフリーマンとそれ以外のもの（Non-Freeman）に区別され、前者にのみ国会議員選挙権、都市の使用税（tolls）およびカウンティ陪審義務の免除、自治体官職につく権利、都市内での通商権などの諸特権が付与され、しかも表3-2が示すように、フリーマンの人数は、統治階級の人数制限政策によって抑えられ続けたことである。[41]

すなわち、農村カウンティで、有権者を財産所有者（四〇シリング自由土地保有者）に限定したように、都市においても、選挙権その他の市民権（Rights of

表 3-2　都市自治体におけるフリーマンの割合（1835年法前）

	人口		② フリーマン (Freeman)	②/① %
	① ミュニシパル・バラ	パーラメンタリィ・バラ		
Cambridge	20,917	20,917	194	0.9
Chester	21,363	22,263	1,550	7.1
Exeter	28,285	33,552	586	2.1
Ipswich	20,454	20,454	1,130	5.5
Kingston-upon-Hull	36,293	49,727	2,631	7.2
Leicester	40,512	40,512	4,500	11.1
Liverpool	165,175	185,000	5,000	3.0
Newcastel-upon-Tyne	42,760	53,613	4,000	9.3
Norwich	61,096	61,096	3,460	5.7
Nottingham	50,220	50,220	3,033	6.0
Oxford	19,370	21,345	1,408	7.3
Plymouth	31,080	31,080	437	1.4
Portsmouth	46,282	50,389	102	0.2
Wigan	20,774	20,774	166	0.8
Worcester	18,590	27,000	2,800	15.1
York	26,260	27,760	3,700	14.1
総　　計	659,431	715,702	34,697	5.3

〔出所〕 *Ibid.*, p. 33.

表 3-3　1835 年法以前の統治機関（Governing Body）の選出方法

（イングランド・ウェールズ）

選　出　方　法	バラ（都市）の総数	統治機関数がわからないバラ	統治機関数が明らかにされているバラ		自治体構成員（corporator）の人数がわからないバラ	自治体構成員数が明らかにされているバラ	
			バラの数	統治機関数		バラの数	自治体構成員数
自選（Self-elected）	186	8	178	4,455	18	168	66,686
自治体構成員（Corporator）全員による選出	12		12	385	1	11	10,779
一部フリーマン（Freeman）選出、一部自選	3	1	2	58	1	2	4,380
所有者 2 人の任命	1		1	3		1	3
マナーのリート裁判所での任命	2		2	30		2	484
リート裁判所の陪審がなる[1]	7	7			1	6	1,132
都市自治体の特別統治機関の合計	211	16	195	4,931			
統治機関のない都市自治体	26				4	22	5,045
総　　計	237				25	212	88,509[2]

〔出所〕 *Ibid*., p. 94.

〔備考〕 1） 5 つが自治体の主要官吏が任命、2 つは領主の執事（the lords' steward）が任命。

2） 対応する 212 のバラの人口数は 1,792,396 人である（237 すべてのバラ人口総計は 2,028,513 人）。

Freedom）を持つフリーマンを少数に限定する政策が貫かれたのである。だがその際、留意せねばならないことは、農村カウンティと異なり、都市民の取引（trade）および動産を中心とする財産は、土地財産＝不動産のように固定的な基準で表示されえないために、生まれ、婚姻関係、ギルドやカンパニーの徒弟奉公、贈与（gift）や購入（purchase）、さらには統治団体の販売や無償贈与、あるいは市長の指名といった、より人格的な結合関係に基づいて市民権が付与されたことである。[42] このことは、（2）の統治機関の選出方法とも関連してくる。都市には、カウンティ治安判事の土地財産資格のように、統治機関を大財産所有者に限定する単一の客観的資格基準もないからである。

では、いかなる方法で統治機関は選出されたか。表 3-3 が示すように、その基本的選出方式は、都市有力者間の自選（selfelect）方式であった。すなわち、有力商工業者、貴族などを中心とする参事会（Council）に欠員が生じたときは、彼らの中の有力者あるいは合議によって新メンバーを補充してゆく。そして小財産所有者を多数含むフリーマンは、都市選挙から排除され、次第に国会議員候補者から得られる買収金・賄賂を期待する存在となっていった[43]。このようにして、財産と人格的な結合に基づく政治的位階制が確定されれば、都市においても、先述の農村カウンティと同様のオリガーキ構造が展開されうる。

まず、統治機関たる参事会は、特別参事会員（alderman）と一般参事会員（common councilman）に区別される。一八世紀後半に至ると、都市行政権は次第に後者へ移行してゆくが、多くの場合、一八世紀前半までは、有力者で固められた前者がなお実権を掌握していた。とくに大都市の特別参事会員は、農村カウンティの治安判事と同様、終身の治安判事magistrateとして都市内の治安警察機能を支配し、さらに治安裁判行政を遂行する書記（Town Clerk）を任命した[44]。そして彼らは、一方において、自治体の法律顧問であり四季裁判所・記録裁判所の判事となる記録官（Recorder）に、貴族や都市のパトロンなどの有力者を選出し、他方で、彼らより下位の一般参事会員に欠員が生じたときは、特別参事会員が指名して新メンバーを補充し、そのことによって特別参事会は参事会全体をその影響下においた。このように都市統治機構においても、パトロネジ（自選方式）を媒介として垂直的権威秩序が形成されたのである。

次に、この自選による参事会の機能をみると、まず一般参事会は条例（bylaw）を制定する立法権を持ち（一定の場合、課税権を持つ）、罰金・投獄によってその条例を強制しえたが、都市ギルドの産業規制の衰退とともにその権限は次第に行使されなくなってゆき、また都市発展に伴う港湾・運河・道路・橋などの公共事業も、都市および周辺カウンティの有力者を介した地方法（local act）、私法（private act）によって行なわれるようになっていった。

そして参事会の機能は、自治体財産の運営以外は、フリーマンの任命、バラ判事の選出、国会議員の選抜、自治体官吏の任命とその給与の決定、自治体に属するパトロネジ（たとえば、聖職者、学校長、病院長、地方的慈善の対象者の選抜権）の行使など、都市のパトロネジ網の中心となることであった。[45] 表3-4、表3-5、表3-6に見られるように、都市の主要官職[46]は、フリーマンがごく少数に限定されているときにはフリーマン自身によって選出される場合があり、またマナー領主の強い影響力が行使される場合もあったが、基本的には、自選統治機関によって任命されたのである。

中でも最も重要な官職は市長職であった。市長はまず、首席判事（chief magistrate）としてバラの四季裁判所を統括し、記録裁判所がある場合には、その判事となった。また、彼は一般参事会を議長として統括するとともに、自ら行政官として多数の官職を兼ねると同時に、下級官吏の任命を統制し、さながら「従者の一群を持つ小専制君主のように都市を統括した」のである。[47] かくして、市長を頂点とした特別参事会員を中心とする互選方式の都市オリガーキは、治安司法機構を通してカウンティ地主と連係し、また執事長や記録官などの官職を通して貴族やパトロンとの結びつきを保持する[48]一方、パトロネジ（互選方式）を手段とした人格的な結合関係を通じて、都市内に一般参事会、官職者、フリーマンに至る垂直的権威秩序を作り上げることによって、名誉革命体制の中に組み入れられていったのである。

表 3-4　1835 年法以前の市長（Mayor）の選出方法（イングランド・ウェールズ）

市長選出母体	選出主体	バラの数
自選統治機関（Self-elected governing body）	自選統治機関	131
自選統治機関の中からフリーマン（Freeman）が指名する数名	〃	1
自選統治機関とフリーマン	〃	3
フリーマンが選出した統治機関	フリーマンが選出した統治機関	1
フリーマンが選出した統治機関の中からフリーマンが指名する５名	〃	1
フリーマンが選出した統治機関の中のフリーマン	〃	1
自選統治機関	平民（Commonalty）	30
自選統治機関が指名するそのメンバー	〃	11
平民（Commonalty）が選出した統治機関	〃	7
執事（Steward）と検死官（Coroner）が指名する６名	〃	1
平　民	〃	21
公民（Burgesses）の陪審が指名する３名	市長前任者	2
廷丁（Crier）	廷　丁	1
マナー領主の指名する４名	公民（Burgess）	1
自治体首長前任者の召集したリート裁判所陪審が指名する２名	市民税を支払う住民	1
自治体首長が召集したリート裁判所陪審	同　左	6
マナー領主の執事が召集したリート裁判所陪審	同　左	2
—	国　王	3
自選団体が自ら指名する数名	マナー領主、その執事、城代(constable of castle)	7
自選団体の中からフリーマンが指名する数名	〃	1
マナー領主	マナー領主	2
２人の所有者（Proprietors）	２人の所有者	1
市長ないし自治体首長がない	—	2
総　計		237

〔出所〕 *Ibid.*, p. 94.

表 3-5　1835 年法以前の都市自治体における記録官（Recorder）の任命方法
（イングランド・ウェールズ）

任　命　主　体	バ　ラ　数	（国王の承認を必要とするもの）
自選統治機関（Self-elected governing body）	136	(14)[1]
フリーマン（Freeman）によって選出された特別機関	7	(1)
全自治体（the whole corporation）	28	(2)
市長ないし他の自治体首長	6	(1)
執事長（High steward）	1	
自治体首長に召集されたリート裁判所陪審	1	
マナー領主（自選団体が指名を要求）	5	
城代（Constable of castle）	1	
国王（統治機関の請願ないし推薦に基づいて）	4	
国王の法務長官（Attorney-General）が兼職	1	
マナーの執事が形式的任命なしにつく	1	
記録官の職がない	46	
合　計	237	(18)

〔出所〕 *Ibid.*, p. 95.
〔注〕 1） その中 1 つは国王の解任権。

表 3-6　1835 年法以前の都市自治体における書記（Town Clerk）の任命方法
（イングランド・ウェールズ）

任　命　主　体	バ　ラ　数	（その中、国王の承認を必要とするもの）
自選統治機関	135	(11)
フリーマンの選挙による統治機関	5	(1)
フリーマン全員	29	(2)
フリーマンが選抜した機関	1	
自　治　体　首　長	6	(1)
記録官（Recorder）ないし執事（Steward）	10	
自治体首長によって指名された公民の陪審 1 名	3	
リート裁判所の陪審	1	
バラないしマナーの領主[1]	7	
国　　王[2]	5	
任命方法が知られていない	1	
記録官がその職務を遂行している	3	
マナーの執事がその職務を遂行している	1	
城　　代	1	
書記職がない	29	
合　計	237	

〔出所〕 *Ibid.*, p. 95.
〔注〕 1） 1 つは自選統治機関によってその権限が要求される。
　　　2） 4 つは統治機関の請願ないし勧告に基づく。

5―都市統治の多様性

次に、このような都市オリガーキが、商工業利害にとっていかなる機能を果たしたのかを検討しておこう。その際、まずギルドないしカンパニーの産業規制の後退が与えたインパクトに注目しておかねばならない。商工業都市の自治体特許は当初、ギルドないしカンパニーの産業規制と結びついていたが、一八世紀はじめまでにその規制力は後退し、職人規制法による徒弟規制や賃金裁定も次第に実効性を失っていった。[49]

しかし、ギルド規制の後退が都市オリガーキに与えた影響は、都市の性格によって極めて多様であった。ここでその全てを取り上げることはできないので、(1)中心的産業=毛織物工業の都市であり、内陸都市であったリーズ、(2)イングランド東南部の農村中小都市、(3)輸出貿易港をもつ大商業都市(とくに首都ロンドン)の三つの場合について、その基本的特徴を押さえておくにとどめねばならない。

まず、リーズの例からみてみよう。たしかにリーズにおいても、都市ギルドの毛織物工業に対する規制力は基本的に衰退していった。[50] しかし、「営業の自由」を得ていった中小生産者がただちに都市有力商人の市場支配を崩壊させたのではなく、むしろ一八世紀末までは、商人徒弟規制に基づく都市オリガーキを基軸として、都市有力商人が一定の「流通独占」を維持していた点に注意しておかねばならない。

すなわち、まず第一に、リーズ都市自治体の統治機関は、輸出商人を頂点とする有力毛織物商人によって独占されていた。一八世紀を通じて、市長、特別参事会員の約七割強、一般参事会員の六割以上を毛織物商人が占め、とくにその中枢たる特別参事会員の約四割は、一二の指導的毛織物商人家系(彼らは国教徒である)によって占められた。言うまでもなく、このような「政治的独占」は、先述のような自選方式によって達成されたのであるが、その際、選抜方法の中で、徒弟奉公―職業訓練が最も重要な役割を果たしていた。

有力商人の血縁者以外の一般参事会員は、まず(1)特別ないし一般参事会員である有力商人の下で徒弟奉公をし、(2)それが終了するとパートナーシップを購入して下級パートナーjunior partnerとなり、(3)その中から富・レジャー（娯楽や社交）等が考慮されたうえで選抜されていった。[51] こうして都市自治体の政治的独占を基軸にして、血縁さらに徒弟奉公→パートナーシップといった有力毛織物商人間の、人格的な結合関係が展開されたのである。[52]

第二に、このようにして形成された有力商人間の結合が、毛織物「独占」の基礎となった。彼らはまず、一七二五年 Stamping Act によって、特許状が自治体に任せた都市織物工業の規制権をカウンティ判事（四季裁判所、小治安裁判所）に引き渡したことにみられるように、ギルドの産業規制を自ら放棄した。むしろリーズの有力商人たちは、ギルドの産業規制に基づくのではなく、織布市場 Cloth Hall を建設することで、毛織物市場の「流通独占」を図ったのである。[53]

すなわち、まず（1）同じ商社（firm）内で参事会員たちは相互にパートナーとなり、集団内の相互契約関係を密接なものとし、（2）そして彼らが建設・支配した織布市場 Cloth Hall にウェストライディングの商人を参加させ、（3）さらに、運河会社、ターンパイク道路の建設などに（議会法と結びついて）自ら trustee などとして深くかかわりながら、同時に交通手段の改良による利益も享受していった。[54] こうしてハリファックスやウェイクフィールドといった周辺都市と対抗しつつ、地域市場の独占がはかられ、また同時に、織物工業の仕上げ部門から上昇してきた中小商人を、高価な徒弟奉公と威信あるパートナーシップが提供する利益から排除していったのである。[55]

そして第三に、こうして都市自治体の政治と経済的富を独占した有力商人は、土地購入、婚姻、事業、カウンティ行政などを通して、隣接するヨークシャーの地主ジェントルマンと結合していった。[56] すなわち、地域ごとにばらつきがあるが、前述のような財産権に基づく垂直的権威秩序という共通の基盤の上に立って、有力毛織物商人の利害（都市利害）と地主ジェントルマンの利害（農業利害）の融合が次第に進展したのである。

だが、当時の輸出産業の中心を占める毛織物業の中心都市で、このような都市オリガーキが形成されていたこと自体は極めて重要な意義を持つが、全ての都市でこのような有力商人による都市オリガーキや、特定製品に対する一定の地域的「流通独占」が実現されていたわけではない。むしろ農村都市にみられるように、地主貴族の直接的影響下に組み入れられていった例も多かった。

まず多数の農村都市のギルドも、農村工業規制の試みを繰り返していったが、一八世紀はじめまでに、良質の高級品は都市工業、安価な粗製品は農村工業といった製品特化が形成されるにつれ、一七世紀前半のような都市と農村の激しい対立関係は次第に後景に退いていった。[57] また地方中心都市は、地方的商業中心地として人口を増加させたが、多くの農村都市は人口増加がそれほど大きくなく、地主、あるいは法律家（彼らはしばしば金貸し・ブローカーとして都市と農村を媒介した）、医者、学校長、政府官吏などが都市エリート層を占め、その下に商店主、ディーラー等のミドル・ランクスが位置するといった構成をとっていた。[58]

こうした状況の下で、イプスウィッチのような地方の商業中心都市では、産業規制力は衰えながらも有力商人の都市支配は残っていたが、[59] 農村都市の多くは、周辺の有力地主の直接的影響下に入っていった。地主ジェントルマンの公的・私的なパトロネジの影響力だけでなく、中小商工業者の財力も大きくない農村都市の場合、都市の改良事業は有力地主に依存せざるをえず、また都市の商工業者は、建築、消費、サーヴィスの需要の多くを彼らに依存していたからである。[60] そのためウィンチェスターのように、自治体自らが、バラに居住しない土地貴族・地主らに都市フリーマンの資格を与え、議員選挙権を付与する等の例[61]も多く、さらに農村中小都市の多数派、指名選挙区・腐敗選挙区という形で、地主貴族の直接支配下におかれていったのである。[62]

しかし、内陸都市や農村都市と異なり、商人オリガーキ体制の動揺が最も進んだのは、海外貿易中心地＝大港湾都市であった。リバプールの場合、最初は一六九五年の自治体特許によって、（1）フリーマンと非フリーマンの区別が作られ、前者には一般参事会員を選出する権利、自治体がリバプール港の輸出入品に課した税を免除される特権が与えられ、そして、（2）フリーマンによって選出された四一人の一般参事会員（その中の一人が市長、二人が代官 bailiff となる）は終身メンバーとなり、有力商人によるオリガーキ体制が形成された。[63] しかし、一八世紀半ば以降、植民地貿易、海外貿易の拡大に伴って人口流入が激増したため、貿易をフリーマンに制限して「経済的独占」を図りつつ、同時に有力商人による都市オリガーキ（「政治的独占」）を保持してゆくことは困難になっていった。

リバプールはこうした事態に対し、（1）まず外来者（foreigners）に対して四半期支払い制度（quarterage）、年支払いによって都市内に居住し通商する権利を与え、（2）さらに政治的権利を除いて、フリーマンと同等の商業的権利を有する新しいタウンズマン（townsman）という「階級」を創出することによって、商人オリガーキとフリーマンの商業「独占」をなし崩し的に緩和しつつ妥協的に「解決」してゆかざるをえなかった。[64] だが、一八世紀後半まで有力商人の都市支配が維持されたリバプールの場合と比べ、最大の貿易都市であり、かつ首都であるロンドンの場合、その動揺ははるかに大きかった。

ロンドンでは、市民革命の過程からギルド体制の動揺は激しかったが、大火（一六六六年）によってその過程は他都市よりもはるかにドラスティックに進行した。大火の後、多くの外来者がシティに流入し、自治体自身も再住政策を強化してゆく中で、外来者の居住に対する訴追は一六七二年に停止され、翌年には新築家屋に永住した者すべてに無料でシティの特権（freedom）が与えられた。そして一六七五〜八〇年の間に、フリーマンの承認数は一万人以上に達した。[65] その後、一七一二年に一般参事会によって再び小売・職人に関するギルド条例が試みられたが、不成功に終わり、一七五〇年、非フリーマンに対する免許制に切り換えられ、ギルド規制は大きく後退していった。[66]

だが、シティの場合も、金融・商業利害による都市オリガーキ維持の試みがなされなかったわけではない。一七一四〜一六年の「ジャコバイト」の反乱[67]に伴うシティ政府内の対立を背景に、特別参事会が議会に働きかけて一七二五年法を定めた。この一七二五年法は、第一に、フリーマンの選挙権に一〇ポンド家屋保有者という財産制限を設け、大多数の富裕でないトーリーを有権者から除外し、第二に、議員、市長、執行官を選出するコモン・ホール集会（The Court of Common Hall）からリヴァリー・カンパニーに属さないフリーマンを排除し（それによって、フリーマンの約三分の一にあたる四〇〇〇〜五〇〇〇人を排除した）、第三に、一般参事会の立法は、特別参事会員の多数の同意がないときは効力がないものとした。年収一万五〇〇〇ポンド以上の金融業者・有力商人から構成される特別参事会を頂点としたオリガーキが強められたのである。[68]

しかし、一七三〇年代に入ると、中小商工業者あるいは議会外大衆の運動と結びついて、二つの参事会は協力して政府反対派にまわり、その過程で特別参事会は次第に一般参事会の意志を無視しえなくなってゆき、一七四六年には一般参事会の立法に対する拒否権を事実上放棄する法案が下院を通過するに至った。では、このようなオリガーキ体制の動揺は何に起因するのだろうか。

まず第一にあげねばならないことは、同じ金融利害・有力商人といっても、シティ最上層部とシティ特別参事会の間には、明らかに断層が存在したことである。国債引受などを通じて政府と結びついた三大特権会社、保険会社、有力国債引受業者らは、巨額の富をなしてシティ最上層部を形成しながら、シティの都市政治とはほとんどかかわりを持たなかった。すなわち、これらの「金融会社 monied companies」の重役・理事たちはシティの特別参事会に全く名をつらねておらず、また有力な国債引受業者の多くはシティと全くかかわりなく、指名選挙区・腐敗選挙区を手に入れて議員となっていった。[69] ロンドン・シティは他の都市自治体と違って、頂点のない「オリガーキ」であった。

第二は、相対的にフリーマンの影響力の大きな都市選挙制度が存在したことであった。まず何よりも、二一〇〇〇人に及ぶ一般参事会員は、地方税納税者（レイト・ペイヤー）であるフリーマンの毎年の選挙によって選出された。そしてコモン・ホール集会は、リヴァリー・カンパニー構成員に制限されたものの、約一万人のフリーマン＝有権者が直接、議員・市長・二人の執行官を指名、選出しえた。そして、末端行政組織である地区集会（the Court of Wardmote）

は、フリーマンであるか否かにかかわりなく、全ての地方税納税者（レイト・ペイヤー）に開かれていた。救貧税の徴収・舗装と街灯、無免許の居酒屋と遊技場の取り締まりといった都市行政事務は、次第に地区の参事会員の手に移されていったものの、この地区集会において、全ての地方税納税者（レイト・ペイヤー）が地区（ward）を代表する一般参事会員の指名、特別参事会員の指名（市長の出席の下であるが）を行ないえたのである。[70]

こうした都市選挙制度は、フリーマンが少数の有力者に限定される場合にのみ都市オリガーキとして機能するが、先に見たように、一七世紀末に生じたフリーマンの急激な拡大とその後のギルド規制の後退によって、中小商工業者と議会外大衆の利害を反映してゆく、恒常的な政治的チャンネルへと変化していったのである。すなわち、表3-7-a、表3-7-bに示されるように、一般参事会は中小商工業者によってその大半が占められ、しかもそれは末端＝地区集会において大衆（＝地方納税者）の「同意」の下に選出されていた。

第三は、他都市と比較にならないほどの人口集中（ちなみに、ロンドンの人口は一七〇〇年で五七万五〇〇〇人、一七五〇年には六七万五〇〇〇人となった）[71]が、小都市や村落でのみ有効な財産とパトロネジに基づく人格的な結合関係を弛緩させ、金融業者・有力商人への尊敬と従属におさまらない多数の議会外大衆の存在を許したことであった。このような背景の下で、ロンドンの都市オリガーキは大きく動揺してゆき、ロンドンは一八世紀前半から例外的に「民主主義」的な構造を備え、[72]一八世紀を通じて政府反対派の拠点となっていったのである。

すなわち、先述のように、多くの都市自治体がそのオリガーキ体制を媒介に、財産権に基づく垂直的権威秩序に組み込まれ、名誉革命体制の基底において商工業利害と地主利害の共生と融合の関係を形成させていったが、それは決して自己完結的な体制ではなかった。首都であるロンドンの都市統治機構を通じて表出される中小商工業者、議会外大衆の要求が、議会内の政府反対派＝「地方派」と結びつくとき、名誉革命によって課された相反する二つの政策課題の「矛盾」が表面化し、名誉革命体制は絶えず動揺を余儀なくされていったからである。次にこの点の検討に移ろう。

III

土地課税と地方的自律性

1 地税課税と財政の議会統制

名誉革命体制は、これまで述べてきたように、戦争を遂行する《強力な国家》と「地方的自律性」を維持する《「弱体」な国家》という「対極的構造」を抱えてきた。統治の原理から見れば、私有財産権に基づく垂直的権威秩序と、私的土地所有権を保護する「地域的自律性」の均衡でできている。つまり私有財産権とそれを保障する「地方的自律性」を侵さない限りで、国王＝行政府の拡大、常備軍の強化、租税負担の増大を許容する。

名誉革命体制は、私有財産を保護し増進する限りで、何よりも「普遍的利益」を主張し、自らを正当化しうる

表 3-7-a　特別参事会員を除くロンドン一般参事会員の職業構成（1739 年）

職　業	人　数
小間物商・リンネル商人	26
薬　　屋	14
大工・家具師・石工・れんが職人	8
酒　　屋	7
パン屋・菓子屋	6
ぶどう酒商人	5
馬　　丁	5
鉛管敷設人	3
チーズ屋	2
塗料商人	2
その他商工業者・職人	70
中小商工業者合計	148
銀　行　家	4
商　　人	6
蒸留酒製造業者	3
醸造業者	1
ブローカー	1
金細工商	1
事務弁護士	7
外　科　医	7
小　計	30
そ　の　他	32
総　計	210

〔出所〕 G. Rudé, *op. cit.*, p. 123 より作成。

表 3-7-b　1768〜74 年に在職したロンドン一般参事会員の職種構成

職　種	人　数
卸売商、ブローカーおよび商人	124
商　店　主	89
職人・製造業者	83
プロフェッション	13
（内、法　律　家）	(11)
カンパニー理事	2
合　計	311

〔出所〕 *Ibid.* より作成。

国家体制であった。それは私的土地所有権を傷つける限りで、王権の影響力を抑制する一方で、私有財産権を損なう急進主義的な改革を抑圧する。それは「混合政府形態」に典型的な、チェック・アンド・バランスの体制であった。

こうした視点から、まず第一に、私有財産権の不可侵という基本的論理の枠内で、「宮廷派」と「地方派」のイデオロギー的対抗として表出される諸利害の亀裂と、その政策的再統合の具体的なあり方に即して、名誉革命体制の矛盾的構造を明らかにしなければならない。第二に、その後に展開される「自由主義」的行財政改革を射程に入れつつ、戦争政策と財政政策（租税・国債）のあり方を媒介として統治構造がいかに再編成されていったかという点が重視されねばならない。

こうした視点からみると、ブルーワらの「財政＝軍事国家」論は、名誉革命体制の一部が過度に重点化された議論になっている。それは、大蔵省統制という面から、戦争と軍事費の税源となった消費税（およびそれに基づく公信用の拡大）が近代的な租税と近代的官僚制を創出したことを強調する主張である。と同時に、ブルーワ自身は、「地方派イデオロギー」に基づいて議会統制が働いていることも指摘している。だが、議会統制は単なる地方イデオロギーによって可能になったのだろうか。

いかに地税が「非近代的」な性格を持っていようと、戦争のたびに地税の税率引上げが行なわれたことを考えると、地税こそが、戦費と軍事費に対する税源となっていたことを無視することはできない。消費税は一回きりの議会承認で増徴されるのと比べると、地税は少なくとも戦争のたびに議会の統制を受け、戦争が終われば地税の税率引下げが議決される。地税こそは、陸海軍費に対する議会統制の制度的保証だったと考えられる。にもかかわらず、これまで関税・消費税の分析に重点がおかれ、直接税（とくに地税）の問題は十分に評価されてこなかった。[73]

たしかに、消費税と比べて地税は、収入の伸びが低く、税収全体に占める比重を低下させた。しかし、それが本格的に限界に達したのは、アメリカ独立戦争によってであった。そこで地主貴族政を維持するために、地主ジェントルマンから富裕層全体に負担者を拡大しつつ、地税に代えて所得税の導入が図られ、同時に経費削減を中心とする経済改革を実行していったのである。

事態は逆説的であった。たしかに地税は「非近代的」な税の性格を持つが、私的土地所有にかかる直接税であるがゆえに、それに対する国王の影響力を排除して、私的土地所有権を保護するという近代の論理で正統化されたのである。実際、地税は「国王の命による自治」システムの下で運営され、中央が任命した役人集団を使うことがなかった。[74] 少なくとも一八五七年の内国歳入庁（the Board of Inland Revenue）ができるまで、税率も徴収も、地域のジェントルマンのコントロール下にあった。そして地税は、一五分の一税ないし一〇分の一税の割り当て（クオーター）がベースであり、一七九八年の地税を救済する小ピットの法案に至るまで、配賦税方式がとられていた。

2 配賦税方式という「近代」の逆説

配賦税方式をとった地税の形成過程とその徴税機構の特徴について改めて見ておこう。第一に、そこで最も重要な点は、「市民革命」以降、全国一律の税率による徴税方式である「ポンド当たり税率（pound rate）」方式が度々試みられたにもかかわらず、ことごとく失敗に帰し、直接税の査定と徴収は地方的「自律性」に委ねられ、配賦税方式が定着していったことである。直接税は、星法院裁判所が廃止された一六四一年に、軍隊解散のために一種の人頭税（poll tax）が賦課されたのをはじめとして、一六四三年の長期議会による週割課徴（Weekly Assessment）、一六四五年の月割課徴（Monthly Assessment）となっていったが、いずれの場合も、課税原則および賦課水準は地方査定者（local assessor）の決定に委ねられ、地方の賦課委員会（rating committee）が査定・賦課の権限を持つようになっていった。

その後、まず部分的な形で「ポンド当たり税率」の導入が図られた。一六四九年四月七日法および一六五三年一〇月一四日の小議会のgrand committee報告書は、一方で各カウンティの割当額を固定する配賦税方式を維持しつつも、各カウンティ内では、動産・不動産が等しくなるように「ポンド当たり税率」を課すこととした。さらに一六五三年法は、賦課の前期は配賦税方式で徴収することが許されるが、後期には動産二〇ポンドと地代一〇ポンドが等しくなるように「ポンド当たり税率」で課税せねばならないこととした。

しかし、それも翌年二月に、税収があがらない場合は地方査定委員会(local commissioners)の裁量に任されることが認められ、結局、税率・賦課原則を地方に委ねる一六四五年の月割課徴方式が継続されていった。[75] 次に、一六八九年に配賦税方式を全面的に廃棄し、動産・不動産を問わず全国一律の「ポンド当たり税率」を賦課する方式が採用された。すなわち、(1)在庫商品、貨幣、公債の資産価値の六〇%(負債を控除)、(2)陸海軍以外の官職者の給与、(3)全ての土地、借地、領民への直接税、鉱山の年価値(地代負担、土地抵当利子を控除)に、等しくポンド当たり一シリングの税を課すこととし、一六九二年にはそれを四シリングに引き上げた。

だが、最初から動産は十分には捕捉されず、人頭税を毎年、補足税として導入したが、それでも税収は衰退し始め、さらに一六九六年には給与・動産の課税対象を拡大し、人頭税を正式に組み込んだものの、結局、収入は改善されず、一六九八年には廃止されることになった。そして同年に、月割課税と同様、配賦税方式を基本とする地税(annual land tax)が定着するに至ったのである。すなわち、(1)一六九二年の賦課額に基づいて、各カウンティ・各都市に税額を割当て、(2)賦課と査定については各カウンティの委員長に一任するという、配賦税方式および「地方的自律性」に基づく査定・徴収が定着していったのである。[76]

だがケネディは、それは議会の意図ではなく、むしろ徴税機構や徴税技術の不備によってもたらされたものであるとし、挫折したとはいえ、一六八九年の「ポンド当たり税率」導入の意義を強調し、一九世紀の所得税との連続性を強調する。[77] しかし問題は、単なる徴税技術上の困難にあったのではない。むしろ、重視しなければならないのは、「市民革命」によって生み出された統治機構、すなわち私有財産権の確立とともに成立した「地方的自律性」との関連であろう。

一六九二年に評価され九八年に形式化した、地方の富と所得の価額に基づいた割当額（クォーター）として、一八世紀の地税は賦課され、確立された割当額は固定化された。その結果、一六九二年の評価は、オレンジ公ウィリアム三世と一六八八年の名誉革命に対する議会への忠実さを示す地理的変化を反映したものとなった。南部と東部の忠実なカウンティよりも、北部と西部のカウンティは、対フランス戦争の間、プロテスタントの王位継承の復活に対してより少なく貢献しようとした。それでも地主貴族政は、直接税の評価と徴収を国の部局に移す提案には反対してきた。[78]

第二に、このような「非近代」的性格を持つ地税の配賦税方式こそは、私有財産権の不可侵とそれを保障する「地方的自律性」の保持という、名誉革命体制の必然的所産であったということである。国家の徴税官・査定官が私有財産所有者の内部に立ち入り介入することは、私有財産（なかんずく私的土地所有）の不可侵をもって成立する名誉革命体制を侵し、私有財産権の不可侵を保障する「地方的自律性」をも壊すことになるからである。それゆえにこそ、先述したようにカウンティごと・都市ごとの税率・負担の不均衡が存在したにもかかわらず、配賦税方式は維持されたのである（動産が直接税の捕捉を免れることになったのは、その結果である）。

さらに、このことを地税の徴税機構に即して再確認しておこう。まず、土地所有にかかる地租の徴税機構は、（1）国王任命の有給官吏の下にある他の諸税と異なり、議員の指名（議会の任命）に基づいて、一定の財産資格を有する者と治安判事（職権上のメンバー）からなる各カウンティの委員会に委任され、大蔵省と税務諸当局も、その賦課と徴収には干渉できなかった。

そして、（2）このカウンティ委員会は、ハンドレッドその他の行政区分ごとに小委員会（Divisional Commissioners）に分割され、その小委員会が書記を任命し、教区ごとに査定者・徴税者を任命した（査定者は無給、徴

表3-8 大ブリテンの税収内訳 1695〜1799年(単位 1000ポンド)

	純総額	主要内訳		
		関税	消費税	地租、アセスド・タックス
1695年[1]	4,134 (100.0)	899 (21.7)	935 (22.6)	1,839 (44.5)
1700	4,344 (100.0)	1,523 (35.1)	1,030 (23.7)	1,483 (34.1)
1705	5,292 (100.0)	1,110 (21.0)	1,807 (34.1)	2,065 (39.0)
1710	5,248 (100.0)	1,338 (25.5)	1,548 (29.5)	2,074 (39.5)
1715	5,547 (100.0)	1,685 (30.4)	2,303 (41.5)	1,129 (20.4)
1720	6,323 (100.0)	1,673 (26.5)	2,478 (39.2)	1,537 (24.3)
1725	5,960 (100.0)	1,711 (28.7)	2,741 (46.0)	1,148 (19.3)
1730	6,265 (100.0)	1,610 (25.7)	2,810 (44.9)	1,558 (24.9)
1735	5,652 (100.0)	1,479 (26.2)	2,843 (50.3)	1,070 (18.9)
1740	5,745 (100.0)	1,420 (24.7)	2,817 (49.0)	1,252 (21.8)
1745	6,451 (100.0)	1,156 (17.9)	2,921 (45.3)	2,117 (32.8)
1750	7,467 (100.0)	1,537 (20.6)	3,454 (46.3)	2,212 (29.6)
1755[2]	6,938 (100.0)	1,782 (25.7)	3,660 (52.8)	1,236 (17.8)
1760	9,207 (100.0)	2,113 (22.9)	4,218 (45.8)	2,407 (26.1)
1765	10,928 (100.0)	2,324 (21.3)	4,935 (45.2)	2,243 (20.5)
1770	11,373 (100.0)	2,841 (25.0)	5,139 (45.2)	1,796 (15.8)
1775	11,112 (100.0)	2,756 (24.8)	5,106 (46.0)	1,756 (15.8)
1780	12,524 (100.0)	2,774 (22.1)	6,081 (48.6)	2,523 (20.1)
1785	15,527 (100.0)	4,537 (29.2)	6,142 (39.6)	2,666 (17.2)
1790	17,014 (100.0)	3,462 (20.3)	7,698 (45.2)	2,993 (17.6)
1795	19,053 (100.0)	3,419 (17.9)	9,915 (52.0)	2,946 (15.5)
1799	31,783 (100.0)	7,056 (22.2)	11,862 (37.3)	6,446 (20.3)

〔出所〕 B. R. Mitchell & P. Deane, *Abstract of British Historical Statistics*, 1971, pp. 387-8 より作成。
〔備考〕 1) 9月29日終了年。
2) 10月10日終了年。

税者はポンド当たりの歩合で報酬を受けとった[79]。以上のように、地税の徴税機構は(1)私有財産と「地方的自律性」に対する国王=行政府の介入拒否で貫かれ、(2)同時に、先述した地主議員を頂点とする垂直的な財産権秩序に基づいて、カウンティ委員会—小委員会—教区査定者・徴収者という形で編制されていったのである。

第三に、このように「地方的自律性」に基づいて徴収された地税こそが、長く続いた一八世紀の戦争の戦費を賄う基本税源であったことである。表3-8にみられるように、一七〇一〜一三年、一七一六年、一七四〇〜四九年、一七五六〜六六年、一七七一年、一七七五年以降と、戦争があるたびに地税は四シリングと最高税率になり、戦時財源を提供してきた。

もちろんブルーワらが指摘するよう

に、一八世紀後半になると、税収全体に占める地税の比率は低下していったが、公信用が揺るがないかぎり、議会統制の役割を果たすことができた。とくに地税は、消費税や関税と異なり、戦争のたびに税率の引上げと引下げがあり、頻繁に議決を経なければならない。それゆえに戦費と基本税源＝地税は、常備軍と陸海軍の規模を決める議会統制の本質的要素になりうる。つまり課税協賛権と常備軍の維持・拡大に対する議会承認権を定めた一六八九年の権利章典（bill of Rights）を保障してゆく制度的な枠組みであった。（少なくとも理念上は）地税納税者（＝土地所有者）の代表として地方の「自律的」な地租徴税機構の頂点に立つ議員たちによって、国王＝行政府による無制限の戦争と戦費負担の押しつけを毎年チェックすることができたことになるのである。

「財政＝軍事国家」論は、大蔵省統制の視点に偏っているため、消費税の「近代的」性質を中心的に評価するが、「非近代的」性質であるがゆえに、地税による議会統制こそが、一八世紀の戦争を遂行する《強力な国家》と、私有財産権の不可侵と「地方的自律性」という《「弱体」な国家》の均衡関係を集約的に表現するものだったのである。[80]そして第四章で明らかにするように、アメリカ独立戦争では公債への依存度があまりに高くなり過ぎたがゆえに、もはや配賦税方式をとる地税の形では、議会統制は限界に達した。それゆえに小ピットは、戦時の臨時課税ではあったが、源泉課税型の分類所得税の導入をきっかけに税制を立て直し、地主貴族政として急進主義的議会改革を回避しつつ、財政に対する議会統制を再建したのである。

IV 「財政＝軍事国家」論の陥穽

1 地方派の消費税反対運動

「財政＝軍事国家」を裏側から見てみよう。ブルーワの議論の弱点は、二つの財政統制のうち大蔵省統制の視点に偏っていることである。名誉革命体制の王権と行政府の財政には、財産所有者の同意に基づく議会統制からみる視点がある。そう考えると、ただ一回の議決で課される消費税は、地税の毎年の議決を通した下院の「抑制と抵抗」を容易に免れつつ、軍事費を増大させてゆくメカニズムとしてみることができる。言うまでもなく、それは公債・借入金依存による軍事費調達であった。

表3-9も示すように、一八世紀の戦争は、戦時財政の約三分の一を借入金に依存しつつ遂行された。しかも、それは長期債発行だけでなく、短期債、とくに部局債を起点とする公債累積のメカニズムを内包していった。すなわち、(1)まず軍事基金において、(諸基金ごとに)議会の承認を経ない流動債(unfunded debt)の発行が行なわれ、(2)次に、その流動債の膨張を起点に生じる公信用の「危機」に対し、流動債を国債(および国庫証券)に肩代わりさせ、(3)同時に、ただ一度の議会の承認しか必要としない永久賦課税＝消費税を財源に、利払い基金を設定してゆくという形で、議会の抑制を免れつつ、公債の累積と消費税の増徴を通して軍事費・戦費の膨張を行ないえたのである。[81]

公債が急膨張するにつれて、表3-8からも確認されるように、消費税は着実に増加を続け、戦費・軍事費の基本財源たる地税は戦時においても次第に比重を落としていった。だが、財産所有者の同意を必要としないようなこの方法でも、「対極的構造」が持つ矛盾を回避してゆく政策は必ずしも成功してはいない。ブルーワの議論は、商工業者らミドルクラスの抵抗と同意という問題が十分に組み込まれておらず、商工業者の反対が存在したがゆえに「強力で能率的な国家が「逆説的に発生した」[82]とも言えるとの指摘は重要である。一八世紀前半の先駆的事例として、ブルーワらが軽視するシティと中小事業者らによる消費税反対運動にもふれておこう。

たしかに、消費税の納税者は消費者であって、それ自体、有権者（＝財産所有者）とは理念上は区別され、公債所有者（＝財産所有者）の財産（＝公債）の安全が脅されるときは、消費への課税は、財産エリートたち（＝議員）によって容易に承認されていった。しかし先述したように、J・バーナードやM・ペリーらシティの選出議員たちが、シティの都市政治機構を介して表明される中小商工業者の要求を担い、それを実現するためにW・パルトネイ派やC・ウィンダムら議会内政府反対派＝「地方派」と結びつくとき、上記の政策も激しい批判にさらされ、修正を余儀なくされていった。

表 3-9 戦時財政と借入金依存（単位 1000 ポンド）

	(1) 総支出	(2) 総収入	(3) 借入金	借入金依存 $\left(\frac{(3)}{(1)}\right)$ %
1688〜1697	49,320	32,767	16,553	33.6
1702〜1713	93,645	64,239	29,405	31.4
1739〜1748	95,628	65,904	29,724	31.1
1756〜1763	160,573	100,555	60,018	37.4
1776〜1783	236,463	141,903	94,560	39.9
1793〜1815	1,657,855	1,217,556	440,298	26.6
計	2,293,483	1,622,924	670,559	33.3

〔出所〕 P. G. M. Dickson, *The Financial Revolution in England*, 1967, p. 10 より作成。

その際、注意しておかねばならないことは、彼らは中小商工業者や議会外大衆の政治的・経済的要求を利用しつつも、基本的にはそれを「地方派」の論理に翻訳して組み込んでいったことである。[83]その「地方派」の論理とは、決して財産権秩序それ自体の否定ではなく、むしろ政府＝「宮廷派」と同様、「私有財産権の不可侵」と「財産と自由」という共通のイデオロギー的前提に立って、その観点から政府の政策を批判するというものであった。しかし、それゆえにこそ、彼らの政策的主張を介して、名誉革命体制が内包した相反する政策課題の矛盾的構造が表面化し、政府＝「宮廷派」は絶えずその政策的再統合を試みるよう余儀なくされていったのである。次に、ウォルポール政権期について、そのことを見てみよう。

スペインとの戦争の脅威が後退すれば、国制の原理に従って財産所有者の同意を得るために、ウォルポールは地税の軽減を行なわざるをえず、しかもその財源を消費税増徴に求めねばならなかった。まず、一七三〇年に地税を三シリングから二シリングに引き下げたが、一七三二年、その地税軽減分の財源五〇万ポンドを確保するために、一七三〇年にいったん廃止した塩税を復活させねばならなかった。さらに、地税軽減を確保するために、一七三三年、密輸防止と税収確保を理由として、煙草関税とワイン関税を、保税倉庫による内国消費税制度に代わる内国消費税法案として提出せざるをえなかった。[84]

R・ウォルポールによるこれらの消費税計画に対し、「地方派」は議会内にとどまらず、シティを中心にクラフトマン紙（the Craftsman）などの地方新聞を通して激しい反対のキャンペーンを繰り広げていった。彼らは経済的反対論として、賃金上昇による生産阻害効果という生産力論や、貧民への同情論[85]も展開していったが、何よりも「財産と自由への侵害」を最大の論拠として反対運動を呼びかけていった。

すなわち、彼らはこの消費税計画こそ、（1）国王とパトロネジに基づく多数の消費税官吏の任命によって、王権の強大化をもたらし、そして、（2）この徴税官という「紛れもない国王の軍隊」を、人々の家や商店（＝私有財産）に権力的に立ち入らせ、勝手気ままに振る舞わせることによって、イギリス人の財産と自由を脅かそうとするものだと主張した。新聞や酒場には'No Slavery-no Excise-no Wooden Shoes!' 'Liberty and Property and No Excise' といったスローガンが張り出され、一七三三年四月一一日、シティの一般参事会が提出した反対法案の請願がわずか七票差で敗北すると、反対運動は議会外大衆の「暴動」に発展していった。[86] ウォルポールはついに、法案の撤回を余儀なくされ、結局、減債基金から五〇万ポンドを流用することで地税を一シリングに軽減し、その後、抵抗の強い増税を回避するために、減債基金から一般経費への流用を次々と拡大してゆかざるをえなくなっていったのである。[87]

しかし、このようなウォルポールの減債基金・公債政策に対しても、シティの選出議員と「地方派」は改革を要求していった。一七三七年、バーナードの公債低利借換計画案にみられるように、彼らは特権会社、国債引受

表3-10　イングランド・ウェールズの輸出入（単位　1000ポンド）

年	輸出			輸入総額 ③	貿易差額（①－③）	貴金属輸出
	① 輸出総額	本国産品	② 再輸出品 $\left(\frac{②}{①}\times 100\right)$			
1700	6,469	4,337	2,132（32.9）	5,970	499	834
1705	6,251	4,768	1,485（23.8）	4,114	2,137	261
1710	6,295	4,729	1,566（24.9）	4,011	2,284	396
1715	6,922	5,015	1,908（27.6）	5,641	1,281	457
1720	6,911	4,611	2,300（33.3）	6,090	821	1,026
1725	8,482	5,667	2,815（33.2）	7,015	1,387	2,871
1730	8,549	5,326	3,223（37.7）	7,780	769	3,425
1735	9,329	5,927	3,402（36.5）	8,160	1,169	4,215
1740	8,198	5,111	3,086（37.6）	6,704	1,494	672
1745	9,072	5,739	3,333（36.7）	7,847	1,225	1,426
1750	12,700	9,474	3,225（25.4）	7,772	4,928	2,433
1755	11,065	7,915	3,150（28.5）	8,773	2,292	1,117
1760	14,695	10,981	3,714（25.3）	9,833	4,862	884
1765	14,573	10,122	4,451（30.5）	10,981	3,592	997
1770	14,268	9,503	4,764（33.4）	12,217	2,051	641
1775	15,202	9,729	5,474（36.0）	13,548	1,654	621
1780	12,552	8,033	4,319（34.4）	10,762	1,790	90
1785	15,110	10,315	4,764（31.5）	14,900	210	653
1790	18,885	14,057	4,828（25.6）	17,443	1,442	—
1795	26,335	15,679	10,657（40.5）	21,468	4,867	—
1800	40,806	22,456	18,350（45.0）	28,358	12,448	—

〔出所〕 E. B. Schumpeter, *English Overseas Trade Statistics 1697-1808*, 1960, pp. 15-6 より作成。

業者等の一部金融利害と政府＝「宮廷派」の癒着、彼らによる投機、不正操作の横行を批難し、国債の可能な限りの縮減と減税、そして国債の公募形式の採用などを主張したのである[88]。

ところが、公債低利借換計画案が提出されたのと同じ一七三七年以降、スペインに対する戦争政策の要求が高まるにつれて、公債削減と減税の要求は次第にかき消され、バーナードらシティの選出議員、そして大ピットやパルトネイ派もウォルポールの平和外交政策に攻撃を集中していった。翌三八年には、ロンドン、リバプール、ブリストルの商人たちが、カリブ海におけるスペインの「私掠船」からイギリス船を保護し、スペイン政府に対して強硬策をとるように請願、次いで三九年にはシティの一般参事会からも、ウォルポールの平和外交政策に反対する請願が提出され、ジェンキンスの耳事件を契機に、ついにウォルポールも宣戦に踏み切らざるをえなくなっていった。[89]

言うまでもなく戦争政策は、増税と公債累積につながるものであり、財政政策としては、それまでの「地方派」の主張と明らかに矛盾するものであった。しかし、表3-10に見られるように、輸出・再輸出の減少が生じるときには、もはや減債基金や減税は第一義的なものではなくなり[90]、戦争回避政策は容易に打ち捨てられていった。そして、そのことも「財産と自由」の論理によって正当化されていったのである。すなわち、スペイン政府が西インド諸島で密輸の疑いのあるイギリス船への調査権を依然として主張し続け、イギリスの海上権が脅されている事態をとらえて、イギリス人の船・積荷（財産）がスペイン専制政府によって不当な介入をうけ、イギリス人によるアメリカ貿易の自由は脅されていると主張された。積荷の多くが奴隷であり、自らは航海条例によって保護されながらも、イギリス商人、商工業者とその代弁者たちは、通商・航海の自由と私有財産の保護のために、政府に戦争政策を要求したのである。[91]

2 好戦的急進主義と議会改革案という自己矛盾

このように、「地方派」とシティが政府＝「宮廷派」の政策を打破するときには、必然的に「混合政府形態」の均衡（バランス）のあり方が問題化せざるをえない。すなわち、「財産と自由」を脅かす国王の影響力を減少させ、「財産と自由」の守り手たる地主ジェントルマンの影響力を増大させるために、議会改革案が絶えず政策論争と結びついて惹起されたのである。

まず、消費税法案論争が行なわれた翌年の一七三四年には、一般参事会の支持の下、シティ議員・パルトネイ派・トーリーらが、七年議員法の廃止と一六九四年の三年議員法への復帰を要求した。また、平和外交政策を破棄させた後の一般参事会は、七年議員法の廃止とともに、議会内の官職者・年金受領者の削減を求め、官職法案・年金法案およびウォルポールの権限濫用の調査を求めていった。そして一七五三年、ギデオンらユダヤ系有力金融業者（彼らは国債引受を通して政府と密接な関係にあった）に官職を与えることを意図したユダヤ人帰化法にも、ロンドンの市長、特別および一般参事会の強力な反対運動が展開されていった。[92] このように「地方派」は、一七三三〜三四年、三八〜三九年、四一〜四二年、五三年、五六年と、総選挙とも絡めて七年議員法の廃止を中心とする議会改革案を提起していったのである。

だが、そこで第一に指摘しておかねばならないのは、「地方派」とシティの議会改革案も、財産権による代表原理で貫かれていたことである。「地方派」およびシティの選出議員は、たしかに「宮廷派」に圧力を加えるために、地方新聞等を通じて中小商工業者、議会外大衆を動員し利用していったが、彼らの目標は人民主権や選挙権の拡張ではなく、あくまで「財産」（私的財産権を持つ者）を正当に議会に代表させることであり、国王の影響力の抑制と「宮廷派」の腐敗の排除によって、下院の独立性を高めることにあった。したがって、一八世紀前半は、議員任期の短縮と官職法・年金法が主たる改革目標であり、後にみるようにアメリカ独立問題を契機に選挙権拡張を主張する急進主義（Radicalism）が出てくるものの、一八世紀後半になっても「地方派」の基本的な主張は腐敗選挙区・指名選挙区の削減と、地税納税者に応じた議席の再配分であった。[93]

一七三二〜三三年の消費税反対運動に際して彼らが用いた論理も、貧民への同情論に基づく上からの恩恵としての減税論であり、また労働者を生産力の一要素としてのみ位置づける生産力の論理であって、決して課税と人民代表権を結びつけるものではなかった。そして、反対運動が暴動化して「財産」を脅かすようになれば、バーナードもペリーも、あるいはウィンダムもパルトネイも、彼らへの支持を即座に打ち切ったし、一七一四年、四九年におけるウェストミンスターの選挙暴動の際も事態は同様であった。[94]

したがって、ウォルポールらの反論もこの点を突いて、財産権秩序の維持を中心に展開された。すなわち、議員の任期の短縮は（あるいは官職法・年金法も）、決定を下す政府の権威を弱め、政府を徒党、扇動、反乱の「不自由 inconvenience」にさらすことになり、「貴族的」および「君主的」要素の犠牲の下に「民主的」要素を強化することは、国制の「平等な混合」を乱すことになり、結局、下層民によって財産の政治が破壊されることになると主張した。[95] そして、財産権を保護し、下層民の議会への影響力を遮断するために、一方で消費税暴動・選挙暴動には騒擾取締法を適用し、他方で一七三三年、四〇～四一年の総選挙時には、国王のシヴィル・リストから多額の機密費（Secret Service Money）を投じていったのである。[96]

第二に指摘しておかねばならないのは、議会改革と「政治的民主主義」の実現を求めたロンドンの中小商工業者・議会外大衆は、同時に戦争政策の支持基盤でもあったということである。ロンドンの商人とともに中小商工業者は、（表3-10にみられるように）輸出が減退するときには国外市場を求めて最も熱烈に戦争を支持したのであり、彼らは大塚久雄のいうような「国民」主義の担い手などではなく、明らかに好戦的な「愛国」主義の担い手であったということを忘れてはならない。[97]

まず中小商工業者を中心とするシティの一般参事会は、議会改革を要求すると同時に戦争政策の遂行を頻繁に要求していったし、一七四一年に行なわれたウェストミンスターの議院選挙で中小商工業者・議会外大衆は、「愛国派 the Patriots」とともに対スペイン戦争の功労者＝ヴァーノン将軍を議員候補として熱烈に支持し、同時に政治的自由を求めて議会暴動を引き起こしていった。[98]

また、「ウィルクスと自由」というスローガンの下、政府の専制に対する大きな反対運動を引き起こしていったウィルクスも、一七六三年にノース・ブリトン紙で、対仏戦争を終結させようとする政府の平和準備政策を攻撃し、同時に国王も批難したがゆえに投獄されている。そして、このような「好戦的急進主義 militant Radicalism」[99]と結びついて政権についたのが大ピットであった。彼はすでに、一七三九年のジェンキンスの耳事件の際、大論陣をはったが、今度は七年戦争前夜の好戦的雰囲気の下でシティとの結びつきを強め、一七五六年に一般参事会がミノルカ島のスペイン譲渡を批難して戦争政策を要求したのを支持して翌年首相となり、いったん辞職した後も、シティの支援の下で、すぐに国務相（Minister of War）に返り咲いたのであった。[100]

だが、ここで注意しておく必要があるのは、強力な戦争政策を主張する大ピットにとっても、強力な戦争国家と私有財産の不可侵＝「地方的自律性」との矛盾を自己調整してゆかねばならなかったことである。大ピットはまず、商業的利益につながる海戦・植民地戦争に対して積極政策をとる一方で、陸戦・陸軍＝常備軍の保持には否定的な政策をとった。すなわち、（1）平和時に土地と産業に重い税負担を課し、（2）「財産と自由」に脅威を与え、（3）しかも、陸軍官職、戦債募集、食糧・軍需品の契約商人などを通じて、国王＝行政府の影響力とパトロネジを拡大し、下院の独立性を脅かすことになるとして、国王の常備軍とドイツ人傭兵は国外（植民地）へ派遣し、国内ではそれに代えて地方の「自律的」な国民軍（militia）を再組織する政策をとったのである。[101] このようにして大ピットは、戦争国家と「私有財産の不可侵」を両立させようとしたのである。

以上のように、「財政＝軍事国家」論が軽視したシティと中小事業者たちの消費税反対、急進主義的な議会改革、かつ戦争政策の支持という自己矛盾に満ちた運動は、名誉革命体制そのものの自己矛盾の表出であった。それは、名誉革命体制とは何であったか、ひいてはイギリス近代とは何であったのか、という統治の全体構造を改めて問い直さなければならないことを意味する。

3―植民地に押し出された自己矛盾

結論を先取りして言えば、イギリス名誉革命の自己矛盾は結局、その矛盾を解消する方途を海外（植民地）に求めざるをえなくなった。具体的には、アメリカ植民地やインド植民地に対して消費税を課し、その戦費の負担を求めて「財政＝軍事国家」を輸出せざるをえなくなったのである。[102] その結果、同じピューリタンを信仰する白人植民地に「独立」を与えざるをえなくなる一方で、非白人植民地のインドは文明化すべき「野蛮」として、イギリス近代国家の裏側を支える役割を負わせていく。第一章、第二章で明らかにしたように、こうして名誉革命の自己矛盾を解消することで、「自由主義」を実現していくのである。

繰り返しになるが、名誉革命体制とは、まず第一に、一方で、国王を頂点とする垂直的な財産権秩序を維持し、同時に一八世紀の戦争を遂行する《強力な国家》を形成するという課題と、他方で、私有財産権の不可侵と「地方的自律性」を保障する《「弱体」な国家》を保持するという課題の、二つの相反する政策課題を抱え込み、しかもかかる二律背反的課題の微妙な均衡を絶えず自己調整してゆかねばならない国家体制であった。

したがって第二に、一八世紀の経済政策を重商主義段階の国家の保護関税政策としてのみ総括することは、かえって名誉革命体制の動態的構造を見失わせることになる。すなわち、私有財産を保護する政府という観念の下では、一方で、私有財産を保護し増進させる限りでは、重商主義的な植民地戦争、航海条例、保護関税といった戦争政策や保護制度などが擁護されてゆくと同時に、他方で、私有財産と「地方的自律性」を侵す限りで国王＝行政府への権限集中、国家干渉的政策などは批判されざるをえなかった。歴史的には間欠的にではあるが、租税負担とそれに伴う集権的な国家徴税官吏の形成、戦争と常備軍の拡大、国王＝行政府のパトロネジ、公債発行を通じた一部金融利害との癒着、特許会社の特権等々も問題にせざるをえない局面が生じてきた。

かかる矛盾的構造は、「混合政府形態」の均衡関係の絶えざる動揺という形で、統治機構改革の問題へと集約されていった。すなわち、垂直的な財産権秩序を支える国王＝行政府への権力の集中・維持と、私有財産を保護する限りでの下院の独立性の強化＝議会改革という対立が、「宮廷派」と「地方派」の政策論争を媒介にして絶えず問題化せざるをえなかったのである。

しかし、この体制の矛盾的構造は、絶えず植民地に押し出されていき、アメリカ独立戦争が引き起こされ、名誉革命体制は自己破綻を余儀なくされていった。すなわち、ウォルポール政権期の減債基金の流用、公債の公募発行と間接税増徴で矛盾を糊塗してゆく政策も、フランスとの戦いを通じてアメリカ植民地を確立する七年戦争で行き詰まらざるをえなかった。七年戦争の終結とともに、国制の原理に従って、再び地税を三シリングに引き下げねばならなくなったが、国内には抵抗をみない財源はなく、結局、矛盾を国外（植民地）に転嫁せざるをえなくなったからである。

すなわち、政府はアメリカ植民地に対して、一七六五年に印紙条例（翌年撤回）、一七六七年にガラス、茶、紙の輸入税という形で植民地課税を行なわざるをえなくなり、しかもそれは、一七七一〜七二年の東インド会社の財政危機を契機として、茶一〇〇〇万ポンドのアメリカ輸出を会社に許可したこととも相まって、アメリカ植民地による抵抗＝独立戦争を引き起こしていったのである。[103] この戦争はもはや、本国の商工業利害のために引き起こした戦争ではなく、植民地の離反によって余儀なくされた戦争であり、次にみるように、名誉革命体制を根本から揺さぶってゆくことになるのである。[104]

4 重商主義財政の自己破綻と体制改革要求

アメリカ植民地の抵抗が始まる一七六〇年代末には、ウィルクス事件を契機として、すでに首都ロンドンの中小商工業者は、「地方派」議員の受動的存在から脱皮しつつあった。第一に、ミドルセックスが不在のウィルクスを選出、三度無効とされたのに対し、一七六九年二月、権利章典擁護協会（the Society of Supporters of the Bill of Rights）が組織され、この議会外団体のイニシアチヴの下に（ロッキンガム派・チャタム派を巻き込みつつ）、一五カウンティ三万八〇〇〇人のフリーホルダーと、一二都市一万七〇〇〇人のフリーマンの署名（有権者の約四分の一から三分の二）が集められるという新しい事態が生じた。さらに同協会は、議員指名に際し、アメリカ人の財産的権利の回復、議会一年制（annual parliament）、十分で平等な人民代表権、下院議員からの官職者・年金受領者の排除等を含む一一項目への署名を求めるなど、議会外団体が議員の議会活動をテスト・指令する方法をとるに至った。

そして第二に、一七七〇年のウィルクス釈放とともに、シティ内のウィルクス派と「地方派」の対立が表面化していったが、一七七四年の総選挙を契機に中小商工業者・職人・中小フリーホルダー等を支持基盤とするウィルクス派ラディカルが、ロンドンの主導権を握っていったのである。[105] たしかに権利章典擁護協会は、多くの商工業都市のミドル・ランクスの支持を得ていたものの、[106] 一七七〇年代末までは、こうした事態は依然として首都を中心としたものにとどまっていた。それを全国的規模で展開させる契機となったのは、言うまでもなくアメリカ独立戦争の勃発であった。

まず、本国財政と東インド会社財政の矛盾を転嫁することで生じたアメリカ独立戦争は、重商主義時代の財政を、文字通りの自己破綻に追い込んでいった。第一に、税収構造を示した表3-8からも明らかなように、戦費の基本税源とされた地税は、イスパニア継承戦争時（一七一〇年）に約四〇%、オーストリア継承戦争時（一七四五年）に約三三%、七年戦争時（一七六〇年）に約二六%と、次第にその比重を落としてゆき、アメリカ独立戦争時の一七八〇年には約二〇%を占めるにすぎなくなった。しかも地税は、七年戦争以降、弾力性を失い、平時にも三シリングに下げるのが精一杯で、負担の高原状態が続いた。

そして地税だけでは戦費負担に対応できず、地税を補完する目的で導入されたアセスド・タックスにますます依存するようになっていった。しかも、このアセスド・タックスは地税と異なり、(1) 家屋、窓、馬車、召使、馬など資産所有を示す支出に対して、(2) 自由土地保有者（フリーホルダー）だけでなく、家屋保有者 householder である限り、法律家、牧師、商工業者にも賦課される税であった。

また第二に、この地税の比重が低下するのに伴って、消費税の増加が著しく、戦時の一七八〇年でも税収の半ばを占めることになった。とくに一七七九年以降の消費税・関税の引上げは著しく、一七七九年には消費税・関税の一律五%引上げ（石鹸・ビール・蠟燭を除く）および麦芽税の一五%引上げ、一七八〇年にはビール・ワイン・蒸留酒・塩などへの付加税、茶・コーヒー販売者等への免許税、翌八一年には消費税の一律五%再引上げ（石鹸・蠟燭・皮革を除く）および煙草・砂糖の関税引上げ……と次第に生活必需品にも及んでいった。[107]

以上のような地税の弾力性の喪失とその比重の低下、消費税・関税への戦費税源の過剰な依存は、地主貴族政における議会統制という財政制度上の基本的枠組みを破綻させていった。すなわち、戦費とその基本税源＝地税との対応関係の喪失は、「宮廷派」対「地方派」の対抗という枠組みを超えて、大土地所有者の税負担と議会代表権との比例関係それ自体の喪失をもたらした。もはや戦時においても大土地所有者は主たる納税者ではなく、したがって私有財産を保護し財産の権威を保持する政府は、最も税を負担する大土地所有者によって構成され運営されねばならないという名誉革命体制の前提自体が現実に反するものとなっていったのである。

第三に、何よりも最大の戦費財源であった公債の大量発行によって、未曾有の公債累積が引き起こされた。公信用の危機が発生したのである。一六九五年に八四〇万ポンドであった公債累積額は、度重なる戦争によって、一七七五年までにすでに一億二七三〇万ポンドに上っていたが、アメリカ独立戦争はそれを飛躍的に増大させ、一七八三年には二億三一八〇万ポンドと、わずか八年の間にそれ以前の八〇年間の増加額に匹敵する約一億ポンドの公債累積増をもたらしたのである。[108]

そして、このような公債の激増による公信用の動揺は、戦時中の貿易減退（表3-10参照）、経済不況とも相まって、公債保有者・運用者の利益を損ね、その離反を招いていった。彼らには、首都だけでなく、信用制度の発達によって中央の都市との結びつきを強めつつあった地方の銀行家や金融業者（弁護士や商人）なども含まれ、またさらに、公信用に直接・間接の影響を受けざるをえない地方の商工業者も含めて、政府を批判し公信用の安定を強く求めるようになっていったのである。[109]

以上のような重商主義財政の自己破綻は、財政が支えていた国家体制それ自体を動揺させずにはおかなかった。今や主たる納税者となって恒常的に高い税負担を負わねばならなくなった層、あるいは公信用の動揺によって打撃を受けていった層を中心に、政治的「自立」が始まったからである。すなわち、パトロネジを媒介とする垂直的な財産権秩序の中で、ただ名目上の有権者として統合されていた中小自由土地保有者（フリーホルダー）、弁護士、牧師、地方金融業者、商工業者らが、土地貴族や「地方派」議員の受動的存在たることをやめ、自らの主導権に基づいて、国王＝「宮廷派」のパトロネジ、腐敗や濫費などを批難し、公金の支出削減と議会の自由回復を要求していったのである。言うまでもなく、一七七九～八〇年におけるヨークシャー運動の展開がそれであった。[110]

一七七九年一二月にヨークシャーやミドルセックスを中心として中小地主・自由土地保有者（フリーホルダー）主導のカウンティ集会が持たれ、請願行動と委員会任命が決定された。そして翌年二月、ヨークシャー選出議員サヴィル（G. Savile）の仲介で、経済改革と議会の自由回復を求める約八〇〇〇人の請願書が提出されると、一六（後に二八）のカウンティと一一のバラから次々と同様の請願書が提出されていった。さらに、各地に通信委員会（committee of correspondence）が結成されると同時に、議会改革を強く求めるワイヴィル（the Rev. Cristpher Wyvill）らの呼びかけで、同年三月までに、一二のカウンティと四つのバラの代表が集まり、（1）経済改革、（2）議会一年制、（3）一〇〇の議席増加による議席再配分という三項目の要求を決議するに至ったのである。[111]

たしかに、ヨークシャー運動の要求自体は、先に見た「地方派」の要求とほぼ同じであり、それを基本的に継承したものである。しかし、それは「宮廷派」と「地方派」の議会内対立の枠を超えて、国家体制の根幹を揺るがすものであった。なぜなら、彼らは第一に、地主貴族や地主議員から分離・自立する志向をもっていた。すなわち、執行官（Sheriff）の許可なしにカウンティ集会を開く例がみられたり、ヨークシャーやデヴォンシャーの改革派委員会のように、そのメンバーから議員を排除したり、また、かつて権利章典擁護協会がとったように、改革派組織が議員候補者に改革案を支持するか否かのテストを課し、議会外から議員の行動を拘束してゆこうとした。[112]

しかも彼らは第二に、地主貴族・地主議員を頂点として「自律的」に「完結」していた地方社会の範囲を超えて全国的に結合していった。このように、彼らは垂直的な財産権秩序の中間をくり抜く形で、すなわち一方で地主貴族や地主議員から「自立」しつつ、同時に他方で下層民＝無産者から区別される有権者＝納税者として、カウンティ連合（County Associations）という独自の水平的結合組織を形成し、しかも「地方的自律性」の枠を超えて、全国的かつ横断的に結合していったのである。そして彼らの要求は、もはや「地方派」議員のために、国王＝行政府の影響力を抑制して独立の地主ジェントルマンの議席を増やしてやることではなく、納税者＝有権者として自らの権利に基づいて、自ら選出する議員と自ら納税した公金の使途を規制することであった。以上のように、ヨークシャー運動は、（1）「地方的自律性」を基礎とし、（2）垂直的な財産権秩序によって統合されていた重商主義国家体制それ自体の根本的な動揺を引き起こしていったのである。

だが第三に、アメリカ独立戦争を契機とする名誉革命体制の動揺を見てゆくために最も重要なのは、首都を中心とする急進主義的議会改革要求が生じた際に、アメリカ独立が与えた政治思想上のインパクトである。とくに、「代表権なくして課税権なし」という思想によって、首都ウェストミンスターの急進派の一部は、「地方派」および旧ラディカルの「理論的」枠組みから脱皮していったからである。すなわち、ジョン・ジェブやジェームス・バーグといった急進主義者にとって、もはや、腐敗選挙区削減による議席再配分だけが問題なのではなく、家屋税・窓税の負担を負わねばならなくなった家屋所有者、さらにはますます多くの間接税を支払わざるをえなくなった労働者、サーヴァントへの選挙権の拡張（すなわち男子普通選挙権）こそが問題であった。

彼らは当初、ウェストミンスター連合（Westminster Association）において、クロスビー（Brass Crosby）、ホリス（Thomas Brand Hollis）、ソーブリッジ（John Sawbridge）、タウンゼント（James Townsend）らのウィルクス派・旧ウィルクス派の指導者と協力しつつ、議会一年制、秘密投票、議席再配分、選挙権拡張等を要求していたが、一七八〇年四月には、カートライト（John Cartwright）、シャープ（Granville Sharp）、ロフト（Capel Lofft）らとともに憲政情報協会 the Society for Constitutional Information を結成し、急進的議会改革のキャンペーンを行なっていった。

そして、ロッキンガム支持派のいないウェストミンスター連合の小委員会報告書（五月二七日）では、（1）議会一年制、（2）議席の平等な配分、（3）秘密投票制、（4）議員の財産資格の撤廃、（5）議員の給与制、（6）

男子普通選挙権という六項目にわたる急進的議会改革案が主張され、さらに六月には、ウェストミンスター委員会のメンバーであるリッチモンド公が成人選挙権を含む議会改革案を上院に提出するなど、首都を中心に一定の影響力を持っていった。[113] このように、アメリカ独立戦争は都市民の税負担を増大させるとともに、彼らの一部に政治思想上のインパクトを与えることによって、これまでの「宮廷派」と「地方派」のイデオロギー的対抗の枠組みに包摂されえない急進的議会改革派＝Radicalを生み出していったのである。

　以上見てきたように、名誉革命体制は、その矛盾的構造の自己調整→財政的限界→植民地への矛盾の転嫁→アメリカ独立戦争→重商主義財政の自己破綻という連鎖を介して、根本的な動揺を余儀なくされていった。その際、最も重要な点は、「地方的自律性」の枠内において、垂直的な財産権秩序を中間で支えていた中小土地所有者、専門職（プロフェッション）、商工業者らが、土地貴族・地主議員から政治的に「自立」し始めたことであった。そのことは、垂直的な財産権秩序と「地方的自律性」という名誉革命体制の基本的前提自体の動揺を示しており、「混合政府形態」を従来のまま保持するだけでは、もはや事態を「解決」できないことを意味したからである。彼らを再統合するためには、何らかの形でその改革を不可欠のものとしたのである。

　だが、問題は改革の方向性であった。首都の急進的議会改革派の発生にみられるように、ヨークシャー運動内部にはいくつかの潮流が形成され、したがって、議会内の対応も多様であったからである。まず第一に、ノース派＝政府は、王権に対する批判や改革に抵抗し、改革が回避できないことが判明すると、その引き延ばしを図り、改革を極力漸進的なものにとどめようとした。第二に、ロッキンガム・ウィッグは議会改革を回避し、改革を国王の影響力の抑制と「経済改革」に押しとどめようとした。とくにバーク（Edmund Burke）は、国王＝「宮廷派」による専制と腐敗に対しては激しく反対したが、選挙民による「命令的委任」を拒否し、議員の「責任意識」と「独立性」の保持という観点から、ワイヴィルらの議会改革案にはほぼ一貫して批判的姿勢を堅持した。[114] しかし、ウィッグ内には、首都を中心に議会改革派が存在し、前者とは微妙な関係にあった。とくにウェストミンスター連合（Westminster Association）は、「ロッキンガム派の地主ジェントルマン、旧ラディカルおよび新ラディカルの不安定な同盟」であり、その典型であった。[115]

すなわち、同連合は、一方で議会改革に消極的な姿勢を示して一七八〇年三月のワイヴィルらのカウンティ連合集会には参加せず、他方でロッキンガム支持派のいない同連合小委員会は、先の六項目の急進的議会改革案を要求していった。またフォックスは、当初ジェブらと協力して急進的議会改革案を推し進め、同年五月のソーブリッジの議会改革案を支持し、さらに九月にはウェストミンスターの急進派議員として当選した。[116]

第三は、「経済改革」とともに穏健な議会改革案を支持したシェルバーン派であった。彼らはすでに大ピット時代にベックフォード（W. Beckford）を通してシティの旧ラディカルとの関係を保持し、また議会改革に否定的なロッキンガム派に失望したワイヴィルらヨークシャー連合にも次第に接近していった。[117] 以上のような議会内における諸潮流の複雑な絡み合いの中で、後述する一七八〇～八七年の改革の方向性が決まってゆくことになるのである。

第四章

「自由主義」的行財政改革への転換

I　地主貴族政による経済的「自由主義」

1　通説のアポリア

本章では、イギリス最初の「自由主義」的行財政改革である一七八〇〜八七年の改革に焦点をあて、イギリスにおける「自由主義」的行財政改革の原初的形成のあり方とその特質を明らかにする。問いは単純である。地主貴族政は、名誉革命体制の下で対仏戦争を長らく戦ってきた「財政＝軍事国家」から、レッセ・フェール（自由放任）を理念とする「小さな政府」の政策になぜ転換しえたのかという問いである。

これまで、産業資本の経済利害を動力にし、あるいは商工業事業者たちの専門的技能を背景にして、穀物法廃止や航海条例廃止、そして「安価な政府」に至る「自由主義」的な行財政改革が実行されたという説明が、長く通説の地位を占めていた。実際、古典派経済学が支配的だった時代には、イギリスは「小さな政府」を実現したという見解は維持されている。一九七〇年代後半から一九八〇年代において、財政赤字の原因をケインズ主義に求め、古典派経済学を再評価する公共選択学派やマネタリストの見解がそうである。[1]

実は、戦後日本のマルクス経済学も、こうしたイギリス近代国家のイメージを共有していた。先に述べたように宇野弘蔵の段階論では、イギリスの自由貿易政策や「安価な政府」をもって資本主義の純粋化傾向と捉え、原理論の抽象根拠とし、自由主義段階の特徴として捉えていた。[2]

宇野弘蔵は、共同体間の商品交換から資本主義が発達するという流通浸透視角をとったのに対して、大塚久雄は共同体の分解の中から生まれる中産的生産者層を国民経済の主体と考えていたという対立点がありながら、イ[3]

ギリス自由主義時代に産業資本家を軸にした自律的な国民経済が形成されるという点では、通説と同じ前提を共有していた。山田盛太郎ら講座派マルクス経済学も、日本の戦前の「寄生地主制」を「半封建的土地所有制＝半隷農的零細農耕」として特徴づけ、戦前における天皇制の経済的基盤と考える点で、こうした前提を共有していたと考えてよいだろう。[4]

だが、一八世紀そして一九世紀はじめまで、議会における貿易・商業者の比率はそれほど高くなかった。一七九〇年前に一九％、一八三一年で二七％。一八四一～四七年でビジネスと弁護士は六一％だが、貴族、準男爵、そして地主ジェントルマンと密接に関係するのは八一％だった。[5] 少なくとも議員の出自をみるかぎり、通説には無理がある。

第三章で明らかにしたように、イギリス国内において名誉革命体制は、「混合政府形態（あるいは混合政体）」と呼ばれるチェック・アンド・バランスの体制からできていた。王権を頂点とする垂直的権威秩序に対抗し、その権力を抑制する形で、近代的土地所有権の担い手として地主ジェントルマンによる「地方的自律性」が形成されていた。地主ジェントルマンは、代表する議会＝立法権を持つと同時に、治安判事制による司法権力を地域の末端で持っていた。しかし、その地域の内部では、地主ジェントルマンはパトロネジによる統治機構の任命という権威主義的秩序を内包していた。

こうした統治形態が王権を牽制するかぎりで、私的土地所有権の保護という近代の論理の下に名誉革命体制は正統化されていた。その意味でイギリスの地税は、名誉革命体制のチェック・アンド・バランスの体制的な基軸となる税制であった。地税が「地方的自律性」に基づいて一見、非近代的であって、いかに古い体質を伴っていたとしても、王権に対して私的土地所有権を保護するという意味で、それは「近代」的であった。その下で、王権とその政府は議会のチェックを免れるべく、消費税の税収をもって国債の元利償還費に充当しながら公債を発行することで、戦費が調達されていった。ブルーワの言う「財政＝軍事国家」は、その断面を捉えたにすぎない。

実際、その後の「自由主義」的行財政改革を地主貴族政とりわけトーリー・リベラルが主導したというアポリアについて、ブルーワの枠組みでは一貫した説明がしにくくなっている。

一七七五〜八三年のアメリカ独立戦争を契機にして、歳入における税収の比率は著しく低下し、名誉革命体制は限界に達した。アメリカ独立戦争の際には、借入は戦費の八二％をカバーし、一七九三〜九七年の対仏戦争には八九％まで高まった。結局、名誉革命直後の体制と同じく、小ピットの所得税導入による土地所有者と富裕者たちへの新たな一時的増税を行ないつつ、税収を増強せざるをえなかった。いわゆる直接税改革による議会統制の再建の試みである。その結果、一七九六〜一八一五年のナポレオン戦争時には国債依存度は四九％まで下がったが、追加的税収の五五％は消費税で、一七九九年に導入された所得税など新税は三六％を占めた。[6]ナポレオン戦争後、いったん所得税は廃止されるが、再びピールとグラッドストーンによって所得税の導入が行なわれた。イギリス近代国家では、土地所有者と富裕者たちに対する所得税の増税とともに、急進主義的な議会改革を回避しつつ地主貴族以外の富裕階級全体の諸利害調整の政治が行なわれ、地主ジェントルマンの「地方的自律性」を脱していく漸進的体制改革の道をたどっていくのである。

その間も、「自由主義」的政策は、トーリー・リベラルたちによって主導されていった。一八一九年の金兌換再開法をはじめとして、一八二四〜二五年（ハスキッソン）、一八四二〜四六年（ピール）と、自由貿易政策・金本位制・公信用維持の政策を先導的に実施していったのはトーリー・リベラルであった。[7]たしかに穀物法だけは最後までトーリー内保護主義派の強い抵抗があり、地主階級の分裂を招いたものの、それも結局、トーリー・リベラルの手によって廃止されていった。[8]

次に国内行政政策をみると、積極的に中央・地方の統治機構改革を行ない「国家干渉」的施策をとったのは、新興の商工業中産階級との結びつきをより強く持つウィッグであり、むしろ地主利害をより強く代弁したトーリーは「地方自治」を主張し、ときには（地方レベルにおいて）ラディカルとも協力して地方行政への国家介入に抵抗していった。たしかに彼らも、パターナルな支配秩序が危機に陥る時には、部分的に統治機構改革を受容していったが、基本的には「自由放任」的（＝現状維持的）な姿勢を強く保持し続けた。[9]

こうした事実を理解するためには、「自由主義」的改革を産業資本の特殊経済利害に還元し、これら一連の政策を自由放任＝国家不干渉と規定するだけでは明らかに不十分なのである。イギリス近代の経済的「自由主義」政策の特質を明らかにするには、イデオロギーと現実のずれを意識したうえで、一八世紀末から一九世紀半ばに実現した「自由主義」的行財政改革を導いたトーリー・リベラリズムの主張と立場を踏まえて論じなければならない。

2　私的土地所有と土地貴族政を保存する論理

本章ではまず、ノース卿から小ピットに引き継がれていくトーリーが、一七八〇年の公会計調査委員会（the Commission for Examining the Public Accounts of 1780）の下、経費削減政策を展開していった過程と論理を解明することを課題にしている。アメリカ独立戦争時において急進的議会改革運動が展開されている中で出された、この委員会報告が、その後の改革の起点となったからである。実際、一七八〇年の同委員会以降、一七八二年、一七八六年、一七九二年に、支出と会計手法を調査させる議会委員会を通じて、関税部門の閑職を減らすなど財務行政の効率化を図った。[10] さらに、一七九七年の財政委員会（Finance Committee）も、戦時における無数の行政的誤りに焦点を当て、一八〇七～一二年の公共支出特別委員会（Select Committee on Public Expenditure）が一三のフォローアップの報告を出したが、これらの調査も、一七八〇年代の公会計委員会の主要目標を繰り返した。[11] その結果、一七八〇年に約二〇〇あった年金付き閑職は一八二二年に八九、一八三三年には六〇まで減った。不定期な閑職は一七八〇年には約六〇〇あったが、一八一〇年には約二五〇、一八三五年には一〇に減った。年金費用は一八〇九年の約二〇万ポンドから、一八三〇年には七万五〇〇〇ポンドまで削減された。[12]

一七八五年に全英商工会議所（The General Chamber of Manufactures of England）が圧力団体として設立されたが、先に示した諸改革は、政治主体としてはもちろん経済主体としても産業資本の未成熟な時期に行なわれたものであった。あくまで地主貴族、とりわけトーリー・リベラルが「自由主義」的行財政改革を主導したのである。急進主義者たちは議会改革と結びつけて「古い腐敗（Old Corruption）」を批判したが、地主貴族たちは、急進主義的な議会改革を回避するために実際的な改良（practical improvement）として財政改革を実行していった。[13]

注目すべきことは、地主貴族政が国家支出の削減を求めていく際に、委員たちが「官吏は公衆の信託（a Trust of the Public）である」と証言し、「官吏は、自らの金を倹約するように公金を節約すべきである」としたことである。[14]「公共信託（a Public Trust）」は、貴族的な土地所有権を相続する土地法の法理としての「信託」と親和性を持つ論理だからである。小ピットは、とくに関税局において、閑職とその相続権を削減するように改革を進めた。まさに王権に対抗して私的土地所有権を保護する論理が、地主貴族政の体制を維持する体制内改革を導く論理となりえたのであり、産業資本が未成熟であっても、土地貴族政が経費削減政策を追求できた背景となった。

その際、小ピットらトーリー・リベラルは、一方で、名誉革命体制におけるチェック・アンド・バランスの仕組みの延長上に、自らの政治的リーダーシップを実現しようとした。まず王権の権力と影響力を抑制するために、大衆的急進派から地主ジェントルマンまで、高い税負担への不満が存在している以上、できるかぎり戦争の税負担を忌避し、そのために王権の「古い腐敗」を抑制して経費削減に努めた。そのうえで、戦争などに際して地主ジェントルマンが主導して所得税で一時的な増税で負担を負うことで、自らの発言権を確保しようとした。その一方で、トーリー・リベラルは、地方派の中から生まれた急進主義的な議会改革には反対し、そうした改革を回避しようと動いた。そして、税負担の公平な利害調整を図りながら、議会改革の危機を避けようとしたのである。その利害調整の「中立性」をもってトーリー・リベラルは、政権の正統性を保持しようとしたのである。

ちなみにアメリカ独立戦争は、利害調整の「中立性」といっても、経済的諸利害の間、経済的階級の間だけでなく、宗派間の利害調整の「中立性」ももたらしたことに注意を喚起しておかねばならない。長谷川貴彦は、「メイクシフト・エコ・ノミー（生存維持の経済）」という概念を使って、国家や教区その他の行政機関のみを対象にして福祉国家あるいは国家介入か自由放任かを論じることはできないとして、友愛組合、日曜学校、慈善団体、総合病院などボランタリズムに基づく中間団体の役割を論じている。その際、カトリック国であるフランスとの戦争と違ってアメリカ独立戦争は、財政的にだけでなく「宗教的に見れば、太西洋を越えて国教会に対するプロテスタント非国教徒の勝利を意味していた[15]」。実際、「福音主義の再生」を目指す運動が起きたが、国教会だけでなく非国教会も進出していった。教育の分野では、宗派的な「中立性」が次第に配慮され、国家の世俗化が進んでいったのである。

第五章で詳しく論じるが、一八四二年の所得税再導入を背景に諸利害の調整が進められる中で、王権および国王の政府に対して地方派が課税負担の削減を要求する延長上で、農業利害は税負担軽減の要求から、国家補助金と査察官制度を受け入れていった。だが、それはジレンマをはらむ。名誉革命体制において「地方的自律性」の基盤となる警察と教育という〈国家の強力と同意〉の分野で中央政府の介入を受け入れることで、国家の「近代化」を漸進的に受け入れていったからである。「自由主義」的行財政改革は、もともと産業資本の国家不介入・国家不干渉の経済政策であったのではなく、地主ジェントルマンの統治にかかわる国家体制の再編・強化という問題であったのである。

II 一七八〇〜八七年の「自由主義」的行財政改革

1 バーク改革案の後退と公会計調査委員会の主導性の確立

改革の政策化をめぐる議会内対立の焦点は、王権の影響力(インフルエンス)抑制、経済改革(節約的行財政改革)、議会改革という三つの問題をいかなる形で処理してゆくのかという点にあった。まず議会外の改革運動を背景に、具体的な改革案を議会に最初に提示したのはエドマンド・バークであった。彼は、地主貴族支配を破壊する「危険」を伴う議会改革要求を退け、カウンティ運動を「経済改革(Economical Reform)」に収束させようとする立場から、国王の影響力の抑制によって節約(Economy)を達成するという「行政機構改革案(Civil Establishment Bills)」をいち早く提案したのである。

一七八〇年二月一一日、バークは「経済改革」の提案演説において、フランス王制による節約政策と対比しつつ、イングランド国民の節約的改革要求の正当性を確認したうえで、経済改革について次の七つの政策原則を提示した。

1 高価かつ圧制的で、腐敗的影響力を行使する手段となる司法機関は廃止すべきである。
2 領民を苦しめ威圧し、そして利益以上に取立てと経営の負担をもたらす公領地(public estate)は、歳入と自由の原則に基づいて処理すべきである。
3 費用のかかる官職を廃止・統合し、職務を統一・単純化すべきである。
4 財政の全般的監督を妨げるような官職は全て廃止すべきである。
5 不公平を防ぎ、有用で正当なサーヴィスを優先する不変の秩序を全支払部門に確立する。
6 あらゆる部門・部局を可能な限り削減すべきである。

7　失政と腐敗（公金滞留）の温床となる副次的な下級会計官職は解体すべきである。[16]

次にそれに基づいて、王領地とそれに付随する官職から検討をはじめ、とくに宮廷と関係の深い官吏たちの腐敗、非能率、不用（閑職）、経費濫費を指摘し、これらの官職に対して大蔵省（the Treasury）の監督が及ばない点を問題にした。そして、その原因であり、国王の影響力の温床であるシヴィル・リストを節約し、その支出総額を議会の議定額に制限する恒常的な支出規制を実現するために、シヴィル・リストを九分類し、支出の優先順位を設けることを主張したのである。

すなわち、（1）裁判官（judge）、（2）外交官（大使）、（3）王室と契約する商人、（4）王室の廷吏、有用な官職（ただし、その給与は年二〇〇ポンド以下に制限）、（5）王家の名誉に基づく年金と手当、（6）職務を有する有用な官吏、（7）多数の年金リスト、（8）王室にかかわる名誉職、（9）大蔵大臣（the Chancellor of the Exchequer）他の大蔵委員会（the Commissioners of the Treasury）の給与・年金の支払い――の順に優先順位を与え、不足が出ても負債で埋めないこととした。とくにその給与・年金が最下位におかれることで、不足額が生ずれば自らの存立が危うくなる大蔵省（the Treasury Board）によって、シヴィル・リストの有効な規制が図られるとしたのである。[17]

これに対して、ノース政府は三月二日の第二読会において、バーク法案の一般的趣旨については賛同しつつも、国王とその行政府に急激な改革をもたらすことになるこの法案の通過を回避するために、まず議会に法案を付託し、慎重な審議を行なう旨、決議するとともに、公会計を調査する会計委員会の設置案を提示した。[18]

だがノースは、議会のイニシアティブを自ら掌握するために、この公会計調査委員会（the Commissioners for Examining the Public Accounts）の法的権限を、二月八日に上院で提起されたシェルバーンの委員会設置案[19]よりも具体的かつ実効的なものとせねばならなかった。すなわち、ノースは同委員会に対して、従来の慣行を破って、過去の会計だけでなく現在の会計実態も調査しうる法的権限を与え、しかも、あらゆる行政部局、公会計官

表 4-1　1780 年 2-4 月、改革動議と票決

月　　日	改　革　動　議	提　案　者	票　　決
2月21日	国王に対する年金支出公開要求動議	G. サヴィル	否決（ノース修正案可決 188 対 186）
3月 8日	植民地担当国務相廃止動議	E. バーク	否決（201 対 208）
13日	商務院（Board of Trade）廃止動議	〃	可決（207 対 199）
20日	内帑官（Treasurer of the Chamber）廃止・シヴィル・リスト規制動議	〃	否決（158 対 211）
	政府契約商人の被選挙権規制動議	P. J. クラーク	上院否決
4月 6日	王権の影響力規制動議	J. ダニング	可決（233 対 215）
	シヴィル・リスト規制動議	〃	否決（採決なし）
13日	歳入官職者（Revenue officer）の被選挙権規制動議	J. クルー	否決（195 対 224）
24日	議会解散、休会延期を国王に上奉する動議	J. ダニング	否決（203 対 254）

〔出所〕 *Parliamentary History*, XXI より作成。

(public accountants）に報告書提出と証言を義務づけたうえで、その改革を勧告しうる法的権限を付与したのである（20Geo. III, C. 54）。

しかも、表4-1に見られるように、その間に次々と提出された改革動議に対して、ノース政府は、王権への直接的影響の少ない商務院廃止と、具体的な措置を何ら含まない四月六日のダニング決議案の議会通過を許したものの、国王の影響力を抑制する具体的な措置については、ことごとく議会否決に成功していった。[20] 翌一七八一年二月一五日にもバークは再度、「行政機構改革案」を提出したが、ノース政府は二月二六日、二三三票対一九九票でそれを否決し、三月二一日に再提出されたクラーク法案（政府契約商人の被選挙権の規制法案）は一二〇票対一〇〇票で、クルー法案（歳入官職者の被選挙権の規制法案）は一三三票対八六票で再び否決していったのである。そして、その代わりにノース政府は、公会計調査委員会の調査に基づいた極めて漸進的な改善策を実行するにとどめた。すなわち、第三次報告（一七八一年三月七日提出）、第四次報告（同年四月九日提出）で明らかになった、海軍会計官（the Treasurers of the Navy）および陸軍主計官（the Payment of the Forces）の会計における公金滞留、その私的流用と濫費、退職後の長期間保有といった事態に対して、それらの未払い負債全てを、一七八一年一〇月二四日までに国庫（the Exchequer）へ支払

うことを命じた法律（21Geo. III, c.48）を通過させたのである。[21] 以上のようにして、（1）経済改革・節約問題を、議会改革だけでなく王権批判からも切り離したうえで、純粋な行政技術上の問題に限定し、（2）さらに急激な改革でなく、あくまで調査と経験に基づいて漸進的に改革を行なうという、公会計調査委員会主導の改革路線が確立されていったのである。

一七八二年三月、下院は対米戦争反対を決議し、ノースに代わってロッキンガムが政権についた。そして第二次ロッキンガム内閣下で陸軍主計長官に任命されたバークは、同年四月一五日、公会計調査委員会とは別に「シヴィル・リスト法」を再び提案した。だが六月一九日の第一読会において、下院は、公会計調査委員会の第一次から第六次までの報告書の勧告に基づいて、改革対象として次の一一項目を確認してしまった。すなわち、

1　地税、家屋税、窓税の徴収方法の改善とその国庫支払いに対する規制（第一次報告）

2　印紙税局（the Stamp Office）、塩税局（the Salt Office）、行商人免許税局（the Hawkers and Pedlars Office）、貸し馬車税局（the Hackney Coach Office）、税務局（The Tax-Office）の五つの局の統合（第二次報告）

3　陸軍主計長官の役得、手数料の廃止と固定的恒久的な給与への転換と会計滞留金の削減（第五次報告）

4　陸軍主計長官の下にある出納職（cashier, accountant, lodge keeper）の役得、手数料、賜金の廃止と、固定的恒久的な給与への転換（第四次報告）

5　海軍会計長官（the Treasurer of the Navy）の会計滞留金の削減と、固定的恒久的給与への転換（第三次報告）

6　陸軍主計長官・海軍会計長官の公的資金の流用防止（第三次報告、第五次報告）

7　国庫監査官（the Auditor of the Exchequer）、図書保管職（the Clerk of the Pells）、国庫出納官（the Teller）、式部官（the Usher）の過大な役得に対する規制（第六次報告）

8　不用かつ不必要な国庫の廷吏である侍従職（the Chamberlain）、タリー割職（the Tally-Cutter）の削減と廃

止（第六次報告）

9　現在の会期中では時間不足であるが、緊急措置なので次の会期早々に実施のため討議に入るべきである。またそれは四月一五日のバークの提案と一致し、国王によって慈悲深くとられてきた改革である

10　休会中に上記の7、8の不用な国庫官吏については、死亡その他による欠員を埋めず、その官職について改革と規制が行なわれるまで、固定的恒久的給与と一定の条件の下におかれるべきである

11　委員会の趣旨と改革計画の実施を要望する

の一一点が決議された[22]（括弧内は、対応する報告書をさす：筆者）。

そして、この下院決議にしたがって、公会計調査委員会の勧告の一部が漸進的な形で実施に移されていった。まず第一に、第五次報告書（一七八一年一一月二八日提出）の勧告に基づいて、（バーク自身が就任した）陸軍主計長官職の会計方法を改革する法律（22 Geo. III, c. 81）が制定された。同法は、会計滞留金の濫費、流用および退職後の長期間保有を防止すべく、次のことを定めた。

（1）陸軍主計長官の会計をイングランド銀行に移すことによって、国庫からの直接支払いでなく、サーヴィス項目を特定した支払命令書（draft）にしたがって、イングランド銀行の同会計から引き出される支払い方法に転換する。

（2）陸軍主計長官は、毎月はじめにイングランド銀行における会計残高（the balance of money on his account）および未払いの支払命令書を大蔵省へ報告する。

（3）死亡ないし解任後、イングランド銀行における前任者の会計の貸方現金残高は、後任者に引き継ぐこととした[23]。

第二に、国庫の官職に関して、手数料（fee）、贈与金（gratuities）等の私的利得に代えて給与制導入を勧告した第六次報告書（一七八二年二月一一日提出）の勧告にしたがって、一七八二年一一月三〇日、大蔵省通達（A

Minute of the Treasury Board）が出された。この通達は、大蔵省における手数料、贈与金、臨時金（perquisites）等を廃止し、それらを一つの手数料基金（fee fund）に払込み、その基金から固定給（the fixed salaries）を支給する（ただし基金が不足するときは、それに応じて給与は減少する）こととした。[24] 報告書に基づきつつも、王室と密接な関係にある国庫閑職ではなく、国庫内において起源の比較的新しい大蔵省から給与制度が導入されたのである。

だが、ロッキンガムが政権についたことで、クルー法（22 Geo. III, c. 41）、クラーク法（22 Geo. III. c. 45）とともに、[25] 公会計調査委員会の調査と勧告に基づかない形で、バークは「シヴィル・リスト法」（22 Geo. III, c. 82）の制定に成功した。同法は、第一に、シヴィル・リストを以下のように八つに分類し、（1）王室の年金・手当、（2）大法官・裁判官・下院議長の給与、（3）外国の宮廷に駐在する外交官の給与、（4）王室の契約商人の支払い請求、（5）王室の奉公人（menial servants）の給与、（6）年金（最少額の年金から支出）、（7）シヴィル・リストからのその他の給与、（8）大蔵大臣・大蔵委員会の給与・年金――の順に支出の優先順位をつけ、一七八〇年の提案と同様、大蔵省官吏の給与を最下位に置くことで、シヴィル・リストの支出規制を図ろうとし、[26] 第二に、現在のシヴィル・リストの負債に対しては、現金で補填せずに当面、国庫証券（Exchequer Bills）で埋め合わせ、次に閑職廃止によって得られる将来のシヴィル・リスト節約額＝増収で回収してゆくという趣旨であった。[27]

このバーク法は、王権の影響力を制限し、大蔵省統制を進めるものであったが、二年前の彼の改革案と比べて内容的に大きく後退し、しかも、その規定の大部分は実効性に乏しいものであった。まず第一に、同法は一七八〇年の改革案と比較すると、国王のパトロネジ・影響力に対する批判を著しく抑制し、また大規模な行政機構改革案もほとんど脱落させたうえで、改革の対象をシヴィル・リストに限定した。国王のパトロネジと腐敗の源泉として最初に批難した王領地（ランカスター公領、ウェールズの諸領など）の最終的譲渡は放棄され、また軍需部（Ordinance）の陸海軍への統合、造幣局（Mint）のイングランド銀行への統合といった重要な行政機構改革も見送られた。[28]

次に、主たる改革対象となったシヴィル・リストの支出規制、閑職廃止によるシヴィル・リストの支出節約についても、その目的は、国王の影響力を抑制することにあるというよりも、「王室が、シヴィル・リストの負債を履行できるようにし、そして将来の負債による支払い遅滞を防ぐ[29]」ことにあると、バーク自身が言明せねばならなかった。たしかにバークは、国王の裁量権の下に支出される機密費（Home Secret Service）を年一万ポンドに制限したものの、同法におけるシヴィル・リストの支出優先順位をみると、八〇年改革案では第五位であった王室の年金・手当を第一位として最優先し、また多数の年金支出についても職務を持つ有用な官吏の給与より優先していた。

第二に、肝心の支出順位設定によるシヴィル・リスト支出規制についても、その実施は、最下位におかれた大蔵省の自主的努力に全面的に依存しており、法的実効性を持たないものであった。現に大蔵省は、上位二項目の支払い（王室の年金・手当および裁判官・下院議長の給与）を除く他の項目については負債による補塡が許されると同法を解釈し、そのため支出総額規制は事実上無視され、したがってシヴィル・リスト負債も、議会に公開されないまま累積していった。同法を実施して早くも三年後の一七八六年には、負債はついに二一万ポンドに上り、大蔵省はその履行のためにシヴィル・リスト支出内訳の、議会での公開を余儀なくされた。そこで大蔵省が年九〇万ポンドの支出総額の他に、一三万ポンドの「臨時支出（Occasional Payment）」という項目を追加して、負債を恒常的に累積させてきたことがはじめて明らかにされたのである。[30]

第三に、シヴィル・リストから支出される閑職の廃止・整理についても、同法は具体的な規定を欠いていた。たしかに同法は廃止すべき官吏を特定したが[31]、官職喪失者の保障条件など削減に関する細目については正確な法的規定を設けず、また上級官職の廃止に伴って削減される下級官職ないし関連官職の限定およびその補償額（年金）の決定についても、大蔵委員会および大蔵省に一任すると定めたのである。[32]法的条件について一切の規定もないまま大蔵省の行政権限だけで、王権と密接な関係にある官職の廃止を遂行することは事実上、不可能に等しかった。したがって、閑職廃止による節約分でシヴィル・リスト負債を解消してゆくというバーク法の根本目的は、当初からまったく実現の保証がないものだったのである。

結局、閑職廃止についても、公会計調査委員会の調査と勧告に基づいた漸進的改革路線へと再び引き戻されていった。翌一七八三年六月、ノース＝フォックス連立政権の下でキャヴェンディッシュ（Lord John Cavendish）が提出した「国庫規制法 the Exchequer Regulation Act」（23 Geo. III, c. 82）がそれであった。

同法は、第六次報告に基づいて、第一に、廃止対象を二人の侍従職（the Chamberlains）、タリー割職（the Tally-Cutter）、式部官（the Usher）等の国庫歳入係閑職に絞ったうえで、現所有者およびその後継者の「死亡（death）、辞職（surrender）、権利喪失（forfeiture）、解任（removal）の後」に廃止すべきであると規定した。制定法（Stature）による強制的廃止ではなく、行政行為によって、生じた空席を埋めないという現実的だが極めて漸進的な政策が選択されたのである。[33]

第二に、図書保管職（the Clerk of the Pells）および四人の国庫出納官（the Tellers）に関しては、「現保有者の死亡、辞職、権利喪失、解任の後、全ての給与（salaries）、手数料（fees）、手当（allowances）、臨時収入（perquisites）、贈与金（gratuities）、役得（emoluments）の支払は停止され、代わりに各々三千ポンド、二千七〇〇ポンドを支払うようにしなければならない」と規定した。また王璽宮（Clerks of the Signet and of the Privy Seal）についても、同様の方法で手数料、役得等を廃止して、一定額の給与制へと転換することを定めた。[34]

さらに同法は、第三に、閑職廃止等によって生じた手数料収入の余剰分は、その三分の二を減債基金、残りの三分の一を民政費（the Cost of Civil Government）に繰り入れる（赤字の場合、同じ比率で赤字を配分する）ことを定めた。[35] ここでも、調査と経験に基づかないバークの改革案に代わって、公会計調査委員会報告書の勧告内容が立法化されていったのである。一七八〇年代はじめの節約的行財政改革はバークの「経済改革」として有名であるが、[36] 以上みてきたように、たしかに彼が一つのきっかけを作ったとはいえ、現実に行なわれた行財政改革はバークの改革案を次第に退けつつ、調査に基づく経験主義的手法に徹した公会計調査委員会の主導の下に策定されていったのである。

2 小ピットの政権獲得

アメリカ独立戦争が終結しない状況下で、改革の実現はごく一部に限られていたが、一七八三年九月の戦争終結(パリ条約)以降、アダム・スミスの弟子を自称する小ピットは、公会計調査委員会と協力しつつ、節約的行財政改革を本格的に推進してゆくことになった。

だが、小ピットが「自由主義」的財政改革に専心できるまでには、議会改革をめぐる旧ロッキンガム派とノース派との交錯した対抗関係が介在した。先述したように、一七八〇年二月から四月にかけて相次いで改革動議が敗北し、カウンティ運動全体は路線上の対立を表面化させ、一時の勢いを失っていった。こうした状況の中で、議会改革に傾斜していったワイヴィルらは、その後も運動を継続し、一七八二年七月のロッキンガムの急死とともにその影響力を一定程度、回復していった。とくに運動の中心地ヨークシャーにおいて、ワイヴィルらは同年一二月一九日に、五〇の腐敗都市選挙区の廃止、一〇〇名のカウンティ議席の増加、七年議員制の廃止、コピーホルダー(謄本土地所有農)への選挙権拡張などを内容とする議会改革請願を州会で通過させ、翌八三年二月二四日には、約一万名の議会改革請願署名を議会に提出するに至った。[37]

こうした議会改革運動の継続に対応して、議会内少数派であった小ピットは、議会改革派としての立場を貫くことによってヨークシャー連合の支持を得ようとし、同年三月二五日にはついにヨークシャー州会のピット支持声明の可決に成功し、さらにこの決議を踏まえて小ピットは、一七八二年五月の議会代表状況調査委員会設置案に引き続いて、翌八三年の五月に、(1)多数の腐敗都市選挙区の選挙権剝奪、(2)選挙時の賄賂に反対する措置、（3）ロンドンとカウンティの議席数増加を骨子とする議会改革案を提出していった。[38]

またフォックスが、一七八〇年九月にウェストミンスターの急進派議員として当選しながら、ノース派との「妥協」によって政権につくという事態を捉えて、小ピットは旧トーリー＝ノースと旧ロッキンガム・ウィッグ左派＝フォックスの主義なき野合と腐敗を批難することで、ロンドンの旧ウィルクス派の支持をも獲得していった。

一七八三年一二月に小ピットが政権につくと、[39]翌八四年二月に「王権と人民の国政上の権利を維持する」ために果たした役割を理由に、シティの一般参事会は小ピットに対してシティの市民権と参事会特別席（a golden box）を贈り、またウィルクスも自らを「ミドルセックスのピット」と称し、シティの旧ウィルクス派議員B・クロスビーらもこれに続いていった。[40]そして同年三月の議会解散後の総選挙では、ワイヴィルらのヨークシャー連合、ロンドンの新旧ウィルクス派が、ピット派の選挙機構（Pittite electoral machine）となって、旧ロッキンガム派・旧ノース派の議席を激減させ、ピット派の大勝利を導いていった。[41]旧ロッキンガム派の拠点であるヨークシャーでもピット派は旧ロッキンガム派を一掃し、ロンドンでもフォックスは、ウェストミンスターの自分の議席を獲得するのが精一杯の状態となっていった。[42]

しかし、アメリカに対してその独立を承認することで、アメリカ植民地問題は事実上の「決着」を見、また一七八五年四月に小ピット自身が一議員として提出した議会改革案が否決されて議会改革の見通しが最終的に閉ざされるに及んで、小ピットは急速に「経済改革」推進へと傾斜してゆかざるをえなくなった。公会計調査委員会は戦争終結後にも第一一～一三次の三つの報告書を提出していたが、この時点ではじめて小ピットは、委員会報告に基づく行財政改革を実施に移さざるをえなくなったのである。

だが、こうした小ピットの方向転換には、いま一つの背景があった。それは、一七八四年三月の総選挙に敗北した後、再び政府反対派に回ったフォックスが、同年五月にウェストミンスター・ウィッグ・クラブを設立し、その後、八七年と八九年に提出された審査法(the Test and Corporation Acts)廃止法案に賛成したように、共和主義者を含む非国教徒急進派[43]の支持を得るために、次第に彼らに接近しようとしていったことであった。そのため小ピットは、これに対抗してカウンティ連合上層、とくに公信用回復を強く求める金融業者・商工業者などの中間層上層(new upper middle class)の経済的要求を実現することによって、非国教徒急進派とは次第に一線を画す形で改革を実行していった。

小ピットは、(1)地税の増徴に反対する中小地主・フリーホルダー(自由土地所有者)の利害と、増税回避だけでなく公信用の回復を強く要求する金融業者・商工業者の利害とを同時的に実現する「自由主義」的行財政改革を遂行することによって、(2)首都を中心とする非国教徒の急進的議会改革要求の影響を遮断しつつ、これら中間層上層を再び地主貴族政の中に糾合しようとしたのである。[44]そして、かかる背景の下に、公信用の維持と節約的行財政改革を結合する体制内改革――いわゆるトーリー・リベラリズムに基づくピット・システムが形成されていったのである。次に、小ピットの「自由主義」的行財政改革の実施過程について見てみよう。

III 小ピットの「自由主義」的行財政改革

1―減債基金と閑職削減

小ピットの「自由主義」的改革は、(1)一七八四年の窓税引上げと、その代わりに茶税を引き下げたCommutation Actから、一七八六年のイーデン条約に至る初期自由貿易政策、[45](2)一七八四年のインド法、一七八五年のアイルランド提議、一七八八年の宣言法(インドの負担による国王の派兵権の承認)等の植民地改革、[46](3)

一七八五年の減債基金、一七八七年の統合国庫基金（the Consolidated Fund）設置を中心とする国内行財政改革、の三点にわたっている。中でも植民地改革は、『国富論』最終章において超均衡財政＝公債削減の実現の条件とされているように、「自由主義」的改革において極めて重要な位置を占めている。ただし、ここでは紙幅の関係上、小ピットによるインド改革は省略し、国内統治機構改革に直接かかわる（3）の問題に絞って検討しよう。

さて前述のように、小ピットは議会改革案が否決された一七八五年以降、公会計調査委員会報告書に基づいて行財政改革を実施に移していったが、その際、公信用回復を基軸に節約的行財政改革を遂行するという改革の基本的方向は、小ピットが政権につく一カ月前の第一一次報告（一七八三年一一月五日提出）においてすでに与えられていた。第一一次報告は、その結論部分において、「今や平和という有利な時期に、遅滞なく、この負債削減のために一つの計画が作成されねばならない。その安全（Security）は、議会の国民的誓約（Parliamentary National Faith）の下に決して揺がされてはならない堅固な基盤（the Solid Foundation）に依存する」と述べた後、「明白な削減手段は、充当され、そして適切な管理の下に公債の漸次的削減に使用する一つの基金（Fund）の創出である」[47]として、減債基金の設置を提案する。

そして次に、その償還の財源となる毎年の財政余剰の獲得方法について、（1）「歳入源（課税）の拡大ないし改善」と（2）「歳出入行政の倹約（a frugal Administration of the Produce）」という二つの選択肢を提示したうえで、報告書は、前者の方法は「国家の意志と権力（the Will and Power of the State）だけに依存」せず、外部の「同意」を必要とするが、後者の方法は「まさに政府の力の及ぶ範囲内」にあり、「外部からの同意も援助も一切必要としない」として、歳出入会計部門の倹約を選択する。[48]

最後の報告書は、不必要な官職の廃止による経費削減、手許現金の滞留と私的流用の抑制といった節約的改革を政府に実行させることによって、臣民の税回避防止を期待する。すなわち、「公共福利（Public Benevolence）をもって私的利害を導かせねばならない」[49]と述べられているように、まず政府自らが内部努力を示すことによって政府の信用を回復し、現在の立法府が決定した現行税に対する臣民の抵抗を緩和しようとしたのである。このように第一一次報告は、（1）国民の同意を必要とする増税は、納税者の抵抗を喚起し議会改革を促す危険を伴うため極力回避しつつ、（2）歳出入会計部門の倹約によって生じる財政余剰を減債資金に繰入れ、もって公債削減と公信用の回復を達成するように勧告したのである。

こうした改革の基本方針に基づいて、委員会は再び歳出会計部門の検討を行なう。まず第一一次報告は、国庫の前払監査官（the Auditors of Imprest）の検討から開始する。報告書は、議会法による公的借入金（Public Loans）および南海会社等の公営会社（Public Company）の場合、年金基金（the Annuities）がイングランド銀行に設けられ、同時にイングランド銀行（後者の場合は会社）の出納官（cashiers）が任命されて年金会計を管理するという借入形式が定着してきた事実を指摘したうえで、こうした年金基金形式の下では前払監査官の監査はもはや不要であるとする。すなわち、「監査官が要求する全ては、あらゆる支払に対する形式的な領収書であり、彼はそれ以上調査せずに会社に対して形式的領収書を認める。彼の仕事は同額の異なる記載事項を比較するだけであり、また若干の項目――下級官吏の雇用――を計上するだけ」であり、「前払監査官によるイングランド銀行および南海会社の検査（examination）から、公衆（the Public）はいかなる利益も得ていない。したがって公共に重く不必要な費用をもたらすので、このような検査は停止すべきである」[50]と勧告した。しかし、政府がこれら基金の毎年の会計状況を知らねばならないという必要から、イングランド銀行および会社の出納官の義務と業務を継続させ、「毎年、現行の会計を大蔵委員会に提出せねばならない」[51]とした。

続いて第一二次報告（一七八四年六月一一日提出）は、前払監査官の会計証明書（the Certificate of Accounts）に基づいて歳出入を行なう軍需部会計官（the Treasurer of the Ordnance）を検討の対象とする。報告書は、まず第一に、一七八二年法（22 Geo. III, c. 81）によって確立された陸軍主計長官の会計改革を踏まえて、「議会は陸軍主計官職において重要な諸規制を確立してきた。我々によって提起された諸規制は、等しく海軍会計長官にも適用しうるものであり、また、この現行調査に基づく我々の判断において、同じく正当性をもって軍需部会計官にも拡張されてもよい[52]」とした。

そして第二に、一七八三年六月二四日の国王命令（His Majesty's Warrant）によって行なわれた、軍需部官職における「全ての手数料、贈与金、報償の廃止と一定の固定給への転換」は、「あらゆる会計部門に拡張されねばならない」とし、また「前払監査官において軍需部会計官の会計監査をすることは、公衆（the Public）に不必要な経費（手数料等：筆者）をもたらすので停止されねばならない[53]」としたうえで、（1）前払監査官の全ての手数料、贈与金の廃止と監査官自身の利得をリーズナブルな水準まで引き下げること、（2）前払監査官の下にある官吏・書記も、その地位と雇用に比例した一定の年固定給（a certain fixed annual salary）に転換すべきこと等を勧告した[54]。一七八五年に入って、小ピットはこうした勧告に基づいて会計部門の節約的改革から着手していった。

まず第一に、一七八二年の陸軍主計長官の会計改革を海軍会計長官にも適用し、（1）その会計管理のイングランド銀行移管、（2）大蔵省に対する毎月の会計報告義務、（3）前任者の会計の後任者への継承、等を定めた（25 Geo. III, c. 31）。そして第二に、手数料収入の喪失に対して、終身年金七〇〇〇ポンドの補償を行なうことによって、二人の前払監査官職を廃止し、代わりに大蔵省によって任命される監査委員会（the Commissioners of Audit）を設置し、委員およびその下級官吏にも給与制を導入していった（25 Geo. III, c. 52）[55]。

次に委員会は、第一三次報告（一七八五年三月二一日提出）において、歳入会計部門、とくに関税部門に検討を加え、その会計改革とともに諸基金の統合を勧告した。報告書は、第一に、第一一次報告、第一二次報告と同様、関税部門の会計監査方法を調査したうえで、まず消費税の監査形式と比較して、（1）関税局内の最高官職である関税委員会（the Commissioners of the Customs）が会計官でなく、監査機能を持たないこと、（2）「公的チェック（the Official Checks）が多数に及ぶ」ことの二点を欠陥としてあげ、「関税の管理における不必要な官職と冗職の削減が、公費を増加させることなく単一の監査官職（an Audit Office）の設立を許すかもしれない」[56]と、改革の方向を示唆する。

そして次に、徴税金の滞留や私的流用を防ぐために、（1）「ロンドン港の歳入官（the Officers of Receipt）は関税の受領のみに限定し」「戻税証明書と前払命令による全支払いは歳入長官（the Receiver General）に委ね、その一部門で処理されるべきである」として、職務権限の明確化を求め、（2）次に「ロンドン港の徴税官（Collectors）および歳入官（Receivers）」は毎週、「その受領総額、前週の歳入長官への支払総額、手許に残った各週末の残高を関税委員会に提出すべきである」とし、（3）また歳入長官も、「関税委員会に提出する週証明書（Weekly Certificates）の下に、手許に滞留する徴税額と国庫に支払われない理由を記すべきである」として、関税委員会の監査権限の強化を勧告した。[57]歳入長官が国庫への支払いを遅らせ、徴税金を滞留させたのも、「関税監査長官（the Controller General）に受領されるまで」歳入長官はその手許現金を「どの部門に充当すべきなのか解らない」という複雑で多数に及ぶ会計監査が存在したからである。[58]

しかし委員会は、関税部門における徴税金の滞留・流用を解消するには、こうした監査形式の改善勧告だけでは不十分であると認識していた。委員会にとって根本的な問題は、「関税の徴収と会計に含まれる複雑さと混乱」自体を解決することであった。すなわち、第三次報告の調査によれば、関税管理は過去四カ月間に実に一万四三四二の記載事項を記入し、ときには一日に四〇〇項目も記載せねばならず、したがってその仕事は過重となり、計算間違いも日課となるという事態が生じていたのである。

そこで委員会は、第二に「（関税の）計算に必要とされる規則（rules）の数、これらの関税の下で保持される部門（branches）の数の多いことが、この弊害の主要な源泉である」としたうえで、その改善策として「状況が許すまで、これらの（計算）規則数および部門数を削減して統一し、そして会計を保持する方法に体系的な単一性（Simplicity）と均一性（Uniformity）を導入する」[59]という、関税部門の統合を提起したのである。さらに委員会は、その実現可能性を検討するために、国庫歳入項目のうち、関税部門を次の三つ、すなわち(1)特殊の用途に当てられず、毎年、議会が適切と考える用途に充当しうる関税(the Unappropriated Duties)一八部門、(2)一般基金(the General Fund)・総合基金(the Aggregated Fund)・南海基金・減債基金の四つの統合基金(the Compound Fund)に充当すべき関税一三六部門、(3)特殊目的に充当すべき関税一二四部門(ただし、その中の二二部門は年金支払に充当)に分類して、(1)から順次検討したうえで、国庫における関税の会計部門の分割は、まったく有用性(use)を持たないことを明らかにし、結論として、関税諸部門(諸基金)を国庫歳入項目の一項に、一つの額として(as One Sum under One Head into the Receipt of the Exchequer)統合すべきであると勧告した。[60]

そして報告書は、第三に、関税部門を統合する際に確立された原則が他部門にも適用しうることが明らかになれば、「全ての公共収入が流入し、そこから全ての公共支出が流出してゆく一つの基金の形成」、すなわち統合国庫基金の創設という「一つの大きな財政規制措置に道を開くことになるだろう」とし、さらに、この「国家の年収入からなる単一の大きな歳入基金は、あらゆる公的債権者の年金支払に十分な安全をもたらすことになろう」と結論した。[61] 公会計調査委員会が報告書の調査を重ねる中で、この時点で、全ての歳出入をイングランド銀行に繰り入れる統合国庫基金の創設という大蔵省統制の構想はできあがっていたのである。

実際、関税諸部門の統合から始めて、全歳入部門の統合基金を勧告した第一三次報告に基づいて、小ピットは公信用維持を基本目標とする諸基金の統合を漸次的に進めていった。まず小ピットは一七八五年に、それまで管理が個々別々であった諸種のアセスド・タックスを統合・管理する直接税管理委員会(the Commissioners for the Affairs of Taxes)を設置した。続いて翌八六年の減債基金法(26 Geo. III, c. 21)によって、すでに第一一次報告で提案されていた減債基金を、減債委員会(the Commissioners for reducing the National Debt)の名の下にイングランド銀行に設置した。

同基金は、まず既存の減債基金を含めて毎年一〇〇万ポンドを繰入れることとし、次に減債委員会が額面以下の公債から償却にあたり、その買入れた国債の利子を再び基金に組み込むこととした。また国債利子の年金支払いについては、国庫に多額の滞留金を残さないために、四半期ごとに支出されることとなった。[62] そして一七八七年には、二五三七の議会決議をもって、地税、アセスド・タックス、麦芽税などを除く全歳入部門（関税・消費税および印紙税の一部）を統合する統合国庫基金を設立し、と同時に、前年に設立した減債基金をこの統合国庫基金で運用することとした。すなわち同基金は、歳入会計部門の行政的節約によって生ずる財政余剰を想定したうえで、公債償還のための一〇〇万ポンドを、シヴィル・リスト（九〇万ポンド）に優先して支出することとしたのである。[63] 以上のように、小ピットは公会計調査委員会の第一一次から第一三次の報告書を受けて、公信用維持を基本目標とする行財政改革を次々と実施していったのである。

2 所得税導入の背景とその特質

しかし小ピットは、公会計調査委員会の勧告を全て実施に移したわけではない。まず第一に、第一三次報告が提起した関税部門の閑職削減について、第一四次報告（一七八六年一月二七日提出）は、ロンドン港の関税官吏を（1）不用で廃止すべき官職、（2）職務は有用だが閑職に転じたことで不用となった官職、（3）有用な職務で現に遂行されているが統合すべき官職――の三つに分類して具体的に検討したうえで、六一を統廃合の対象としてあげ、[64] さらに第一五次報告（一七八七年一月二六日提出）でも、外港についてほぼ同様の検討を行なった後に一五七を統廃合の対象としてあげたが、[65] 一七八五～八七年の改革では十分な実施を見ないままに終わった。一七八三年に「公職規制および税関法案（Public Offices Regulation and Customs House Bills）」が否決されたために、小ピットは既得権（官職の私的所有権）と妥協しつつ、死亡後、退職後にその官職を埋めないという行政行為の範囲内でしか閑職廃止に応じられなかったからである。そのため削減の進行は極めて緩慢であり、閑職廃止による経費節約もわずかな額にとどまっていた。[66]

第二に、すでに第一次報告で、地税カウンティ歳入長官の会計滞留金と徴税手数料制が批判され、また第二次報告でも印紙税、塩税、税務局などの諸税との統合が勧告されていたにもかかわらず、地税は、その徴収・査定方式について一切の改革が実行されず、また統合国庫基金からも外され、結局、一七八五〜八七年の改革の対象から除外されていった。[67] 節約的行財政改革の過程では、会計方式の改革や歳入諸部門の統合によって、一定の集権化を伴う「近代的」行財政機構が創出されていったが、地税の徴税機構だけは、依然として私的土地所有権と「地方的自律性」に対する国家介入拒否の論理に基づいて配賦税方式が維持されたままであった。小ピットの改革も、私有財産権不可侵の原理に「制約」されて、重商主義財政機構の基底的な枠組みを侵すことなく漸次的に進められたのである。

だが、公会計調査委員会の勧告で残された課題も、対仏戦争によってその実施を余儀なくされていった。その際、戦時財政下の公債急増によってもたらされた公信用不安が、再びその引き金となった。表4‐2‐aが示すように、一七九三年一〇月の対仏宣戦まで公債累積額は減少傾向をたどり、公債費・歳出総額も停滞傾向にあって、小ピットの「自由主義」的改革も一応の成功を見ていたが、とくに一七九五年以降、公債累積額は急激な増加に転じ、九七年までの二年間に約一億ポンドもの累積をみた。そして表4‐2‐bからもわかるように、公債発行は当初から額面価格以下の収入しかあげえなかったが、九七年にはついにその額面価格の半分を割るという深刻な公信用不安に陥った。[68]

しかし、一七八〇年代はじめの政治状況と異なり、政府にとっていくつかの有利な条件が存在した。すなわち、(1)一七九一〜一八一四年における反急進主義の民衆暴動 Church and King riots を背景とし、一八九三年一月にルイ一六世の処刑、同年二月のフランスの対英宣戦を直接的な契機とする小ピットの急進派弾圧政策の成功、(2)議会内では、フランス革命評価・対仏戦争をめぐるウィッグの分裂と、一七九四年七月のポートランド派

表 4-2-a　第一次小ピット政権下での歳出総額、公債費、公債累積額

年[1]	歳出総額（千ポンド）	公　債　費（千ポンド）	公債累積額（百万ポンド）
1784	24,245	8,678	228.7
1785	25,832	9,229	239.6
1786	16,978	9,481	239.7
1787	15,484	9,292	239.2
1788	16,338	9,407	237.7
1789	16,018	9,425	236.2
1790	16,798	9,370	234.6
1791	17,996	9,430	233.0
1792	16,953	9,310	231.5
1793	19,623	9,149	229.6
1794	28,706	9,797	234.0
1795	38,996	10,470	247.9
1796	42,372	11,602	301.9
1797	57,649	13,594	351.5
1798	47,422	16,029	378.6
1799	47,419	16,856	408.1
1801	50,991	16,749	432.3

〔出所〕 B. R. Mitchell & P. Deane, *op. cit.*, p. 391 & p. 402 より作成。

〔備考〕 1） 公共支出総額、公債について1799年まで10月10日終了年、1801年からは1月5日終了年。公債累積額については、有基債は1786年まで10月10日終了年、1787年以降は2月1日終了年、それ以外は1799年まで10月10日終了年、1801年から1月5日終了年である。

表 4-2-b　公債発行状況

（単位　1,000ポンド）

年	公債元本	利率	収　　入
1793	6,250	3%	4,443
1795	26,095	3	17,777
1796	16,348	3	11,595
	765	4	
	2,034	5	
	20,124	5	17,815
1797	22,750	3	11,294
	2,600	4	
	3,669	3	1,620
1798	30,000	3	16,775
1800	44,816	3	27,519

〔出所〕 W. Vocke, Geschichte der Steuern des Britischen Reichs, S. 72 n.

の入閣＝保守大合同の成立、（3）さらに一七九五年、スピーナムランド・システムによるパターナルな地方支配の補強などによって、一七九五～九六年以降、ロンドン通信協会（the London Corresponding Society）など急進派の影響力は低下し、[69] 議会内でも戦争支持派が圧倒的多数を占めていたことである。

しかし、一七八〇年代の改革において、公信用維持を第一義的目標とするピット・システムの改革原則が確立されてきた以上、一七九七年の公信用不安をそのまま放置することは許されなかった。公信用回復の実現をもって、ミドル・ランクスを地主貴族政に統合してきた小ピットにとって、改革の放棄による公信用の破綻は戦時財政の継続を困難にするだけでなく、その政権基盤の弱体化を意味したからである。こうして一七九五～九七年の公信用不安を契機として、小ピット

は一七八五年から八七年の残された改革課題を次々と実施せざるをえなくなったのである。次に、この点について具体的に見てみよう。

まず戦時財政下の小ピットの改革は、一七八五〜八七年の改革と同様、節約的行政改革から順次、実行されていった。小ピットは第一に、大蔵省以外にも給与制を導入していった。給与制導入は、一七九三年の郵政省（the Post Office）、一七九五年の国務大臣職（the Offices of the Secretaries of State）に始まり、公信用不信が表面化するにしたがって、一七九六年に海軍省（the Navy Board）、一七九七年に陸軍省（the War Office）、一八〇〇年に海軍本部（the Admiralty）と、軍関係にも及んでいった。[70]

第二に、一七九七年財政特別委員会の報告書が、廃止すべき一九六の関税官職のうち、四六しか廃止されていないと指摘したのに対応して、翌九八年には残された全ての閑職を法律（38 Geo. III, C. 86）によって廃止することとした。さらに翌九九年には、後述する直接税改革とも関連して地税監査官（the Offices of Auditors of Land Revenue）を廃止し、その職務を公会計監査委員会（the Commissioners of Auditing Public Accounts）に移した。[71]

しかし、戦争が継続されている状況下では、これらの節約的行財政改革だけで、公信用を維持するに足る財政余剰を確保することは不可能であった。他方、重商主義財政機構において戦費の基本税源であった地税は一七九三年、アセスド・タックスは一七九三年、九六年と、それぞれ引き上げられていったが、その税収は表3-8も示すように、一七九五年で全税収の一五・五％を占めるにすぎなくなった。このように戦費税源が決定的に不足した状況下では、ますます公債発行と間接税増徴に依存せざるをえず、また減債基金も年一〇〇万ポンドを確保できず、減債基金の繰入れのために公債を発行するといった逆転した事態さえ生じ、[72]そのため前述のように一七九七年には公債発行は額面価格の半分を割るに至ったのである。もはや、実態をまったく持ちえなくなった〈地税による戦費支弁〉を最終的に廃棄し、地税に代わる新たな戦費財源を創出するために、小ピットは直接税改革とその増徴に取り組まざるをえなくなったのである。

だが、地税を含む直接税の増徴こそは、かつてヨークシャー運動を惹起せしめた最大原因の一つであり、それゆえにこそ公会計調査委員会は、節約的行財政改革をもって増税を回避しつつ公信用回復を図ろうとしたのであり、また小ピットの歳入諸部門の統合政策からも外されてきたのであった。したがって直接税改革に際しては、その抵抗を配慮して、（1）急進的改革を排して改革の漸進性を確保し、（2）私有財産権不可侵の原理と抵触しないようにすることが、小ピットの最重要課題となった。

つまり新しい直接税は、第一に、漸進的方法で地税を廃棄していく一方で、地税に代えてまったく新しい税を導入するのではなく、それまで経験的に増加してきた税（アセスド・タックス）を基礎とし、第二に、徴税能率をあげえない従来の配賦税方式を廃止するとしても、なお私有財産権不可侵の原理を尊重した課税方式を工夫し、そして第三に、「全ての人が能力に比例して、国家の維持、防衛、安全のために、また国家の窮迫を救うために忌避することなく寄与せねばならない」[73]と公会計調査委員会第一四次報告が述べているように、私有財産を保護する政府に対しては土地所有者だけでなく、土地・資本・労働を所有する全ての「財産所有者」の「財産」に比例して賦課される「公平な」税とせねばならなかったのである。

こうした漸進的・妥協的性格を持つ直接税改革は、一七九八年の地税永久化法（the Land Tax Perpetuation Act）とトリプル・アセスメント（Triple Assessment）をもって開始された。まず前者によって、地税は当時の割当額を基準として永久化されるとともに、一定の法定賦課金を支払って買戻しできることとし、さらに地税納税額の一〇分の一以上の利子額を有する三％国債をもって、これに充てうることとした。国債削減と絡めた買戻しという漸次的な削減によって、〈地税による戦費支弁〉という重商主義国家財政の基本的枠組みの廃棄を公的に追認していったのである。[74]

そして次に、アセスド・タックスに代えて新しい直接税としてトリプル・アセスメントを設け、前年の五倍を課税した。この税は、（1）所得ないし財産に直接、賦課するのではなく、前年のアセスド・タックスの支払い

（査定税額）に、すなわち馬車、男性召使を主に、家屋、窓、家賃なども含む支出にかかる支出税とし、（2）さらに納税者を富裕な順に三分類し、そのそれぞれについて、前年の査定税額に応じて累進的な倍率をかけることによって擬似的に所得に比例させようとしたものであり、（3）しかも、控除と減額を請求する場合以外は審査が行なわれず、他方、二〇〇ポンド以上の所得保持者で、その査定額が「所得の一〇分の一」という規定にみたない場合も、納税者の自発的納税に任されるという税であった。[75]

すなわち、この税は前年のアセスド・タックスを基礎（ベース）とすることによって、第一に、できうる限り私有財産に対する直接賦課と国家による私有財産の直接的審査を回避したうえで、第二に、あらゆる財産所有者の支出に累進的税率を課すという擬似的形式によって、所得に比例した財産所有者の担税能力を捕捉しようとしたのであった。そして、このような課税方式は、この新直接税の理念上の目的に対応していた。すなわち、この税は、あくまでも私有財産を保護する政府の防衛・公信用維持という「全般的利益」に対して、現体制の受益者＝財産所有者が、その「支払い能力」に比例して負担するという財産比例課税とされたのであり、土地相続税あるいは所得（地代収入）に直接、累進税率をかけ、もって老齢者、貧民に政治的権利として所得再配分を行なうというトマス・ペインの累進的財産課税とは異なるものだったと考えられる。[76]

小ピットの支持基盤となったワイヴィルらは、後者の所得再配分的直接税に極めて批判的であった。[77]だが、私有財産権不可侵と国家の直接的審査の回避という課税方式ゆえに、この税は広く回避される結果となり、実収は期待収入を大きく下回り、しかも実収の半分以上は高額所得者の自発的納税規定に基づくもので、このトリプル・アセスメントでは、それ以上の増税は困難であることが明らかになった。そのため翌九九年に小ピットは、支出でなく財産に帰属する所得に直接賦課し、それを審査（inquisition）するという、ポンド当たり二シリングの所得税を導入せねばならなかった。[78]

一七九九年、小ピットは一歩進めて、二〇〇ポンド以上の所得をもつ個人に対して、ポンド当たり二シリングの税率で、六〇～二〇〇ポンドは軽減税率、六〇ポンド以下は免税という「累進性」をもつ所得税を導入した。[79]だが、ここでも私有財産権不可侵と「地方的自律性」の原理を配慮せねばならなかった。すなわち、小ピットの所得税は、第一に、納税者の自発的な総合申告に基づくものとし、その審査についても直接的な国家介入を避け、第二に、その徴収機構は、従来の「地方的自律性」に基づく地税徴収委員を中心に同委員が任命する所得税査定官と徴税官によって行なうこととし、国王任命で有給の家屋税検査官を兼任の所得税監督官（Income Tax Inspector）として、前者を監督させるという迂回的な形態をとらざるをえなかった。[80]

このため小ピットの所得税も、当初見積り七五〇万ポンドに対して再び六〇〇万ポンドの税収しかあげえず、また妥協的にせよ私有財産への直接賦課、審査を導入したことが強い反対論を引き起こし、[81]一八〇二年のアミアンの和約とともに廃止せざるをえなくなったのである。そして、（1）財政需要の充足＝脱税防止と、（2）私有財産に対する国家の直接的介入の回避を同時的に実現するというジレンマを「解決」せねばならないというコンテキストの中で、一八〇三年、アディントンの源泉課徴型所得税が形成されていったのである。

一八〇三年に再導入された所得税は、異なる所得形態にしたがって様々な「シュディール」に分けられた分類所得税であった。[82]すなわちアディントンの所得税においては、できる限り所得がその最終的受領者（＝私的所有者）にわたる前にその所得源泉に対して課税する、つまり地代・賃貸料の場合（シュディールA）は借地農、借家人が、公債利子の場合（シュディールC）はイングランド銀行が、官職の俸給・年金の場合（シュディールE）は俸給支給者が、それぞれ納税責任を負うことになった。王権の影響力を抑制しながら戦費を支える直接税を負担するのは、名誉革命時の土地所有者としての貴族に限定されていたが、税負担者はいまや、富裕な土地貴族だけでなく、富裕者全般に拡大されていったのである。

実際、地主貴族政による私的土地所有権保護の論理で王権をチェックする名誉革命体制において制度的基軸となっていた地税は、すでに一六九六～一七〇〇年の総税収の四〇％から、一七九一～九五年の一七・四％に減少していった。新たに導入された所得税は、ナポレオン戦争の戦費として必要な追加的税収の二八％を供給した。追加的税収の五五％は消費税、一七九九年に導入された所得税など新税は三六％だった。その結果、ナポレオン戦争の戦費は、一八世紀のいかなる時よりも大きな割合が税で占められていた。[83]

しかし、この源泉課徴型分類所得税でさえ、戦時臨時税としてのみ一時的に認められ、財政難にもかかわらず、一八一六年には廃止されることになった。その後、カニングらトーリー・リベラルたちはひたすら経費削減と税負担の軽減を追求していかざるをえなくなった。第五章でみるように、所得税再導入を契機にした漸進的な体制改革は、一八四二年のピール所得税の導入まで待たねばならなかった。このように、再び公信用不安を媒介として重商主義戦争が、重商主義国家財政の漸進的改革を促すというプロセスをたどって、ついにその基底的な枠組みである地税に代えて、近代的なイギリス型所得税が漸進的に導入されていったのである。

3　トーリー・リベラリズムとは何だったのか？

これまで見てきたように、イギリス最初の「自由主義」的行財政改革は、アメリカ独立戦争を契機とした「財政＝軍事国家」の行き詰まりによって余儀なくされた改革であった。この改革をみるに際して、名誉革命体制に対して一定の断絶面がありつつも、トーリー・リベラルが主導して、名誉革命体制のチェック・アンド・バランスの原理を保存しつつ、新たな状況に対応していくという、漸進的な改革であった点が極めて重要である。かかる視点をとることではじめて、「財政＝軍事国家」を一部に取り込みながら、その転換を連続的に捉えることができるのである。

こうした改革にとって最も重要なのは、国家体制の動揺をもたらしたヨークシャー運動の様々な急進主義的な議会改革の要求をいかにして回避してゆくのかという点であった。なぜなら、それが改革の方向性を決定づけていったからである。

まず第一に、この改革は、あくまで調査と経験に基づく公会計調査委員会の主導の下に実行された漸進的な体制内改革であり、そのことによって議会改革だけでなく急進的な王権批判をも回避しつつ、改革を節約的行財政改革へと収斂させてゆくものであった。

第二に、一七八五年以降、〈節約的行財政改革＝政府の内部努力〉によって〈公信用維持〉を達成するという小ピットの「自由主義」的改革路線が形成されていったが、このピット・システムは、地税増徴を回避することによって中小地主の利害（都市利害）をも満たすことで、双方の利害を非改革議会の下で再統合するという役割を果たしていった。

しかし第三に、それは租税負担と公信用負担を契機として、行財政機構内部の節約—効率化を問題とせねばならなかったがゆえに、漸進的な形ではあれ、閑職廃止などを通じて王権の影響力（インフルエンス）を抑制したことである。たしかに、ブルーワが主張したように、消費税官吏が、しだいにマックス・ウェーバーがいう「官僚制」に近づいていった面は否定できないが、それは極めて長期にわたる変化だった。[84] こうした漸進的変化があったとはいえ、「自由主義」的行財政改革を議会政治の議論に乗せた点で、公会計調査委員会の報告は画期的だった。それによって、官職私物化の批判と会計方法の改革、歳入諸部門の統合、地税の廃棄と近代的イギリス型所得税の成立等々と、一定の集権化を伴う近代的行財政機構が漸次的に創出されていったのである。

では、このような諸特質を持つ「自由主義」的行財政改革を支えた公会計調査委員会の「理論」とはどのようなものであったのか。そこでは、会計など産業資本（商工業者たち）と親和性のある手法が改革に影響を与えたとはいえ、地主貴族政の政治的ヘゲモニーのあり方として、ピット・システムを支えたトーリー・リベラリズムの背後にあるロジックを、報告書の論理構造に内在して見なければならない。より具体的には、地主貴族政を保存しながら、なぜ「自由主義」的な行財政改革を実行しえたのかは、地主貴族たちが私的土地所有を相続し継続する「信託」の法理と司法制度の特質を見なければならない。すなわち地主的大土地所有を確立してきた土地法の信託の法理を、単に市場における自発的交換や裁判官によるルールの明文化といったレベルでとらえるハイエクの「自生的秩序」論としてではなく、公共部門での「自由主義」的財政改革を基礎づけるイギリス近代の地主貴族政独特の思考形式として、とらえ直さなければならないのである。

IV 公会計調査委員会の論理構造（一）――公共信託（Public Trust）

1 大法官府裁判所の法理の適用

先に見た諸特質を持つ「自由主義」的改革を導いていった委員会の論理的な骨格は、大法官府裁判所（the Court of Chancery）において発展してきた法理、すなわち、（1）慣習を漸次的に修正してゆくエクィティ（Equity）の方法、および（2）そのエクィティ裁判管轄権（equitable jurisdiction）の下で展開してきた信託――なかんずく公共信託（Public Trust）――の論理によって与えられていた。だが、そのことを明らかにするためには、まず委員会の構成に注目しておかねばならない。当初、公会計調査委員会は、

1　Guy Carleton（ケベック領事 the Governor of Quebec）
2　Thomas Anguish（大法官府主事 senior Master in Chancery で、大法官府裁判所会計長官 the Accountant General of the Court of Chancery）
3　Authur Piggot（法廷弁護士 barrister で実業家、後にグラナダ法務長官 the Attorney General in Grenada）
4　Samuel Beachcroft（一七六〇～九六年にイングランド銀行理事、一七七五～七七年に同総裁）
5　Richard Neave（一七六三～一八一一年にイングランド銀行理事、一七八三～八五年に同総裁）

6　George Drummond（ロンドンの銀行家）

の六名で構成されていた。

だが一七八二年二月にカールトンが、対米戦争下で軍司令長官（Commander-in-Chief in America）に任命されたのに伴い、アンギッシュが名実ともに委員会の統括者になるとともに、彼の指名に基づいて関税局（the Custom Board）にいたWilliam Roeが補充された。[85] 委員会のこの構成からわかるのは、まず六名の委員のうち、法律家が二名、銀行家が三名を占めていたことであった。このことは、委員会が、地方社会において新たに台頭しカウンティ運動を担っていった銀行家や法律家などの中間層上層の利害に焦点をあてて、公信用維持を中心的課題としたことを反映していた。ここで何より重要なのは、第一四次報告までは大法官府主事であるアンギッシュが報告書作成の中心的な存在となり、イングランド銀行理事を務める二人にその補佐をさせるという形をとったことであった。[86] それは公信用維持を基本目標とする節約的行財政改革に対して、アンギッシュが中心となって、大法官府裁判所の法理を援用していった事実と対応しているからである。

では次に、委員会の構成についての特徴ではなく、委員会の報告に即して大法官府裁判所の法理がいかなる形で用いられ、さらに国家体制再編をどのように方向づけていったかを具体的に明らかにしなければならない。その際、慣習を漸次的に変更してゆくエクィティの方法の意義については後で改めて検討するとして、まずは公共信託論について見てゆこう。

大法官府裁判所のエクィティ裁判管轄権は、硬直したコモン・ローに対して新しい契約関係の形成を促していったが、その際、とくに重要なのは、ユース（封建的義務から免れて土地から生ずる利益を譲渡する制度）および信託における受益権の保障を通じて土地法の近代化を媒介していったことであった。[87] すなわちユースの設定において、譲渡者（feoffor to use）が、ユース受益者（cestui que use）のために当該土地を保有するという条件を付けて譲受者（feofee to use）に土地を移転するという手続きをとることによって、ユース受益者は封建的土地所有に随伴する付随的条件（feudal incidents）を免れていった。そしてその際、大法官府裁判所は「良心の裁判所」として譲受者に対して受託者の義務を発展させる一方、ユース受益者の受益権を「エクィティ上の所有権（equitable ownership）」として保障してゆく役割を果たしていった。

その後、一五三五年にユース慣行の抑制を意図したユース法（Statute of Uses）が制定されたが、[88]（1）定期不動産賃借権（lease for years）の設定、（2）能動ユース（active use）、（3）二重ユース（double use）、（4）公益ユース（charitable use）は同法の適用を免れて、エクィティ裁判管轄権の下で近代的信託制度を発展させていった。[89]そして一六六〇年の後見裁判所廃止以降は、「譲渡抵当」と相まって、形式上は二重ユースによる信託の形をとりながら土地を遺贈してゆく継承財産設定行為が普及していった。また、この継承財産の設定は、その息子に継承財産の再設定を行なわせることで、厳格継承財産設定（strict settlement）となり、土地所有の分与を防止し、大土地所有制を保障してゆくための法的手段となっていった。[90]このようにエクィティ裁判管轄権の下に保障された信託は、封建的土地法から近代的土地法への推転を媒介し、今や大土地所有制を保持し土地貴族政を保守し存続させる法的基礎を提供したのである。

大法官府主事アンギッシュを中心とする委員会はこの信託法 trust law の論理を、〈議会および政府〉と〈臣民 the Subject〉の間の信託関係に援用し、委員会報告書の理論的骨格としていった。[91]すなわち、まず臣民は信託依頼者として、私有財産保護を黙示ないし真の意志として政府に公金を信託し、政府は受託者として、その利益のために公金を徴収・配分する義務を負う公共信託関係におかれるものと考えられた。そして次に、公信用維持が明確な基本目標となる第一一次報告において、委員会が「公債に対する公的債権者（Public Creditor）の権利は不可侵のまま保持されねばならない」とし、「なしうることは公信用（Public Credit）の維持、国家的名誉（National Honour）の保持、公的債権者に対して負うべき正義（the Justice due to Public Creditor）であり、その要求は満たされねばならない[92]」と述べる時、受託者としての政府の最大の義務は公信用維持とされ、〈受託者＝政府〉

と〈受益者＝公的債権者〉の関係が新たに設定される。つまり臣民の私有財産を保護する支出のために発行された公債についても、その公債を所有し譲渡する公債所有者は、受託者である政府から受益権（＝公債利子取得権）を享受する〈エクイティ上の権利者〉となり、他方で政府は〈コモン・ロー上の権利者〉として存続する慣習上の権利を有するものの、同時に金銭債務（＝公債利子）の支払いを履行する義務を負い、公的債権者の利益のために租税を徴収・配分する基金の管理責任を有する受託者と位置づけられたのである。

以上のように、大法官府裁判所の下で発展してきた信託法の論理の援用によって、（1）信託依頼者たる臣民は、私有財産の保護と公信用の維持を暗黙の意志として公金を政府に信託し、（2）政府は受託者として、臣民の私有財産保護のために公共支出を行なうと同時に公的債権者の受益権を保障する義務を負うという公共信託関係が設定されたのである。だが、このような公共信託の論理は二面的性格を持つ。公共信託論は、名誉革命体制下での行財政機構を改革する側面を持つ一方、国王＝行政府に対する急進主義的批判と議会改革を回避する論理となってゆくからである。では、まず公共信託論の改革的側面から見てゆこう。

2 ― 行財政機構に対する改革の論理

行財政改革に際して、委員会が克服せねばならなかった最大の困難とは何であったのか。それは、改革の対象となるべき官職について、官職保有者（office-holder）が私有財産権を主張しうることであった。既述のように、名誉革命から私有財産権の確立に至る過程で、シヴィル・リストが国王の私有財産として設けられ、そこから支払われる官職についても私有財産権の対象とされたからである。

第一一次報告は言う。「私有財産権の保障という原則は神聖であり不可侵なものとして保持されねばならない。それは不動の目標と考えられるべきである。だが公共（the Public）もまた私有財産権を持ち、同じく神聖であり自由に行使されるべきである。——我々は一方で臣民の権利を侵すことなく、他方で公共の権利も犠牲にすることなく、正義の方向（the Line of Justice）を追求するために、これらの職務上の権利（Official Rights）を発展させ、もしできるなら、その正確な境界線を定義するように努めることが必要となった」[93]。このように委員会にとって最大の難問は、私有財産権の保護をもって成立する政府の下で、官職保有者の私有財産権を尊重しつつ、節約的行財政改革をいかに正当化してゆくのかということであった。

では委員会は、重商主義国家財政の自己破綻によって生じた、〈公的領域（政治社会）における官職保有者の私的権利〉と〈私的領域（市民社会）における臣民の私的権利〉の間の矛盾をいかなる論理で調整していったのか。まさに、この問題を解決するために用いられた論理こそが公共信託論であった。公共信託関係においては、政府はあくまで受託者の地位におかれ、臣民＝信託依頼者の黙示の意志に従って、公共福利（the Public Benevolence）、公共善（the Good of the Public）を実現する連帯責任（Solidarity）を有し[94]、またそのことによって官職者には「義務としての性格」が付与されざるをえないからである。

言うまでもなく臣民＝信託依頼者の黙示の意志とは、私有財産権を保護する国家の安全、なかんずく公信用の維持（公的債権者の受益権の保障）にあるから、その実現のために政府は、受託者としての責任において公会計部門の節約に努めねばならない。政府が公会計部門において節約を達成しようとするならば、必然的にその効率化を問題とせねばならず、したがって官職保有者における官職の私有権は私物化として批判され、その私的権利も、受託者としての責任の範囲に制限されざるをえないからである。

委員会はかかる公共信託の論理を媒介として、前述した三点にわたる行財政改革、すなわち、（1）公金の手許滞留と私的流用の禁止（会計のイングランド銀行移管）、（2）手数料・贈与金等の私的利得の廃止と、公的・規則的な給与制への転換、（3）不用な閑職の廃止と統廃合、を正当化し、また官職者の法的地位を官職保有者（office-holder）から被傭者（employee）へと転換させていったのである[95]。では、その改革の論理について、委員会報告に即して（1）から順次、検討してゆこう。

まず第一に、官職保有者の手許での公金滞留とその私的流用を批判する際に、公共信託の論理が使用された。第五次報告はまず、「公共信託において、いかなる人物かにかかわりなく、あるいはいかなる人物に対しても援助しうる以上の信頼をおくことなく、信託の性格が許す程度まで損失の可能性は防がねばならない」としたうえで、「（陸軍）主計長官に信託された額は公共にとって危険を意味するほどに大きい。それらの支払いのために誰が安全を与え、またその安全を見出しうるだろうか」と問う。

そして次に、陸軍主計長官が退職時に会計関係の台帳と書類を「自分の私有財産として持ち去る」という事態に対して、報告書は「会計長官は公共信託のために任命された一官職であり、その官職は公共のために創出され、また公共によって維持されてきた。そして彼の台帳は公金の収支会計を含んでいる」。したがって、それは「公衆の財産として考えられるべきであり、後継者の使用と情報のために支出局（Pay Office）に保管されるべきである」と勧告する。そして、「損失および濫用の権限とその可能性を有効に除去する一つの変更」として、先に見たように陸軍主計長官の手許の公共会計をイングランド銀行の保管に移すことを勧告し、それによって陸軍主計長官は「単なる一会計官」となり、「陸軍の銀行家（the Banker of the Army）」ではなくなるとしたのである。[96]

第二に、手数料収入等の私的利得の廃止と給与制への転換、そして閑職の廃止にも、公共信託の法理が用いられていった。前述のように委員会は、公共信託において政府に託された義務にしたがって、国王の贈与による官職の私有財産権を侵さずにそれを制限しようとしたのである。すなわち、第六次報告を出発点として第一一次報告は、（1）公共も私有財産権を持ち、それを侵すことなく臣民の私的権利との境界を定義しなければならないとした先述の引用文に続いて、「全ての公職（Public Office）において成立し支配する原則は、国家の利益（the Benefit of the State）である」として、（2）その観点から「官吏（the Officer）は、その職務遂行に必要な権限を持つが、その労働の報酬以外の権利は一切持たない」[98]とする。すなわち、政府は節約という受託者の義務に基づいて、官職者がその官職から私的利得を得ることを禁じ、また公共に託された役務を遂行する限りで、その労働に見合う報酬を受取ることができるという形で、官職者の私的権利を受託者としての職務の範囲内に制限したのである。

それに続けて報告書は、「官吏は仕事量についていかなる権利も持たない。仕事量は状況に応じて変動せねばならず、あるいは国家の便宜（the Convenience of the State）によって規制されうる。もし社会的善（the Good of the Community）が彼の仕事の削減ないし廃止、あるいは他人への移管を求めるならば、官吏は彼の利得（profit）の規制、削減ないし廃止に反対できない。官吏の役得でなく公共の便宜（the Advantage of the Public）がその機構の目的（the Object of the Institution）であるからである。彼にこのような反対をする権利があると考えることは、その官職が彼のために作られたと想定することになり、公共信託の侵害、権力の濫用、国家に対する攻撃を生ずることになる[99]」とし、さらに「不用かつ高級の官職の即時廃止、および不必要かつ余分な経費の削減の必要を提起することで、我々はいかなる私的権利も侵害してこなかった」として、削減が絶対不可欠である国債の累積状態から、それを正当化した[100]。

また第一四次報告でも同様の考え方が総括的に提示される。同報告書は、（1）まず「国王の贈与によって保有された自由保有権（Freehold）は神聖な権利であり、尊重しつつ微妙かつ慎重に取扱わねばならない」とする。（2）だが、もしそれが「公職であり公共収入から支払われる報酬（Stipend）を伴うものであれば、また、もしその報酬の対価として国家に有用なサーヴィスを提供することが、このような官職の本質であるとすれば」、「そのサーヴィスの効用（the Utility of the Service）」が欠如している場合には、「官職の形で維持することはできない。それは年金と区別される性質を持たないからである」として、年金補償による閑職廃止を勧告した。（3）そして「臣民が巨額の公債負担によってひどく圧迫されている所では[101]」、浪費の「削減が国家の公正、信用および安全にとって必須である」として、閑職の廃止を正当化したのである。

このように公共信託の論理は、官職保有者の私有財産権を、受託者としての責任の範囲内に制限することによって、急進主義的批判を回避しつつ国王の影響力を漸次抑制してゆくことを可能にし、また公的領域（政治社会）と私的領域（市民社会）の分離を体制側から推し進めてゆく論理となったのである。[102] だが、公共信託の論理は同時に、公的領域（政治社会）内部に近代的官僚制を導入してゆく論理にもなってゆく。次にこの点について検討を加えておこう。

3—近代官僚制形成を媒介する

公共信託の論理は、官職保有者の私的権利を限定する論理となると同時に、近代的官僚制の創出を媒介する論理でもあった。公共信託の論理は、政府に対し、受託者として公共の利益の増進を図らねばならないという「義務としての性格」を付与することによって、官僚機構内部に、ウェーバーの言う「職務忠誠義務」（「専門性」）と「没主観性」を導入することを可能にしたからである。すなわち第一に、委員会が官職保有に伴う私的利得を禁じ、有用な職務の遂行に対する報酬のみを認め、また職務を伴わない閑職の廃止を勧告したように、報告書は官職保有を、もはや「法律上も事実上も一定の給付の履行とひきかえに着服できる金利源泉または役得源泉を所有すること」とはみなさず、「特殊な職務忠誠義務をひきうける」ものとした。[103]

また第二に、前述のごとく第一一次報告が「全ての公職において成立し支配する原則は国家の利益である」と述べたように、公共信託の論理を媒介として、（1）官職者の職務忠誠義務は「非人格的没主観的目的に向けられ」、（2）またこの「没主観的目的」は、「世俗的なあるいは超世俗的な人格的首長の代用物として」の「国家」という「文化価値理念」によって、「イデオロギー的に神聖化」された。[104] すなわち官僚は、一支配者（国王ないし地主貴族）の「個人的召使い」から、公共利益、公共福利、国家の便宜といった「没主観的目的に仕える官僚」へと転換させられていったのである。

さて、このように公共信託の論理は、官僚機構内部に「職務忠誠義務」と「没主観性」を導入していったが、それはさらに官僚機構自体の「近代化」をも促していった。ウェーバーは「近代官僚制に特殊な機能様式」について、

（1）規則、つまり法規または行政規則によって一般的に系統づけられた、明確な官庁的権限の原則の存在
（2）単一支配的に秩序づけられた官職階層制および審級制の原則
（3）原本あるいは草案のまま保管される書類・文書に基づいた職務執行
（4）専門的職務活動における徹底した専門的訓練
（5）職務上の活動は兼職でなく官僚の全労働力を要求する
（6）明確かつ遺漏なく習得可能な一般的規則に基づく職務執行

の六点を特徴としてあげたが、[105]（4）と（6）を除く四点は、公共信託論からもたらされた「没主観性」と「職務忠誠義務」に対応する形で導入されていった。

まず第一に、最終報告（第一五次報告）が、歳入会計部門の経費削減とともに「官庁の内部機構（the internal frame of the office）に、より単純かつ規則的で調和のとれた制度を導入すること」を委員会の最高目的としてあげたように[106]、節約の原則に基づいて官僚機構に職務規則（Official Regulation）が導入されていった。また、このような規則においては「官吏の有利不利は決して議論の対象となりえない。唯一の問題は国家の必要ないし利益が実際にそれを必要としているかどうかで」あり、その決定は「公共利益を監視する上級権力（Supreme Power）にのみ帰属する」[107]とされた。つまり、（1）没主観的非人格的な行政上の基準に基づいて、官吏の個人的利害に左右されない官職の権限が上級権力によって決定され、（2）官職者の権限は、職務忠誠義務の遂行を保障するための「職務執行上の権限」としてのみ官吏に与えられていった。[108]

第二に、このような没主観的目的に従う職務規則の導入は、必然的に官職階層制および審級制の形成を促した。

第一二次報告は、「同じ官職においては、できる限り公務執行の進行と方法に均一性を導入し、またそれを追求せねばならない。それは職務遂行に関係する官職間の公債をより容易に、かつまたより便宜的なものとし、そして国家諸部門から高い行政上の地位へと上昇してゆく者達が職務上の知識を得る方法を容易にするだろう」と述べたように、職務遂行の均一性の導入は、官職階層制と審級制の形式を前提としていた。

さらに第六次報告は、職務忠誠義務に対する報酬として、四半期ごとの給与制を導入すべきであるとした後、同様の官職において同等の地位・等級に基づいて算定することによって官職階層制を形成し、それを官僚の地位上昇のインセンティヴと結びつけてゆくのである。[109] しかも、それは統合国庫基金形成に見られるように、単一支配的に秩序づけられていった。

第三に、第一四次報告が関税部門の運営について、(1)いかなる官職も、適法な保有(Legal Tenure)以外に保有されてはならない、(2)あらゆる官職には、有用な職務が伴わねばならない、(3)あらゆる官吏は、その官職の職務を遂行せねばならない、(4)職務が同種の官職は統合されねばならない——という四つの原則を掲げた[110]ように、職務忠誠義務は必然的に職務活動について、官僚の全労働力を要求するようになる。

そして第四に、第五次および第一一次報告が、陸海軍の会計官の会計文書私物化を批判したように、当該当局およびイングランド銀行で文書を保管し、その会計文書に基づいて会計支出を行なうようになった。以上のように、「自由主義」的改革を導いた公共信託の論理は、官職保有者の私的権利を制約することで節約=経費削減を可能にしてゆくと同時に、政府官僚に受託者としての地位を付与し、公共利益という没主観的目的に基づく職務忠誠義務を彼らに課すことによって、近代官僚制の創出を媒介していったのである。

4 急進的議会改革回避の論理

公共信託の論理は、名誉革命体制の行財政機構に対する改革の論理であっただけでなく、何よりも急進的議会改革を回避する論理であったことを忘れてはならない。だが、この点を明らかにするためには、〈政府＝信託〉という概念自体が持つ多義性に留意しておかねばならない。多くの急進的議会改革派も、政府は人民が統治者に託した一つの信託であると主張していたからである。とくにロックが、「立法権は、ある特定の目的のために行動する信託的権力に過ぎない。立法権がその与えられた信任に違背して行為したと人民が考えた場合には、立法権を排除または変更し得る最高権が依然としてなお人民の手に残されているのである。何故ならある目的を達成するために信託された一切の権力は、その目的によって制限されており、もしその目的が明らかに無視され違反された場合にはいつでも、信任は必然的に剝奪されなければならず、この権力は再びこれを与えたものの手に戻され、その者はこれを新たに自己の安全無事のために最も適当と信ずるものに与え得るわけである」[111]（傍点、原文）と述べる時、ロックにおいて「信託」概念は明らかに原契約説に基づく人民主権論と結合されている面を持っていた。

その後、一七七〇年代以降の急進的議会改革派も、この人民主権論に依拠して「下院議員たちを、多数者に代わって無制限の審議権能を行使する代議士（representatives）としてではなく」、主権者たる「人民の事務弁護士（attorneys）および雑役夫（factotums）と考えた」[112]のである。では、これに対して公会計調査委員会の「信託」概念は、いかなる点で異なるのか。それは、抽象的な原契約説に代えて、現に存在する大法官府裁判所の信託法理を用いた点であった。今や私的大土地所有制を維持するための法的手段となった土地法上の信託設定を、公共信託に擬制することによって、その「信託」概念は、急進主義を批判する論理となっていったからである。

なぜなら、この信託関係では、まず第一に、政府ないし議会（受託者）と臣民（依託者・受益者）との間に明示的な契約を必要とせず、暗黙の同意あるいは黙示の契約だけで十分に成立しうる関係だからであり、第二に、受託者である政府・議会は、受益者＝エクィティ上の権利者に対してコモン・ロー上の権利者として確定され、また受益者に対する受益権の保障という責任を果たす限りで、慣習上の権利者としてその存続が認められたからであり、また第三に、そのうえで受託者および信託依頼者の双方に義務ないし責任を強制することができたからである[113]。

では委員会は、この現実の信託法を急進主義的議会改革に反対する論理として、いかに用いたのか。それは公債の利払基金・減債基金の改革において最も典型的に表明された。既述のように委員会は、基本的に政府を公信用維持のための公共信託と見なしたからである。

統合国庫基金設置を勧告した第一三次報告では、（1）まず受益者＝公的債権者の権利が、次のように規定される。「（公的）債権者に委ねられ、議会も不正義なくしては侵害しえない唯一の権利は、公的債権者に対する十分で規則的な年金支払であり、その借入条件に従って元利を償還することである。そして、この権利は何が充当金であるかにかかわりなく存続する[114]」。

（2）他方、議会の権限については、公的債権者の同意なく基金を変更し、充当税目を変更させることは、公的債権者の権利を侵すことではなく議会の権利なのだとした。すなわち委員会は、公営会社の年金基金、一七五二年の三％国債の利払い基金の統合などの例を引いた後、「名誉革命後の全治政において、議会は時々に公共便宜（Public Convenience）の原則に基づいて、全ての公的債権者に対する年金支払に充当される諸税を、彼らの同意なく変更し、混合し、減少ないし廃止した[115]」として、公信用維持に必要な課税権を、議会だけに帰属する権利とした。

（3）そのうえで、「全ての公共の財産、臣民の不動産・動産、臣民の労働生産物は、彼らの防衛、安全、保護のために契約された全負債の支払を負わねばならない[116]」としたのである。このような論理は、この統合国庫基金形成の方法にも貫かれている。

前述のように、第一一次報告は議会改革要求を意識して、（1）外部の明示的な同意を必要とする増税を回避しつつ、暗黙的な同意だけで十分な政府の内部努力、すなわち政府の受託者としての責任の範囲内にある歳出入会計部門の節約的改革を主張し、(2) これによって得られる財政余剰で、単一の基金を形成して公信用維持に充当し、受益者の受益権を保障するべきだと勧告し、(3) しかし、それでも「臣民が膨大な公債負担によってひどく圧迫されている」国においては、本来「共同責任 (Common Obligation) のない政府と臣民の双方に対して一つの義務 (a Duty) を強いる」のだとする。

すなわち、「一方は歳入行政において不必要かつ余分なあらゆる経費を削減し、あらゆる不用な閑職を廃止し、公共の歳出入におけるあらゆる濫費を矯正し、そして全歳入部門の収入を国家サーヴィスに厳正に充当せねばならない。臣民の方は、喜んで自由にそして能力に比例して、全ての者が、国家の護持、防衛、安全のために、また国家の窮乏を救うために忌避することなく寄与せねばならない」[117]としたのである。

つまり委員会は、公共信託の論理に基づいて、(1) まず政府に対する明示的な同意の基礎となる課税権と投票権との関連をいったん切断したうえで、(2) 受託者としての「責任」に基づく政府の内部努力を先行的に行なうことによって、政府存続の正統性を確保し、(3) そのうえで国家利益あるいは公信用維持という公共目的に向けて、双方の義務を強制するのである。

このように、大法官府裁判所の法理を適用することで、急進的な議会改革を批判する公共信託論の本質については、タッカー (Josiah Tucker) がより明確な形で表明している。[118] 次にタッカーの主張に沿って、この点を見てみよう。タッカーは『市民政府に関する論説 (A Treatise Ooncerning Civil Government)』(一七八一年) において、まず第一に、政府の存立根拠について原契約説を退け、「全ての立憲的ウィッグ (Constitutional Whig) の考え方」であり、民法学者が言うところの「準契約 (Quasi-Contract)[119]」こそが、その存立根拠であるとする。

そして、この準契約こそは、大法官府裁判所の裁判管轄権の下に保障される信託と同一のものであることが明示される。すなわち、準契約は「これまでなされてきた最も神聖な契約と同様、物事の道理と良心の裁判所 (大法官府裁判所:筆者) に制縛された契約である」とタッカーは述べ、また「私は、準契約の履行を強制することとほぼ同じであるエクィティ裁判所の訴訟手続きに訴えることによって、この問題（政府存立の根拠という問題：筆者）を説明するかもしれない」が、ロック主義者（Lockians）を論駁するために「まったくの政治問題に限定するだろう[120]」とした。

そして第二に、この準契約（つまりエクィティ裁判管轄権の下での信託）の本質について、（1）「暗黙の同意、黙示の契約、事実上の代表」でよいが、（2）その「義務の遂行が強く含意されている」ものであるとした[121]うえで、第三に、この準契約＝信託の法理の適用をもって、急進主義の批判を行なうのである。

まず原契約説に対しては、それが架空のものでないとすれば、君主と人民との間に直接結ばれる実際の契約（actual Contract）は戴冠式となるが、それでは（1）戴冠式の参列者は、人民の千分の一にもならず、（2）また王位継承と戴冠式までの長きにわたって、君主は法に従って人民を統治しなくてもよいことになり、また人民も忠実な臣民でなくてもよいことになる、という二点の欠陥が生じてしまうとし、黙示の契約であり義務を含意する「準契約を認めるなら、その困難は直ちに解消する」ことになると、タッカーは言う。また「それで理性（Reason）、コモン・センス、既知のこの国の法律は全て完全な調和状態で一致することになる」のだと主張するのである[122]。

次に、人民主権論に基づく議員に対する命令的委任について、選挙民が自ら選出した議員を事務弁護士と見なし、「議員自身の良心の命ずるままにでなく、選挙民の命令にしたがって行動するための議員自身の個人的判断を放棄することを強要する権利を選挙民が持つ」という考え方に対して、多くの議員が他の選挙区の選挙民に選出されたにもかかわらず彼らを拘束する立法をなすという欠陥を提示する[123]。

そしてタッカーは、黙示の契約に基づく包括的信託―事実上の代表という主張を対置するだけでなく、「問題の結論」として「市民政府は人間にとって自然的（Natural）である」とし、国家の信託関係の窮極の根拠を、家族における財産信託関係（つまりエクィティ裁判管轄権の下での信託）に求めてゆく。すなわち、「婚姻分与産

(the Marriage Portion)が決定、確認され、寡婦資産設定、結婚持参金、小遺銭等の全てが事前に決定され、そしてこれらの諸契約の正統な執行のために受託者を任命するまで、アダムとイヴは国内(=家族)政府(Domestic Government)を開始しなかった」[124]という形で、タッカーは、家族あるいは婚姻における継承財産設定の方式[125]をそのまま国家の信託関係に持ち込み、そして政府形態は歴史的に変化してきたが、「なお市民政府は公共信託以外の何ものでもない」[126]と結論するのである。

つまりタッカーは、家族において私有財産権(私的土地所有)を保障し継承してきたエクイティ裁判管轄権上の信託(家族継承財産設定 family settlement ないし婚姻継承財産設定 marriage settlement)の法理を、私有財産を保護する市民政府にも適用することで、〈家族―市民社会〉の連関を私有財産権の保護という観点から論理一貫して跡づけ、さらにそこから公共信託概念を導出していったのである。[127]

以上のようにタッカーは、実定法として存続してきた土地法における信託の法理を、すなわち黙示の契約でよく、また暗黙の中に義務を強く含む信託という法理を〈政府―臣民〉関係にも援用することで、現実には存在しない「実際の契約」という原契約説を、したがってまたそれに基づく人民主権論をも否認しようとしたのである。このように、大法官府裁判所の法理から導出された公共信託の論理は、急進的議会改革を回避するという側面を強く含意していたのである。

1　慣習に対する漸進的改革の方法

次に、委員会が用いた大法官府裁判所の法理のいま一つの側面であるエクィティの方法について検討しよう。その際、まずベンサミズムとの相違に注目しておかねばならない。先述のように公共信託の論理も、「公共利益」「公共福利」といった没主観的目的の遂行を政府に強制することによって近代的官僚制の形成を促し、「一つの功利主義的政府概念（a utilitariam conception of government）」に道を開いていったからである。[128]実際、委員会報告はしばしば「功利（utility）」という概念を使用して、改革を正当化していった。だが、信託を保障してきたエクィティは、事前に確立された準則ないし原理ではなく、あくまで「個別事件について頼られる修正力」であったことに注意しなければならない。

すなわちエクィティは、（1）コモン・ローの硬直化によって対応できない個別事件に対して、継続的判断を繰り返しながら、次第に包括性を進展させて一般原則を形成し、（2）さらに大法官府裁判所がコモン・ロー準則に先立って、その原則を一貫して遵守することで、制定法、法改正の導入を可能にしていったのである。[129]したがって、エクィティにおける「功利」は、なされてきた慣習の妥当性を判断する基準として個別事例から帰納されるものであって、個人の功利を基礎にして「最大多数の最大幸福」という不変の原理から、あるべき立法・政策を演繹するベンサム主義とは決定的に異なっていた。[130]エクィティは、あくまで新しい個別事例の継続的判断によって、古くなった慣習を漸次的に修正してゆく方法であったのである。

では、エクィティの方法は報告書において、いかなる形で用いられたのか。まず第一に、個別事例について判断を下す際、委員会は不変の原理＝規範を演繹的に適用するのではなく、徹底して経験主義的な帰納法的方法を採用した。それは、現在の功利（utility）を基準にして、より近い先例をもって古い慣習を批判するというものであった。委員会は、まず起源の新しい官職を判断基準にして、古い官職の弊害を批判する方法をとった。その出発点となったのは消費税部門であった。[131]

たとえば第一次報告では、消費税について、（1）年八回の規則的な巡回、（2）手形による送金・巡回中の継続的な送金、（3）各徴税官の十分な給与（年一二〇ポンド）といった長所をあげて、地税のカウンティ歳入長官における徴税金の手許滞留と手数料収入への依存を批判した。[132] また前述のように第一三次報告では、消費税部門の監査方式を基準にして、関税部門では関税委員会の下で集中して監査・決算が行なわれていないと批判した。[133] 前述したように、ブルーワが「財政＝軍事国家」論において、消費税部門が最も近代的な官僚制に近いと指摘した通りであるが、それが公会計調査委員会の関税部門改革のモデルになったのである。

第二に、委員会は、より古い官職や会計方法に対して、その成立時点での合理的根拠を認めつつも、その後の歴史的環境の変化、新しい金融手段の発達などによって、その根拠が失われたことを論証する方法をとった。とくに市民革命以前に成立し、王室と密接な関係を持つ古い国庫官吏に対して、この方法が適用された。それは、国庫官吏の手数料制を批判した第六次報告において、次のように集約的に述べられている。すなわち、「一方で時代の改良は、この種の報酬が設けられた基礎（Foundation）を取り去ってきたから、その基礎とともに上部構造（Superstructure）が倒れるのが道理にかなっているだけである。そして他方、時代の急迫した事情は、勤勉（インダストリ）の報酬になると企図されたものを、一定の官職を過度に有利なものにする手段に変え、また公共にとって不用な他の官職を維持する手段に変えてしまったので、臣民はその負担から救済される権利を持つ。それゆえ、我々の意見では全てのポンド当たり手数料は削減され、そして全廃されるべきものである[134]」と。

だが、実際は、この第二の方法は第一の方法と結合されて用いられる。たとえば、前払監査官の廃止を勧告した第一一次報告では、前述したように、まずイングランド銀行および公営会社の基金における前払監査官の現在の役割を調査し、それが形式的監査にすぎないにもかかわらず約二万ポンドの負担がなされていることが指摘され、その廃止が勧告される。次に委員会は、「この意見は同様の例における慣習（usage）によって正当化される」という形で、より近い先例によってこの勧告を合理化しようとする。

すなわち、新・旧南海年金の例をあげ、この年金基金は「公共に雇われた受託者としての南海会社」に委ねられ、「その支出会計は一切、国庫に提出されなかった。（そのことは）前払監査官に対してだけで約一二万ポンドの手数料を節約することによって、公共に非常に多くの利益をもたらした」が、「いかなる濫用・誤用の例も見出されなかった」と述べる。そして一七五一年に諸年金を「前払監査官の管轄権から除外し、イングランド銀行の出納官へ移した」のも、まさにこの理由であったとする。[135]

このようにして委員会は、第一の方法を用いて前払監査官の廃止を正当化するのである。そのうえで、「前払監査官職は年金基金に基づく借入形式が最初に採用される以前から存在していた。年金基金の創設に基づいて、議会は、年金支払のために支出される貨幣は国庫の適正な経路にしたがって会計されるべきであると命ずるのが適正と考えた」と述べる。[136] つまり、基金制度という新しい金融手段の発達によって、新しい先例＝慣習が形成され、前払監査官の歴史的根拠が失われたことが論証されるのである。

次に第三に、以上のようにして正当化された個別部門の改革から、より包括的な一般的原則を形成してゆく際にも、あくまで調査と経験に基づく漸進的な方法がとられた。すなわち、（1）まず、ある部門の改革について、他部門への適用可能性が調査されながら、一つの原則が確立され、（2）次にそれが議会の承認を経て立法化すると、この先行的改革が新たな先例＝既成事実となり、（3）さらにこの先例に基づいて他部門への適用が行なわれ、次第に包括性を有する一般的原則となってゆくのである。

たとえば、海軍会計長官の会計滞留金とその私的流用を批判した第三次報告においても、「官職の制度変更、下級現金保管者の廃止、現金保管者（Treasurer）を単なる会計官（Accountant）とすること、会計方法の変更」

の四点が実施されねばならないとしたが、「現在の調査状況では……時期尚早であり、たぶん、軽率となろう」[137]と述べ、陸軍主計長官を調査した第五次報告になってはじめて、手許現金のイングランド銀行預託、会計文書の保管、大蔵省への会計報告義務を一つの原則として勧告した。

そして次に、それが一七八二年法（22 Geo. III, c. 81）で制定法となると、今度はそれが一つの先例＝既成事実として扱われ、この経験に基づいて他部門に適用しうる一般的原則とされてゆく。すなわち第一二次報告では、「一つの規則が一般的功利（general Utility）を持つとき、それはあらゆる官職に適用されるべきである」[138]として、陸軍主計長官の会計改革を海軍会計長官、軍需部会計官にも適用すべきであると勧告し、一七八五年法（25 Geo. III, c. 31）によって前者（海軍）の改革が実施されていったのである。以上見てきたように、委員会報告は、経験主義に基づく帰納的方法によって、個別事例の継続的な判断を繰り返しながら、制定法を漸次追加しつつ、次第に一般的原則を形成してゆくという、まさにコモン・ローを修正してゆくエクィティの方法によって導かれていったのである。

2―保守的体制内改革の論理

だが問題は、このようなエクィティの方法が、政治的にいかなる意義を有したかである。この点に関して結論を先取りして言えば、エクィティによる慣習の漸進的改革という方法の適用も、その裁判管轄権の下で展開してきた公共信託論とともに、急進派の原契約説＝人民主権論に対する批判を意味していた。まず、この点を最も典型的に表明しているバークの『フランス革命についての省察』（一七九〇年）から見てみよう。[139] バークはまず、プライスら急進派の主張、すなわち「1「我々自身の統治者達を選び」、2「彼らを誤った行為ゆえに追放し」、3「我々自身で政府を形成する」権利」という「革命の諸原理に基づく三つの基本的権利」[140]に対して、「保存と修正の二つの原理（the two principles of conservation and correction）」[141]を対置した。

そしてバークは、原契約説＝人民主権論を批判する文脈で、繰り返しこの二つの原理を主張する。「我々は、我々が所有するすべてを、我々の祖先からの遺産として引き出すことを革命の時に望んだし現在も望んでいる……我々がこれまで行ってきた全ての改革は、昔への尊敬の原理に基づいて進められてきた。そして以後なされるかもしれない全ての改革も類似の先例・典拠・実例に基づいて注意深くなされることを私は希望し、否、確信するのである[142]」。また「旧制度においても、理論からの逸脱に対して様々な匡正手段が見出された。実際に、それらは様々な必要と便宜の結果である。それらは何らかの理論から構成されることが多くはない。むしろ理論が、それらから引出されるのである[143]」と述べる。

ここからもわかるように、保存と修正の原理という考え方こそ、慣習を基礎に帰納的推論によって個別的事態に対応してゆくというエクィティの論理にほかならない[144]。バークは、エクィティの方法論を統治原理に適用することで、体制保存のために改革を承認すると同時に、原契約説という先験的命題から市民政府の成立を根拠づける急進派の論理を否認しようとしたのである。

この論理は当然、自由を「限嗣（げんし）世襲財産（an entailed inheritance）」であるとするバークの主張と結びついてゆく。バークは、自由を不可譲の自然権からではなく、取得権である私有財産権と不可分のものとしてとらえ、それをエクィティ裁判管轄権の下で大土地所有とその世襲的遺贈を保障してきた継承財産設定の方法を用いて論証しようとする。すなわち、「世襲の思想が、改良の原理を全て除外することなく、保守の確実な原理と伝承の確実な原理を提供することをイギリス人民は熟知している。それは獲得をなすがままにされるが、獲得したものを遺贈してゆく。これらの準則に基づいて行動する国家によって得られた全ての利益は、一種の継承財産設定のように、しっかりと固定され、一種の死手譲渡（mortmain）のように永久に保持されてゆく[145]」と主張するのである。しかも、このアナロジーは、さらに私有財産を保護する政府という基本的主張にしたがって、議員資格を限定する論理へと展開してゆく。

すなわちバークは、（1）まず「家族において財産を永続させる権力は、その財産に属する最も価値あり興味ある事情のひとつであり、社会自体を最も永続させる傾向を持つ」とし、（2）次に「この伝承のための自然の保証人（the natural securities）」は、家族における財産保持に最も関心を持つがゆえに必然的に「家族の富および世襲所有に付随する地位の所有者」がなるとし、（3）さらに、彼らこそ上院および下院議員の大部分を構成し、とくに前者は「究極的にあらゆる財産の唯一の裁判官」となるとするのである。[146]

以上のようにバークは、まず第一に、慣習を漸進的に変革してゆくエクィティの方法を統治原理に適用することによって原契約説を批判し、第二に、そのエクィティ裁判管轄権下の継承財産設定で保障されてきた家族における私有財産権保持を起点にして、専制権力による「財産と自由」の侵害に対する抵抗者＝議員を世襲財産所有者（＝地主貴族）に限定する論理を導出し、さらに第三に、上院議員を財産の裁判官とし、また下院議員を包括的信託に基づいて人民のエクィティ上の諸権利を体現してゆく者であると主張することによって[147]、急進派の人民主権論を批判してゆくのである。まさにかかる意味において、慣習を漸進的に改革してゆくエクィティの方法こそが、バークの保守的体制内改革論の基底をなすのである。

3―アダム・スミスの体制内改革の論理

次に、「自由主義」政策を体系的に提示したアダム・スミスにおける保守的体制内改革の論理について見てみよう。だが、公会計調査委員会報告に基づく改革が、スミスの弟子を自称する小ピットによって遂行されたとしても、またスミスの政策提言と共通する多くの政策が実施されたとしても、両者の間には重要な相違があることに、まず注意しておかねばならない。

まず第一に、スミスは個別的には多くの節約的改革を提言しているが、『国富論』最終章「公債について」において、公債削減の財源として節約政策を問題にしている箇所で、「公共収支の徴収方法と支出方法」および自国防衛軍について、「これらの費用の中で経費をかなり節減する余地のあるものは一つもないように思われる」（*WN*Ⅱ, p. 431：アダム・スミス（大内兵衛、松川七郎訳）『諸国民の富Ⅱ』、一三六六頁）と述べているように、スミスの公信用論では、必ずしも節約的行財政改革による財政余剰の創出で公信用の回復を図るというプロセスは想定されていない。[148] 公信用回復のために必要な経費の削減は、主として植民地改革に求められていたと言ってよい。[149]

第二に、バークやタッカーと異なり、スミスは原契約説を批判する際に信託の論理を明確な形で展開しておらず、臣民の服従義務は、支配の同感に基づく「権利の原理」と市民政府の公共的功利の考察に基づく「功利の原理」から論証している。また、そのことと相まってスミスの論理の重点は、あくまでも重商主義政策（商業の体系）の批判＝排除におかれ、私有財産を保護する市民政府の有用性を認めつつも、臣民を主導する形での積極的な「義務」論、「責任」論が政府の側に想定されているわけではない。

にもかかわらず、スミスには、トーリー・リベラルによって受容・共鳴される部分として、エクィティの方法と共通する体制内改革の論理が存在していた。スミスは、まず第一に、急進主義者の原契約説を明確に否定したうえで、臣民が政府に服従する原理として「権威の原理と功利の原理」（*LJ*, p. 401 & 404：アダム・スミス（高島善哉・水田洋訳）『グラスゴウ大学講義』、九八頁、一〇五頁）の二つの原理を対置する。そして政府成立の根拠として「所有権（プロパティ）の維持と所有物（ポゼッション）の不平等」をあげたうえで、「所有権の状態は常に政府の形態とともに変化する」（*LJ*, p. 401, 前掲書、九七頁）として、スミスは、狩猟・牧畜・農業・商業という生活様式の歴史的発展に対応して所有権と統治形態とが相互規定的に変化してゆく事実を考察する。つまり、原契約説を拒否するとともに、歴史分析を介した経験主義に基づいて政府の根拠を明らかにしようとするのである。

第二に、その歴史的考察から、名誉革命によって成立した「自由と財産を完全に保障する」混合政府形態が肯定される。その際、先にあげた臣民を服従させる二つの原理、すなわち「権威の原理」と「功利の原理」が各々、君主制と民主制に対応する原理であることが明らかにされる。そして第三に、この二つの原理もそれぞれ、経験主義的方法、すなわち同感と公共的功利の考察とから説明される。

まず「権威の原理」が直接、同感から説明される。バークやタッカーと同様にスミスも、私有財産権保護を市民政府の成立根拠ととらえ、したがって「権利の原理」においても財産の優位を最も重視する。[150] そのうえで、「我々よりすぐれた者に対する同感が、同等のまたは劣った者に対する同感よりも大きいことから」「富者に対して尊敬を払うという一つの強い傾向をもっている」(*LJ*, pp. 401-2, 前掲書、九九頁)と述べ、「権威の原理」が、『道徳的感情論』で説明された論理、すなわち同感から導出される原理であることが明らかにされる。

だが、同感の原理は二面的である。このように、現状保存＝体制肯定を導く論理であるとともに、改革＝体制批判を導く論理にもなってゆくからである。すなわちスミスは、君主制(「権威の原理」)を制限し「功利の原理」を実現する民主制において、自由の体系(名誉革命体制)を阻害する重商主義政策(＝実定法)を排除してゆく過程も、同感から展開してゆくのである。[151] だが、それが体制内改革の論理であることを明らかにするためには、名誉革命体制において自由の保障と位置づけられる裁判権(裁判所)と立法権(議会[152])の関連、つまり司法過程から立法過程に至る法改正のプロセスについて見てゆかねばならない。

では、スミスはいかなるプロセスを想定していたのか。まず第一に、「功利の原理は、人々が常に公けの会合(public meetings)や裁判所に出席することから、民主主義において行なわれる」(*LJ*, p. 434：アダム・スミス(高島善哉・水田洋訳)、前掲書、一八七頁)と述べられているように、「功利の原理」を実現してゆく起点は、「国王から独立した裁判官(同時に財産の権威も担う治安判事：筆者)」(*LJ*, p. 422 & p. 434：前掲書、一五二頁、一八六頁)の下にある、地方の四季裁判所(および小治安裁判所)に求められる。

そして第二に、この四季裁判所における司法過程および裁判所間の競合関係こそが、同感の「場」であると考えられる。つまり、(1)訴訟手続における公平な第三者＝陪審官の存在と、(2)コモン・ロー裁判所間の競争と、公平な「良心の裁判所」＝エクィティ裁判所の存在こそが、裁判所を自由保障の機構たらしめる要因とされる。すなわち、裁判所内あるいは裁判所間において公平な第三者（＝観察者）を設定したことに、自由の保障が求められるのである。そして、とくに陪審官については「イングランドの法は常に自由の友であったが、公平な陪審官（impartial juries）についての周到な規定以上に称賛に値する事例はない」「生命、自由、財産に対して、この制度以上の保障はありえない」（*LJ*, p. 425：前掲書、一六一頁）と述べられているように、最も重視されているのである。

　したがって第三に、この司法過程においては、公共的功利ではなく同感が第一義的判断基準となり、またそのことが重商主義政策＝実定法の批判を可能にしてゆくことが明らかにされるのである。すなわちスミスは不正行為について、

「侵害は当然、傍観者の憤りを喚起する。そして犯罪の処罰は公平な観察者（the indifferent spectator）が、それに共感しうる限りで正当である。これは処罰の自然的尺度である。ここで注目すべきことは、我々が刑罰を第一に是認することは、通常考えられているように公共的功利の尊重を根拠としていない。真の原理は、被害者の憤りに対する我々の同感である。それが功利でありえないことは次の例からも明白である。イングランドでは、羊毛は国民の富裕の源泉であると考えられた。そして、その商品を輸出することは死罪とされた。羊毛は以前同様輸出され、人々はその慣行が有害だと確信していたにもかかわらず、その犯罪者に対するいかなる陪審も証言も得られなかった。羊毛の輸出は自然、犯罪ではなくなり、人々はそれを死刑に処すべきものと考えるようにはなれなかった」（*LJ*, p. 475：前掲書、二八六～七頁）

　と述べているように[153]、スミスにおいては、（1）まず「個々人をして法に服従せしめ、それに服従しない人々を処罰するところ」（*LJ*, p. 405：前掲書、一一〇頁）の裁判権を行使する裁判所が、陪審官＝公平な観察者が存在する同感判断（適正・罪過の感覚）の「場」として設定され、そして不法行為による侵害の防止（＝正義）は、功利ではなく同感に基づくものであるとされ、（2）次に重商主義政策に基づく羊毛輸出禁止といった、以前の同

感によって成立していた実定法が、今日成立する同感によって、もはや歴史的な根拠を失った古い慣習であることが、司法の過程で事実として確認されるのである。[154]

そして次の「治政論（ポリス）」において公共的功利が考察されるように、功利はあくまでも「二次的で反省的な判断原理」として用いられ、その効用判断によって重商主義政策（実定法）の無用性が最終的に確認される。[155] つまり、（1）裁判所において、個別事例に対する同感の継続的作用によって漸次的に「正義の一般的諸規則」が形成され、（2）それを公共的功利という二次的反省的判断原理によって一般的原則として確認することで、法改正の必要性が正当化され、（3）そこではじめて「公共利益（the public good）のために法をつくる立法権」（*LJ*, p. 405：前掲書、一一〇頁）、すなわち議会によって法改正が実行されてゆくのである。

たしかに、この法改正の論理は、大法官府裁判所の法理を直接的に適用することから導き出されたものではないが、これは「民法（civil law）の方法の優位」（*LJ*, p. 401：前掲書、九八頁）に基づいて、（1）治安判事（地主ジェントルマン）の裁判所における個別判例から帰納的推論を行なってゆくというコモン・ロー上の法技術、および（2）裁判所間の競争と公平な大法官府裁判所の存在を基礎にしたエクィティによる慣習法（コモン・ロー）の漸進的修正という、イギリスの現行法体系および法改正プロセスを正当化し積極的に擁護しようとする論理であったのである。したがって、それはまた、原契約説を否認し、王権と議会に対する急進的改革を拒否して、[156] 名誉革命体制を基礎にして体制内改革を遂行してゆく論理でもあったのである。[157]

以上のように、スミスの統治論は、同感の原理を基礎にして、裁判所内→裁判所間→立法権・司法権・行政権の相互関係、あるいは君主制と民主制の均衡関係という具合に、地方の末端の裁判所から混合政府形態（混合政体）に至るまで、トリアーデ・モデルによる相互抑制（チェック・アンド・バランス）によって貫かれている。まさに、かかる意味において、スミスの改革論は公会計調査委員会の論理とも共鳴し、したがってまたトーリー・リベラルにも受容されていったのである。

VI　一八世紀後半の地方統治機構再編

　これまで、公会計調査委員会の論理構造に内在して、中央政府の統治機構改革の性格を検討してきた。そこから、委員会がエクィティと公共信託という大法官府裁判所の法理を適用することによって、「古い腐敗」を正して国王の影響力を抑えながら、急進主義的な議会改革を回避しつつ、「自由主義」的行財政改革という体制内改革を実行することを可能にしていった事実が明らかにされた。だが、このような中央政府の統治機構改革は、実は地方統治機構における同様の性格の「改革」とパラレルに進行したものであった。すなわち、一八世紀後半以降、地方社会の個別問題に対して個別的に対応する信託形態の新しい「地方行政団体」が広範に設立されていったのである。したがって、中央政府の改革に対応しつつ、それを支えていった地方統治機構の再編のあり方が、次に検討されねばならない。〈中央—地方〉を含む国家体制再編の総体を把握しないかぎり、一七八〇～八七年の「自由主義」的行財政改革の本質も十分に明らかにしたとは言えないからである。

　まず表4-3-a、表4-3-b、表4-3-cを見てみよう。これらの表は、ターンパイク法、改良法、囲込み法等の地方法・私法が、一八世紀後半以降に急増していることを示しており、したがってまた、これらの議会法に基づいてそれぞれ、ターンパイク・トラスト（Turnpike Trust）、改良委員会（Improvement Commissioners）、囲込み委員会（Enclosure Commissioners）等の「地方行政団体」が多数形成されていったことを示している。[158]

　公共的性格の度合いに相違はあるものの、これらの「地方行政団体」に共通する特徴は、まず第一に、あらゆる地方に対する包括的な原則の適用を意味する一般法の制定によってではなく、地方的・個別的な「公共」目的に沿って、あくまで地方的・個別的に対応する地方法・私法によって、法的資格を付与されたことであり、第二に、治安判事を中心とする旧来の警察（Polizei）の機構、あるいは旧ギルド——職業団体（Korporation）——では商品経済の進展に対応できないために、旧来の地方統治機構とは別個にこれらの「行政団体」が設立されたことであり、第三に、それは大土地所有者を中心とする財産所有者の自発的同意に基づいて提出された請願によって設立され、また財産価値あるいは出資額に応じて権限と利益を享受するという編制原理に従って設立された一つの信託を意味したことであった。

まずターンパイク・トラストからみると、（1）この受託者団体は、一定の財産資格を有する者の請願に基づいて、治安判事が任命する教区の公道監視官とは別に設立され、次第にそれに取って代わってゆき、[159]（2）また受託者団体は、従来のハイウェイ・レイトとは別に、道路改善と通行という「受益」に応じて、通行者（次第に人は除外された）に通行税（tolls）を課する権限を付与され、[160]（3）そして受託者には地主、ファーマー、商工業者がなったが、一七七三年法で、その財産資格は年価値一〇〇ポンドの土地所有者および年価値三〇〇ポンドの土地の男子相続人から、それぞれ四〇ポンド、八〇ポンドに大幅に引き下げられ、さらに時価八〇〇ポンドの動産所有者が追加され、また、通行税徴収請負制度によってファーマー・職人などがそれに付け加えられた。[161]

表 4-3-a　ターンパイク法
（Turnpike Acts）

期　　間	件　　数
1663-1719 年	37
1720-　29	46
1730-　39	24
1740-　50	39
1751-　60	184
1761-　72	205
1773-　91	65
1792-1815	173

〔出所〕 J. Stevenson, *op. cit.*, p. 44.

表 4-3-b　地方都市のための改良法
（Improvement Acts）

期　　間	件　　数
1690-99 年	12
1700-09	14
1710-19	3
1720-29	6
1730-39	9
1740-49	10
1750-59	14
1760-69	41
1770-79	38
1780-89	64
1790-99	43

〔出所〕 P. Clark, *op. cit.*, p. 21.

表 4-3-c　イングランドにおける囲込みの進行状況
（単位　エーカー）

期　　間	開放耕地（一部荒蕪地を含む）		荒蕪地のみ	
	法令件数	囲込み面積	法令件数	囲込み面積
1700—1760 年	152	237,845	56	74,518
1761—1801 年	1,479	2,428,721	521	752,150
1802—1844 年	1,075	1,610,302	808	939,043
1845 年以降	164	187,321	508	334,906

〔出所〕 A. H. Jonson, *The Disappearance of the Small Landowner*, 1909, p. 60.

次に、改良委員会についてみると、(1)まず自治体特許を有するか否かにかかわらず、請願に基づいて街路舗装と街灯、夜警、清掃など目的別に議会が設置を認可するが、自治体特許を持つ都市の場合でも、委員会の法定義務の遂行は、自治体から完全に独立して行なわれた。[162] (2)同委員会は、改良地区(ディストリクト)において街灯レイト(Street-rate)を課する権限を持ったが、馬車道よりは路地の家を軽減し、照明や撒水のない所ではそのレイトを控除する等、「受益」に基づいて課税した。[163] (3)また、その選出方法は、法令による指名、一定メンバーの選挙、専門家の任命と様々であったが、[164] それは旧来の自治体の参事会員に限定されなかった。

さらに、囲込み委員会についてみると、(1)まず囲込みについては、一七七三年囲込み法(リチャード・サットン法)によって、「「耕作者数および土地価値における四分の三以上の多数者」が、「所有者および一〇分の一税保有者」の同意に基づいて」、開放耕地改良の決定をなしうるとした。つまり耕作権者全員の一致でなく、また旧来の「閉鎖教区集会」でなく、主要な土地所有者に決定権限を付与した。[165] (2)しかも、私法に基づく場合に形成される囲込み委員会の構成についても、必ずマナー領主、一〇分の一税保有者、主要土地所有者ないしその代理がメンバーとなり、「その他の土地所有者」が選出する委員の場合も多数決ではなく、彼らの所有する土地の価値の半分以上で決定された。[166] つまり大規模土地所有者ほど決定権を有していた。(3)したがって、改良の「受益」も、土地所有の大きさに比例することになった。

以上のような「地方行政団体」の設立は、商品経済の進展に対応する大土地所有者・大商人の地方的特殊利害を、財産権に基づく共同利害として中小財産所有者をも再統合しつつ実現させてゆく媒体となっていった。だが、このような地方統治機構再編成は、エクィティと公共信託に基づく中央政府の行財政改革に対応する性格を持ったことに注目しておかねばならない。

すなわち、まず第一に、地方的・個別的な「公共」目的に対して、一般法でなく、あくまで地方法・私法によって個別的に対応してゆくという方法は、コモン・ローを漸進的に修正してゆくエクィティの方法との類似性を強くもっていた。

また第二に、国家の直接的介入を回避しつつ、できうるかぎり「地方的自律性」に基づいて形成された公共信託形態の「行政」団体は、私有財産を保護する政府に最も適合的な編制原理に基づいて設置されていった。すなわち、（1）その公共信託は財産所有者の自発的同意に基づいて設置され、財産所有者は財産＝能力に応じて寄与し、それに応じて利益ないし保護を受け、（2）かかる編制原理に基づく多数の「地方行政団体」に、商品経済の進展に対応して、旧来の地方統治機構に包摂されえなくなった中小財産所有者を再統合し、（3）もって、末端の地方社会において垂直的財産権秩序を補強してゆこうとするものであった。[167]

そして第三に、その地方法、私法を、最大の財産所有者としての地主議員が媒介することによって、議員は地方の財産所有者の代表としての性格を強めた。つまり彼らは、単にアトム化された平等な市民＝人民の代表ではなく、地方財産所有者の公共信託利益を媒介する地方団体の代表となり、「事実上の代表」となりえたのである。以上の三点をみればわかるように、「地方的自律性」と私有財産権に基づく地方的な公共信託の形成は、明らかに急進派の人民主権論およびそれに基づく議会改革論に対抗する性格を備えていたのである。まさにエクィティと公共信託に基づく行財政改革は、中央政府だけで孤立的に行なわれたのではなく、かかる地方統治機構の再編成を基底として〈中央―地方〉一体のものとして遂行されていったのである。

しかし、一八世紀末以降、「福音主義の再生」の運動が起きたが、アメリカ独立戦争を契機に、国教会だけでなく非国教会も都市行政や教育や慈善分野に進出していった。その中で、地域とくに都市部で友愛組合、日曜学校、慈善団体、総合病院などボランタリズムに基づく中間団体が興隆してきた。[168] 社会政策分野で新たな問題が出てきたが、教区を基礎単位とした名誉革命体制の行財政機構は次第に限界を迎えていった。この点については、第五章で改めて論じよう。

VII　小括

これまで、重商主義財政の自己破綻を契機とする名誉革命体制再編の問題とかかわらしめて、イギリス最初の「自由主義」的行財政改革を検討してきたが、最後に改革の方向性とその性格、およびそれを支えたトーリー・リベラリズムの特質について小括して、まとめに代えよう。すでに見てきたように、一七八〇〜八七年改革の基本的方向は、議会改革を回避してヨークシャー運動の体制改革要求を節約的財政改革に収斂させてゆくものであった。

その際、まずヨークシャー運動を収束させてゆく一七八〇〜八二年の改革初期に、王権の影響力(インフルエンス)に対する強い批判を含むバークの改革案をも後退させながら、あくまで調査と経験に基づいた改革を主張する公会計調査委員会の主導性が確立されていった。そしてアメリカ独立戦争が終結し、また小ピットの議会改革案が最終的に頓挫した後の一七八五〜八七年には、公信用維持を基本目標として節約的行財政改革を行なうというピット・システムの形成が、委員会の明確な方針として確立されていった。

このような改革の方向性からも明らかなように、一七八〇〜八七年の「自由主義」的行財政改革は、商品経済と信用制度の発達を重要な背景とするものの、決して産業資本を政策主体とするものではなく、重商主義財政の自己破綻を契機とする名誉革命体制の動揺に対して、あくまで地主貴族政を保持するために実行された、地主ジェントルマンが主導する改革だったのである。だが、その結果として、名誉革命によってもなお未分離であった〈政治社会と市民社会〉を体制側から漸進的に分離してゆかざるをえず、またそのことによって政治社会内部に近代的官僚制を創出してゆかざるをえない改革でもあった。したがって、この「自由主義」的改革は、国家不干渉あるいは消極化のための改革ではなく、すぐれて国家体制の再編と位置づけられるべき性格のものだったのである。

では、こうした改革の方向性を導いていった公会計調査委員会の論理構造とは何であったか。それは、(1)慣習を漸進的に修正してゆくエクィティと、(2)その裁判管轄権の下で展開された信託――なかんずく公共信託――という大法官府裁判所の法理の適用によって成立していた。すなわち、現存の信託法の論理を国家体制の再編に援用することによって、一方で原契約説を論理上の「虚構」として排除しつつ、他方で土地貴族政と現行議会制度を保存するための漸進的体制内改革(急進主義的議会改革論者がいう「古い腐敗」を取り除き、近代的行政機構を創出する)を可能にしていったのである。そして多くの理論家たちも同様に、家族の私有財産を維持する継承財産設定――エクィティ裁判管轄権の下で保障された信託――の法理を、市民社会の私有財産を保護する政府――公共信託――に援用することによって、地主ジェントルマン主導の改革を正統化していった。スミスの場合も、同感の原理を基礎にして、「地方的自律性」の基盤となってきた治安判事が統括する裁判所から法改正を導く過程を理論化することで、混合政府形態の下での漸進的改革を正統化していったのである。

したがって、かかる正統化論をもって成立するトーリー・リベラリズムとは、まず第一に、地主貴族の地方支配に対する「自由放任」＝現状維持を基本としつつ、地方社会の垂直的な財産権秩序を補強する限りで、また地方的・個別的に対応する形でしか国家干渉を許容せず[169]、第二に、戦争、不況、凶作などに伴う公信用不安、税負担増加によって土地貴族支配＝既成体制の動揺が生じた時に、税負担回避と公信用維持を基本目標とする「自由主義」的改革(金本位制・関税部門統合などを含む)を、地主ジェントルマンの主導の下に実行してゆくものだったのである。

たとえば、ピールが一八四七年にタムワースの有権者を前に演説したように、穀物法廃止も、「この国の既成体制(the established constitution)を強化し、立法府のエクィティと恩恵(benevolence)に対する信頼を促し、また世襲貴族社会の権威を維持し、そして下院制度の民主主義的変革の望みを思い止まらせようとする[170]」改革であった。穀物法廃止においても、エクィティと公共信託に基づく地主貴族制度を保存するための改革という論理が貫かれたのである。一九世紀におけるレッセ・フェール（自由放任）は、従来言われてきたように産業資本（商工業者）が主導した政策とはいえず、しかもトーリー・リベラリズム独特の利害調整の結果、「自由主義」としての政策の一貫性が失われていくのである。[171]

第五章

イギリス近代国家における中央と地方

I

イギリス近代「自由主義」のアポリア

一八四六年の穀物法廃止および一八四九年の航海条例廃止を頂点にし、ディズレーリ予算を批判して一八五三年にできたグラッドストーン予算をもって関税が大幅に引き下げられて、イギリス自由主義財政は完成したと考えられてきた。イギリス近代の「自由主義」は最盛期であったとされるが、そこにも「虚構」の面がある。

資本主義と近代国家は、その存立のために絶えず非資本主義的領域を必要としてきた。そして今日の「新自由主義」に至るまで、資本主義は非資本主義的領域を食い潰すことで生き延びようとしてきた。対外関係から見れば、イギリス近代にとって最大の非資本主義的領域は、インドを軸としたアジア・アフリカの植民地とその勢力圏であった。だが、それはイギリス「近代」の論理にとって「例外」だった。自由や民主主義という近代の統治原理、あるいは西欧世界の文明的価値が通用しない「野蛮」として、思考の枠外に押しやっていたからである。時には暴力的に支配したり、権威主義的な統治を行なったりしながら、イギリス近代国家はそれを啓蒙できるとして支配してきた。

その結果、第一章・第二章で明らかにしたように、植民地を支配統治したインドを「財政＝軍事国家」として代替させることで、アジア・アフリカにおける非資本主義的領域を暴力的に組み込むことができた。それなしに、イギリス本国の経済的「自由主義」の成功はありえなかった。そして二つの世界大戦を契機に、インドにも近代の原理として自治を適用し、植民地から独立させることで、パクス・ブリタニカは衰退を余儀なくされていった。その意味で、イギリス近代の「自由主義」は、西欧中心主義のバイアスで粉飾されたものである。

他方で、イギリス国内においても、非近代的な統治形態をもつ「地域」を抱えてきた。「寄生地主」による名望家支配の政治システムを抱えていたのである。「寄生地主制」という点で、戦前の日本と共通性を有するが、イギリスのそれは王権に対抗して私的土地所有権を保護するという「地方的自律性」、あるいは「地方自治」という「近代」の論理で正統化されている点で大きく異なっていた。しかし、近代資本主義が発展して、絶えず非資本主義的領域を食い尽くしていこうとするならば、それが人間的な生活をも食い尽くし、その生存を脅かす時には、社会を防衛するために長期間にわたる抵抗を引き起こし、政治的衝突を生んできた。その際、地主貴族政を保持するために、トーリー・リベラルは急進主義的体制改革を回避するために経済改革を行ないながら、漸進的に統治機構改革を進めざるをえなかった。

一九世紀半ばには、不況に直面して、コブデン、ブライトら自由貿易主義者たちが関税引下げの要求を強め、同時にチャーティズムの急進主義的な体制改革の要求が台頭していった。それを背景に、ロバート・ピールの下に、一八四二年に再び一時的増税として所得税を再導入して穀物関税を低下させ、一八四六年に穀物法の廃止を実現していった。

そこに至る政治過程では、アイルランドのジャガイモ飢饉の対策として囲込委員会（Commissioners of Enclosures）による土地改良事業を増加させた。同時に、国家における強力と同意の契機となる警察や教育の「近代化」をめぐって、地主ジェントルマンによる「地方的自律性」を尊重しつつ、その妥協的形態から、国家の補助金支給による税負担軽減と引き替えに、中央政府から派遣されてくる査察官制度を受け入れていった。それが、一九世紀を通じて地主ジェントルマン秩序の基盤となる「地方的自律性」の漸進的解体を促していったのである。戦前の日本社会の「寄生地主」制と比べると、イギリス近代における「自由主義」政策はそうしたダイナミズムを抱え込んできた点にこそ特徴があることがわかる。

たしかに、イギリス近代国家像をめぐる長い論争がなされ、商工業者の利害がレッセ・フェールの政策を実現してきたとする通説的な説明は漸次修正されてきた。すでに第四章の冒頭で述べたように、古典派経済学というイデオロギー、あるいは産業資本（商工業利害）という経済利害還元論は事実と食い違っている。もちろん、一九世紀半ばになってくると、土地貴族と商工業者の間では職業的な融合が進んでいたものの、議会のメンバーとしては土地貴族が支配的であり、「自由主義」的な財政金融政策を牽引したのはトーリー・リベラルのピール派であったからである。

一九七〇年代後半以降には、グラムシのヘゲモニー論が見直される中、イギリス近代の政治的・社会的支配階級（地主ジェントルマン）の社会価値体系に止目することによって、産業資本的経済利害に還元してゆくマルクス主義の道具主義的国家論の問題点を突く議論が出てきていた。[1] だが、統治をめぐる文化的ヘゲモニー[2]という議論は、必ずしも十分に説得力があるわけではない。

第四章で明らかにしたように、トーリー・リベラルは、課税対象者を土地貴族から富裕者全体に拡大した所得税を導入して戦争財源を賄いながら、私的土地所有権を相続していく土地法における信託（trust）の論理を援用することで、「古い腐敗」を削減することで王権の影響力を抑制する一方で、近代的官僚制を創出しつつ急進主義的な改革を回避していったのである。統治階級の政治的ヘゲモニーを文化・意識の次元に還元してしまうと、私的土地所有権を確立した法理が、漸進的な改革を促していく政策論を分析できず、極めて静態的な近代国家像を作り出す危険性を伴うことに改めて注意を促したい。

その際、ピールとグラッドストーンは、均衡財政主義を基本としつつ、国家が諸利害に対して「中立的」な調停者として振る舞うことで、政府の正統化を示そうとした。それをもって、「政治的エリートの支配を保持し、財産を保護する最善の戦略」[3]としたのである。ただし、この時期に至ると、日曜学校、慈善団体、総合病院など幅広いボランタリーな中間団体が形成され、救貧、教育、警察、衛生など新たな行政分野が形成されてきた。[4] そして、この分野における国庫補助金と査察官制度を通じた緩やかな国家介入とともに、名誉革命体制の基盤である教区制度も再編[5]が促されていった。それは、地主ジェントルマンの「地方的自律性」という権力基盤を自ら漸進的に掘り崩していったのである。このように、トーリー・リベラルたちによる「中立的」な利害調整によってもたらされた政策のダイナミズムは、単純に国会介入か自由放任かの二分法では理解できないものだったのである。あくまでもイデオロギーと現実は区分しておかなければならない。

II　近代国家機構創出をめぐる相克

1 裏切られたベンサム「革命」

一九世紀半ばまでに、「一九世紀行政革命」[6]と呼ばれるように、教区制度の動揺とともに、新たな統治機構の再編・創出の過程が生じていった。地主貴族と国教会の最大の拠点であるイースト・アングリアにおいてスウィング暴動が発生した（一八三〇年）ことによって、国家機構の改革は不可避となったのである。事実、一八三〇年代以降、単なる議会改革にとどまらず、新しい国家機構の創出と既存の統治機構の再編成が相次いだ。「一九世紀行政革命」論争が提起した問題は、この時期の政策が単純なレッセ・フェール（自由放任）とは言えないことを示していた。さりとて本章で明らかにするように、ベンサミズムが言う通り、中央集権化によって行政効率化を推し進める政策だったわけでもない。

「一九世紀行政革命」論争も、〈自由放任〉と〈国家干渉〉の二分法を前提として、経済政策における〈自由放任〉と社会政策における〈国家干渉〉の同時並行的展開を指摘するにとどまる限り、[7]その統治改革における性格の全体像は明らかにはならない。ベンサミズムの中に「諸利害の自然的一致の原理」と「諸利害の人為的一致の原理」の矛盾・葛藤を見出したとしても、[8]理念自体が一人歩きして自己展開するわけではない。たしかに、政治的・社会的秩序再建に関する複雑な諸問題に対して、ベンサミズムは、最も包括的かつシンプルなヴィジョンを提供できたがゆえに、国家機構改革に大きな影響力を及ぼしえた。ベンサミズムには、地主貴族政を正統化するブラックストン自然法に対する根底的批判がはらまれていたにもかかわらず、地主ジェントルマンは、論理一貫した自らのヴィジョンを提供できないがゆえに、政治権力と地域社会支配を再編・維持する限りで、それを受容せざるをえなかった。そして彼らは、「妥協」のイニシアティブを握ることによって自らの正統性を確保しようとした。

だが、その結果、改革自体はベンサミズム（ベンサム主義）としての論理一貫性を失い、あたかも〈事実の経験的圧力〉との「妥協」となって現われざるをえなかったのである。したがって、ベンサムの中央集権的政府改革構想が、現実の政治的・社会的抵抗によって妥協・変形させられてゆく動的過程を見なければ、〈ベンサミズムの影響力〉か〈行政の自律的肥大化〉かという「行政革命」論争の対立点を、同時的に止揚してゆく視座を見失うことになるのである。

まず救貧法改正から見てみよう。周知のように、一八三四年救貧法報告は、救貧法改革として、（1）劣等処遇原則に基づくワークハウス制度（労働能力者の院外救済の禁止）、（2）教区連合の組織化および有給官吏の任命とその行政裁量権の否定（処遇の全国的一律性の確保）、そして（3）全国の救貧行政を監督・指導しうる権限を持つ中央行政機関（救貧法委員会 Poor Law Commissioners）と査察官（補助委員）の設置——の三点を勧告した。しかし、この勧告は、法案作成・議会審議の過程において大きな修正を余儀なくされていった。[9]

法案における妥協点は、ベンサム主義的原則を根底から覆しかねないものであった。まず第一に、「例外として院外救済を認めることは、それをほぼ認めることになるだろう[10]」という三四年報告の認識があるにもかかわらず、議会の抵抗にあって、J・オルソープ卿は、緊急条項を拡大して労働能力者の院外救済への道を開き、さらに上院では、「一八三五年六月一日をもって就業労働者への「手当」（賃金補助：筆者）支給を禁止する」という主規定そのものの削除を余儀なくされていった。

第二に、新たに設置された救貧法委員会には、規則制定権と地方官吏に対する統制権が認められたが、次のように、当初の権限は著しく制限されていった。すなわち、命令違反を略式手続きで制裁しうる「記録裁判所」扱いをはずし、(2) 救貧法委員会の一般規則の発効を、即時無条件から国務大臣認可の四〇日後とし、(3) 委員会の任期を五年とする時限立法とした。

第三に、法案には、旧救貧法を支えてきた地方利害を温存する次のような諸規定が盛り込まれた。新たに形成される地方の救護委員会 (board of guardians) の一部には、職権上のメンバーとして治安判事が加えられ、他のメンバーの選出に際しても、スタージェス・バーン法(財産所有者を含む複数投票制)が継承されていた。そのうえで、(1) ギルバート法などによる救貧法行政団体の解体には、貧民保護官の三分の二の同意を必要とする、(2) ワークハウスの新設・拡張・改築について、支出制限額を設けるとともに、教区連合の救護官または教区の財産所有者・レイト納税者の多数の同意を必要とする、(3) 教区を、課税と定住権の単位として残す、といった条項が定められたのである。[11]

言うまでもなく、法案におけるこのような妥協・修正は、地方当局に一定の裁量権限を与えていった。事実、それに基づいて、北部工業地帯では少額手当制度という形で、[12] 東南部農村地帯では、病気の名目での賃金補助あるいは切符制度という形で、[13] 院外救済が継続されていったのである。[14] 救貧法委員会および救貧庁も、公式には院外救済禁止の原則を放棄しなかったが、その後の諸命令において、こうした事態を追認していった。[15]

まず一八四四年の院外救済禁止令 (Outdoor Relief Prohibitory Order) において、「臨時救済」など八つの例外規定とともに、緊急条項が引き継がれていった。また、一八四二年の院外労働テスト令 (Outdoor Labour Test Order) では、テストを実施し半分を現物給付とする代わりに、教区連合が作業場などを設けて仕事を与えるという一種の失業対策事業的な院外救済が認められた。これは一八五二年の院外救済規制令 (Out-door Relief Regulation Order）にも継承されたが、同年八月に、この命令が適用されたロンドン・ランカシャー・ウエストライディングの各地方で救護委員会の抵抗が発生すると、救貧庁は、さらに、日割り賃金で働く不完全失業者（手織工等）に対する院外救済も、事実上認める譲歩を行なっていった。

　以上のようにして、勧告に示されたベンサム主義的規則は、法案成立過程での「妥協」、実施過程における地方諸当局の裁量による修正、そして当局自身による追認というプロセスを経て、大きく歪められていったのである。

　警察改革の場合は、治安判事の権能により直接的にかかわるだけに、事態はさらに妥協的に推移した。[16] 一八三九年委員会報告において、エドウィン・チャドウィックは三四年救貧法報告と同じ戦略を繰り返した。すなわち、報告は、（1）首都警察と同じ原則に立って、全国の警察行政を指導・監督する警察委員会の設置、（2）治安判事における有給警察の能率に対する注意義務と監督官に対する免職請求権の付与、（3）制服・給与の四分の一に対する国庫補助金などを勧告した。しかし、この勧告は、ほとんど骨抜きにされて、同年、カウンティ警察法（2 & 3 Vic., c. 93）が成立した。

　第一に警吏長（Chief Constable）の任命は内務大臣の承認を必要とするが、カウンティにおける有給警察の組織権は治安判事に付与され、かつ警吏数は人口一〇〇〇人当たり一人以下に抑制された。第二に、中央行政機関としての警察委員会はついに任命されず、カウンティ警察の官吏と給与に関する規則制定権が内務大臣に与えられるにとどまった。そして第三に、国庫補助金と査察制度に関するいかなる規定も含まれていなかった。つまり同法は、完全な任意法となった。

　しかも、その後、一八四二年に成立した教区警察法（5 & 6 Vic., c. 109）は、有給警吏の任命権を教区会に与え、治安判事は、小治安裁判所の決定に基づいてこれを統制し、かつカウンティ・レイトによって支弁される監督警吏（Superintending Constable）を任命しうることにしたのである。紙幅の関係上、詳しくふれることはできないが、一八三九年の枢密院教育局設置[17]あるいは一八四八年の公衆衛生法の場合[18]も、事態は同様であった。

このようにして、一八五四年までに救貧庁をはじめとする一六の中央行政機関および査察官制度が設置されていった。[19]たしかに、このような新機関設置に際して、ベンサミズム（およびベンサマイト）が果たした役割を無視することはできないであろう。しかし同時に、一九世紀前半に実施された諸改革は、議会内外における抵抗にあって、妥協と修正が積み重ねられ、当初のベンサム主義的な諸原則は大きく歪められていったことも確認しておかねばならない。しかも、ベンサムの『憲法典』において展開された〈中央集権化された単一の地方政府〉という構想[20]と比べると、現実は、このオリジナル・ベンサムから著しくかけ離れた状態となった。すなわち、一八七一年四月に、G・J・ゴッシェンが地方行政庁（Local Government Board）の設置を提案して述べたように、「一六の異なる地方諸当局が存在し、異なる原則で選出され、全く異なった方法で議事が行なわれ、そして相互にほとんど関係がない[21]」といった、地方行政の「混乱」が生み出されていったのである。

2―政治運動としてのチャーティズム

では、こうした一連の諸改革を、〈事実の経験的圧力〉に基づく〈行政の自律的肥大化〉、あるいは〈パターナリズム〉に基づく地主ジェントルマンの適応力だけで[22]説明しうるだろうか。こうした側面の一面的な強調は、ベンサミズムの影響力に対する過大評価と同様、改革の政治過程がはらむ緊張関係とダイナミズムを見失わせてしまう。政治体制選択にかかわる錯綜した対抗過程が、せいぜいセントラリスト対ローカリストの対立といった次元に矮小化させられてしまうからである。かかる論争の陥穽に陥らないためには、工場法運動・反救貧法運動からチャーティスト運動に至る民衆運動が与えたインパクトを、議会改革から「行政革命」に至る「国家構造」の転換過程の中に正当に位置づけ直さなければならない。だが、これまでのチャーティズム研究において、[23]チャーティスト運動は、本質的に経済要求運動とされて、人民憲章をはじめとする急進的政治改革要求は、労働者・職人層にとって「外的な理論」ないし〈手段〉〈シンボル〉にすぎないものとされてきた。

しかし、ステッドマン・ジョーンズが指摘するように、チャーティスト運動こそは、すぐれて〈新しい国家機構創出〉に対抗する民衆的政治運動であった。[24] 一八三八年の「人民憲章」は男子普通選挙権を掲げたが、経済的搾取というより、政治権力から排除されたことが社会的困窮の原因であるという認識が基底にあった。それは一七八〇年代における急進主義的議会改革の伝統的な要求との連続性をもっていた。かかる観点から、改めて、ベンサム主義的改革と、トーリー・ラディカリズムからチャーティズムに至る民衆運動との対抗関係を見てゆかねばならない。

すなわち、ベンサマイトの多くは、相対的小規模な〈国家機構〉とゼラチン状の〈市民社会〉の均衡の上に成立してきた名誉革命体制こそが、地主貴族政と「暴民mobocracy」の「共存」を許す基盤であると見なした。地域社会の「自律性」を前提とした〈パターナリズム―服従関係〉は、民衆が、法的・行政的裁量権を持つ地主ジェントルマンに対して、「暴力的威嚇」を加えることによって、彼らに〈モラル・エコノミー〉の履行を迫ることを可能にしたからである。[25]

しかも農村では、一八世紀後半以降の議会エンクロージャーによる共有地消滅や狩猟法強化に伴って〈パターナリズム―服従関係〉の統合力自体が動揺して、放火・脅迫・密猟などの非合法プロテスト（criminal protest）が継続的に発生するようになり、[26] 都市では、人口流入とともに滞留した都市下層民（失業者・浮浪者・「犯罪者」等）が、地域社会の枠を超えた急進主義的組織のリーダーシップと結びついて、改革危機（Reform Crisis）に象徴される「暴動」を導いていった。まさにベンサマイトによる「行政革命」は、かかる危険を未然に「予防」するために、中央集権化された規則的・効率的な行政機構を確立することによって、「旧い腐敗」と「暴民」との結合によって成り立ってきた名誉革命後の統治構造を根本的に転換しようとした改革だったのである。

すなわち、救貧法改正に典型的に見られるように、ベンサム主義的改革は、（1）中央集権的行政改革によって地主ジェントルマンの裁量権を剝奪する一方、(2)貧困(poverty)と困窮(indigence)の道徳的差別を「民衆世界」に持ち込むことで、「暴民」の解体を意図していた。功利主義的個人主義——快苦計算による個人主義的意志形成——を社会の末端まで浸透させることによって、勤労と怠惰の道徳的差別を打ち立て、労働階級と「下層民」の間にくさびを打ち込もうとしたのである。

有給警察の任命も、かかる統治構造の再編とつながっている。専門警察(Professional Policemen)の設立は、単に労働組合や政治運動に対する直接的弾圧のためだけではなく、「犯罪」と「社会不安」の温床となる酔漢・浮浪者・非行少年・売春婦などの〈都市下層民〉を厳格に取り締まり、かつ「大道演芸」や「乱痴気騒ぎ」の娯楽的儀式を街路から除去することを目的としていたからである。まさに、このような街路統制(street control)によって、従来の都市的「民衆世界」を解体し、「暴動」の発生と財産への攻撃を未然に「予防」しようとしたのである。[27] もちろん、工場法・救貧法から枢密院教育局に至る教育改革——世俗教育による労働者貧民児童の政治的「無知」の克服と宗教道徳教育による「秩序」観念の注入——も、こうした諸改革と補完関係にあることは言うまでもない。[28]

こうしたベンサム主義的改革(とくに新救貧法)に対して、まず最初に正面から批判を加えたのはW・コベットであった。改革が前述のような性格を持つがゆえに、ラディカリズム(急進主義)は、伝統を継承するトーリー主義から派生した。彼は、ブラックストン自然法を継承しつつ、それを権利論へと転換させた。

すなわち彼は、第一に、財産所有者が、その伝統的道徳的義務(貧民の忠誠に対する保護)を遂行し、有産者と貧者の「社会的絆」を維持する限りにおいて、社会の権威主義的な序列を承認する。しかしエンクロージャー、狩猟法、そして何より新救貧法は、慣習的権利と「社会的絆」を破壊する行為であり、したがって、それらに対する「抵抗権」は正当と見なされる。しかも第二に、この「抵抗権」は、慣習的権利としてだけではなく、自然権(労働所有論)に基づいて、すなわち労働義務に対する労働成果を享受する権利として承認される。さらに第三に、これらがペイン主義的財政改革論と結びつくとき、ベンサム主義とは異なる文脈で、普通選挙権をはじめとする議会改革論に到達してゆくのである。[29]

まさに反救貧法運動は、このような特質を持つトーリー・ラディカリズムによって主導されたがゆえに、ベンサム主義的改革に対する最初の本格的な民衆的抵抗運動となった。反救貧法運動は、ベンサム主義的改革が破壊の対象とした「伝統的」統治構造に依拠することによって、はじめて激しい闘争戦術を展開しえたからである。すなわち、工場法運動の指導者であったオストラー（R. Oastler）、ブル（G. S. Bull）、スティーブンス（J. R. Stephens）らのトーリー・ラディカルたちは、一八三六年末以降、反救貧法運動の組織化に乗り出したが、その際、彼らは、貧民を保護する富者のキリスト教的義務を強調するとともに、慣習的権利として〈救済〉を主張し、「都市下層民」を巻き込む「暴力的威嚇」によって、救護委員会をはじめとする地方当局に譲歩を迫っていったのである。[30]

しかし、一八三七年二月にフィールデン（J. Fielden）の新救貧法廃止動議が敗北し、また同年七月にオストラーが総選挙に敗北するなど、議会の「壁」が明らかになる一方で、前述のように救貧法委員会の譲歩によって院外救済が継続されたために、一八三八年末までに運動は大きな行き詰まりをみせた。このような状況下で、オコンナ（F. O'Connor）を中心にして、反救貧法運動は急速にチャーティスト運動に転換し、翌三九年二月に開催されたコンヴェンションへと合流していった。コンヴェンションでは、「次なる手段」をめぐって〈モラル・フォース〉と〈フィジカル・フォース〉の対立が生じたが、ここでもオコンナは反救貧法運動の経験を継承して、「脅迫による威嚇（intimidation by the language of menace）」という中間的戦術を主張したのである。[31]

他方、こうしたチャーティストの動向に即応して、いくつかのカウンティ・都市当局は、新警察制度の導入・強化を図っていった。言うまでもなく、それは、伝統的な「民衆的コミュニティ」の解体を図ることによって、〈機動戦〉的民衆運動の存立基盤を根絶しようとしたものであった。そのため、新警察に対するチャーティストの非難を伴いつつ、一八三九〜四四年にかけて各地で相次いで反警察暴動が発生していった。人々は、新警察を、民衆的コミュニティへの外部的侵入者と見なし、また新救貧法・浮浪者法・少年法・教育法など〈国家制定法〉の強制者と見なしたのである。[32] 以上見てきたように、反救貧法運動そしてチャーティスト運動こそは、近代国家機構創出に対抗する民衆的政治運動であったのである。

しかし、これらの運動は、地域社会の「自律性」に依拠する民衆的政治運動であったがゆえに、政党や「階級」の壁を越える統一性を創出しえたと同時に、内部的緊張関係を抱え込むことになった。

第一に、地主ジェントルマンを中心とする地方利害あるいはトーリー支持者たちとの関係である。彼らは、治安判事・教区会・協会の諸権限や裁量権の剝奪に対抗する限りにおいて、またウィッグとの対立に利用しうる限りにおいて、工場法運動・反救貧法運動などに人道主義的同情を示し協同した。しかし、慣習が権利に転化し、「威嚇」が現実に財産への襲撃となり、さらに普通選挙権などの地主貴族政の打倒が直接的目標となる時、彼らの離反は徐々に進んでいった。こうした過程は、反救貧法運動におけるトーリー・ラディカルの分解という形で、すでに進行していた。一八三八年七月のハダースフィールド（Huddersfield）での「暴動」を契機に、まずブルが「合法性」を主張して次第に離反していった。スティーブンスはチャーティスト運動にとどまったが、それも、新救貧法廃止を実現する手段・シンボルとして憲章を受容する限りにおいてであった。[33]

第二に、ミドルクラス・ラディカル、とくに反穀物法同盟との間にも、親和と反発が同時的に存在していた。まずコブデンは、地主貴族政攻撃のシンボルとしてマンチェスターの自治体化運動に取り組んだが、それに対する評価は、チャーティストに加わったラディカルの内部で分かれていた。F・プレイスをはじめとする首都ラディカルは一時、Municipal Corporation Reformer を発行し、コブデンらの政治戦略にも支持を寄せていた。[34] しかし北部のラディカルは、トーリーとも連合して、このマンチェスターの自治体化運動に反対した。彼らにとって都市自治体化とは、専門警察の設立と新救貧法実施の第一歩であり、彼らに対するミドルクラスの支配強化を意味するものに他ならなかったからである。[35]

さらに穀物法廃止の評価に関して、チャーティストたちの内部的関係は、より錯綜していた。まずオコンナは、トーリー・ラディカルと同様、農業保護政策を支持し、反穀物法同盟を「労働者の注意を憲章からそらすミドルクラスの計略」と見なした。しかしオブライエン(B. O'Brien)は、穀物法廃止自体には賛成であるが、議会改革による保証がない限り、それは単に賃金削減をもたらすだけだろうという立場をとった。

他方、ラヴェット(W. Lovett)をはじめとする穏健派は、より継続的に反穀物法同盟との協同を追求した。コブデンやブライトのみならず、反穀物法同盟の創始者であるポッター(T. Potter)、スミス(J. B. Smith)らは、全て改革派(political reformer)であったからである。彼らにとって、反穀物法同盟とチャーティズムの相違は、地主貴族政と非改革議会の打破という共通の目標に対して、経済改革を先行させるのか、直接的政治行動によって実現しようとするのかの違いであった。

一八四二年末に、オコンナ派との協同のために、ラヴェットらは最終的に、こうした試みを断念するが、今度はオコンナ自身が、四四年のコブデンとの会談を契機に態度を変化させ、四六年一月にはオコンナの主宰する Northern Star も、ピールの穀物法廃止提案を積極的に評価するに至るのである。[36]

以上のように、反救貧法運動そしてチャーティスト運動は、〈近代国家機構創出〉に対抗する政治運動であったがゆえに、統一性と同時に内部的緊張関係を内包していた。ピール内閣にとって、こうしたチャーティスト運動の内部矛盾に対応しながら、地主貴族政の政治エリートと財産を保護する「社会秩序」を再建するために、絶えず反穀物法同盟のラディカリズムに先行しつつ、急進主義的議会改革よりも体制内改革を優先して実施してゆく以外になかった。一八四二年の所得税再導入と関税改革、鉱山規制法、そして四四年の工場法改正から四六年の穀物法廃止に至る諸改革は、まさに、こうした性格を持つものであった。かかる意味において穀物法廃止は、単なる自由放任を実現する経済改革ではなく、一つの政治体制の選択に他ならなかったのである。

III　経済的自由主義とリフォーミズム——穀物法廃止の政治経済学

1　所得税の再導入と「中立的」な利害調整

一八四六年の穀物法廃止に先だって一八四二年に所得税が再導入された。ピールがとったのは小ピットの時と同じく、一時的手段として所得税を導入しつつ、土地所有者を含む富裕層の負担を背景にして「古い腐敗」を取り除き、経費を削減して王権の影響力を抑制すると同時に、チャーティスト運動や自由貿易運動といった急進主義的な議会改革をも抑え込んでいくトーリー・リベラルの経済改革路線であった。

その際、所得税再導入の目的の一つは、ウィッグ政権が放置した財政赤字を取り除き、政府財政の均衡を回復すること、いま一つは関税の廃止・縮減を一八四六年に実施し、農業保護を廃止することであった。関税削減は、グラッドストーンの一八五三年予算によって続けられ、自由貿易体制を作り上げていった。

当時、ピールは所得税の再導入を、あくまでも一時的な手段としており、歳出削減ができれば即座に廃止すべきものだとしていた。[37] 小ピットによる所得税の導入は、「財政＝軍事国家」の側面をそいで、支出を抑えるために企図された戦略の一部として導入されたように、所得税は、新しい政府機能のための歳入源というよりも、歳出削減のプロセスと結びついていたのであった。しかし、所得税の導入当初は、一方で自由貿易派もラディカル派も、他方で保守的なトーリーの農業保護派も、これに批判的であった。[38] ラディカル派と自由貿易派は、所得税が軍国主義をファイナンスするのに使われ、工業や企業の負担になると疑いの目を向け、政府支出の削減政策が望ましいと考えた。ブルーアム（Henry Brougham）もヒューム（Joseph Hume）もそういう立場だった。農業保護派は、都市製造業の権力が予算を歪め、一八四六年の穀物法廃止は諸利害のバランスを覆すことを恐れた。

所得税の再導入によって、やがて穀物関税の削減に成功し、一八四八年になって、他の欧州諸国とは対照的な結果をもたらした。イタリア、フランス、ドイツ、オーストリア、ハンガリーなどの欧州諸国で革命が起きたのと比べて、逆にイギリス国内では、チャーティスト運動は消滅していった。ドーントンは、ピールの政策が特定利害に偏ることなく「中立的」であり、地主ジェントルマンが自ら「所得税の負担を負い、農業保護を廃止するエリートの意志が、公平さの勝利」を示し、所得税再導入と穀物法廃止は「公共信託」にかなったものであったと評価する。[39]

穀物法の廃止が、このように政治体制選択の一つの決着であったとすれば、それを、国家干渉を排除する自由放任主義の勝利であるとも、特定の経済利害の貫徹であるとも見なすことはできない。それは、一九世紀的政治体制としてのリフォーミズムの選択に他ならなかったのである。

2 穀物法廃止と公共事業政策

これまで、穀物法廃止を自由主義の完成と見なす通説が前提としてきた二分法――国家干渉と自由放任主義――の問題点を検討してきたが、まだ欠けている視点がある。トーリー・リベラルによる利害調整の「中立性」という観点からみると、税という歳入面だけでなく歳出面からも、穀物法廃止をめぐる政策を分析する必要性がある。それなしに政策を総合的に評価することはできないからである。

一八四六年一月二七日の提案理由の説明を虚心に読むかぎり、ピールは、穀物法廃止を、(1) ハイウェイ地方当局の整理統合および定住法改革による地方税＝レイトの軽減、(2) 地主の排水＝土地改良事業に対する公共資金の長期低利貸付（および、そのための囲込み委員会の設置）、(3) レイトの直接的軽減のための国庫補助金の導入などの諸対策と一体のものとして提案していた。[40]

すなわち、行財政の全体的観点からみると、穀物法の廃止は、保護関税という直接的保護政策から、公共事業貸付金（Public Works Loans）と国庫補助金（Grants in Aid）による間接的保護政策への移行を意味するにすぎない。しかし、これまでの通説では、穀物法の廃止を到達点とする過度に単純化された「自由放任主義」像が作り上げられてきた。従来の研究は、決算書レベルにまで下りた行財政的分析を怠り、さらにそれを議会の討論内容と重ね合せて検討するという、最も基礎的な作業を欠如させてきたために、穀物法廃止の政治経済学的意義を見失わせてきたのである。

まず穀物法の廃止に対する公共事業貸付金の役割から検討しよう。この公共事業貸付金の起源は、一八一七年法（57 Geo. III, c. 34）にさかのぼることができる。同法は、公共事業や漁業のために国庫証券（Exchequer Bill）の発行と、統合国庫基金（Consolidated Fund）からの貸付けを認め、その運営機関として国庫委員会（Exchequer Commissioners 公共事業貸付委員会の前身）を設置させた。そして同委員会は、小規模な地方諸当局に対する低利貸付けを次第に拡大していった。[41]

さらに、公共事業貸付金の行財政上の位置を明確にするために、決算書の構造を示した図5-1を見てみよう。この図を見てすぐにわかることは、名誉革命後の議会統制の経過から、イギリスの予算制度は、統合国庫基金と公共支出の二つの部分から成り立っていることである。しばしば両者は混同されてきたが、前者は、（1）いったん議決された後、永続的に設置される諸基金を統合した部分（④～⑨）と、（2）イングランド銀行において預託されている国家の金融的業務（②③⑯⑰）からなっている。前者と後者で、左右それぞれ対応する部分を実線で結ぶと、後者（公共支出）において、実際に年々の決議を受けねばならない純粋の議定歳出費（Annual Supply）は、③aと⑩～⑮にすぎない。すなわち、イギリス予算制度において、統合国庫基金は、議会の定期的監督から相対的に自由な位置におかれ、王権の直接的影響下にあった経費（諸基金④～⑨）を固定化させる一方で、政府の自由裁量の下に、国庫証券の発行に基づく貸付活動を行なっていたのである。

小ピットによる一七八七年改革で成立した統合国庫基金という視点から見て、ブルーワの「財政＝軍事国家」を再び歴史的に位置づけ直しておこう。統合国庫基金によって、一度きりの消費税議決で戦争関連の支出を拡大

図 5-1　イギリス予算制度の構造（19 世紀中葉）

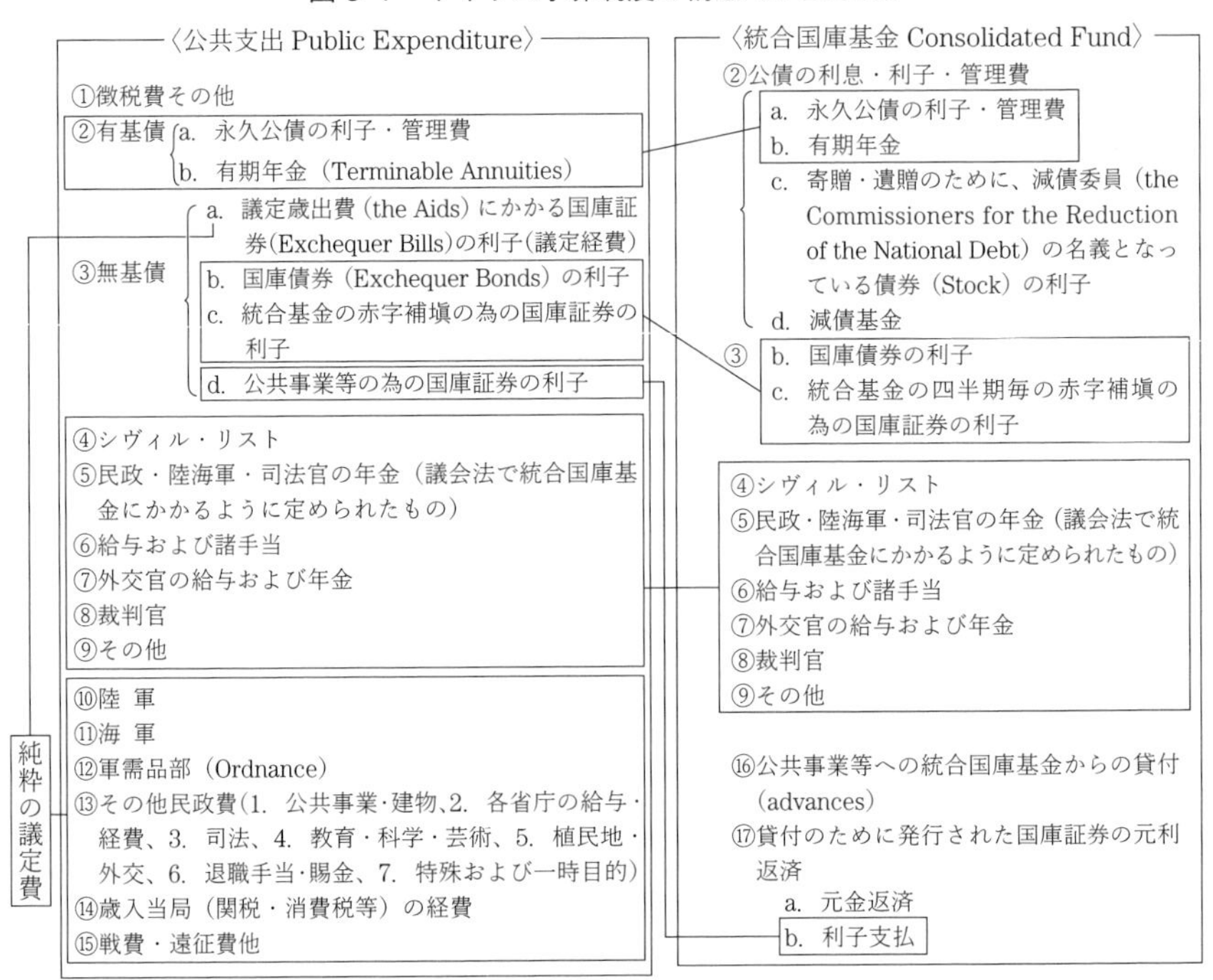

〔出所〕 イギリス決算書（*Finance Accounts of the United Kingdom*）より作成。

する「財政＝軍事国家」は、王権の影響下にある永続的な諸基金の統合部分（④〜⑨）として次第に封じ込められる一方で、所得税の導入とともに地主貴族政による議会統制は政治的ヘゲモニーを回復させていった。消費税官吏の「近代化」という形をとった「財政＝軍事国家」における原初的な大蔵省統制は限界を迎えて、統合国庫基金の設立によってイングランド銀行の下で歳出入の一元的管理へと向かい、より近代的な大蔵省統制へと向かった。一八〇二年以降、毎年決算書（公的支出）が提出されるようになって、議会統制の拡大に包含されていく。しかし他方で、一九世紀に入って以降、毎年の議会統制を事実上緩める方途として、新たに統合国庫基金を通じた「裁量的」な公共事業貸付が拡大していったのである。

　つまり「自由主義」と言われる時期にも、年々の議会統制から相対的に「自由」な国家の投融資活動が、厳然として存在し続けていたのである。そのために公共事業貸付委員会も、大臣をおかない委員会（Non-ministerial Board）の一つとして編制されており[42]、同委員会は委員任命について大蔵大臣の承認を必要とするが、通常は五年ごとに貸付限度額を議決された後は、日常的業務の決定は委任されてきたのである。

次に、この自由裁量的性格を持つ公共事業貸付金の具体的機能について検討するために、貸出対象事業と貸出額の時系列的推移について見てみよう。まず決算書を調べてわかるのは、一八三〇年に四九万八〇〇〇ポンドであった貸出額が、一八三三年に一二〇万五〇〇〇ポンド、一八三四年には二〇一万五〇〇〇ポンドへと急増し、以後、一貫して一〇〇万ポンド以上の水準を維持し続けた点である。すなわち公共事業貸付委員会は、救貧連合や改良委員会等の弱小地方当局に対して、レイトを担保に長期低利資金を供給することによって、三〇年代以降の統治機構の再編成を下支えする役割を果たしていたのである。

しかし、穀物法廃止以降の公共事業貸付金の特徴は、表5-1を見てもわかるように、まず大ブリテンにおいて、従来の地方団体貸付に加えて、囲込み委員会を介した排水事業（地主的土地改良事業）への貸付けが新たに登場してくる。言うまでもなく、これは、先述のピール提案を受けて成立した一八四六年公共資金排水法 Public Money Drainage Act（9 & 10 Vict. c. 101）および一八五〇年公共資金排水法（13 & 14 Vict. c. 31）を契機とする〈地主的土地改良事業に対する貸付け〉である。ここでは、穀物法廃止後の高度集約農業[43]が、国家の投融資活動を媒介とすることによって、はじめて推進されえた点を改めて再確認しておかねばならない。

だが、質的・量的により重要なのは、実はアイルランド向け貸付けの方であった。表5-1を見てもわかるように、穀物法廃止の直接的な契機となったアイルランド飢饉の対策として、一八四五〜五一年には、大ブリテンをはるかに上回る貸付けがアイルランドに向けてなされ、とくに廃止直後の一八四七年には、アイルランドだけで実に四六三万ポンドの巨額の貸付けがなされたのである。さらに注目すべきことは、雇用創出のための公共事業と、貧民救済のための救済支出を公然たる目的として大規模な貸付けが行なわれたことである。

表 5-1　統合国庫基金の貸付額内訳（植民地・銀購入は除く）（単位 1000 ポンド）

	1844 年	1845 年	1846 年	1847 年	1848 年	1849 年	1850 年	1851 年	1852 年	1853 年	1854 年
1. 囲い込み委員会（大ブリテンの土地改良）				24.9	258.3	352.3	286.3	321.1	417.5	335.2	289.1
2. 貧民の精神病院	28.4	30.1	39.3	62.7	73.2	83.3	120.5	86.6	71.0	101.2	77.2
3. 刑務所建設	29.0	7.9	3.7	2.2	5.3	17.3	14.7	4.5	4.8	5.0	
4. 警察	181.9	175.7	147.5								
5. 1847 年貧民の一時救済、1853 年スコットランドの移民				75.7							
6. 公共事業貸付資金（大ブリテン向け）	360.0	300.0	300.0	300.0	300.0	300.0	300.0	300.0	225.0	225.0	225.0
7. 郵便道路建設および道路・橋の修理	15.5	17.0	13.5	24.5	21.2	19.4	15.2	13.9	13.0	13.0	
8. 保健局	0.8	1.0	1.0	28.8	7.0						
9. 首都改良										922.1	203.9
10. その他(1)	216.2								74.9	7.2	5.4
大ブリテン小計	614.8	747.8	505.1	556.7	665.0	772.7	736.7	726.1	806.2	1,610.8	800.6
1. アイルランドの土地改良(2)		93.0	367.0	370.0	255.0	162.0	83.0	42.5	40.5		
2. 排水（および関連公共事業）(3)		108.5	140.0	120.0	115.0	130.0	215.0	150.0	65.0		
3. アイルランド貧民救済の為の公共事業			1,200.0	3,700.0							
4. アイルランド Public Loan Fund						45.0	84.7	9.0			
5. 救貧連合への貸付(4)		824.3				239.9	300.0				
6. ワークハウス建設（公共事業委員会）							82.0	118.0		65.0	45.0
7. 鉄道貸付(3)				339.0	245.0	30.0					
8. ミッドランド・グレート・ウェスタン鉄道						100.0	100.0	250.0	50.0		
9. 公共事業貸付資金（アイルランド向け）		60.0	60.0	60.0	60.0	60.0	60.0	60.0	60.0	60.0	60.0
10. カウンティの諸事業			30.0								
11. 教区・カウンティの土地・借地の評価	14.3	16.0	15.5	17.7	20.7	24.0	22.4	29.3	23.7	33.6	36.6
12. 財務裁判所（訴訟資金援助・前任官への補償）		4.4	2.1	2.4	4.6	2.9	3.5	7.5	7.5	7.5	7.5
13. シャノン河改良事業	62.8	119.5	27.5	20.0	13.9	12.5					
14. 公共事業のための国庫証券の元利返済	88.6	138.2	1.0								
15. 1848 年警察、1854 年刑務所					2.9						4.8
16. 道路・橋の修理											3.3
アイルランド小計	165.7	1,363.9	1,843.1	4,629.1	717.0	806.3	950.5	1,048.8	246.6	166.1	157.2

［出所］　各年度イギリス決算書より作成

［備考］　(1)　1845 年は南ウェールズ・ターンパイク・トラスト資金、1852-3 年はブロムプトン基地、1853-4 年はインヴァネスの橋。

(2)　改良事業局の経費も含む。(3)　一部、減債委員会（The Commissioners of the Reduction of the National Debt）を通じて貸付。

(4)　一部、アイルランド貧民救済委員会（The Commissioners for the Relief of Destitution in Ireland）を通じて貸付。

もちろん、レッセ・フェールの原則を根本から覆しかねないこうした公共事業政策に対しては、急進派議員ヒュームによって、「公共資金を雇用のために使用するという原則を認めるように議決を求めているのか」[44]という疑問が出され、またフレンチ（F. French）やミルネス（M. Milnes）といった議員から、基本的にはアイルランド地主の私的イニシアティブに依拠すべきであるという反対表明がなされた。[45]しかし、一部議員のかかる疑問や批判にもかかわらず、こうした政策は実行に移されていった。連合王国内部の「植民地」とはいえ、あたかもケインズ主義的雇用創出政策をも連想させる〈国家介入〉的投融資活動が、まさに自由貿易政策の頂点とされる穀物法廃止と同時に実現されていったという事実を見逃してはならないのである。

3 「行政革命」としての穀物法廃止——国庫補助金の両義性

次に、穀物法廃止と国庫補助金政策の関係性について検討してみよう。ピールは、穀物法の廃止と同時に、農業利害に対する地方税の軽減措置として、次のような国庫補助金の提案を行なった。すなわち、（1）囚人扶養費および刑事訴追費用の国庫補助比率を半額から全額補助に改定（ただし、スコットランドの訴追費用についてはすでに全額国庫負担となっていた）、（2）アイルランド農村警察に対する全額国庫補助、（3）救貧医務官の給与の半額・ワークハウス学校の教師の給与・救貧連合の会計監査官の給与に対する新たな国庫補助金の創設——であった。[46]この提案は、囚人扶養費に対する国庫補助金が一人につき週当たり四シリングに改められたこと等の一定の修正を受けたが、ほぼそのまま実現されていった。

しかも、より重要な点は、穀物法の廃止が、国庫補助金の拡大にとって決定的な契機となったことである。それまでは、（1）一八三三年の初等学校建設費（一八三九年に補助額は二万ポンドから三万ポンドへと増額）、（2）一八三三年の首都警察の給与・制服費の半額、（3）一八三五年の囚人移送費、（4）一八三六年の刑事訴追費用の半額、といった程度に限られていた。

これに対してピールは一八四六年に、新たに（1）地方刑務所で既決囚を維持する費用に対して年間六万ポンド、（2）刑事訴追費用の半額から全額補助（年間一一万七〇〇〇ポンド）、（3）アイルランド警察の費用の全額、（4）救貧行政の医務官給与の半額（一一万五〇〇〇ポンド）、（5）救貧行政の貧困教育の教師費用（年間三万ポンド）、（6）救貧区連合の会計監査官の給与全額（一万五〇〇〇ポンド）を提案し、実施された。[47] そして以下にみるように、穀物法の廃止以降、国庫補助金は急速な拡大をみせた。

一八四六年	（初等教育）	教師（有資格教員・退職教員・見習生・奨学生）の給与の一部
一八五二年	（初等教育）	出席児童数に基づく頭割り補助金の導入
一八五六年	（警察）	カウンティおよびバラ警察の給与と衣服の四分の一
一八六〇年	（政府資産）	教区に対して政府資産の課税評価額（ratable value）の七分の一
一八六一年	（初等教育）	出席・試験に基づく出来高補助金の導入
一八六七年	（種痘）	教区の種痘医に対し児童一人当たり一シリング以内の補助金
一八七〇年	（初等教育）	初等教育法に基づく困窮地域に対する追加補助金（建設補助金は廃止）
一八七三年	（医療・衛生）	衛生当局に対する医務官と衛生視察官の給与の二分の一
一八七四年	（警察）	地方警察に対する補助比率四分の一から二分の一への引上げ
	（精神病者）	貧困精神病者をワークハウスから施設へ移すための一人週当たり四シリングの国庫補助金の導入
	（戸籍）	救護官に対して人口統計作成のための戸籍登録費用の増加分
	（政府資産）	全教区に対して政府資産のレイト課税相当額[48]

この結果、表5-2（ただしイングランド・ウェールズに限定）に見られるように、国庫補助金額は急速に増大していった。一八六二年の出来高補助金のように、補助金自体の合理化を求める改革も含まれていたが、初等教育に対する国庫補助金も、一八四八年の八万三〇〇〇ポンドから、一八六一年には八一万三〇〇〇ポンド、一八七三年には一四二万五〇〇〇ポンド（ただし大ブリテンに限定）へと急激な膨張を見せた。[49]

以上のように、国庫補助金という新しい財政的措置によって、土地＝農業利害に対する経済的「譲歩」＝「保護」が継続されていったのである。先述の公共事業貸付金政策と合わせて考慮に入れる時、行財政的な観点からみても、もはや穀物法廃止を、産業資本あるいは商工業者の利害に基づく「自由放任主義の勝利」とする理解は単純にすぎると言えるだろう。穀物法の廃止後も、議会の構成は、依然として地主ジェントルマンが圧倒的多数を占め続けているにもかかわらず、[50]後述するように、農業負担を軽減すべしという意見を受け入れる代わりに、地主ジェントルマンによる統治の基盤となる「地方的自律性」を次第に失っていったのである。

他方で、商工業者たちの利害代表とされてきたコブデンとブライトの戦略は、ピールのトーリー・リベラリズムによって、そして何よりも当の商工業者たちによって完全に裏切られていった。限嗣相続制の廃止・制限によって〈土地の自由貿易 'Free Trade in Land'〉を実現し、経済改革を通じて土地貴族政を打破してゆくという彼らの政治的意図は、穀物法廃止によっては決して実現されなかった。[51]事実、一八四八年に設立されたリバプール財政改革協会（The Liverpool Financial Reform Association）においても、四〇シリング自由土地保有運動に基づく議会改革という彼らの戦略は受け入れられず、[52]結局、地主とミド

表5-2　国庫補助金の推移（イングランド・ウェールズ）

（単位ポンド）

	1842-3年	1852-3年	1872-3年	1875-6年
救貧連合·衛生(1)	—	118,237	181,878	602,629
司法・警察(2)	228,684	431,800	888,888	1,490,463
政府資産	15,628	18,186	63,236	132,714
その他	90	90	10,090	10,475
総計	244,402	568,313	1,146,092	2,236,281

［出所］ J. W. Grice, National and Local Finance, pp. 364-5 より作成。
［備考］ (1) 救貧学校教師・医務官・衛生視察官・会計監査官の給与、種痘、貧困精神病者、戸籍を含む。
(2) 感化院・更生学校の児童扶養も含む。

ルクラスの融合関係の進展[53]とともに、商工業者たちの諸団体は、自らの政党を組織することなく、地主貴族政の内部において、経済的「圧力団体」として組み込まれていったのである。

だが、穀物法の廃止によって地主貴族政の温存が図られ、結果として「名望家支配」が継続されていったのであろうか。イギリスの体制改革はリフォーミズムを基本とし、極めて漸進的であった。その意味で、国庫補助金の持つ意味は両義的であった。この両義性は、ピールの提案の内にすでにはらまれていた。すなわちピールは、国庫補助金を、単に農業＝土地負担に対する直接的補償としてではなく、あくまで地方行政に対する中央政府の統制を有効ならしめる制裁手段として提案していたからである。

先に述べたように、(1) アイルランド農村警察への国庫補助金の導入は、警察力を政府の直接的統制下に置く——つまり地方当局の任命権・介入権限を奪う——ことを目的とし、(2) ワークハウス教師への給与補助も、一定の資格試験の実施と学校運営に対する査察・統制によって、宗教問題に介入することなく、政府が、救貧学校教師に対する解雇権と査察権を獲得することを目的としていた。そして、(3) 刑事訴追費用、救貧医務官、救貧連合の会計監査官に対する国庫補助についても、同様に政府統制を拡大するための手段として位置づけられていた[55]。

つまり〈レイト負担軽減〉の論理は、中央政府による行政統制を導く「国家干渉」の論理と不可分のものとして提案されていたのであり、農業保護主義者たちが土地に対する「税負担」の軽減を政府に求めれば求めるほど、「パターナリズム―服従関係」の基盤たる〈地方的自律性〉と〈裁量権〉を失ってゆくというパラドキシカルな関係が生じていったのである。

トーリー保護主義者が、古典派経済学に依拠して——リカードゥとマカロックの名を公然とあげて——、〈農業保護＝穀物法の継続〉か〈土地の税負担の除去〉かという二者択一をピールに迫り[56]、さらにピール派の離脱と四九年穀物法の全廃によって打撃を受けたトーリー党を再建するために、ディズレーリが、一八四九年三月、五〇年二月と二度にわたり、救貧（最初は司法行政・ハイウェイ・教会維持も含めて）を国家的業務と見なし、そのレイト（土地家屋の賃貸価格にかかる地方税）の負担軽減のために国庫補助金を要求する決議案を下院に提出し否決された時、[57]事態がどの方向へ進んでゆくかはもはや明らかであった。

すなわち保護主義者たちが、地主・ファーマーの支持を得るために、レイトの軽減を求めてゆくという方向性をいったん受け入れてしまえば、国庫補助金を媒介とした政府介入に対する抵抗力は、次第に失われざるをえないのである。しかも彼らにとって、より重大なことは、それが、〈司法・警察〉と〈教育〉というパターナリズムの最も基幹的機能において生じたという点である。決算書から〈純粋の議定費〉だけを抽出すると、一八四〇年の一七三五万ポンドから、一八七五年の四七三四万ポンドへと約二・七倍に増加し、中でも議定民政費は、同期間に二五二万ポンドから一三一二万ポンドへと五倍以上の伸びを示している。しかも表5-3・表5-4からもわかるように、司法警察費と教育費がその伸びを主導しているとともに、その大半は国庫補助金によって供給されているのである。

さて事態は再び、「自由主義」的な税制改革を契機として展開する。ピール派のグラッドストーンは一八五三年に蔵相として、第四次関税改革および所得税廃止計画を打ち出すとともに、土地貴族の継承的不動産・動産に対して相続税（Succession Duty）を新たに賦課した。[58]しかも同時に、オーストラリア囚人植民地制度の廃止（移民の完全自由化）による地方税負担増加が予測される中で、警察改革と警察補助金導入の検討が再び始まったのである。[59]すなわち、一八五三年警察特別委員会は、任意法としての一八三九年法の欠陥を認め、全カウンティに有給警察を設立する一方で、小規模なバラ警察をカウンティ警察に統合することによって、その効率化と支出削減を図るとともに、国庫補助金によって、政府がその費用を援助すべきであると勧告した。

この勧告を受けて、翌一八五四年、パーマストン内相は、（1）全カウンティにおける有給警察とそれを監督・指導する内務省査察官の設置、（2）人口二万人以下のバラ警察のカウンティ警察への吸収合併、（3）人口二万人以上のバラ警察（Watch Committee および Chief Constable）に対する内務省の監督権限の拡大——を骨子とする極めて中央集権的な警察改革案を議会に上程した。

この案は、勧告と比べると、内務省の権限が拡大されている一方で、クリミア戦争に伴う財政難もあって、国庫補助金の条項が脱落させられていた。そのため、権限を喪失するバラの治安判事を中心とする地方利害の抵抗にあい、ついに廃案に追い込まれてしまった。そこで、パーマストンを引き継いだグレイ内相は、法案を成立させるために、治安判事および地方納税者利害に対する次のような譲歩を行なった。

まず第一に、四季裁判所を農村警察当局とし、第二に、人数・訓練の能率性に関する査察官の証明書に基づい

表 5-3　司法警察費に占める補助金（単位 1000 ポンド）

	(1) 議定司法警察費	(2) 議定司法警察費（イングランド・ウェールズ）	(3) 補助金（イングランド・ウェールズ）	(3)/(2) %
1842	812.3	317.0*	228.7	72.1*
1852	882.0	637.7	431.8	67.7
1872	3853.0	2411.8	888.9	36.9
1875	4910.8	3127.9	1490.5	47.7
1885	6236.0	3846.9	2134.8	55.5

［出所］（1）（2）は各年度イギリス決算書。
（3）は表 5-2 より抽出。
［備考］＊植民地関係支出は除いてある。

表 5-4　議定教育費に占める初等教育補助金

（単位 1000 ポンド）

年度	(1) 議定教育費 (U. K.)	(2) 議定教育費（大ブリテン）	(3) 初等教育への補助金（大ブリテン）	(3)/(2) %
1848	355.2	229.2	69.2	30.2
1850	445.3	276.8	160.1	57.8
1855	824.3	618.6	325.3	52.6
1860	1230.7	1001.3	658.6	65.8
1865	1279.3	940.0	561.1	59.7
1870	1755.5	1371.8	822.3	59.9
1875	2945.3	2361.0	1714.5	72.6
1880	4288.2	3542.5	2753.6	77.7
1885	5268.5	4440.0	3545.5	79.9

［出所］（1）（2）は各年度イギリス決算書より算出。
（3）は *Statistical Abstract for the United Kingdom*, No. 10（p. 86）, No. 19（p. 115）, No. 33（p. 193）より算出。
［備考］（1）（2）の会計年度は 1850 年まで翌年 1 月末日、1855 年以降は翌年 3 月末日終了。
（3）は 1870 年まで 12 月末日、1875 年以降は翌年 3 月末日終了。

て、給与と制服費の四分の一について国庫補助金が支給されるという規定を加え、第三に、バラ警察に対する内務大臣の規則制定権の条項を除去したのである。[60] このようにして、一八五六年カウンティ・バラ警察法は成立したのである。

だがここで、この一八五六年法の妥協的・漸進的性格の意義を改めて強調しておかねばならない。すなわち、第一に、同法に先行して、都市治安の強化あるいは財産侵犯や労資紛争の取り締まり等のために、略式裁判に基づく治安判事の〈裁量権〉の拡大がなされていた。一八四七年少年法（Juvenile Offenders Act）、一八五五年刑事裁判法（Criminal Justice Act）、そして一八七九年略式裁判法（Summary Jurisdiction Act）など一連の立法が、それであった。

第二に、一八五六年法の譲歩によって与えられた治安判事および警察官の裁量権は、新警察の導入に対するコミュニティの「同意」を取り付けるために、注意深く利用されていった。[61] 以上の点を踏まえればわかるように、一八五六年警察法は、国庫補助金という制裁手段と結びついた査察制度を通じて、漸進的に政府統制を拡大してゆく法的枠組みを提供していたのである。[62]

事態は、教育においても同様であった。すなわち、一八四六年の教師給与一部国庫補助、一八五二年の頭割り補助金の導入に続いて、一八六二年教育令（Revised Code）によって、出来高補助金が導入されていった。六二年法自体は、補助金の効率化を意図したものであったが、三R（読み書き算数）の試験結果を補助金の算定基準としたために、教育の世俗化を急速に進める結果をもたらしたのである。[63]

このような国庫補助金の増加は、一八六七年の第二次選挙法改正によって、一層加速されていった。国政レベルにおいて、財産占有者（レイト納税者）を政治的国民として認知したことによって、レイトを含む租税負担の社会的配分をめぐる対立が、農業＝土地利害と商工業＝都市利害の政治的対立のシンボルを再び提供したからである。両者の対立点は、トーリーが、農業＝土地負担軽減のために国庫補助金の増額を主張したのに対し、リベラルは国庫補助金による経費の膨張に反対し、行政機構と課税単位の整理統合によって、地方税負担の軽減を図ろうとする点にあった。

前者は、一八七四年のノースコート予算における警察・貧困精神病者・戸籍・政府資産に対する国庫補助金の導入・増額によって達成され、後者は、一八七一年の地方自治庁の設置、七一年、七二年、七五年の公衆衛生法となって結実していった。[64] 結局、国庫補助金をめぐる両者の対立を媒介にしてもたらされたのは、（1）地方統治機構が、都市衛生区と農村衛生区という純粋な行政単位に統合されるとともに、（2）救貧と衛生業務を中心にして、国庫補助金と査察権限を付与されてきた主管部局が地方行政庁に一本化されたことであった。ここに、ベンサム主義的改革は裏切られながら、国庫補助金の拡大とともに、漸進的にベンサマイトが望んだ集権化が実現したのである。

国庫補助金を介したこれらの諸改革の持つ含意は、もはや明らかであろう。これらの諸改革によって、治安判事制・大土地所有制・教区教会などを通じて行使される地主ジェントルマンのパターナリズムは、漸進的だが確実にその基盤を失っていった。すなわち、「税負担軽減」＝「効率化」の論理に基づいて実施される査察と試験制度を通じて、（1）刑罰に対する情状酌量や警察の監督・任命解雇権などに関する国教会の主導性は漸次、制約されてゆき、こうした一連の地方行政・地方官吏に対する政府の統制強化の延長上に、一八五四年・七〇年の公務員改革が実施され、地主貴族のパトロネジ（情実任用権）はその頂点において大きな打撃を受けることになったからである。[65]

D・ロバーツによれば、〈財産所有は、権利同様、義務を持ち〉、その義務の遂行こそが、地主ジェントルマンのパターナリスティックな権威の源泉であった。[66] しかし、地主ジェントルマンは、財産の負担軽減を求めれば求めるほど、〈財産の義務〉を国家に譲渡せねばならず、かかる譲渡によって、パターナリズムの基礎的条件を漸次、喪失していった。しかも、さしあたりは、〈司法・警察〉と〈教育〉という近代国家における〈強力〉と

〈同意〉の最も基幹的な機能において、こうした関係が生じていった。まさに穀物法の廃止が、こうした漸進的政治改革の体制を作り出したのである。

そして第一に、〈税負担の社会的配分〉をめぐるこのような政治家の対抗関係をつうじて、古典派経済学は表層の主張とは裏腹に事実上のベンサム改革を導き、第二に、穀物法廃止を契機とする国庫補助金の増大は、この新しい国家機構創出の課題を漸進的に推し進めてゆく重要な媒介的役割を果たしていった。かかる意味において、穀物法の廃止は、政治体制としてのリフォーミズムの選択であったのであり、そこにこそイギリスの「行政革命」の特徴があったのである。

4―チャーティズムの敗北と労働者階級のリフォーミズム

これまで、一七八〇年代の小ピットの公会計調査委員会からピールの穀物法廃止に至る経済改革を通して、トーリー・リベラルの路線を中心に「自由主義」的行財政改革を分析してきた。それは、土地貴族を含む富裕層が自ら臨時的手段として所得税を負担して、その負担を背景にして「古い腐敗」を取り除き、経費を削減して王権の影響力を抑制すると同時に、急進主義的な議会改革をも抑え込んでいく経済改革路線ゆえに、漸進的な体制改革をもたらしてきた。

それに関連して、「労働者階級」のリフォーミズム形成の問題について、ふれておかねばならない。一八五〇年代以降における労働者ラディカルの全体的後退の起源もまた、「労働貴族」といった特定の職業階層に結びつけることはできない。もちろん、サミュエル・スマイルズの『自助論』(一八五九年)の影響も無視できないが、一八五〇年以前においても、相対的に特権化した穏健な労働者層の存在、あるいは労働過程における請負契約制(subcontracting)も見出せるが、逆に五〇年代以降にも、「労働貴族」による友愛組合や貯蓄組合の独占を見出すことはできない。さらに、綿工業を典型とする労働過程の機械化に伴って、職人・労働者の熟練規制や職場規制力の全般的な喪失と、雇用主への「従属」を強調する見解も存在しているのである。[67]

では、労働者間で政治的ラディカリズムが後退した要因を、特定の職業階層の存在に求めることができないとすれば、どこに決定的な要因を見出せばよいのか。我々は、チャーティズムの論理それ自体に、一つの根拠を求めねばならない。

いま一度、チャーティスト運動が、経済要求運動ではなく政治運動であったという事実を思い起こしてみよう。すなわち、彼らにとって政治権力、なかんずく立法権の独占こそが富の独占を生み出す原因であり、また立法権の独占者によってもたらされた、(1)課税負担の圧迫、(2)地代とパン価格を引き上げる穀物法、(3)公債所有者の利益を優先するデフレ的な金本位制、(4)工場制度の恐怖、(5)生存権を否定する新救貧法、これら全てが彼らの経済的困窮を作り出したと考えられた。そして、この意味において、普通選挙権をはじめとする六項目の人民憲章は、彼らの運動の究極の目的であり、それが信じられる限りで運動は継続しえたのである。

逆に言えば、地主貴族政の下で、穀物法廃止をはじめとする体制内改革の可能性が示され、かつ、その下で少しでも経済的地位が改善されてゆけば、チャーティズムの論理は、大衆的説得力を喪失してゆかざるをえない。依然として、労働組合の闘争は発生するが、もはや労働者の間で、政治的変革によって自らの経済的地位を改善してゆこうとする指向性は著しく減退してゆかざるをえないのである。[68]

しかも先述したように、漸次的であれ「行政革命」が進んでゆけば、地主ジェントルマンだけでなく、伝統的社会関係に依拠してきた政治的急進主義の民衆的基盤は次第に失われ、他方、一八七一～七五年の労働組合法や七五年の友愛組合法などによって、まがりなりにも国家が労働者団体を法認してゆけば、それらは「国家の中の国家」として次第に組み込まれてゆかざるをえないのである。

IV　小括

これまで、名誉革命体制から穀物法廃止、航海条例廃止の自由貿易体制が確立するまで、イギリス近代の「自由主義」とは何かを明らかにしてきた。地主貴族政が、私的所有権を確立する公共信託という法理を適用しながら、自由主義的な行財政改革という経済改革をもって漸進的体制改革を実現してきたのであり、必ずしも産業資本あるいは商工業者がレッセ・フェール国家を実現したとは言えない。しかも実現した「自由主義」的行財政改革は、必ずしもレッセ・フェールとは言いがたく、通説はほぼ「虚構」であったと言える。

ところが、イギリス近代資本主義は、世界で最も早く最も成長してきたがゆえに、これまで近代啓蒙の範型とされてきた。それは、どこかで近代的個人主義や経済合理性を想定し、社会・人文諸科学が現実をみる際に鏡の役割を果たしてきた。問われるべきは、戦後啓蒙であれポストモダン思想であれ、イギリス近代の史実とは異なる近代モデルを想定してはいなかっただろうか、ということである。近代の政治経済はそれほど単純ではない――本書の副題「近代の鏡は乱反射する」の意味するところである。

しかも「イギリス近代と自由主義」は、一国的な視点に限定されず、パクス・ブリタニカの姿を投影している。筆者は、資本主義は国内外で非資本主義的領域をたえず食い尽くして成長していくものだと考えている。外には植民地を、内には地域や家族までをも次々と市場の中に巻き込んでいく。その際、「自由主義」的行財政改革は直接、市場化を進めたり、間接的にその整備を進めたりすることで、資本主義的領域を広げる役割を果たしてきた。ところが、それがしばしば人間の生活を危うくし、政治体制をめぐる争いを引き起こしてきた。イギリスはその衝突を、漸進的な体制転換によって収めてきたのである。こうした研究は、パクス・アメリカーナの現状についても、いくつかのインプリケーションを導くことができるだろう。機会を改めて検討したい。

あとがき

昔の私の研究をもう一度引っ張り出し、再考して出版するとは思わなかった。

本書の初出の論文は以下だが、三〇年から四〇年も前に書いたものである。もちろん、十分とはいえないが、これらをもとに、財政史や税制史の文献、そして目立ったイギリス史やインド史の業績を中心に検討し、部分的に加筆修正した。

「「安価な政府」と植民地財政――英印財政関係を中心にして」福島大学経済学会『商学論集』第四八巻第三号一九八〇年一月
'The Fallacy of The "Balanced-Budget Rule" in 19th-Century Britain "Cheap Government" and Colonial Government Finance,' Annals of the Institute of Social Science, No.25, 1983-84, University of Tokyo
「「自由主義的」行財政改革の形成（一）」東京大学『社会科学研究』第三四巻第二号、一九八二年八月
「「自由主義的」行財政改革の形成（二）」東京大学『社会科学研究』第三四巻第三号、一九八二年一〇月
「段階論と「世界市場」像の再検討――イギリス綿業資本の資本蓄積と植民地インド」『社会科学研究』第三四巻六号、一九八三年三月
「イギリス近代国家における中央と地方」『思想』第七四六号、一九八六年八月号

なぜ、しばらく研究を放置していたのか。

この間、一九八九年にブルーワの「財政＝軍事国家」論が提出され、イギリス財政史における有力な考え方と

して広がっていた。さらには一九九三年に、ケインとホプキンスの「ジェントルマン資本主義の帝国」論が出てから、イギリスの「強さ」を再び強調する歴史観が次々と登場していた。そしてサッチャリズムが登場した後に起きた、シティの金融力を強調する論調の変化については気にかかっていた。その当時も私は、ブルーワの議論やケインとホプキンスの議論に、いろいろと問題点を感じていたが、サッチャリズムが席巻した状況への違和感が強かったので、一九八〇年代後半から、イギリス現代財政の分析に注力し始めていた。しばらくして、一九九〇年代半ばに日本のバブル崩壊が深刻化してきたため、イギリス財政史の研究から離れざるをえなかった。新自由主義批判とセーフティネット論や反グローバリズム、不良債権処理、長期停滞論、社会保障改革、地方分権改革と地域経済論、現代カタストロフ論など、様々な政策論を展開せざるをえなかった。

では、なぜ今さら、これまで眠らせていた研究を改めて世に問わなければならないと思い至ったのか。自分が歳をとったからではない。今の日本では「新自由主義」の考え方が根強く残る一方、三世の世襲議員が政権党を支配し、歴史を修正し、公文書や統計を改竄しても責任を問われず、自由と議会制民主主義を空洞化させている。イギリス近代の研究をしていた当時には想像できなかった事態が起きていることが大きい。

戦後啓蒙が描いた近代とは何だったのか、理念的道徳的な市民はどこにいたのか、どこで間違ったのか、改めて近代の自由主義や民主主義を問い直さなければならないと思うようになってきた。少なくとも本書をまとめてみて、そもそも戦後啓蒙が描く近代像が間違っていたのではないかという思いを強くした。近代の「経済的自由主義」と現代の「新自由主義」の「虚構性」を問う方法論的枠組みを問うことをしなければ、西欧近代モデルを受け入れてしまう日本人の心性は、これからも絶えず再生産されてしまうだろう。

もちろん、問題は近代にとどまらない。近代以降の社会権の問題も横たわっているからだ。日本では伝統的に労働組合の産業別規制力が極めて弱く、企業別組合の下、企業に忠誠を誓う人間以外は生きづらくなっている。考えてみれば、西欧社会と違って現代の社会民主主義についても、主体としても政策としても本格的に成立することなく、新自由主義によって福祉国家が「破壊」されつつある。研究はいつでも未完であるけれど、原点に立ち戻ってイギリス近代を問い返しながら、同時に現代の問題を重ね合わせつつ、日本の「未完の近代」の意味を問い続けなければならないと考えている。

最後に、本書の完成にあたっては、長谷川貴彦氏と土橋康人氏に大変お世話になったことを記して感謝の気持ちを表したい。長谷川氏は、私がイギリス歴史研究から遠ざかっていた間にも、怠け者の私に研究動向の案内をして下さり、貴重な教えをいただいた。土橋氏は、彼が大学院生の時からの付き合いで、いつの間にかイギリス研究でも追い越されてしまった。両氏にはお忙しい折に、原稿に目を通していただき、貴重なコメントをいただいた。もちろん本書の基本的欠点は筆者の責任であるが、長谷川氏と土橋氏の貴重なコメントがなければ、さらに拙い研究になってしまっただろう。そして最近では、次々と立派な研究者として自立していった教え子たちと意見を交換できるだけでなく、教えられる機会が増えたことに幸せを感じている。また池上岳彦氏や関口智氏や菅沼隆氏らをはじめとする立教大学経済学研究科の先生方には、貴重な研究の機会を与えていただいた。それから、粘り強く出版を進めて、編集作業をしていただいた筑摩書房の石島裕之さんには大変お世話になった。これらの方々に、心から御礼を申し上げて、筆を擱きたい。

二〇二二年四月

金子　勝

pp. 64-65)。

63——Pamela Silver, and Harold Silver, *The Education of the Poor: The History of a National School 1824-1974* (London: Routledge and Kegan Paul, 1974), chap. 4-6; Evans, *op. cit.*, pp. 321-22. 岡本与好『自由経済の思想』東京大学出版会、1979年、第6章、世界教育史研究会編『世界教育史大系7——イギリス教育史I』講談社、1974年、249〜63頁、同『世界教育史大系29——教育財政史』講談社、1976年、109〜17頁参照。

64——Avner Offer, *Property and Politics 1870-1914: Landownership, Law, Ideology, and Urban Development in England* (Cambridge: Cambridge University Press, 1981), chap. 10 & 11.

65——Kenneth Clinton Wheare, 'Civil Service', in Valerie Cromwell, *et al.* eds., *Aspects of Government in Nineteenth Century Britain* (Dublin: Irish Academic Press, 1978), pp. 20-30. 村岡健次のように、パブリック・スクールの改革やミドル・クラスの雇用機会と結びつける見解(前掲書、143-47頁)に対しては、批判的見解が存在することに注意せねばならない(Jenifer Hart, 'The genesis of the Northcote-Trevelyan Report', in Gillian Sutherland, ed., *Studies in the Growth of Nineteenth-Century Government* [London: Routledge and Kegan Paul, 1972], pp. 63-81)。

66——David Roberts, *Paternalism in Early Victorian England*, pp. 1-22.

67——Gareth Stedman Jones, 'Class Struggle and the Industrial Revolution', *New Left Review*, Vol. 90, No. 65, 1975, pp. 30-31; Patrick Joyce, *Work, Society and Politics: The Culture of the Factory in Later Victorian England* (New Brunswick: Rutgers University Press, 1980); Neville Kirk, *The Growth of Working Class Reformism in Mid-Victorian England* (Urbana: University of Illinois Press, 1985).

68——Gareth Stedman Jones, 'The Language of Chartism', pp. 14-15 and pp, 50-52 (ステッドマン・ジョーンズ(長谷川貴彦訳)、前掲書、20〜21頁および59〜64頁)、Kirk, *op. cit.*, pp. 19-25.

(London: Knight and Company, 1925), pp. 23-24; Chester, *op. cit.*, p. 233.

42——Chester, *op. cit.,* pp. 279-281.

43——David. C. Moore, 'The Corn Laws and High Farming', *The Economic History Review,* Vol. 18, No. 3, 1965, pp. 544-561、椎名重明『近代的土地所有——その歴史と理論』東京大学出版会、1973年、第3章、また古典派経済学の再検討については、服部正治「穀物法批判の前提(上)(下)」『立教経済学研究』第36巻第3号、第4号、1983年1月、3月参照。

44——*Hansard P. D.,* 3rd ser., Vol. 83, p. 185.

45——*Ibid.,* pp. 335-36 and pp. 429-432.

46——*Hansard P. D.,* 3rd ser., Vol. 83, pp. 271-74.

47——佐藤芳彦『近代イギリス財政政策史研究』勁草書房、1994年、26〜29頁。藤田哲雄『近代イギリス地方行財政史研究——中央対地方、都市対農村』創風社、1996年、第2章も参照。

48——John J. Clarke, *The Local Government of the United Kingdom* (London: I. Pitman, 1948), originally published 1922, chap. 26; James Watson Grice, *National and Local Finance* (London: P. S. King & Son, 1910), pp. 31-73.

49——*Statistical Abstract for the United Kingdom,* No. 10 (p. 86), No, 19 (p. 115) & No. 33 (p. 193).

50——David Cresap Moore, *The Politics of Deference: A Study of the Mid-Nineteenth Century English Political System* (Sussex: Harvester Press, 1976). なおピール派分裂の政党政治への影響については、Evans, *op. cit.*, chap. 36; Gash, *op. cit.,* chap. 9等を参照。

51——Harold Perkin, *The structured Crowd,* pp. 109-14.

52——西山一郎「リヴァプール財政改革協会について——その成立まで」『香川大学経済学部研究年報』第20号、1981年3月、148〜50頁。

53——F. M. L. Thompson, 'English landed society in the nineteenth-century', in Pat Thane, Geoffrey Crossick and Roderick Floud, eds., *The Power of the Past: Essays for Eric Hobsbawm* (Cambridge: Cambridge University Press, 1984), pp. 195-214.

54——Clark, G. Kitson 'The Repeal of the Corn Laws and the Politics of the Forties', *The Economic History Review,* Vol. 4, No. 1, 1951, pp. 12-13; do., *The Making of Victorian England* (London: Routledge, 1962), p. 7; Gash, *op. cit.,* pp. 241-42.

55——*Hansard P. D.,* 3rd ser., Vol. 83, pp. 273-75.

56——*Ibid.,* p. 913.

57——*Ibid.,* Vol. 103, pp. 424-39 and Vol. 108, pp. 1036-45. 最初の提案は、119票差だったが、2回目は、グラッドストーンも賛成に回るなどしたため、票差は21票に縮まった。

58——土生芳人、前掲書、第3章第3節、佐藤芳彦「1853年関税=財政改革における『不動産・継承的動産取得税』の成立」『土地制度史学』第25巻第4号、1983年7月、40〜51頁参照。

59——Roach, *op. cit.,* p. 171; Chester, *op. cit.,* p, 341; Grice, *op. cit.,* pp, 38-41.

60——*Hansard, P. D.,* 3rd ser., Vol. 40, cols. 234-36. なお治安判事の抵抗の論理については、*Ibid.,* Vol. 141, cols. 1574-76.

61——Jones, *op. cit.,* pp. 19-22. なお司法警察改革の漸進性については、Victor Bailey, ed., *Policing and Punishment in Nineteenth Century Britain* (London: Routledge, 1981), chap. 1参照。

62——国庫補助金支給を受けていないバラ・カウンティの数は、1857年の120から、1860年に78、1870年に56、1880年に32と漸減してゆき、1890年に一掃されていった(Grice, *op. cit.,*

23——階級意識形成という観点からの分析については、古賀秀男『チャーティスト運動の研究』ミネルヴァ書房、1975年を参照。また最近の研究動向については、岡本充弘「『上から』のチャーティズム」『山形大学史学論集』第1号、1981年1月、29〜40頁、同「『下から』のチャーティズム」『社会運動史』第9号、1981年5月、81〜117頁が詳しい。

24——Gareth Stedman Jones, 'The Language of Chartism', in James Epstein and Dorothy Thompson, eds., *The Chartist Experience: Studies in Working-Class Radicalism and Culture, 1830-60*（London: Macmillan, 1982), pp. 9-11 および Gareth Stedman Jones, *Languages of Class: Studies in English Working Class History1832-1982*（Cambridge: Cambridge University Press, 1983), chap. 3［G. ステッドマン・ジョーンズ（長谷川貴彦訳）『階級という言語 ―イングランド労働者階級の政治社会史 1832 - 1982 年』刀水書房、2010年、第3章］参照。

25——E. P. Thompson, 'Eighteenth-century English Society: class struggle without class?' *Social History,* Vol. 3, No. 2, 1978, pp. 133-165. 近藤和彦「1756〜7年の食糧蜂起について（上）（下）」『思想』第654号& 655号、1978年12月、1979年1月参照。

26——David Jones, *Crime, Protest, Community and Police in Nineteenth-Century Britain*（Boston: Routledge and Kegan Paul, 1982), chap. 2 and 3.

27——*Ibid.,* pp. 19-22.

28——Roach, *op. cit.,* p. 121. 三好信浩『イギリス公教育の歴史的構造』亜紀書房、1968年、第2章参照。

29——福士正博「ウィリアム・コベットの『急進』主義——とくに農業労働者の社会的抗議を中心として」『土地制度史学』第24巻第2号、1982年1月、38〜54頁。

30——反救貧法運動については、Nicholas C. Edsall, *The anti-Poor Law movement 1834-44*（Manchester: Manchester University Press, 1971), chap. III〜VII, John Stevenson, *Popular Disturbances in England 1700-1870*（London: Longman, 1979), pp. 247-51を参照。反救貧法運動については、Edsall, *op. cit.*, chap. III〜VII, Stevenson, *op. cit.*, pp. 247-51を参照。

31——岡本充弘「1839年のチャーティズム——第1回国民大会について」『山形大学紀要（人文科学）』第9巻第4号、1981年1月所収、109〜139頁。

32——Jones, *op. cit.,* p. 22 and chap. 4; Stevenson, *op. cit.,* pp. 251-52.

33——Edsall, *op. cit.,* chap. VIII.

34——Derek Fraser, *Power and Authority in the Victorian City*（Oxford: Blackwell, 1979), pp. 16-21.

35——Derek Fraser, *Urban Politics in Victorian England: The Structure of Politics in Victorian Cities*（London: Macmillan, 1976), pp. 21-22, 119-22.

36——Edward Royle, and James Walvin, *English Radicals and Reformers 1760-1848*（Lexington: University Press of Kentucky, 1982), pp. 172-80; Paul Adelman, *Victorian Radicalism: The Middle-Class Experience 1830-1914*（London: Longman, 1984), chap. 1.

37——Daunton, *op. cit.,* 2012, pp. 136〜7.

38——Daunton, *op. cit.,* 2001, pp. 82〜90.

39——Daunton, *op. cit.,* 2012, p. 133.

40——*Hansard Parliamentary Debates,* 3rd ser. Vol. 83, Cols. 264-76（以下 *Hansard P. D.* と略す）。

41——J. R. Johnson, *Loans of Local Authorities: England and Wales, second edition, revised*

Eric J. Evans, *The Forging of the Modern State: Early Industrial Britain 1783-c. 1870* (London: Longman, 1983), pp. 223-27 参照。

10——*Report from His Majesty's Commissioners for Inquiring into the Administration and Practical Operation of the Poor Laws,* P. P., 1834, xxvii, p. 161.

11——ブランデージは、新救貧法における地主ジェントルマン支配の再編強化の意図と旧救貧法との連続性を強調している（Anthony Brundage, *The Making of the New Poor Law: The Politics of Inquiry, Enactment, and Implementation, 1832-39* [London: Hutchinson, 1978]）。

12——Michael E. Rose, 'The Allowance System under the New Poor Law', *The Economic History Review,* Vol. 19, No. 3, 1966, pp. 607-620; Michael E. Rose, ed., *The Poor and the City: The English Poor Law in its Urban Context 1834-1914* (Leicester: Leicester University Press, 1985), pp. 6-7; David Ashforth, 'The Urban Poor Law', in Derek Fraser, ed., *The New Poor Law in the Nineteenth Century* (London: Macmillan, 1976), pp. 128-148.

13——Anne Digby, 'The Labour Market and the Continuity of Social Policy After 1834: The Case of the Eastern Counties', *The Economic History Review,* Vol. 28, No. 1, 1975, pp. 69-83.; do., The Rural Poor Law', in D. Fraser, ed., *op. cit.,* pp. 149-170.

14——ただし、新救貧法が目標とした男子労働能力者の院外救済削減に関して、同法は成功したとする見解もある（Karel Williams, *From Pauperism to Poverty* [London: Routledge and Kegan Paul, 1981], chap. 2)。34年改正救貧法を契機にして、教区会（Vestry meeting）は頻繁には開かれなくなり、新しい救護委員会（Board of Guardian）の場所を確保することに力が注がれるようになった。しかし、イングランド南部農村では一九世紀半ばまで院外救済が実施されており、三四年改正救貧法に対する抵抗が長く続いた。結局、一九世紀半ばの繁栄と第二期農業革命が、スピーナムランド（賃金補助）の亡霊を追い払った（David Eastwood, *Governing Rural England: Tradition and Transformation in Local Government 1780～1840* [Oxford: Clarendon Press, 1994], pp. 180～187)。

15——大沢真理、前掲書、139～146頁参照。

16——Chester, *op. cit.*, pp. 339-40, p. 357; John Roach, *Social Reform in England 1780-1880* (London: Batsford, 1978), pp. 125-128.

17——Chester, *op. cit.*, pp. 267-68; Denis G. Paz, *The politics of working-class education in Britain 1830-50* (Manchester: Manchester University Press, 1980), chap. v & vi.

18——Chester, *op. cit.,* pp. 335-36 and p. 358; Lubenow, *op. cit.*, chap. 3 参照。

19——David Roberts, *Victorian Origins of the British Welfare State* (New Haven: Yale University Press, 1960), pp. 93-95.

20——Jeremy Bentham, 'The Constitutional Code', in John Bowring, ed., *The Works of Jeremy Bentham, Vol. 9* (New York: Russel & Russel Inc., 1962), pp. 612-47.

21——*Hansard Parliamentary Debates,* 3rd ser., Vol. 205, cols. 1137-39. なおレイトの種類・目的・責任当局の運営上の混乱については、George J. Goschen, *Reports and Speeches on Local Taxation* (London: Macmillan, 1872), pp. 151-62; Chester, *op. cit.,* pp. 346-55.

22——Oliver MacDonagh や David Roberts (*Victorian Origins*) 以来の観点を継承した研究として、W. C. Lubenow, *op. cit.*; Norman Gash, *Aristocracy and People: Britain 1815-1865* (Massachusetts: Harvard University Press, 1979); David Roberts, *Paternalism in Early Victorian England* (London: Routledge, 1979), Part 3 等がある。

171—もちろん、18世紀後半のトーリー・リベラリズムを1830年代以降にも持ち込むには、いくつかの留保が必要である。とくに本格的な産業革命の進行とともに福音派非国教徒の台頭と国教会体制の動揺が進むことによって、職人、小売商、中小農などの政治的・文化的「自立化」傾向が現われ、トーリー・リベラリズムの限界を露呈させていったからである。この点については次の機会に改めて検討を加える。

第五章

1——たとえば村岡健次『ヴィクトリア時代の政治と社会』ミネルヴァ書房、1980年。村岡はペリー・アンダーソンの見解を踏まえて、文化的ヘゲモニーの観点から地主ジェントルマンの理念による正統化機能を重視している。あるいは柴田三千雄『近代世界と民衆運動』岩波書店、1983年は、「世界資本主義」論と「民衆運動」論を射程に入れて、重商主義・産業革命・帝国主義の各段階に対応する国家構造を、社団国家・名望家国家・国民国家と捉える。

2——Perry Anderson, 'Origins of the Present Crisis', *New Left Review,* Vol. 23, No. 1, 1964, 26-53［ペリー・アンダーソン（米川伸一訳）「現代イギリス危機の諸起源」『思想』第498号、501号、1965年12月、1966年3月、64～75頁、124～138頁］およびPerry Anderson, 'The Antinomies of Antonio Gramsci', *New Left Review,* No. 100, 1976を参照。なおE.P.トムスンのアンダースン批判については、E. P. Thompson, 'The Peculiarities of the English', in E. P. Thompson, *The Poverty of Theory and Other Essays*（London: Merlin Press, 1978）を参照。あるいはAnne Showstack Sassoon, 'Hegemony and Political Intervention', in Sally Hibbin, ed., *Politics, Ideology and the State*（London: Lawrence & Wishart, 1978), pp. 9-39; do., *Gramsci's Politics*（London: Routledge, 1980）; Eric J. Hobsbawm, 'Gramsci and Political Theory', *Marxism Today,* Vol. 21, No. 7, 1977, pp. 205-213等を参照。

3——Daunton, *op. cit.*, 2001, p. 132

4——長谷川貴彦、前掲書参照。

5——拙稿「産業革命期における教区制度の動揺——イギリス近代国家の世俗化と統治原理の転換」東京大学『社会科学研究』第35巻第6号、1984年3月、1～52頁参照。ただし、その後の研究では、少なくともアメリカ独立戦争までは、カトリックのフランスとの戦争における、プロテスタントとしての国教会の役割が強調されるようになっている。

6——「行政革命論争」については、岡田与好「自由放任主義と社会改革——「19世紀行政革命」論争に寄せて」『社会科学研究』第27巻第4号、1976年2月、1～37頁、同「自由放任と近代国家」吉岡昭彦・成瀬治編『近代国家形成の諸問題』木鐸社、1979年所収、井上洋「「19世紀イギリス行政革命」論争に関する一考察（一)、(二)」名古屋大学『法政論集』第93号、第94号、1982年10月、1983年1月などを参照。

7——岡田与好「自由放任と近代国家」およびTaylor, Arthur J., *Laissez-faire and State Intervention in Nineteenth-century Britain*（London: Palgrave, 1972）参照。

8——ElieHalévy, *The Growth of Philosophic Radicalism,* translated by M. Morris（New York: Macmillan, 1928), pp. 508-9; Dicey, *op. cit.*, chap. 9. こうした見解に対してパーキンは、団体主義への移行の契機として、むしろT・H・グリーンらの「積極的自由概念（the notion of *positive* freedom)」を重視した（Perkin, *op. cit.*, pp. 63-64)。

9——大沢真理『イギリス社会政策史——救貧法と福祉国家』東京大学出版会、1986年、83～93頁、

152—*LJ*, pp. 421-2（アダム・スミス、前掲書、151〜3頁）。

153—『国富論』でも同じ例がとりあげられている（*WN*II, pp. 146-7 [アダム・スミス、前掲書II、954頁]）。

154—民法の場合、「慣習法（コモン・ロー）によって救済を望みえない場合には、衡平法（エクィティ）裁判所に依頼」し（*LJ*, p. 424 [アダム・スミス、前掲書、159頁]）、それによって契約の自由と救済が保障された。

155—新村聡、前掲論文参照。

156—*LJ*, p. 435（アダム・スミス、前掲書、187〜8頁参照）。

157—ジョン・ロックは私的所有権に基づいて名誉革命体制を正当化する際、自然権と社会契約説を用いているが、イギリスの「自由主義」的財政改革を進めたタッカー、バークらはフランス革命とは対照的に、社会契約説と自然権を否定して、実際のイギリスの法理から漸進的改革を主張している。その点では、先行するスミスと共通性がある。

158—また運河・港湾についても、同じく地方法・私法に基づいて多数の公益事業が設立されていった。とくに運河については、John Robert Ward, *The Finance of Canal Building in Eighteenth-Century England*（London: Oxford University Press, 1974）参照。

159—Sidney Webb, and Beatrice Webb, *English Local Government: The Story of the King's Highway*（London: Longmans, Green and Co., 1913), pp. 116-7.

160—ハイウェイ・レイトについては、Edwin Cannan, *The History of Local Rates in England in Relation to the Proper Distribution of the Burden of Taxation, second edition*（London: P. S. King and Son, 1912), pp. 119-30 参照。なお受託者団体は、この他に通行税徴収部門設置、通行税収入を担保とする抵当借入、書記、収入役、公道調査官等の受託者団体の有給職員の任命、道路に関する諸計画等についての権限が付与された（William Albert, *The Turnpike Road System in England 1663-1840* [Cambridge: Cambridge University Press, 2007], pp. 58-60）。

161—*Ibid.*, p. 58. なお公共機関による監査はなく、この請負徴収制度が不正の温床となった点に留意しておかねばならない（S. & B. Webb, *op. cit.*, p. 119 and pp. 138-9）。またターンパイクに対する民衆の抵抗についてはStevenson, *op. cit.*, pp. 43-5 参照。

162—Redlich and Hirst, *op. cit.*, p. 137.

163—Cannan, *op. cit.*, p. 130.

164—Kingsley Bryce Smellie, *A History of Local Government, third edition*（London: Allen and Unwin, 1963), originally published 1946, p. 21.

165—戒能通厚、前掲論文、178頁。

166—椎名重明『イギリス産業革命期の農業構造』農業総合研究所、1962年、209頁。

167—ギルバートによる救貧法改革も同様の性格を持っていたことに留意する必要がある（梅川正美「イギリス産業革命期の救貧法（一）（二）」名古屋大学『法制論集』83号、84号、1980年3月、同年7月参照）。

168—長谷川貴彦、前掲書参照。

169—エルダン卿の大法官在職時（1801〜16年、1807〜27年）にエクィティの硬直化が進み、いわゆる「立法休止の時代」が到来したことに注意する必要がある（Baker, *op. cit.*, p. 45 and pp. 295-6 [J. ベイカー、前掲書、81、507頁]、Dicey, *op. cit.*, Lecture V [A.V. ダイシー、前掲書、第五]）。

170—Pamela Horn, *The Rural World 1780-1850: Social change in the English countryside*（London: Routledge, 1980), p. 220.

って各人は直ちに、契約しない人間の第一の基本的権利、すなわち自己の訴訟事由を確保するために、その全てを信託において委譲するのである」と主張するのである（*Ibid.,* p. 150；前掲書、122頁)。ただし、非国教徒プライス、プリーストリらと対決するバークにおいて、この信託は国教による国家の聖化と密接不可分の関係にあることに注意せねばならない。すなわち、受託者としての究極的責任は人民に対してではなく、「社会の一人の偉大な主人、創造主、創設者」（*Ibid.,* p. 190, 前掲書、163頁）たる神に対して負うのである。かかる国家の聖化に基づいて、議員も、人民に対する単なる受託者の地位ではなく、自らの「責任意識」に基づいて人民を庇護する立法を行ないうる包括的信託上の地位を確保するのである。

148—『グラスゴウ大学講義』でも、国庫官吏は「終身官であって、国王から全く独立している。彼らでさえ、議会によって指定された人々に支払う以外には、何物をも支払うことはできない。そして彼らは国家の債権者に弁済しなければならない。抵当の余剰は公債支弁のためのいわゆる減債基金にはいる。そして、この公債が現王家の統治を保持することになる。なぜならば、もし革命が起ったならば、利害関係のある国家債権者は、元も子も失うことになるからである。かくして、国民は、国家収入の管理上全く安全な地位にあり、このようにして自由の合理的体系がブリテンにもたらされた」（*LJ,* p. 421；アダム・スミス（高島善哉・水田洋訳)、前掲書、151頁）と述べている。なお*LJ*は、Adam Smith, *Lectures on Jurisprudence,* edited by R. L. Meek, D. D. Raphael and P. G. Stein (Oxford: Clarendon Press, 1978), 邦訳のページは、Bノートの訳である高島善哉・水田洋訳『グラスゴウ大學講義』日本評論社、1947年をさす。

149—ブルジョア急進主義がとる絶対的「安価な政府」論と区別して、スミスを相対的「安価な政府」論と位置づけることによって、スミスの国家観を「国家必要悪」説とする通説に批判を投げかけたのは山崎怜であった（山崎怜「アダム・スミスといわゆる“安価な政府”」『香川大学経済学部研究年報』第5号、1966年3月、142〜166頁、同「“安価な政府”をめぐる諸解釈について」『香川大学経済論叢』第38巻第6号、1966年2月、22〜63頁、同「《安価な政府》の基本構成」『香川大学経済論叢』第41巻第2号、1968年6月、15〜38頁などを参照)。だが、スミスが財政問題で直面した最大の問題こそ、膨大な公債累積・公債費負担をいかに削減するかということであった。何より公債費こそが、当時の国家経費の最大費目であって、その半ばを占めていた（1775年に総経費の約45%)。それに対するスミスの解決策が、『国富論』の結びにも述べられているように植民地改革だった。すなわちスミスは、国家義務を「自然的自由の体系」にふさわしい3つ（軍事・司法・公共事業）に制限すると同時に、重商主義政策による公債費と植民地経費（軍事費を含む）の悪循環を断ち切ることによって、経費の削減＝「安価な政府」の実現を図ろうとしたのである。

150—「市民政府の必要性は高価な財産の獲得につれてしだいに増大してくるから、服従を自然的にもたらす主要な諸原因も、この高価な財産の増大につれてしだいに増大するのである」（*WN*II, p. 203, 邦訳II、1035頁）として、能力、年齢、財産、家柄を服従の4原因としてあげ、財産を最も重視する（*WN*II, pp. 203-5［アダム・スミス、前掲書II、1036〜8頁］、*LJ,* pp. 401-2［アダム・スミス（高島善哉・水田洋訳)、前掲書、99〜100頁］)。この点については、中谷武雄「財産の権威と国家の権威——アダム・スミスの国家論（2)」京都大学『経済論叢』第119巻第6号、1977年6月、380〜400頁も参照。

151—新村聡「アダム・スミスにおける道徳と法と経済」『思想』679号、1981年1月、38〜59頁参照。さらに新村聡『経済学の成立——アダム・スミスと近代自然法学』御茶の水書房、1994年、第10章は、スミスの全体系を精密に論じている。

131 ― 閑職は、国王＝宮廷に密接な関係を持つ古い行政部門に集中していた。すなわち閑職は、国庫や関税部門に多く、大蔵省や消費税部門ではあまり見られなかった。また手数料制への依存も、陸軍より裁判所、枢密院、玉璽の方が大きかった（Chester, *op. cit.*, p. 124）。

132 ― *Jl. House of Commons,* XXXVIII, p. 75.

133 ― *Ibid.,* XL, p. 666. なお消費税部門をモデルに関税部門を統合してゆくことがスミスの主張であったことは注目に値する。すなわちスミスは、「内国消費税吏は役得というものをほとんどまったく受けとらず、また収入のこの部門の行政は、より最近に確立されたものだけに、関税行政ほど一般に腐敗していない」「関税をわずかな種類の財貨に限定し、しかもそれらの税を内国消費税法にしたがって徴収すれば、関税についての年々の経費はおそらくこれよりもはるかに多く節約しうるであろう」（*WN, Vol. II*, pp. 380-1［アダム・スミス、前掲書II、1292頁］）と主張した。

134 ― *Jl. House of Commons,* XXXVIII, p. 713.

135 ― *Ibid.,* XXXIX, p. 779.

136 ― *Ibid.,* p. 780.

137 ― *Ibid.,* XXXVIII, p. 251.

138 ― *Ibid.,* XL, p. 120.

139 ― バークの保守主義的国制論については、Michael Freeman, *Edmund Burke and the Critique of Political Radicalism*（Chicago: University of Chicago Press, 1980）; C. B. Macpherson, *Burke*（Oxford: Oxford University Press, 1980）; Frank O'Gorman, *Edmund Burke*（London: Routledge, 1973）, chap II & VI; 坂本義和、前掲論文、松浦高嶺「『名誉革命体制』とフランス革命」柴田三千雄・成瀬治編『近代史における政治と思想』山川出版社、1977年所収などを参照。

140 ― Edmund Burke, *Reflections on the Revolution in France, edited with an introduction by C. C. O'Brien*,（London: Pelican Books, 1969）, originally published 1790, p. 99［エドマンド・バーク（水田洋訳）『フランス革命についての省察』『世界の名著41　バーク、マルサス』中公バックス、中央公論社、1980年、69頁］（以下、訳文は一部変更した）。

141 ― *Ibid.,* p. 106（エドマンド・バーク、前掲書、76頁）。

142 ― *Ibid.,* p. 117（前掲書、88頁）。

143 ― *Ibid.,* p. 285（前掲書、254頁）。

144 ― なおスタンリスは、「バークにとって、自然法の精神はイギリスのコモン・ローを規制するエクィティの諸定則に体現され、法的な先例および慣行を通して継承されてゆくものなのである」（Peter J. Stanlis, *Edmund Burke and the Natural Low*［Ann Arbor: The University Michigan Press, 1965］, originally published 1958, p. 38）と指摘した。

145 ― Burke, *op. cit.,* p. 119（エドマンド・バーク、前掲書、90頁）。

146 ― *Ibid.,* pp. 140-1（前掲書、112頁）。

147 ― バークはまず、「もし市民社会が慣習的取決め（Convention）の所産であるなら、その慣習的取決めはその法であるに違いない」として、原契約を、コモン・ローを基調とする現実の法体系に置換したうえで、「市民社会の慣習的取決めの下で、その存在さえ想定しない諸権利、つまりそれに絶対的に矛盾する諸権利を、誰がいかにして主張しうるのか」、すなわちエクィティ上の諸権利はいかに体現されるかという問題を提出する。そして、この問題に対する解答として、バークは、⑴ 市民社会（政府を持つ社会）を成立させる「最初の動機」であり、その「基本法則の一つ」は、「誰も自分自身の訴訟事件の裁判官たりえない」ということであり、⑵「このことによ

105—Weber, a. a. O., S. 652（マックス・ウェーバー、前掲書、125～8頁）。

106—*Jl. House of Commons,* XLII, p. 24.

107—*Ibid.,* XXXIX, p. 780.

108—*Ibid.,* p. 77.

109—*Ibid.,* XXXVIII, p. 714; Weber, a. a. O., S. 654-5（マックス・ウェーバー、前掲書、135頁）。

110—*Jl. of House of Commons,* XLI, p. 18.

111—Locke, John, *Two Treatises of Government*（1690）, §149（ジョン・ロック（鵜飼信成訳）『市民政府論』岩波文庫、1968年、151頁）。

112—Brewer, 'English Radicalism', p. 351.

113—トランスは、公共信託論を改革の論理として抽出するが、公共信託論自体の持つ保守主義的側面については十分に見ていない（Torrance, *op. cit.,* pp. 70-1参照）。

114—*Jl. House of Commons,* vol. XL, p. 671.

115—*Ibid.,* p. 672.

116—*Ibid.,* p. 671.

117—*Jl. House of Commons,* vol. XLI, p. 23.

118—タッカーに対するすぐれた先駆的研究として小林昇、前掲書があり、その第四章はタッカーの急進的議会改革批判にあてられている。だが、土地法あるいは大法官府裁判所の法理の援用と急進主義批判との関連については論究されていない。

119—Josiah Tucker, *A Treatise Concerning Civil Government*（London: T. Cadell, 1781）, p. 139.

120—*Ibid.,* p. 141.

121—*Ibid.,* pp. 139, 141.

122—*Ibid.,* pp. 142-3.

123—*Ibid.,* pp. 143-5.

124—*Ibid.,* pp. 145-6.

125—Baker, *op. cit.,* pp. 159-60（J. ベイカー、前掲書、276～8頁）参照。

126—Tucker, *op. cit.,* p. 146.

127—だが、長子相続制に批判的なタッカーにとって、ここでの「継承財産設定」は、せいぜい一世代間存続する型のものにすぎないと考えられる。世襲相続ないし限嗣相続を肯定するバークの主張との相違に留意しておかねばならない（cf. Baker, *op. cit.,* pp. 158-60［J. ベイカー、前掲書、274～8頁］）。

128—Torrance, *op. cit.,* pp. 70-1.

129—Holdsworth, *op. cit.,* pp. 465-6. 既述のユースと信託、エクィティ上の受戻権、違約剝奪権、詐欺に対する救済などは、このようにして実定法に追加されていった（Baker, *op. cit.,* p. 292［J. ベイカー、前掲書、501～2頁］）。だが、17世紀後半以降、エクィティの原則に固定化傾向が現われ、大法官は先例により拘束されるようになっていったことに留意しておかねばならない（Holdsworth, *op. cit.,* p. 468.）。

130—Baker, *op. cit.,* p. 296（J. ベイカー、前掲書、508頁）、A. V. Dicey, *Lectures on the Relation between Law and Public Opinion in England during the Nineteenth Century*（London: Macmillan, 1905）, Lecture VI（A）［A.V. ダイシー（清水金二郎訳）『法律と世論』法律文化社、1972年、第6章A］参照。

ミルソムの有力な批判があることに注意しておかねばならない（戒能通厚、前掲書、95〜103頁、Baker, *op. cit.,* pp. 157-8［J. ベイカー、前掲書、273〜4頁］)。

90——*Ibid.,* pp. 159-60；J. ベイカー、前掲書、276〜9頁。

91——Torrance, *op. cit.,* p. 70.

92——*Jl. House of Commons,* XXXIX, pp. 782-3.

93——*Jl. House of Commons,* XXXIX, p. 779. なお第11次報告は続けて、「もし専門家（the Professor）の権利を侵害したり公衆の信頼（the Public Faith）を傷つけたりすることなくして、不必要かつ高価な官職の削減も冗職の縮減もなしえず、またそのことが国家の緊急な必要となりえないのなら、立法権がその不正義を非難することなく国家の救済のために行使されうるまで、弊害は耐えねばならない」と主張する。

94——コモン・ローにおける個人主義と伝統主義の結合に対し、エクィティが公益ユース、パートナーシップ、近代会社法の形成を媒介していったことは、団体主義の発生との関連で重要な論点となるが、ここでは詳しくふれることはできない（Holdsworth, *op. cit.,* p. 459 and pp. 466-7; Baker, *op. cit.,* p. 293［J. ベイカー、前掲書、502頁参照］)。

95——これについてチェスターは、次の六つの指標をあげて検討している。(1) 代理人（deputy）を使用する権利の停止、(2) 官職売買の禁止、(3) 政治的賄賂として官職を使用することの禁止、(4) 復帰権（reversion）として官職を授与する権利の停止、(5) 銀行機能の排除、(6) 手数料収入等の給与への転換（Chester, *op. cit.,* pp. 131-42)。

96——*Jl. House of Commons,* XXXVIII, p. 577.

97——すなわち第6次報告は、まず「委員会が理解する厳格な節約（Economy）とは、国王の名誉と威厳から離反すること、あるいは公僕（the Servant of the Public）から勤勉と能力に相応な報酬を奪うことを意味するものではない。極度の倹約と贅沢の間を進むことが節約である」とし、それは「十分な報酬を与えるが、それ以上は与えない」ことであり、「あらゆる有用かつ必要な部門は維持するが、あらゆる不必要かつ余分な経費は削除ないし削減する」ことであると主張していた（*Ibid.,* p. 711)。

98——*Ibid.,* XXXIX, p. 779.

99——*Ibid.*

100—*Ibid.,* p. 780.

101—*Ibid.,* XLI, p. 23.

102—イギリス名誉革命とは何より私有財産権を確立した革命であり、行論からも明らかなように、そこから直ちに公民と私民の区分が帰結するわけではない。名誉革命体制の改革をもって、その分離が漸進的に進行してゆくのである。ただし、このようにヘーゲル的な〈政治社会－市民社会〉概念をイギリス史に適用して考察する際には、ロックをはじめとするイギリス思想家の「市民社会」概念との相違に注意しておかねばならない。すなわち、彼らにとって「市民社会」とは、「自然社会」の対立概念として、市民政府を有する社会を含意しており、それは「政治社会」と明確に区別される概念ではなかったと考えられる。

103—Max Weber, Wirtschaft und Gesellschaft, Grundriss der Sozialökonomik, Abteilung III., (Tübingen: J. C. B. Mohr, 1922), S. 651-2（マックス・ウェーバー（濱島朗訳）『権力と支配——政治社会学入門』有斐閣、1967年、128〜9頁)。

104—Weber, a. a. O., S. 652（マックス・ウェーバー、前掲書、129頁)。

成されていることに留意しておかねばならない。少なくとも、私有財産を保護する政府という観念が支配的なスミス——古典派段階では、財産所有者にとって、私有財産保護という「利益」と、それを比例的に負担する私有財産の大きさ＝「支払い能力」は理念上対応し、相互に矛盾しない中立的な関係として想定されていた。それに対して、「社会主義」のインパクトとも相まって、総力戦を契機として無産者に政治的権利として所得再配分を行なうことが政府の「義務」とされた場合、財産所有者にとって、その累進的負担は所有権に対する一定の犠牲を意味し、したがって負担配分原則としての「利益」と「能力」はパラレルな対応関係を失う。そこにドイツを先駆として、租税犠牲説＝義務説に基づく「能力課税」が出てくる根拠があったことは、やはり押さえておかねばならない。土地相続税あるいは所得に直接課税するペインの所得再配分的累進課税（ドイツに典型的な財産増加説による直接税とも一定程度、共通する）とも異なっていたのではないか。

77——Torrance, *op. cit.,* p. 76. なお、トマス・ペインの財政改革論については、Thomas Paine, *The Rights of Man,* 1792, Part II（トマス・ペイン（西川正身訳）『人間の権利』岩波文庫、1971年）、第2部をみよ。

78——この時期の所得税について、詳しくは佐藤進、前掲書、第1篇、第3章、土生芳人「ナポレオン戦争期のイギリス所得税」『岡山大学法経学会雑誌』第12巻第4号、1963年3月、443〜480頁参照。

79——Daunton, *op. cit.*, 2001, p. 44.

80——佐藤進、前掲書、108〜9頁。

81——Kennedy, *op. cit.,* pp. 168-9 参照。

82——Daunton, *op. cit.*, 2001, pp. 34, 45. 念のために言えば、所得を全て合算して総合課税して累進課税する包括的所得税とは異なっているが、日本や北欧諸国では金融所得だけ分離課税されており、厳密な意味での包括的所得税とは言えない場合、「二元的所得税」と呼ばれたりしている。

83——Daunton, *op. cit.*, 2012, p. 127.

84——John Brewer, 'Servants of the Public—Servants of the Crown: Officialdom of Eighteenth-Century English Central Government', in John Brewer and Eckhart Hellmuth, eds., *Rethinking Leviathan: The Eighteenth-Century State in Britain and Germany* (Oxford: Oxford University Press, 1999), pp. 127-148 参照。

85——Torrance, *op. cit.,* p. 60; Binney, *op. cit.,* pp. 11-3. なお当初、陸軍会計検査官（the Comptroller of Army Accounts）のThomas Bowlbyが候補にあげられたが、現役の官職保有者であることから拒否された（*Ibid.*）。

86——Torrance, *op. cit.,* pp. 59-60. and p. 72.

87——エクィティ裁判管轄権の発展とその範囲についてはWilliam Holdsworth, *A History of English Law, Vol. I* (London: Methuen, 1966), originally published 1924, pp. 454-66.

88——ユース法については、毛利健三「絶対王制期イギリス土地立法の論理——いわゆる《Statute of Uses》を中心として—」『西洋史学』第53号、1962年4月、32〜56頁、戒能通厚、前掲書、91〜103頁参照。

89——John H. Baker, *An Introduction to English Legal History* (London: Butterworths, 1971), pp. 156-7［J. ベイカー（小山貞夫訳）『イングランド法制史概説』創文社、1975年、271〜272頁］。ただし、「二重ユース」という意図的な「ユース法」脱法のための法技術が、大法官府裁判所を通じて存続せしめられ発展せしめられたとする通説に対しては、「能動ユース」を重視する

66——Chester, *op. cit.,* pp. 127-8.

67——Binney, *op. cit.,* pp. 57-60.

68——ナポレオン戦争期の公債累積と公信用危機については、河合正修「ナポレオン戦争期のイギリス戦費金融の一考察（前）」『本州大学経済学部紀要』第1巻、1971年3月参照。

69——Stevenson, *op. cit.,* pp. 136-42; Dickinson, *op. cit.,* chap. 7. 1793〜4年の急進派運動については、松塚俊三「1790年代イギリスの民衆運動——1793、94年のコンヴェンション（Convention）」『歴史学研究』第461号、1978年10月、18〜27頁参照。たしかに急進派の活動は基本的には封じ込められたものの、1796年の水兵誘拐周旋業者（crimp）に対するリンカンシャー北部の「暴動」、1797年の海軍水兵ストなどの「反戦的」事件は継続し、他方で、穀物価格の高騰に伴う食糧暴動（Food Riots）と相まって、1795〜6年、1799〜1800年には争議が多発し、団結禁止法を施行せざるをえなくなった。そして、これらの抵抗に対して、しばしば騒擾取締法の適用と軍隊動員で対処せねばならなかったことにも注目しておかねばならない（Stevenson, *op. cit.,* chap. 5-6 and pp. 166-80; Alan Booth, 'Food Riots in the North-West of England 1790-1801', *Past and Present*, Vol. 77, No. 1, 1977, pp. 84-107, 大前真「イギリス団結禁止法の研究——1799・1800年法と労働運動」京都大学『人文学報』第40号、1975年12月、45〜68頁参照）。

70——Cohen, *op. cit.,* p. 57; Chester, *op. cit.,* p. 139. だが、その節約効果は十分であったとは考えられない（*Ibid.,* pp. 146-7参照）。なお1797年以前に軍関係では陸軍支出局（the Army Pay Office）、疾病局（the Sick and Hurt Office）に給与制が導入されていた。

71——Cohen, *op. cit.,* p. 53; Chester, *op. cit.,* p. 127.

72——佐藤進、前掲書、96〜98頁。なお1793〜97年の増税については、Dowell, *op. cit.,* pp. 203-13も参照。

73——*Jl. House of Commons,* XLI, p. 23. 言うまでもなく、これはアダム・スミスの課税4原則の中の第1原則である（Adam Smith, *An Inquiry into the Nature and Causes of the Wealth of Nations, edited by Edwin Cannan, Vol. II, sixth edition* (London: Methuen, 1950), p. 310（以下*WN*と略す）［アダム・スミス（大内兵衛・松川七郎訳）『諸国民の富II』岩波書店、1969年、1186頁］）。

74——1800年までに84万ポンドの地租が買戻され約108ポンドが残ったが、その後も漸減していった。

75——Seligman, *op. cit.,* pp. 65-6を参照。また、ケネディはこのトリプル・アセスメントを「支出に対する税と所得に対する直接税の妥協」であったと述べている（Kennedy, *op. cit.,* pp. 169-70）。なお、こうした極めて微温的な改革であったにもかかわらず、地主・フリーホルダーの利害を基礎に根強い反対論が展開されたことも忘れてはならない（Seligman, *op. cit.,* pp. 67-71参照）。

76——「自由主義」段階における租税利益説、「帝国主義」段階における租税義務（犠牲）説、応能説といった通説の図式的理解に批判を投げかけたのは山崎怜であった（山崎怜「昭和期におけるスミス租税第1原則の解釈について——ひとつの序章」『香川大学経済学部研究年報』第7号、1968年3月、19〜37頁）。だが、小ピットの所得税を「能力課税」とすることには、やや疑問が残る。まず第1に、スミスが累進税を主張したかのように氏は述べるが、家賃税や消費税等について、富者の支出に重課することは、間接的にあるいは擬制的に収入に比例させようとすることであって、それは後の所得税の累進的課税とは異なる。第2に、たしかにスミスは原契約説を批判し、さらに個人的功利から国家を正統化することを拒否しているが、同時にスミスの租税論においては、租税根拠と負担配分、したがってまた全般的利益と個別的利益も決して相互に矛盾しないように構

45——松尾太郎『近代イギリス国際経済政策史研究』法政大学出版局、1973年、第2章第2節、藤村幸雄「ウィリアム・ピットの貿易政策——イギリス初期自由貿易運動をめぐって」『世界経済評論』第9巻第10号、1965年10月所収、青木康「ホイッグ党のイーデン条約反対論——イギリス産業革命初期の工業利害と政党」『西洋史学』第104号、1977年4月、43〜59頁などを参照。

46——インドについてはさしあたり、C. H. Phillips, *The East India Company 1784-1834* (London: Routledge, 1961), originally published 1940, chap. II & III; Ramsay Muir, *The Making of British India 1756-1858* (Karachi, etc.: Oxford University Press, 1969), originally published 1915, chap. V参照。またアイルランドについては、松尾太郎、前掲書、第2章第1節参照。

47——*Jl. House of Commons,* XXXIX, p. 782.

48——*Ibid.*

49——*Ibid.,* p. 783.

50——*Ibid.,* pp. 778-9. なお前払監査官の所得は年に約2万ポンドであった。

51——*Ibid.,* p. 779.

52——*Ibid.,* XL, p. 120.

53——*Ibid.,* p. 121.

54——*Ibid.,* p. 123.

55——Cohen, *op. cit.,* pp. 45, 47; Chester, *op. cit.,* pp. 127, 171. なお軍需部会計官の会計は、消費税、印紙税、郵便、関税の歳入長官(the Receivers-General)の会計とともに、1806年にイングランド銀行に移管された(*Ibid.,* pp. 171-2)。

56——*Jl. House of Commons,* XL, p. 666.

57——*Ibid.,* pp. 667-8.

58——*Ibid.,* p. 667.

59——*Ibid.,* p. 668.

60——*Ibid.,* pp. 669-72. 関税計算規則の統合についても、委員会は、輸出入監査官(the Inspector General of Imports and Exports)が、あらゆる品目について輸出入量と税額がわかる単一の会計を保持し、したがってそこから、あらゆる品目ごとに支払い税額を確認しうる税率台帳(a book of rate)が作成されねばならないとした(*Ibid.,* pp. 670, 672)。

61——*Ibid.,* p. 673.

62——Dowell, *op. cit.,* pp. 190-1; Binney, *op. cit.,* pp. 110-16参照。なお将来の財政収支を調査するために、W・W・グレンヴィルを議長とする財政委員会(下院特別委員会)が1786年に任命された。同委員会は3月21日に報告書を提出し、減債基金に繰入れられる100万ポンドの財政余剰について、能率的に徴収されれば、増税を必要とせず現行税で十分に満たしうると報告した(*Ibid.,* p. 113)。

63——Chester, *op. cit.,* pp. 178-9; Binney, *op. cit.,* p. 89. なおこの統合国庫基金の設立によって、公共支出全体は、形式上、(1) 議会によって年々承認される支出から成り、その定期的な監督下にある議定歳出費(Annual Supply)と、(2) その期日における支払いは時々の議会において承認されるが、Permanent Grantとして、その徴収の方法と期日は大蔵大臣の裁量に委ねられる統合国庫基金という、二つの部分から構成されることとなった。

64——*Jl. House of Commons,* XLI, p. 22.

65——*Ibid.,* XLII, p. 28.

理由説明自体が2年前と比較して極めて短かく、国王の影響力への批判についても語調の弱いものとなったことに留意しておかねばならない（*Ibid.,* XXI, pp. 1269-71)。

30——Binney, *op. cit.,* pp. 119-20; Chester, *op. cit.,* p. 189. その後も1786年から1802年までに約99万ポンドの負債が累積したために、1804年法（44 Geo. III, C. 80）は、(1) シヴィル・リスト収入に6万ポンドを追加し、(2) いかなる分類項目についても半年以上の支払遅滞が発生したならば、大蔵省はその会計を議会に提示せねばならないと規定した。さらに1812年法（52 Geo. III, c. 6）は、シヴィル・リストの赤字が1804年法以降の年平均赤字額（12万4000ポンド）を、1万ポンド超えるたびに、1カ月以内に議会に報告することを要求した。なおシヴィル・リストが厳密に王室費に限定されるのは1830年のことである（*Ibid.,* pp. 189-90)。

31——*Jl. House of Commons,* XXXVIII, p. 971.

32——Chester, *op. cit.,* pp. 127-8 and p. 198. なおバークによって廃止された商務院も植民地担当第三国務相も、それぞれ1784年、1794年に復活された。

33——*Ibid.,* p. 127.

34——*Ibid.,* p. 138.

35——*Ibid.,* p. 140; Binney, *op. cit.,* p. 269.

36——中村英勝『イギリス議会史〔新版〕』有斐閣、1977年、174〜5頁、大河内繁男、前掲論文、673頁。

37——Lewis Namier, and John Brooke, *The House of Commons 1754-1790, Vol. 1* (London: HMSO, 1964), pp. 430-2.

38——*Parl. Hist.,* XXII, pp. 1416-22; *Ibid.,* XXIII, pp. 826-75; Rudé, *op. cit.,* pp. 181.

39——小ピットが政権につく過程についてはArchibald S. Foord, His Majesty's Opposition, 1714-1830 (Oxford: Clarendon Press, 1964), pp. 383-4; Frank O'Gorman, *The Emergence of the British Two-Party System 1760-1832* (London: Edward Arnold, 1982), pp. 14-18参照。

40——Rudé, *op. cit.,* p. 182.

41——キャノンは、96名の減少、新議員増加26名を差し引いても70名の減少と推計する（John Cannon, *The Fox-North Coalition: Crisis of the Constitution 1782-4* [Cambridge: Cambridge University Press, 1969], pp. 244-5）が、オゴーマンによれば、旧ロッキンガム派の23名減、旧ノース派の55名減と、合わせて78名の減少、前・新議員の増加22名を差し引いても56名の減少があったとする（Frank O'Gorman, *The Whig Party and the French Revolution* [London: Macmillan, 1967], pp. 244-6)。

42——Namier and Brooke, *op. cit.,* pp. 432, 445. なおこの状況を利用して、ピット派はフォックスの当選を無効とするウェストミンスター選挙区投票審査を提起したが敗れ、フォックスの当選が確定した。

43——首都の急進的議会改革派の中で、G・ホリス、R・プライス、J・プリーストリ、N・グリーンらは全て非国教徒であった（Brewer, 'English Radicalism', pp. 342-3)。

44——Torrance, *op. cit.,* pp. 76-7. なお、八四年の総選挙で当選したヨークシャー（キングストン・アポン・ハル市を含む）の議員の中に、地方銀行家のウィルバフォースやソーントンが含まれており、とくに前者は二四歳の若さで、土地貴族の係累を持たなかったという事実は象徴的である。その背後には、信用変動の影響を最も受けやすい多数の商工業者・小売商などの中間階級がいたことを忘れてはならない。

cal improvement)」論はハーリングが作り出した概念で、ナポレオン戦争前の水準に回復する、政治エリートの愛国主義の証明、福音主義的な伝道、国王の影響力にとどまるホィッグの立場、戦争からの正常化などの動機から表明されたとする（*IbId.*, pp. 102〜5）。また1832年の議会改革後も、チャーチズムで同じ急進主義的議会改革が復活していくとする（*IbId.*, p. 113）。

14――*IbId.*, pp. 100〜101.

15――長谷川貴彦『イギリス福祉国家の歴史的源流――近世・近代転換期の中間団体』東京大学出版会、2014年、43〜44頁。長谷川貴彦「アソシエーションの社会的起源」『西洋史論集』第4号、2001年3月、65〜81頁参照。

16――*Parliamentary History,* XXI, 1780, pp. 17-8（以下、*Parl. Hist.* と略す）。

17――*Ibid.*, pp. 63-7.

18――1779年12月15日、シェルバーンは、公平な両院議員からなり、公共支出とその会計方法を調査する委員会の設置を提起した。この提案は、翌年2月8日、ヨークシャー請願とともに上院で審議されたが実現しなかった。また2月末、下院においてシェルバーンと親しいバレー（Colonel Barré）が調査委員会の設置を求め、ノースに対してもその実現を打診していた（Binney, *op. cit.*, pp. 8-9 and p. 11）。

19――*Ibid.*, pp. 9-10; *Parl. Hist.*, XXI, pp. 145-7.

20――C. H. Phillips, *op. cit.*, pp. 273-4.

21――Norman Chester, *The English Administrative System 1780-1870*（Oxford: ClarendonPress, 1981）, p. 171. なお1780年の時点で、陸軍主計長官（Paymasters-General）の前任者4人で37万8000ポンドの未払負債があり、そのうち、1757〜65年に就任していたホランド（Lord Holland）の未決済分だけで25万6000ポンドあった（*3rd Report; Journal of the House of Commons,* XXXVIII, pp. 380-1. 以下、*Jl. House of Commons* と略す）。また、1781年の時点で、1755年に海軍会計長官を退任したグレンヴィル（George Grenville）の未払い負債が、1万2360ポンドも残っていた（Chester, *op. cit.*, p. 17）。

22――*Parl. Hist.*, XXIII, pp. 119-21. なお以上の項目は、次の報告書の箇所と対応している。1は *Jl. House of Commons,* XXXVIII, p. 76.2は *Ibid.*, p. 143.3は *Ibid.*, p. 577.4は *Ibid.*, p. 381.5は *Ibid.*, p. 251.6は *Ibid.*, p. 251 & p. 577.7は *Ibid.*, pp. 713-4.8は *Ibid.*, p. 711.

23――Chester, *op. cit.*, p. 171; Emmeline W. Cohen, *The Growth of the British Civil Service 1780-1939*（London: Frank Cass & Co., 1965）, originally published 1941, pp. 45-6. なお1800年法（39 & 40 Geo. III, c. 54）によって、500ポンド以上の支払遅滞が生じた場合に罰金（5%利子）および財務裁判所への告訴が認められた（N. Chester, *op. cit.*, p. 172）。

24――*Ibid.*, p. 138. なお、この手数料制は18世紀を通じて増大してきた。そのために国庫の官吏は、自らの手を通した現金に対してポンド当たり手数料を課し、それを自分の収入にするという「不合理」を生み出した（*Ibid.*, p. 134）。

25――*Ibid.*, p. 7; Rudé, *op. cit.*, p. 178.

26――Chester, *op. cit.*, p. 188.

27――Binney, *op. cit.*, p. 119.

28――*Parl. Hist.*, XXIII, pp. 122-3 & pp. 126-7. また王室のスコットランド収入（4と2分の1パーセント税）や植民地収入も手がつけられないままに終わった（J. E. D. Binney, *op. cit.*, pp. 120-1）。

29――*Parl. Hist.*, XXIII, p. 121. なお、政権についたことで、すでに1782年4月15日のバークの提案

117—Dickinson, *op. cit.,* pp. 215-6; Rudé, *op. cit.,* pp. 163-4 and p. 173.

第四章

1——Buchanan, and Wagner, *op. cit.*, 1977［ジェームズ・M・ブキャナン、リチャード・E・ワグナー、前掲書］、Buchanan, Burton and Wagner, *op. cit.,* 1978［J.M. ブキャナン、J. バートン、R.E. ワグナー、前掲書、1979 年］、Friedman and Friedman, *op. cit.*,［ミルトン・フリードマン、前掲書、1980 年］などを参照

2——宇野弘蔵『宇野弘藏著作集　第七巻　経済政策論（改訂版）』岩波書店、1974 年、土生芳人『イギリス資本主義の発展と租税 —— 自由主義段階から帝国主義段階へ』東京大学出版会、1971 年。自由放任政策と並行して国家干渉政策を組み入れているが、同じく産業資本的利害（ないし資本蓄積）に帰着させる見解に、吉岡昭彦『近代イギリス経済史』岩波全書、1981 年がある。

3——大塚久雄「産業革命と資本主義」『大塚久雄著作集　第五巻　資本主義社会の形成Ⅱ』岩波書店、1969 年所収。

4——山田盛太郎『日本資本主義分析 —— 日本資本主義における再生産過程把握』岩波文庫、1977 年（初版 1934 年）。

5——Philip Harling, and Peter Mandler, 'From"Fiscal-Military"State to Laissez-Faire State, 1760-1850', *Journal of British Studies,* Vol. 32, No. 1, 1993, p. 64.

6——Martin Daunton, 'The politics of British taxation, from the Glorious Revolution to the Great War', in Bartolomé Yun-Casalilla, Patrick K. O'Brien and Francisco Comín Comín, eds., *The Rise of Fiscal States: A Global History 1500-1914*（Cambridge: Cambridge University Press, 2012), p. 127.

7——1845 年危機の際も、ウィッグ貴族は主導権を握ることができず、結局ピール派によって自由貿易・改革が主導されてゆく点に留意する必要がある（F. A. Dreyer, 'The Whigs and the Political Crisis of 1845', *The English Historical Review,* Vol. 80, No. 316, 1965, pp. 514-537 参照）。

8——ウィッグ派では、地主階級と産業資本階級の政治的・経済的な融合関係が進んだが、貴族的な統治スタイルをとりながら、リベラリズムの萌芽形態へと進んでいった（Peter Mandler, *Aristocratic Government in the Age of Reform: Whigs and Liberals 1830-1852*（Oxford: Clarendon Press, 1990）参照）。さらに、ピール派に結集した改良派地主への企業家精神の浸透も無視しえない（F. M. L. Thompson, *English Landed Society in the Nineteenth Century*（London: Routledge, 1963), pp. 21-2 and 276-82; David. C. Moore, 'The Corn Laws and High Farming', *The Economic History Review,* Vol. 18, No. 3, 1965, pp. 544-561 等を参照)。

9——David Roberts, *Paternalism in Early Victorian England*（London: Routledge, 1979), pp. 38-46 and chap. VIII; William C. Lubenow, *The Politics of Government Growth: Early Victorian Attitudes Toward State Intervention, 1833-1848*（Hamden, conn: David & Charles, 1971）参照。

10—Daunton, *op. cit*, , p. 117.

11—Harling and Mandler, *op. cit,* p. 55.

12—Philip Harling, 'Parliament, the state, and "Old Corruption": conceptualising reform, c. 1790-1832', in Arthur Burns and Joanna Innes, eds., *Rethinking the Age of Reform: Britain 1780-1850*（Cambridge: Cambridge University Press, 2003), pp. 100～101.

13—「古い腐敗」と結びついた急進主義的議会改革を忌避するトーリー議員らの「実際的改良（practi-

ideology and popular politics, chap. 10 参照)、アメリカ植民地問題は一大争点となっていったことに留意する必要がある。たとえば理論家の間でも、(1) 1776年の印紙条例撤廃と宣言法に示されるように、課税権の放棄によって旧来の植民地支配を維持しようとするロッキンガム派のバーク、(2) 本国への共和主義思想の波及を阻止するために植民地放棄論をとるJ・タッカー(小林昇『重商主義解体期の研究』未来社、1955年、223〜4頁)、さらには (3) 植民地放棄が不可能な場合には、合邦制の下に植民地課税を行なうというA・スミス『国富論』の政策主張等々へと分岐していった。

105—Rudé, *op. cit.,* pp. 164-74; Dickinson, *op. cit.,* pp. 210-5. なおウィルクス事件と、経済不況下での職人、労働者の動きとの関連については、Rudé, *op. cit.,* pp. 65-76; Brewer, *Party ideology and popular politics,* chap. 9 を参照。また、その過程での新聞と宣伝の役割については *Ibid.,* chap. 8 and 11 を参照。

106—Brewer, *op. cit.,* 1980, pp., 331-2 and pp. 358-61.

107—Dowell, *op. cit.,* pp. 170-176; Kennedy, *op. cit.,* pp. 160-1.

108—Mitchell and Deane, *op. cit.,* pp. 401-2. さらにナポレオン戦争によって、累積額は1799年に4億2660万ポンド、1819年には8億4430万ポンドになっていた。

109—John Torrance, 'Social Class and Bureaucratic Innovation: The Commissioners for Examining the Public Accounts 1780-1787', *Past and Present,* Vol. 78, No. 1, 1978, p. 74; Brewer, *op. cit.,* pp. 335-7. すでに土地貴族の負債不履行によって、地方金融業者、商工業者が打撃を被っており、その点からも土地貴族からの離反が生じていた (*Ibid.,* pp. 347-8)。なお、18世紀半ばまでの国債流通市場の発展と遊休資本の運用先としての国債の役割、および国債価格安定の要求等については、岡本英男「コンソル国債成立前史―ギデオンとバーナードを中心として」東北大学経済学会『研究年報・経済学』第41巻第3号、1979年12月、339〜359頁、Dickson, *op. cit.,* chap. 11 and 17 参照。

110—なおヨークシャー運動に関する邦語文献として青木康「ホイッグ党とヨークシャー運動」『史学雑誌』第87編第2号、1978年2月、139〜173頁、舟場正富、前掲書、第9章を参照。

111—Rudé, *op. cit.,* pp. 176-7; Dickinson, *op. cit.,* p. 249; N. C. Phillips, 'Edmund Burke and the County Movement, 1779-1780', *The English Historical Review,* Vol. 76, No. 299, 1961, pp. 260-1 and pp. 271-2.

112—青木康、前掲論文、9〜11頁。ただし、首都ラディカルとの微妙な距離関係については、T. M. Parssinen, 'Association, convention and anti-parliament in British radical politics, 1771-1848', *The English Historical Review,* Vol. 88, No. 348, 1973, pp. 509-510.

113—Dickinson, *op. cit.,* pp. 217-220; Brewer, 'English Radicalism', pp. 354-7; Rudé, *op. cit.,* pp. 176-7. ただし、当時の急進派の多数は、王制、貴族制、あるいは財産所有者の政治自体を否定していたわけではない (Dickinson, *op. cit.,* pp. 220-231; Parssinen, *op. cit.,* pp. 506-7 and p. 510 参照)。

114—Dickinson, *op. cit.,* pp. 207-10; N. C. Phillips, *op. cit.,* pp 263-4、坂本義和「国際政治における反革命思想―その一類型としてのエドマンド・バーク(二)」『国家学会雑誌』第69巻第3・4号、1955年10月、175〜83頁、鶴田正治、前掲書、298〜310頁参照。

115—Rudé, *op. cit.,* p. 173.

116—*Ibid.,* pp. 176-7、青木、前掲論文、13〜29頁参照。

90——ただし、ペラムは、戦争末期における低利借換政策において、バーナードの要求を入れて国債の公募形式をとり、貨幣金融利害・特権会社との癒着という批難をかわしつつ、多くの資金を動員する枠組みを形成していったこと、また、その過程でバーナードも、減債基金の運用政策の批判や減税要求を後退させていったことにも注意しておかねばならない（岡本英男、前掲論文；Dickson, *op. cit.,* chap. 10-11 参照)。

91——Rudé, *op. cit.,* p. 154; Rogers, *op. cit.,* p. 73.

92——Rudé, *op. cit.,* pp. 152, 156, 157; Rogers, *op. cit.,* p. 96.

93——Dickinson, *op. cit.,* pp. 188-91; Brewer, 'English Radicalism, ' pp. 327-9. ただし、それが中・下層の政治意識を覚醒させていった効果は無視しえない（Dickinson, *op. cit.,* pp. 187, 191)。また、議会外大衆の積極的な役割については、ネイミア史学との関連で重要な論点となっている（青木康、前掲論文、74〜80 頁、Rudé, *op. cit.,* chap. 10; Stevenson, *op. cit.,* pp. 1-11; E. P. Thompson, *The Making of the English Working Class*（London: Pelican Books, 1968), pp. 75-6, 87 参照)。

94——Rudé, *op. cit.,* p. 151; Rogers, *op. cit.,* p. 104.

95——Dickinson, *op. cit.,* pp. 154-5; Rudé, *op. cit.,* p. 152.

96——Namier, op. cit., p. 195. なお、ジャコバイトの脅威をウィッグ・エスタブリッシュメントが利用していたことも無視しえない。とくに、1745 年の若僭王チャールズ・エドワードの南進を利用した反ジャコバイト・キャンペーンは、1747 年の選挙で効果をあげた（Rudé, *op. cit.,* pp. 156-7; Rogers, *op. cit.,* pp. 75-6)。

97——市民革命と産業革命を直結させ、その間の重商主義を国内市場優先政策として位置づけ、中小生産者を資本主義＝国民主義＝民主主義の担い手とする戦後啓蒙としての大塚久雄の主張については、大塚久雄『国民経済——その歴史的考察』岩波書店、1980 年、110〜6 頁参照。

98——Rogers, *op. cit.,* pp. 96-7; Stevenson, *op. cit.,* pp. 62-3.

99——Rudé, *op. cit.,* p. 164.

100—*Ibid.,* p. 158; Stevenson, *op. cit.,* pp. 65; Paul Langford, 'William Pitt and Public Opinion, 1757', *The English Historical Review,* Vol. 88, No. 346, 1973, pp. 54-80. ただし、ジョージ 3 世の治政下で影響力を減退させていった背景については、John Brewer, *Party ideology and popular politics at the accession of George III*（Cambridge: Cambridge University Press, 1976), chap. 6（以下 Brewer, *Party ideology and popular politics* と略す）参照。

101—Rudé, *op. cit.,* p. 185-6.

102—Daunton, *op. cit., 2001, p. 125* および John F. Richards, *'Fiscal states in Mughal and British India',* in Bartolomé Yun-Casalilla, Patrick K. O'Brien and Franciso Comín Comín, eds., *The Rise of Fiscal States: A Global History 1500-1914*（Cambridge: Cambridge University Press, 2012), pp. 410-441 参照。

103—Palmer, *op. cit.,* pp. 153-81 参照。また「徴税権」獲得から、1772 年のノース規制法に至る過程については、高畠稔「インドにおける植民地支配体制の成立」『岩波講座世界歴史　第 21 巻　近代 8　近代世界の展開Ⅴ』岩波書店、1971 年、139〜142 頁、西村孝夫『イギリス東インド会社史論——イギリス東インド貿易及び貿易思想史研究への序論』大阪府立大学経済学部、1960 年、197〜9 頁などを参照。

104—すでに 1760 年代半ばにおいて、植民地課税に対するアメリカ植民地の離反が本国政治に影響を与え、ウィルクス事件と相まって課税権と代表権の関係を問題化させるとともに（Brewer, *Party*

76——*Ibid.*, pp. 44-5; Dowell, *op. cit.*, pp. 50-3. なお、こうした国家的なポンド当たりレイトの原型となる税が、1670年王政復古後のジェームス2世の下で臨時税として賦課されたが、これも完全な失敗に終わっている（Kennedy, *op. cit.*, p. 43）。

77——*Ibid.*, pp. 42-3 and pp. 48-9. ケネディは、セリグマンが地税を「財産税 property tax」と規定している（E. R. A. Seligman, *The Income Tax: A Study of the History, Theory and Practice of Income Taxation at Home and Abroad* [New York: Macmillan, 1911], pp. 80-2）のを批判して、動産も含めたポンド当たりレイトと所得税との連続面を強調している。武田隆夫もケネディの見解に基本的に同意している（武田、前掲論文、参照）。

78——O'Brien and Hunt, *op. cit.*, 1999, p. 88.

79——John Edward Douglas Binney, *British Public Finance and Administration 1774-92*（Oxford: Clarendon Press, 1958), pp. 53-4; Seligman, *op. cit.*, p. 59. 隅田哲司、前掲書、181～2頁。

80——付言すれば、名誉革命体制下での私有財産制の確立と配賦税方式との関連からも明らかなように、講座派歴史学が指摘するように「押し付け反米」などの徴税方式をもって、日本の地租を「半封建的貢租」とすることはできない。ましてや、税率の高さで租税自体が「半封建的」であるかどうかを判断できないのは言うまでもない（地租＝「半封建的貢租」説については平野義太郎『日本資本主義社会の機構』岩波書店、1934年、1967年改版、石井寛治『日本経済史』東京大学出版会、1976年、58～66頁参照）。

81——舟場正富、前掲書、48～52頁。部局債をはじめとする短期債については、Peter G. M. Dickson, *The Financial Revolution in England: A Study in the Development of Public Credit, 1688-1756*（London: Macmillan, 1967), chap. 13-5および舟場、同上書、第2章参照。

82——ブルーワの議論には、名誉革命体制における中間層の役割が弱いと指摘している議論に、坂下史「国家・中間層・モラル——名誉革命体制成立期のモラル・リフォーム運動から」『思想』第879号、1997年9月、143頁がある。なお名誉革命体制成立における地方都市の中間層による宗教的なモラルリフォーム運動について、坂下史「名誉革命体制下の地方都市エリート——ブリストルにおけるモラル・リフォーム運動から」『史学雑誌』第106巻第12号、1997年12月、1～34頁がある。

83——John Brewer, 'English Radicalism in the Age of George III', in John Greville Agard Pocock, ed., *Three British Revolutions, 1641,1688,1776*（Princeton: Princeton University Press, 1980), pp. 324-30（以下、Brewer, 'English Radicalism' と略す）。

84——ウォルポールの内国消費税計画をめぐる論争については、佐藤進、前掲書、第2章が詳しい。なお塩税および地租軽減と減債基金との関連については、舟場正富、前掲書、77～98頁参照。

85——Kennedy, *op. cit.*, pp. 98, 164-5.

86——Rudé, *op. cit.*, p. 150; Dickinson, *op. cit.*, pp. 182-3; Stevenson, *op. cit.*, p. 60. なお、1736年ジン条例を契機に、同様に暴動に発展していった（*Ibid.*, pp. 60-1; Rudé, *op. cit.*, pp. 187-90）。

87——舟場正富、前掲書、77～87頁および岡本英男「ペラムの低利借換とコンソル国債の成立」東北大学『研究年報・経済学』第43巻第2号、1981年10月、81頁。

88——Dickinson, *op. cit.*, pp. 182. 低利借換をめぐる論争については、舟場正富、前掲書、第5～6章参照。なお、D. ヒュームによる公債批判については、北村裕明「D・ヒュームと国家破産」京都大学『経済論叢』第128巻第1・2号、1981年7月、92～109頁参照。

89——Rudé, *op. cit.*, p. 154; Rogers, *op. cit.*, p. 73.

について」『西洋史学』第79号、1968年、1～21頁参照。

63——François Vigier, *Change and Apathy: Liverpool and Manchester during the Industrial Revolution* (Massachusetts: MIT Press, 1970), p. 48 and pp. 45-6. なお18世紀のブリストルの場合も、植民地貿易を推進したブリストル貿易商協会（the Society of Merchant Venturers of the City of Bristol）を中心とする商人オリガーキが形成されていた（池本幸三「ブリストルと奴隷貿易」『龍谷大学経済学論集』第11巻第3号、1971年12月、117～8頁）。

64——*Ibid.*, pp. 45-6. オックスフォード、ヨーク、ベヴァリィのような内陸都市が、自治体内におけるフリーマンの排他的通商権を長く維持した（*1st Report on M. C.*, p. 20参照）のとは対照的である。

65——J. R. Kellett, 'The Breakdown of Gild and Corporation Control over the Handicraft and Retail Trade in London', *TheEconomic History Review*, Vol. 10, No. 3, 1958, pp. 382-3.

66——Kellett, *op. cit.*, pp. 385-390. なお1750年法は、フリーマンの職人が「不合理な」要求をしたときは、非フリーマンを雇用してもよいとした。

67——Nicholas Rogers, 'Popular Protest in Early Hanoverian London', *Past and Present,* Vol. 79, No. 1, 1978, pp. 70-100; Stevenson, *op. cit.*, pp. 20-3参照。

68——George Rudé, *Hanoverian London 1714-1808* (Berkeley: University of California Press, 1971), pp. 121-2 and p. 124.

69——Namier, *op. cit.*, pp. 54-6; Rudé, *op. cit.*, pp. 146-7.

70——Rudé, *op. cit.*, pp. 120-5. なお市長は、コモン・ホール集会が特別参事会員の中から二人の候補者を指名し、特別参事会が選出した（*Ibid.*, p. 123; *1st Report on M. C.*, p. 21）。ただし、1772年にウィルクスが市長に立候補するまで、特別参事会の拒否権は発動されなかった。

71——Rudé, *op. cit.*, pp. 4-5. ちなみにリヴァプールの人口は、1700年に約5500人（ロンドンの100分の1以下）、1750年でも約3万人（ロンドンの22分の1以下）であった（Viger, *op. cit.*, p. 41）。

72——Elie Halévy, 'Before 1835', in Harold J. Laski, W. Ivor Jennings and William A. Robson, *et al*, eds., *A Century of Municipal Progress 1835-1935* (London: Geoge Allen and Unwin, 1935), p. 19. ただし、ロンドン内部のシティとウェストミンスターの違いに留意しておかねばならない。ウェストミンスターは、シティより多くの有権者（1750年に約9000人）を持ちながら、①都市自治体政府を持たず、②また、ウェスト・エンドにおける貴族・地主ジェントルマンの浪費的消費経済に依存していたために、政治的自由の要求がすでに1740年代から強く出されながらも、選挙投票は「宮廷派」の影響力がかなり強く、また中小商工業者・大衆の反対行動は突発的な選挙暴動へと収斂していった（Nicholas Rogers, 'Aristocratic Clientage, Trade and Independency: Popular Politics in Pre-Radical Westminster', *Past and Present,* Vol. 61, No. 1, 1973, pp. 70-106参照）。

73——大内兵衛・武田隆夫、前掲書、第4章第1節、武田・遠藤・大内編、前掲書、85～6頁、舟場正富『イギリス公信用史の研究』未来社、1971年、第1章。なお地租（地税）について論究したものについては、武田隆夫「イギリスの地租と日本の地租」宇野弘蔵編『地租改正の研究　下巻』東京大学出版会、1958年所収、隅田哲司『イギリス財政史研究——近代租税制度の生成』ミネルヴァ書房、1971年、第6章があるが、国家体制の中に正当な位置付けが与えられていない。

74——Brewer, *op. cit.*, 1989, p. 99（ジョン・ブリュア、前掲書、108頁）; O'Brien and Hunt, *op. cit.*, 1999, pp. 82, 84-85.

75——Kennedy, *op. cit.*, pp. 39-43.

どの行政職があり、その任命・選出方法は様々であった（*Ibid.*, pp. 23-5; Sidney and Beatrice Webb, *op. cit.*, pp. 309-36 参照）。

47——*1st Report on M. C.*, p. 23 および Redlich and Hirst, *op. cit.*, pp. 124-5.

48——*Ibid.*, p. 124.

49——岡田与好『イギリス初期労働立法の歴史的展開』御茶の水書房、1961 年、第 3〜4 章参照。

50——Herbert Heaton, *The Yorkshire Woollen and Worsted Industries* (Oxford: Clarendon Press, 1920), pp. 220-40, 301-21 参照。

51——Richard George Wilson, 'Georgian Leeds', in Derek Fraser, ed., *A History of Modern Leeds* (Manchester: Manchester University Press, 1980), p. 36; Richard George Wilson, *Gentlemen Merchants:* The *merchant community in Leeds 1700-1830* (Manchester: Manchester University Press, 1971), pp. 23-8.

52——ただし、非国教徒系の六つの有力商人家系があった。だが、①国教会系商人の影響力が有力であり、②共和制時代を除いて、リーズは 1832 年まで議員を選出せず、③リーズは自治体財産を所持せず、レイトも課さなかったため、18 世紀末まで基本的に対立関係になく共存していた（Wilson①, p. 38)。なお、「市民革命」期の自治体の政治的・宗教的対立関係については、G. C. F. Forster, 'The foundations: from the earliest times to c. 1700', in Fraser, *op. cit.*, 1980 を参照。

53——Cloth Halls については、Heaton, *op. cit.*, chap XI 参照。

54——R.G. Wilson, *op. cit.*, 1980, p. 37; R.G. Wilson, *op. cit.*, 1971, chap. 4 and 7.

55——R.G. Wilson, *op. cit.*, 1980, pp. 36-7. こうした商人資本による支配の背景には、当時の毛織物工業は、資本集約的工場制度の拡張でなく、最大のものでも 30 人程度の craftshop の拡大によっており、その大半は、商人資本の支配下におかれるか、自ら商人資本的性格をもつ者に上昇してゆくかであった。そして、大半の経営は、大織物輸出商人が年数千ポンドの収入の資本規模を持ったのと比べると、非常に小さな資本規模であった（R. G. Wilson①, pp. 26-7)。

56——R.G. Wilson, *op. cit.*, 1980, p. 32; R.G. Wilson, *op. cit.*, 1971, chap. 10.

57——Peter Clark, ed., *Country towns in pre-industrial England* (Leicester: Leicester University Press, 1981), pp. 17-9.

58——*Ibid.*, pp. 16, 23-4.

59——Michael Reed, 'Economic structure and change in seventeenth century Ipswich', in *Ibid.*, pp. 130-1.

60——Clark, ed., *op. cit.*, pp. 20-2.

61——1680 年から 1700 年に認められたフリーマンの半数が、都市に居住しない農村ジェントルマンであった（A. Rosen, 'Winchester in transition 1850-1700, 'in *ibid.*, pp. 183-4)。

62——1761 年の時点で、イングランドの 203 のバラ選挙区の中で、有権者数が 1000 人以上のバラは 22。500〜1000 人のバラは 22、約 500 人のバラは 11、以上の計 55 のバラで、バラの総議席数 405 のうち 112 議席（約 28%）を占めるにすぎない。残り 148 のバラは、有権者数が 500 人以下にもかかわらず、バラの総議席数の 7 割以上を占めていた。その大部分は、「閉鎖」「腐敗」ないし「ポケット」選挙区と呼ばれる、政府あるいは土地貴族の影響下にあるバラで、大多数はイングランド南部にあった（Lewis Namier, *The Structure of Politics at the Accession of George III* [London: Macmillan, 1961], originally published 1929, pp. 80-1)。都市選挙区における地主貴族のパトロネジとその影響力については *Ibid.*, chap. 3 および鶴見卓三「18 世紀イギリスの都市選挙区

31——同法を治安判事が読みあげて1時間後も、12人以上の群衆がなお不法に、不穏に集会したときは、彼らに対して死刑を含む重罪が科せられた（Stevenson, *op. cit.*, p. 22）。

32——石田真「イギリス雇用契約法の形成と展開（一）」『社会科学研究』第32巻第4号、1981年2月、35〜7頁。

33——石田真は、主従法を問屋制前貸制度等の下で、資本の労働力支配の弱体性を補完するものとして位置づけ（前掲論文、45頁）、19世紀以降もそうした産業分野に適用され、1860年代以降、機械制導入とともに繊維工業での適用が衰退し、「小親方」の武器となってゆく点にまで言及している（「同（二）」、『社会科学研究』第32巻第6号、1981年3月、51〜4頁）。

34——ブラックストンにおいては、人々の諸権利は牧師と平信徒、貴族と庶民といった一定の秩序関係に配分され、公爵から労働者まで約40の地位が描かれる。そのうえで、財産所有者からなる議会が、国王と人民の双方を抑制し、あるいは保護する第一義的地位を与えられる（R. R. Palmer, *The Age of the Democratic Revolution: A Political History of Europe and America, 1769-1800, Vol. 1*［Princeton: Princeton University Press, 1959］, p. 63）。

35——Dickinson, *op. cit.*, chap. 4 参照。

36——藤田武夫『地方財政論』三笠書房、1951年、12〜3頁。

37——Josef Redlich and Francis Wrigley Hirst, eds., *The History of Local Government in England, second edition*（London: Macmillan, 1970）, originally published 1903, p. 117.

38——*First Report of the Commissioners on Municipal Corporations in England and Wales*, 1835（以下、*1st Report on M. C.* と略す）, p. 17.

39——*Ibid.* 王政復古後の国王の都市自治体政策について詳しくは、J. H. Sacret, 'The Restoration Government and Municipal Corporations', *The English Historical Review*, Vol. 45, No. 178, 1930, pp. 232-259 参照

40——都市自治体の最初の包括的調査は 1st Report on M. C. である。たしかに都市自治体では、18世紀後半からいくつかの重要な変化が生じた（たとえば、Commission方式による都市行政の増大）が、統治機構に関する限り、1835年都市団体法まで基本的には同じ構造が維持されたと考えられる。

41——*1st Report on M. C.*, p. 18 & p. 20 参照。

42——*Ibid.*, pp. 18-9; Sidney Webb and Beatrice Webb, *English Local Government from the Revolution to the Municipal Corporations Act: The Manor and the Borough, Part 1*（London: Longmans, 1924）, originally published 1908, pp. 292-302.

43——*1st Report on M. C.*, p. 20 & p. 33. もはや「都市選挙は単なる茶番劇」であり、「その時々の互選の終身メンバーによって永続させられた」（Redlich and Hirst, *op. cit.*, p. 123）。

44——書記は事務弁護士であり、法律顧問、自治体の議事録作成などの業務を行ない、記録官に法律知識のないパトロンがなるときは、記録官補（Deputy Recorder）となり、その職務を任された。そして、彼らは通常、バラ居住のフリーマンであることが求められた（*1st Report on M. C.*, pp. 23-5）。なお、都市の裁判機構については、*Ibid.*, pp. 26-9, Sidney and Beatrice Webb, *op. cit.*, pp. 337-67 参照。

45——*1st Report on M. C.*, p. 22 & p. 32.

46——この他にも、名誉職の執事長、町長（Portreeve）、代官（Bailiff）、執事（Steward）、執行官（Sheriff）など様々な官職があり、都市の性格によってその権限は多様で、いくつかの官職が兼任される場合もあった。また、記録官や書記の他にも、検死官（Coroner）や出納役（Chamberlain）な

1965年11月、100頁)。しかし、18世紀末の支配体制の動揺を経て形成された19世紀の地方的統治構造を18世紀前半に持ち込むことには疑問がある。

20——Sidney Webb and Beatrice Webb, *English Local Government Vol. 1: The Parish and the County* (*London*: Longmans, Green and Co., 1924), originally published 1906, pp. 285-310.

21——*Ibid.*, pp. 446-56.

22——「古来の国制」論は、原始契約説および人民主権に基づく抵抗権を否認するために用いられたが、その際、トーリーのボーリングブルックがそれを使ってウィッグの腐敗と隷属を攻撃するようになると、ウィッグ・エスタブリッシュメントは、名誉革命の意義の強調へとその焦点を移していったことにも留意しておく必要がある(Dickinson, *op. cit.*, pp. 140-2; Roger Charles Richardson, *The Debate on the English Revolution* (London: Methuen, 1977), p. 44 [R. C. リチャードソン(今井宏訳)『イギリス革命論争史』刀水書房、1979年]、68~9頁)。

23——地主貴族を中心にしたパターナリズム支配について、青木康「地域社会と名望家支配——18世紀イギリスの地主貴族」柴田三千雄他編『シリーズ世界史への問い5 規範と統合』岩波書店、1990年、99~124頁。

24——William Kennedy, *English Taxation, 1640-1799: An Essay on Policy and Opinion* (London: Routledge, 1913), pp. 180-2. ケネディはこれを、「フリーホルダーの非機能的な社会概念」と呼ぶ(p. 180)。

25——Harold Perkin, *The structured Crowd: Essays in English Social History* (Sussex: The Harvester Press, 1981), pp. 34-5; do, *The Origins of Modern English Society 1780-1880* (London: Routledge and Kegan Paul, 1969), pp. 44-5. パーキンは、かかる社会構造的視角から、パトロネジを単なる議会多数派工作の手段として捉えるネーミア史学の見解を批判している。なおネーミア史学をめぐる最近の問題状況については、青木康「ネーミア以後のイギリス18世紀政治史——1760年代をめぐる最近の研究」『史学雑誌』第89編第1号、1980年1月、64~89頁、鶴田正治『イギリス政党成立史研究』亜紀書房、1977年、および松浦高嶺「18世紀」青山吉信・今井宏・越智武臣・松浦高嶺編『イギリス史研究入門』山川出版社、1973年所収を参照。

26——従来、近代的租税国家の成立は、王室財政と国家財政の分離と議会の課税協賛権を中心に捉えられてきた(武田隆夫・遠藤湘吉・大内力『近代財政の理論——その批判的解明(再訂版)』時潮社、1964年、168~72頁、木村元一『近代財政学総論』春秋社、1958年、68~70頁、島恭彦『近世租税思想史』有斐閣、1938年、97~104頁、同『財政学概論』岩波書店、1963年、84~6頁)。かかる観点からは、市民革命後のイギリス国家財政は、妥協的不徹底を有するものとならざるをえない。

27——Kennedy, *op. cit.*, p. 188. こうしたパトロネジや閑職は、重商主義戦争による税負担増によって批判を受け、改革の対象となってゆく

28——Perkin, *op. cit.*, 1981, p. 368,; do., *op. cit.*, 1964, p. 49.

29——Perkin, *op. cit.*, 1981, p. 36; do., *op. cit.*, 1964, p. 49. 定住法の影響とその変化については、James Stephen Taylor, 'The Impact of Pauper Settlement 1691-1834', *Past and Present,* Vol. 73, No. 1, 1976, pp. 42-73. また、17世紀末~18世紀末までの救貧政策の概略については、さしあたり小山路男『西洋社会事業史論』光生館、1978年、第Ⅲ~Ⅴ章、樫原朗『イギリス社会保障の史的研究Ⅰ』法律文化社、1973年、第1章3~第2章、中西洋『日本における「社会政策」・「労働問題」研究』東京大学出版会、1979年、第3編第2章(とくに298~310頁)参照。

30——Dickinson, *op. cit.*, pp. 161-2.

Tyas, 1999), pp. 217～222.

3——Brewer, *op. cit.*, 1989, p. 67（ジョン・ブリュア、前掲書、79 頁）。

4——*Ibid.*, pp. 95～99（ジョン・ブリュア、前掲書、107 頁）、O'Brien and Hunt, *op. cit.*, p. 212.

5——Patrick K. O'Brien and Philip A. Hunt, 'England, 1485-1815', in Richard Bonney, ed., *The Rise of the Fiscal State in Europe c. 1200-1815*（Oxford: Oxford University Press, 1999), p. 72.

6——O'Brien and Hunt, *op. cit.*, 1999, p. 71.

7——Brewer, *op. cit.*, 1989, p. 43（ジョン・ブリュア、前掲書、53 頁）。

8——Brewer, *op. cit.*, 1989, pp. 155～159（ジョン・ブリュア、前掲書、162～6 頁）。

9——市民革命による土地変革の意義、および私的土地所有権をめぐる論争については、椎名重明『近代的土地所有 —— その歴史と理論』東京大学出版会、1973 年、序論および第一章、戒能通厚『イギリス土地所有権法研究』岩波書店、1980 年、序章、原田純孝「『近代的土地所有権』論の再構成をめぐって（上）・（下）」『社会科学の方法』137 号、1980 年 11 月、140 号、1981 年 2 月、同『近代土地賃貸借法の研究 —— フランス農地賃貸借法の構造と史的展開』東京大学出版会、1980 年、序論などを参照。

10——戒能通厚「司法国家制の歴史的構造 —— 近代イギリス統治構造分析・序」『社会科学研究』第 24 巻第 5・6 号合併号、1973 年 3 月、福井英雄「『議会の黄金時代』における治安判事と議会政治の構造（二）」大阪市立大学『法学雑誌』第 12 巻第 2 号、1965 年 11 月、および同「一八世紀イギリスの地方政治と中央政治（一）—— その統治媒介者たる治安判事を中心として」『立命館法学』第 67 号、1967 年 4 月、28～55 頁、岡田章宏「イギリスにおける近代的地方政府の法的構造に関する覚書」『早稲田法学』第 85 巻第 3 号、2010 年 3 月、115～153 頁などを参照。

11——詳しくは、佐藤進『近代税制の成立過程』東京大学出版会、1965 年、第 1 章、StephenDowell, *A History of Taxation and Taxes in England From the Earliest Times to the Year 1885, Vol. II*（London: Longmans, Green, and Co., 1884), pp. 41-84 参照。

12——飯沼二郎『地主王政の構造 —— 比較史的研究』未来社、1964 年、第 1～2 章。

13——JohnStevenson, *Popular Disturbances in England 1700-1870*（London: Longman, 1979), pp. 20-3.

14——Karl Marx, *Das Kapital*, herausg. M. E. L. Institut, Moskau, Bd. I, S. 791, 長谷部文雄訳『資本論』第 1 巻（下）、青木書店、1954 年、1143～4 頁。

15——議会主義の一義的展開を前提に、議会（中央）と治安判事（地方）における地主階級の一元的支配を強調する戒能通厚や福井英雄の見解からは、対極的構造という名誉革命体制の矛盾的構造が明らかにされない。

16——William Blackstone, *Commentaries on the Laws of England, Vol. I*（Oxford: Clarendon Press, 1765), pp. 48-51.

17——大河内繁男「英国における大蔵省統制の展開過程（一）」『国家学会雑誌』第 82 巻第 9・10 号、1969 年 9 月、1～46 頁。

18——H. T. Dickinson, *Liberty and Property; Political Ideology in Eighteenth-Century Britain*（London: Weidenfeld and Nicolson, 1977), pp. 142-8.

19——戒能通厚も福井英雄も、18 世紀の「カウンティの公的生活の構造は階層的（hierarchical）であるより連合的（federative）」である（F. M. L. Thompson, *op. cit.*, p. 136）としている（戒能、前掲論文、182 頁、福井、「「議会の黄金時代」における治安判事と議会政治の構造（二）」『法学雑誌』第 12 巻第 2 号、

cashire Cotton Famine and Indian Cotton Cultivation', *IESHR*, Vol. 4, No. 3, 1967, pp. 255-263)。だが、これらの措置は、度重なるアイ反乱に見られるように、伝統社会の内部構造を破壊することが植民地支配を危くするという、内陸開発政策と植民地支配のジレンマに規定されており、ウッドの政策もレッセ・フェールであったとは考えられない。

139—Dutt, *op. cit.,* pp. 217, 219、これは彼の「反帝国主義者」としての主張を表わしているが、この「反帝国主義」的主張とイギリス綿業資本との関係については後述する。

140—Moore, *op. cit.,* p. 136.

141—Oliver MacDonagh, 'The Anti-Imperialism of Free Trade', *The Economic History Review,* Vol. 14, No. 3, 1962, pp. 495-7.

142—カール・マルクス「コブデン、ブライト、ギブソンの敗北」『マルクス＝エンゲルス全集　第12巻』、162頁。

143—カール・マルクス、前掲論文、160頁、毛利健三『自由貿易帝国主義――イギリス産業資本の世界展開』東京大学出版会、1978年、39〜40頁、山田秀雄「19世紀中葉のイギリスにおける『反植民地主義』について」一橋大学『経済研究』第18巻第2号、1967年5月、159頁、L. C. B. Seaman, *Victorian England: Aspects of English and Imperial History 1837-1901* (London: Routledge, 1973), pp. 135-6.

144—以上からも、パーマストンを金融的利害、コブデン、ブライトを産業利害の代表とする見解は、やや図式的にすぎると言えるだろう。(たとえば吉岡昭彦「イギリス自由主義国家の展開」『岩波講座世界歴史　第20巻近代7　近代世界の展開IV』岩波書店、1971年、10頁を見よ)。

145—主として移民植民地に関係することになるが、過剰資本、過剰人口、食料不足をめぐって、古典派経済学者の中に、「自由貿易」による道と「植民地化」による道との対立があり、J・S・ミルやロバート・トレンズらは次第に後者の立場に立つようになっていったとの指摘がある (Ambirajan, *op. cit.,* pp. 48-51)。

146—毛利健三は、前掲書で、①ギャラハー・ロビンソンの「自由貿易帝国主義」概念を、「自由貿易」と「帝国主義」とを単に形式的＝並列的に関係づけた「政策」論的「膨張」史観であるとして批判しつつ、②それを、イギリス産業資本の世界的展開の中で、「自由貿易」自体が「帝国主義」的本質・機能を有するという両概念の構造的連関において再構成している。だが、毛利の場合も、軍事力および植民地政策(なかんずくイギリス綿業資本の最大の市場であるインド洋帝国)について具体的分析がなされていないため、①「平和的」自由貿易の限界による欧米のキャッチ・アップと非資本主義圏への暴力的世界市場創出との必然的連関、②非資本主義圏、とりわけその拠点であるインドにおいて、政策理念としてのレッセ・フェールが自己破綻をとげたこと、③さらに、その「反帝国主義」の主張ゆえにマンチェスター派さえもが綿業資本から見離されてしまうという彼らの歴史的役割の限界性などが、イギリス産業資本の世界的展開の必然的帰結として十分に明らかにされなくなってしまったのではないかと思われる。

第三章

1——Brewer, *op. cit.*, p. 40 (ジョン・ブリュア、前掲書、2003年、50頁)。

2——Patrick K. O'Brien and Philip A. Hunt, 'Excises and the Rise of a Fiscal State in England, 1586-1688', in Mark Ormrod, Margaret Bonney and Richard Bonney, eds., *Crises, Revolutions and Self-sustained Growth: Essays in European Fiscal History, 1130-1830* (Stamford: Shaun

(*Ibid.*, pp. 36-7; S. Ambirajan, *op. cit.*, p. 262)。だが、この段階では、鉄道請負業者や鉄鋼業者は、あまり重要な役割を果たしていない(Macpherson, *op. cit.*, p. 183)。

127—*Ibid.*, pp. 182-6、藤田暁男、前掲論文を見よ。

128—投資者は、安全志向の中間階級であった(*Ibid.*, p. 181)。

129—*Ibid.*, p. 181. なお、そのための財政損失額は、藤田暁男、前掲論文、48頁を見よ。

130—吉岡昭彦「イギリス綿業資本と本位制論争」岡田与好編『近代革命の研究・下巻』東京大学出版会、1973年所収を参照。

131—Harnetty①, pp. 61-2; Macpherson, *op. cit.*, p. 184.

132—Harnetty①, p. 63. ただし、その間ランカシャーの不満の増大に対処するために、鉄道以外の公共事業に対して300万ポンドの支出を認めていた。なお、その内容については、*Ibid.*, pp. 65-77を参照。

133—結局、資金集めに失敗し、1867年、1870年にそれぞれ、元利保証制鉄道会社に再組織されてしまった(Macpherson, *op. cit.*, p. 180, 藤田暁男、前掲論文、31頁)。この失敗が鉄道国営を導く一因となった点については、同上、35〜36頁を見よ。

134—Ambirajan, *op. cit.*, pp. 263-4. だが、①五%以上の利益は会社とインド政庁で折半するという無意味な規定を付け加えただけで、旧元利保証制鉄道への利子保証は継続され(Vakil, *op. cit.*, pp. 199-200)、②国営といっても、運転費用も償えない慢性赤字のThe Calcutta and South Eastern Railwayの買収(1872年)といった形態も含み(*Ibid.*, p. 200)、さらに、③リットン総督の下で、この国営形態が採算を度外視した軍事路線に利用されるなど、必ずしも当初の意図を実現したわけではなかった。また、1867〜8年に、借入金による公共事業を、資本支出として経常予算から除くという会計制度の変更によって、インド予算は、一方で形式上の財政余剰を生み出しながら、他方で国営鉄道建設による公債の急増が生じることになった(Dutt, *op. cit.*, pp. 371. 373-6)。

135—Ambirajanは、ギャラハー・ロビンソンに批判を加える形で、むしろインドでは経済的発展計画が欠如し、「国家干渉」も古典派経済学が認める公共事業分野に限定されたため、インドの自立的国民経済への成長が妨げられたとする(Ambirajan, *op. cit.*, pp. 224-5)。またMorrisも、19世紀のインドの経済政策を、均衡予算主義と社会資本を供給するだけの「夜警の受動的役割」(レッセ・フェール)であったとしている(Morris, *op. cit.*, pp. 614-5)。これに対してChandraは、ナショナリストたちの主張を再評価する形で批判を加えている(Chandra, *op. cit.*, pp. 63-9)。だが、①レッセ・フェールの原則自体が、イギリスのインド支配過程で、必然的に政策理念としての一貫性を失い、また②その自己矛盾の中で、(イギリスは)インド政策を遂行せねばならなかった点を明らかにしないかぎり、歴史の真のダイナミズムを見失うことになると筆者は考える。

136—Harnetty, ①, pp. 7-35、吉岡昭彦「大不況期のイギリス綿業資本とインド輸入関税の撤廃」高橋幸八郎・安藤良雄・近藤晃編『市民社会の経済構造』有斐閣、1972年所収。ただし、当面財務委員Finance Memberが、既述のマンチェスター派の大立者の一人のウィルソンであったために、対立は小康を保ったという(Ambirajan, *op. cit.*, p. 194)。なお、インド政庁側を含む対立については、Ira Klein, 'Wilson vs Trevelyan', *IESHR,* Vol. 7, No. 2, 1970, pp. 179-209を参照せよ。

137—Haarnetty, ①, p. 79.

138—マンチェスター綿業資本は、棉花栽培の促進のために、イギリス人入植(荒無地販売)と契約法実施などの国家干渉を要求したが、ウッドはこれをはねのけたとして、D. Tripathiは、1860年代を基本的に自由貿易的であったとしている(Dwijendra Tripathi, 'Opportunism of Free Trade: Lan-

マンチェスター綿業資本が強い圧力をかけた路線は②③④であった。

119—Harnetty と Borpujari は、1864 年の英国インド政府の調査に基づいて、①低廉な土着綿糸への転換、②より多くの綿を含み耐久性に富む「土着」綿布の市場での優位、③インド村落の伝統的慣習などによって、棉花飢饉中の綿布業の全体的な減退にもかかわらず、部分的にはイギリス製品にとって代わるほど、内陸土着綿布には根強さがあったと指摘している（Peter Harnetty, 'Cotton Exports and Indian Agriculture 1861-1870', *The Economic History Review,* Vol. 24, No. 3, 1971,（以下 Harnetty ②と略す）pp. 422-7; Jitendra. G. Borpujari, 'Indian Cottons and the Cotton Famine 1860-65', *IESHR,* Vol. 10. No. 1, 1973, pp. 37-49.）。

120—Morris は、①イギリスの安い機械製糸の輸入による土着手織部門の競争的地位の強化、②布価格の低下と人口増加などによる一人当たりの布消費量の増加（綿布需要の弾力性）ゆえに、「インドへのイギリス布輸出の大きな拡大は、せいぜい増大する需要をすくい取ったくらい」(p. 613) だと結論しているのに対し、Chandra は、これらの論拠を逐一批判しつつ、インド人織布工の生活水準（労賃コスト）の切詰めによる競争力を指摘している（Bipan Chandra, 'Reinterpretation of Nineteenth Century Indian Economic History', *IESHR,* Vol. 5, No. 1, 1968, pp. 52-63）。また、M. Desai は、Morris の簡単なモデル分析に内在しつつ、統計資料の欠如から十分な根拠を欠いた議論だと批判している（Meghnad Desai, 'Demand for Cotton Textiles in Nineteenth Century India', *IESHR,* Vol. 8, No. 4, 1971, pp. 337-361）。なお問題はあろうが、表 2 - 16 は、イギリス綿業が漸次的にインド綿業を駆逐していったことを示している。

121—Harnetty ①, P. 49. ただし、1860 年代には、そのうち 25%近くが、リバプールから大陸へと再輸出されていた（杉原薫「1870～1913 年におけるインドの輸出貿易」『アジア経済』第 17 巻第 5 号、1976 年 5 月、27 頁)。

122—Harnetty ① p. 44; Dutt, *op. cit.,* pp. 131-2, 141 などを参照。なお、これをインド棉花の「品質の劣悪性」とするのは、ランカシャー機械紡績（ヨーロッパ近代文明）の立場にすぎない。すなわち、①最高級手織綿布生産の立場からみると、むしろアメリカの棉花の方が劣悪であること、② ginning と圧縮・梱包工程の導入によって、土壌などの自然条件の細かい変化に応じて発展してきた栽培変種を、下級規格のインド棉花に一様化してしまったことを見逃してはならない（松井透『北インド農産物価格の史的研究 I』東京大学東洋文化研究所報告、1977 年、49～52 頁)。

123—Harnetty ①, p. 56. なお 90 年代以降は日本の伸びが著しい（杉原薫、前掲論文、28 頁)。

124—Harnetty ②, pp. 414-422; Michelle Burge McAlpin, 'Railroads, Cultivation Patterns, and Foodgrain Availability: India 1860-1900', *IESHR*, Vol. 12, No. 1, 1975, pp. 43-60. 両者とも、①世界市場向け商品作物栽培によって食糧穀物生産は減少した、②商品作物の価格上昇による収益増も、農民にはもたらされなかったという、古典的なナショナリストたちの見解に、統計的検討を通じた批判を加えている。

125—Vakil, *op. cit.,* pp. 198-200、角山栄「『自由帝国主義』時代におけるインド・ルートおよびインドの鉄道建設とイギリス資本」和歌山大学『経済理論』第 126 号、1972 年 3 月、21～22 頁、藤田暁男「イギリス資本主義経済の変動と植民地インドの鉄道建設 1844 年～1879 年」長崎大学『東南アジア研究所研究年報』第 15 号、1974 年 10 月、23～24 頁。

126—Daniel Thorner, *Investment in Empire: British Railway and Steam Shipping Enterprise in India 1825-1849*（Philadelphia: University of Pennsylvania Press, 1950), pp. 158-9; Das, *op. cit.,* pp. 47-9. なお鉄道株に投機していた東インド会社関係者も、強力な圧力をかけていた

106—この点についてローザ・ルクセンブルグは、「この自然経済的組織の緩慢な、何百年もかかる、内部的分解の過程をあてにし、そしてその結果を、最も重要な生産手段〔土地〕が商品取引の方法で譲渡されるようになるまでぺんぺんと待つことは、資本にとっては、総じてこの領域の生産諸力を断念するほどの意味をもつ」、つまり「資本主義は植民地諸国にたいしては、最も重要な生産手段〔土地〕の暴力的取得を自己の死活問題だと結論」づける。示唆的である（ローザ・ルクセンブルグ（長谷部文雄訳）「資本蓄積論　下巻」青木文庫、1955年、437頁）。

107—ダルフージは、土地併合による「余剰収入で理事たちを満足させるよりも、むしろ公益事業によって会社統治を正当化することを目的としていた」(Das, *op. cit.,* p. 10)。前総督 Hardinge が会社理事長へ宛てた1847年1月3日付の手紙に、「この公共事業に関しては、ムガルの諸王達との契約（contract）は我々にとって有利ではない」(*Ibid.,* p. 10）と書かれている。

108—*Ibid.,* p. 10.

109—その規模・財政支出については、Muir, *op. cit.,* pp. 371-2 を見よ。

110—*Ibid.,* p. 365; Das, *op. cit.,* p. 103.

111—Vakil, *op. cit.,* p. 89.

112—1853年4月20日の彼の勧告をさす。その内容と、計画をめぐる鉄道政策については Das, *op. cit.,* pp. 75-95 を見よ。

113—その過程については、*Ibid.,* pp. 25-36 を見よ。なお少なくとも1847年の恐慌までは、イギリス商人の助手などから身をおこし、植民地的な一次産品の生産・輸出にたずさわった一群のインド商人が、ベンガルの「自由主義者」として鉄道建設を支持していたことも注目される（Dipesh Chakrabarty, 'The Colonial Context of the Bengal Renaissance: A Note on Early Railway-Thinking in Bengal', *IESHR,* Vol. 11, No. 1, 1974, pp. 92-106)。

114—その具体的な過程については、R. J. Moore, 'Imperialism and "Free Trade" Policy in India, 1853-4', *The Economic History Review,* Vol. 17, No. 1, 1964, pp. 139-144; Das, *op. cit.,* pp. 82-3 などを見よ。

115—その理由として、①大反乱が鉄道の軍事的役割を強く認識させたこと（Vakil, *op. cit.,* p. 196)、②そして、大反乱中の鉄道建設の遅滞に対するマンチェスターの猛烈な圧力（彼らは、1857～8年にその原因を調査する下院委員会を設置させた、*Ibid.,* pp. 194-5)、③「商業的農業の拡張とプランテーションの成長が政府に対し、道路、鉄道および灌漑事業の拡張の必要性を印象づけた」(Thomas, *op. cit.,* p. 108）こと、④東インド会社の廃止によって「前期的金融独占」が破られ、自由な資本流入の条件が形成されたこと（角山栄「イギリス資本とインド鉄道建設」『社会経済史学』第38巻第5号、1973年1月）などがあげられる。

116—松井透「イギリス帝国主義とインド社会――鉄道建設を焦点にして」『岩波講座　世界歴史　第22巻　近代9　帝国主義時代I』岩波書店、1969年、188頁、192頁。

117—W. J. Macpherson, 'Investment in Indian Railways, 1845-1875', *The Economic History Review,* Vol. 8, No. 2, 1955, pp. 179-180.

118—その主要幹線は、図2-4に見られるように、①カルカッタから連合州の棉花地帯を抜けてゆく the East Indian Railway Co.、②ボンベイを中心として、ベラール地方とナーグプルの棉花地帯へ向かう the Great Indian Peninshula Railway Co.、③マドラスよりインド南部の棉花地帯へ向かう the Madras Railway Co.、④ボンベイよりカシャワールの棉花地帯へ接続するためにアフマダーバードに向かう the Bombay Baroda and Central Indian Railway Co. などであるが、とくに

91——大反乱については、先述の長崎暢子の一連の業績、および鈴木正四、前掲論文、鈴木正四「セポイの反乱の性格——最近の研究書の紹介と批判」愛知大学『国際問題研究所紀要』第28号、1959年9月、11〜29頁、Eric Stokes, *The Peasant and The Raj: Studies in agrarian society and peasant rebellion in colonial India* (Cambridge: Cambridge University Press, 1978), chap. 5〜8などを参照せよ。

92——Thomas, *op. cit.,* p. 73.

93——Vakil, *op. cit.,* p. 103; Thomas, *op. cit.,* p. 73.

94——Dutt, *op. cit.,* p. 219.

95——軍事費削減のために、1857年はじめに各管区代表3名からなる軍事財政委員会 Military Finance Committee が任命されていた（*Ibid.,* pp. 73, 83-5）。

96——*Ibid.,* p. 50.

97——一階に寝ることが、しばしばマラリアの原因となると勧告されたからである。Peter Harnetty, *Imperialism and Free Trade: Lancashire and India in the mid-Nineteenth Century* (Manchester: Manchester University Press, 1972), p. 117（以下、Harnetty①と略す）。なおインド兵は、自分で建てた仮小屋に住んでいた。

98——*Ibid.,* p. 118.

99——Thomas, *op. cit.,* p. 54.

100—Vakil, *op. cit.,* p. 571より算出。

101—Thomas, *op. cit.,* p. 74.

102—交通・通信手段の発達による本国議会の圧力の増大は、特許更新をひかえたインド民生官たちに、公益事業によって会社統治を正当化しようとする志向を生み出した（Manmath Nath Das, *Studies in the Economic and Social Development of Modern India: 1848-56, etc* [Calcutta: Firma K. L. Mukhopadhyay, 1959], pp. 3, 10）。またその間にも、1853年、インド文官任用における公開競争試験の導入、理事会の買官制・推薦制の廃止（Dewey *op. cit.*）などがあり、58年の廃止以前に東インド会社は、事実上、本国産業資本の政策を積極的に遂行する機関になっていった。またこれに関連して、ダルフージが、「監督局および理事会の双方によって議論なしに選出され、またトーリー党員でありながらウィッグ政府によって任命された」（Das, *op. cit.,* p. 12）。そして東インド会社は、鉄道・電信・郵便制度について、彼にほとんど反対せず、他方で彼もまた会社に対してではなく、君主に責任を負うと言明していた（*Ibid.,* pp. 20-2）。

103—Dutt, *op. cit.,* pp. 125, 130-142.

104—実際の併合の理由は様々であった。まず侵略によって、パンジャーブ（1849年）下のビルマ（1853年）が併合された。しかし彼が最もよく用いたのは、いわゆる「失権法 Principle of Lapse」の利用であった。それは、これまでヒンズー法で認められてきたヒンズー王家の養子相続に対し、この承認を拒否するという措置であった。サーターラー（1848年）、サムバルプル（1850年）、ジャーンシ（1853年）、ナーグプル（1853年）などが、それによって併合された。また前述の負担金同盟によって負わされた土侯国の負債を理由としたベラール地方の没収（1853年）、失政を口実としたアワド併合（1856年）が、これに加えられた。併合した面積は、税部で約15万平方マイルに及び、これら諸地域の地税設定によって、インド政庁は約400万ポンドの増収を得た。

105—Muir, *op. cit.,* pp. 352-378.

78――Thomas, *op. cit.,* p. 57.

79――1833年、東インド会社は商業活動を停止したにもかかわらず、(全負債が引き継がれると同時に)東インド会社の株式配当金の支払継続が決められた(Dutt, *op. cit.,* p 398; Vakil, *op. cit.,* pp. 276-7)。

80――Sunil Kumar Sen, *Studies in Industrial Policy and Development of India 1858-1914* (Calcutta: Progressive Publishers, 1964), pp. 11-27を参照。なお「この支出の半分以上は軍事的備品」(Vakil, *op. cit.,* pp. 276-7)であった。

81――インド統治を担った出身階級とその背景については、Bernard S. Cohn, 'Recruitment and Training of British Civil Servants in India 1600-1860', in Ralph Braibanti, ed., *Asian Bureaucratic Systems Emergent from the British Imperial Tradition* (Durham, NC: Duke University Press, 1966), chap. III; C. J. Dewey, 'The Education of a Ruling Caste: The Indian Civil Service in the Era of Competitive Examination', *The English Historical Review,* Vol. 88, No. 347, 1973, pp. 262-285などを参照せよ。

82――高畠稔「インドにおける植民地支配体制の成立」『岩波講座世界歴史　第21巻　近代8　近代世界の展開V』岩波書店、1971年所収、満鉄東亜経済調査局編『印度統治機構の史的概観』1942年、Muir, *op. cit.,* などを参照。

83――その討議過程については、Phillips, *op. cit.*, pp. 54-60を見よ。

84――Dutt, *op. cit.,* p. 398; Thomas, *op. cit.,* p. 55; Vakil, *op. cit.,* p. 272.

85――Cohn, *op. cit.,* chap. II参照。

86――この点では、ヘースティングズの改革が重要である(Thomas, *op. cit.,* p. 52を見よ)。また、1784年、1793年法の下での給与については、Cohn, *op. cit.,* pp. 101-2を、1857年時点のそれについては、マルクス「インドにおけるイギリス人の所得」『全集』第12巻を見よ。

87――文官の年金は、彼ら自身の間で設立したthe Bengal Civil Fund, the Madras Civil Fundなどから出発し、それらがやがて会社負担となり、1868年にはIndian Service Fundに統合されてインド政庁に引き継がれていった(Vakil, *op. cit.,* p. 317)。

88――「この政策はコーンウォリスの後継者達、とくにウェルスレイによって存続された」(Thomas, *op. cit.,* p. 53)。その後、1834年の特許法、1858年のヴィクトリア女王の宣言で、インド人を差別しないことが明らかにされたが、高官に関しては、この政策は一向に改められなかった(Thomas, *op. cit.,* p. 177)。

89――1861年のインド総督参事会法でも、「政府の財政法案に就いては何等の権限も与えられなかった」(満鉄東亜経済調査局、前掲書、62頁)。

90――トーマスによれば、1860年の主要歳入項目の内訳は、地税(45.1%)、アヘン収入(14.6%)、塩収入(10.4%)、関税(6.5%)、所得税(4.6%)、消費税(3.7%)であった(Thomas, *op. cit.,* pp. 496, 498)。なお、イギリスのインド地税政策については、Stokes, *op. cit.,* chap. 4; Eric Stokes, *The English Utilitarians and India* (Oxford: Clarendon Press, 1959), chap. I, II; S. Ambirajan, *op. cit.,* chap. 5、小谷汪之「インド近代における農民層分解と地主的土地所有――マルクス『インド論』の再検討をとおして」『アジア経済』第18巻第1号、1977年1月、2〜26頁、同『マルクスとアジア――アジア的生産様式論争批判』青木書店、1979年、多田博一「19世紀北インドにおける地主・小作関係」松井透・山崎利男編、前掲書、所収、同「1859年ベンガル借地法」松井透編『インド土地制度史研究――史料を中心に』東京大学出版会、1972年所収などを参照せよ。

Trade and the Opening of China 1800-42 [New York: Cambridge University Press, 1951], pp. 213-4)。

66——衛藤瀋吉、前掲書、164頁。

67——Redford, *op. cit.,* p. 119。そして「一八三九年から一八四二年にわたる第一次イギリス＝中国戦争の間中、イギリスの製造業者達は、輸出が驚くほど拡大するだろうという誤った希望にひそかにひたっていた。彼らは天上帝国の民〔中国人〕が身にまとうはずの綿織物を一ヤール一ヤール測っていた」(マルクス「来たるべきイギリスの選挙」ドイツ社会主義統一党中央委員会付属マルクス＝レーニン主義研究所編（大内兵衛・細川嘉六監訳）『マルクス＝エンゲルス全集　第12巻』大月書店、1964年、142頁)。また、アヘン戦争を「勝利」に導いたポティンジャーの帰国後（1844年）の、ロンドン・リバプール・マンチェスターの商工業者たちの歓迎ぶりについては、衛藤、前掲書、218〜9頁を見よ。

68——坂野正高『近代中国政治外交史 —— ヴァスコ・ダ・ガマから五四運動まで』東京大学出版会、1973年、207〜8頁。

69——Redford, *op. cit.,* p. 120. この時はパーマストンは積極的に応じなかった。

70——*Ibid.,* pp. 121-2.

71——Bernard Semmel, 'The Philosophic Radicals and Colonialism', *The Journal of Economic History,* Vol. 21, No. 4, 1961, p. 524.（なお同論文は A. G. L. Shaw [ed.], *Great Britain and the Colonies 1815-1865* [London: Methuen, 1970] に全文再録されている); Bernard Semmel, *The Rise of Free Trade Imperialism: Classical Political Economy, the Empire of Free Trade and Imperialism 1750-1850* (Cambridge: Cambridge University Press, 1970), pp. 151-4. ただし他方で、J. Hume は下院において、しばしば軍事費削減を提案していたことも見逃すことはできない。

72——エリ・ア・メンデリソン（飯田貫一他訳）『恐慌の理論と歴史　第2分冊』青木書店、1960年、272頁、503頁。

73——1880年代以降は、海外投資の急増とともにシティの主導権が強化され、南アフリカなどを中心に鉱山・プランテーションなどの海外事業会社が増加し、インドの比重が低下している（神武庸四郎「19世紀後半のイギリス資本主義と「自由貿易帝国主義」論 —— 研究史整理のための試論的覚書」『歴史評論』306号、1975年10月、17〜29頁、山田秀雄『イギリス植民地経済史研究』岩波書店、1971年、第一章)。

74——さし当たり、Dadabhai Naoroji, *Poverty and Un-British Rule in India* (London: Swan Sonnenschein & Co., 1901); Dutt, *op. cit.,* pp. 409-420; Rai, *op. cit.,* chap. III; B. N. Ganguli, 'Dadabhai Naoroji and the Mechanism of "External Drain"', IESHR, Vol. 2, No. 2, 1965, pp. 85-102; Bipan Chandra, 'Indian Nationalists and the Drain 1880-1905', *IESHR,* Vol. 2, No. 2, 1965, pp. 103-144; Desai, *op. cit.,* chap. XIV などを参照。なお、この時期のインド通貨金融政策との関連では、本山美彦「The Oriental Bank Corporation, 1851-84年 —— 世界市場創設期におけるアジアの為替と信用（中)」京都大学『経済論叢』第121巻第6号、1978年6月、309〜330頁を参照せよ。

75——Tapan Mukerjee, 'Theory of Economic Drain: Impact of British Rule on the IndianEconomy, 1840-1900', in Kenneth E. Boulding and Tapan Mukerjee, eds., *Economic Imperialism* (Ann Arbor: University of Michigan Press, 1972).

76——これらの支出は、1858年の東インド会社廃止後にインド省の経費にかわり、第一次大戦前まで約20万ポンドであった（Vakil, *op. cit.,* p. 313)。

77——1858年に廃止（Ambirajan, *op. cit.,* p. 12)。

Robinson, 'The Imperialism of Free Trade', *The Economic History Review*, Vol. 6, No. 1, 1953, p. 13）といった抽象的膨張連続説と比べた時、①アジア・アフリカ地域では、白人植民地のように自由貿易と福音による Commercial Collaborator を形成できず、Governmental Collaborator の形成でなければならなかったこと（政治的統合過程の類型化）、② 1880 年代以降のアジア・アフリカの非公式帝国（free trade imperialism）を、占領と植民地支配に転換させた動因を、ヨーロッパ側の利害でなく、非ヨーロッパ的要素で構成される協調機構の展開に求めている点などは、とくに注目されよう。

57――ただし、インド政庁は、インド国内征服戦争も抱えており、その負担にも限度があったこと、したがって本国軍隊の増強と負担増加を回避するために、中東諸国への貿易による同化政策やヨーロッパにおけるバランス・オブ・パワー政策がとられたという指摘も無視できない（Edward Ingram, 'The Rules of the Game: A Commentary on the Defence of British India, 1798-1829', *The Journal of Imperial and Commonwealth History,* Vol. 3, No. 2, 1975, pp. 257-279）。

58――郵便補助金は、1837 年のキュナードとの契約を皮切りに、ロイヤル・メイル、P＆O などの大蒸気船会社との間に、一社一航路の原則に基づいて植民地航路に与えられた契約には、大砲などの軍事的装備が可能なように海軍が建造を監督し、かつ必要な時に海軍省が買上げまたは傭船しうるという規定が入っていた（R. H. Thornton, *British Shipping, second edition*（Cambridge: Cambridge University Press, 1959）; Royal Meeker, *History of Shipping Subsidies*（London: Macmillan, 1905）; 山田浩之「イギリス定期船業の発達と海運政策（二）――定期船業の発達過程（二）」京都大学『経済論叢』第 87 巻第 3 号、1961 年 3 月、223～245 頁などを参照せよ）。

59――ペルシャ、中国などへの政治使節の経費におけるイギリスとの分担関係については、Rai, *op. cit.,* pp. 106-7 を見よ。

60――*Ibid.*, pp. 103-4.

61――またインド海軍も「全ての遠方遠征において英国海軍と協同した」（Thomas, *op. cit.,* p. 51）。なお表 2 － 9 には現われてこないが、1867 年シンガポール、1868 年に香港、1893 年にニアサランドでも、インド軍は本格的に参加し、さらに、1863 年にニュージーランド（マオリ戦争）、1878 年にキプロスとアレキサンドリア、1884 年に香港、1899 年にペルシャ湾でも使われた。結局インド軍は、1838 年から 1920 年までに計 19 回使われた（Hyam, *op. cit.,* p. 207）。

62――Vakil, *op. cit.,* p. 127.

63――1847 年恐慌の場合、カリフォルニア（1848 年）、オーストラリア（1850 年）での金鉱発見が、これらの地域への輸出を急増させたことにも注意する必要がある。

64――アフガニスタン・ペルシャの場合、中国と比べて、ロシアに対するインド・ルート防衛としての性格が強かったようである。詳しくは、David Gillard, *The Struggle for Asia 1828-1914; A Study in British and Russian Imperialism*（London: Methuen, 1977), chap. IV, VII を見よ。

65――ジャーディン・マセスンは、その取引先であったマンチェスター商業会議所の副会頭兼事務局長マックヴィカーに働きかけており、すでに 1836 年 2 月に同商業会議所は「健全な基礎の下に中国貿易を確立すること、そして、その目的を達成するために北京への使節を依頼」する請願書を、首相および外相宛に送っていた（Arthur Redford, *Manchester Merchants and Foreign Trade, 1794-1858* [Manchester: Manchester University Press, 1934], p. 9; 衛藤瀋吉『近代中国政治史研究』東京大学出版会、1968 年、161 頁）。また清国の林則徐がアヘン禁輸でアヘン没収など行なった 1839 年の時も、ジャーディンおよび J・B・スミスがキャンペーンをはった（Michael Greenberg, *British*

の時の階級の給与をもとに退職金が与えられるとされたため、多くの将校はこの休暇をとった。この休暇制度が設けられた理由として、①イギリス人がインドの熱暑などの環境のため、疾病率・死傷率が高かったこと（Leighton大佐の証言、*Minutes of Evidence,* Q. 1702, 1704, 1984）、②休暇をとる将校のために、会社はともかくインド手当Indian Allowanceの少なくとも3分の2を節約できること、*Ibid.,* Appendix（A）No. 71参照、③イギリス人将校が本国との関係を絶やさないようにできること、等があげられていた。ただし、休暇のために不在の将校が増加し、また部隊ごとに将校数の不均等が生じたため、1832年11月、理事会によって各連隊ごとに五人以上の将校の欠員があってはならないと定められた。

49——1796年退役規制（the Retiring Regulation）以降、1831年までの退職金支給人数と金額については、*Ibid,* Appendix（A）No. 73を見よ。またインド駐留の女王軍のための年金・退職金は年六万ポンドと、イギリス議会によって決められた。

50——クライヴ卿基金は、当初の元金・利子はとっくに費消され、その費用は全てインド財政の負担となっていた（Mr. Melvillの証言、*Ibid.,* Q. 2116〜7）。その額は1814年に1万3421ポンドであったのが、1850年には、10万6326ポンドに増加した。その他にも、軍人基金、ベンガル孤児基金などがあった。

51——Thomas, *op. cit.,* PP. 50-1.

52——Maurice Zinkin and Taya Zinkin, *Britain and India: Requiem for Empire*（London: Chatto & Windus, 1964), pp. 28-9; Rai, *op. cit.,* chap. IV; A. Wyatt Tilby, *British India 1600-1828*（London: Constable and Co., 1911), Book IIIなど。

53——Ronald Hyam, *Britain's Imperial Century, 1815-1914: A Study of Empire and Expansion*（London: Macmillan, 1976), p. 22.

54——植民地拡大の伝統的時期区分については、L. C. A. Knowles, *The Economic Development of the British Overseas Empire*（London: Routledge, 1928), Book1, Chap. 1参照。

55——インド以外の大部分のアジア・アフリカ地域では、①内陸における徴税権の奪取、②大規模な軍事官僚機構の創設、③商品経済を内陸に浸透させる鉄道・道路などの公共事業は、19世紀前半まで行なわれていない。①そのReactionのあり方の違いを、当該地域の社会構造の相違に求める比較研究、(Wesseling, ed., *op. cit.,* Part II)、②当該地域の協調機構（collaborative mechanism）の変化が、ヨーロッパ帝国主義の支配の変化を引き起こすというロビンソンのcollaboration理論（Ronald Robinson, 'Non-European foundations of European imperialism: sketch for a theory of collaboration', in Roger Owen andRobert B. Sutcliffe, eds., *Studies in the Theory of Imperialism* [London: Longman, 1972]）などに注目しておきたい。なお、これに関連して、中国・日本にシパーヒーのような層を見出しえなかったことが決定的であったという指摘（*Ibid.,* p. 120）や、「ミッチェル報告」の影響を受けたイギリス外務省が、清朝の政治構造を中央集権的とみて、多額の費用とエネルギーをつぎ込んで植民地化するに値しないと見なしていたこと（Nathan Albert Pelcovits, *Old China Hands and the Foreign Office*（New York: King's Crown Press, 1948）参照)、さらに、インド統治の経験が1880年代以降のアフリカ支配のモデル（New Indiaの創出）となったこと（Ronald Robinson, 'European Imperialism and Indigenous Reactions in British West Africa, 1880-1914', in H. L. Wesseling, ed., *op. cit.,* pp. 141-163）などは、重要な指摘であろう。

56——ロビンソンは、ヨーロッパ中心的帝国主義論批判という視角をより徹底させつつ、この理論を打ち出した。かつての「可能であれば非公式に必要であれば公式に」（John Gallagher and Ronald

29——Sir Jasper Nicolls の証言（*Minutes of Evidence*, Q. 17）。

30——Greenhill 大佐（*Ibid.*, 1563）、Dickson 大佐（*Ibid.*, Q. 1600）らの証言。Sir J. Munro の証言（*Ibid.*, Q. 1045）。

31——Fielding 中佐は、「野蛮人」を見る目で、インド兵が勲章の栄誉を非常に喜ぶこと、そして世界中でインドの「土民兵」より個人的栄誉に影響を受けやすい者はいないと証言している（*Ibid.*, Q. 841）。

32——Sir J. Munro の証言（*Ibid.*, Q. 1045）。

33——Sir J. Nicolls の証言（*Ibid.*, Q. 166）。

34——Stannus 大佐の証言（*Ibid.*, Appendix (B), No. 19, P. 476）。

35——服装、給与、あるいは大反乱の直接因となったエンフィールド銃導入や、シパーヒーの海外渡航問題など、軍隊上の能率問題がカースト上の特権と衝突する場合が多かった。鈴木正四「セポイの反乱――1857-59 年のインド独立戦争」『歴史学研究』第 150 号、1951 年 3 月、51～3 頁。

36——Sir John Malcolm, *Ibid.*, Appendix (B), No. 3, P. 346.

37——1832 年特別委員会では、基本的にシパーヒーを信頼し、その比率を増加させようとする者と、その危険性を指摘し、イギリス軍の比率を高めてゆこうとする者に分かれていた。

38——東インド会社の廃止に伴い、1861 年、会社軍はイギリス陸軍に統合され、陸軍融合計画（the Army Amalgamation Scheme）が進められた（Chandulal Nagindas Vakil, *Financial Developments in Modern India 1860-1924* [Bombay: D. B. Taraporevala Sons & Co., 1924], p. 114）。

39——Bampfylde Fuller, *The Empire of India* (London: Sir Isaac Pitman and Sons, Ltd., 1913), p. 301.

40——Vakil, *op. cit.*, p. 111. これは、The Peel Commission of 1859 の勧告に基づいていた。

41——Fuller, *op. cit.*, p. 301-2. ただし、1884～5 年のアフガニスタンをめぐる英・露の対立の激化に伴って、インド軍総司令官ロバーツによる軍制改革が行なわれ、インド兵は、「内乱」防止から対露戦用へとその目的を転換され、再編成を伴いつつ北西国境に集中配置された（歴史学研究会編『アジア現代史・1』青木書店、1979 年、35～9 頁（小谷汪之稿）、George T. Chesney, *Indian Polity: A View of the System of Administration in India, third edition* [London: Longmans, Green, and Co., 1894], chap. XIV）。

42——紙幅の関係上、その条約の詳細な内容にまで立ち入ることはできない。条約文については、*The Second Report from the Select Committee on the Affairs of the East India Company, 1810*（以下、*The 2nd Report* と略す）Appendix No. 21-5 を見よ。

43——Fuller, *op. cit.*, p. 240、山本達郎編、前掲書、217 頁。

44——インド政庁から直接派遣される駐在官（resident）ないし総督代理（an Agent to the Governor-General）以外に、近接する管区政府から派遣されている場合があった。

45——他方で「土侯国」の軍隊に対し、①要塞ないし武器庫の建設を規制し、さらに②「土侯国」はその国民以外からは新兵を補充できないという制限を課したことにも注目しておく必要がある（Fuller, *op. cit.*, P. 244）。

46——Shah, *op. cit.*, p. 26. なお、イギリスにとって、当初この負担金同盟は収入が支出を上回り、会社領からの収入を上回るほどであった（*The 2nd Report*, Appendix No. 6, (B)）。

47——これには、実際に軍隊に配属された将校は含まれていないことに注意せよ。

48——インドに 10 年居住後、イギリス将校には、有給（その階級の給与）で 3 年間休暇がとれるという特典が 1796 年に与えられた。そのために兵役期間が 25 年まで延長され、しかも退職時にはそ

179～180頁。また「会社によるディーワーニー（徴税権）の掌握が、常備軍を絶対に必要とさせた」（Thomas, *op. cit.*, PP. 48-9）点が重要である。

23――*Minutes of Evidence*, Q. 890-894.

24――*Ibid.*, Q. 1275. Baker中佐によれば、この「安価な」シパーヒーの多用によって、インド軍の全戦闘員の平均費用は年にわずか36ポンドにしかならなかった（*Ibid.*, Appendix（B), No. 16, P. 443）。インド全軍の給与体系については、*Ibid.*, Appendix（A), No. 60-66を見よ。

25――この問題は、「アジア的停滞性」論とも絡んで、私的土地所有権の有無とともに長く論じられてきたが、紙幅の関係上、詳しくふれることはできない。ここでは、さし当たり、Imtiaz Ahmad, 'Caste Mobility Movements in North India', *The Indian Economic and Social History Review*,（以下*IESHR*と略す）、Vol. 8, No. 2, 1971, pp. 164-191; Eleanor Zelliot, 'Mahar and Non-Brahman Movements in Maharashtra', *IESHR*, Vol. 7, No. 3, 1970, pp. 397-415; Chandra Y. Mudaliar, 'The Non-Brahmin Movement in Kolhapur', *IESHR*, Vol. 15, No. 1, 1978, pp. 1-19などを参照。なお、Stokesは、近著において、イギリス統治下においても、カースト制を含む農村社会に十分な構造的変化がもたらされなかった点を強調している（Stokes *op. cit.*, chap. 1）。また当時の文化人類学の成果に対する批判的検討に、Lucy Carroll, 'Caste, Social Change, and the Social Scientist: A Note on the Ahistorical Approach to Indian Social History', *Journal of Asian Studies*, Vol. 35, No. 1, 1975, pp. 63-84がある。

26――長崎暢子「1857年の反乱における権力問題の一考察」松井透・山崎利男編『インド史における土地制度と権力構造』東京大学出版会、1969年所収、同「1857年の反乱におけるラクナウ政権の構造」『東洋文化研究所紀要』第50冊、1970年3月、21～65頁、同「インドの1857年反乱におけるシャーハーバート政権について」『東洋文化研究所紀要』第55冊、1971年3月、1～37頁、同「1857年の反乱におけるデリー政権の構造（上）・（中）」『東洋文化研究所紀要』第64冊、1974年、第69冊、1976年などを参照。

27――西欧の膨張政策に対する反応の地域比較を行なったWesseling編集の共同研究において、Heestermanは、脱植民地過程に至るまでの中国社会の反応のあり方と対比しつつ、その相違の原因をインド封建社会の「構造」に求めている（J. C. Heesterman, 'Was there an Indian Reaction? Western Expansion in Indian Perspective', in H. L. Wesseling, ed., *Expansion and Reaction: Essays in European Expansion and Reactions in Asia and Africa* [Leiden: Leiden University Press, 1978], pp. 31-58）。また彼は、ムガル帝国の権力構造を含め、インド社会の「構造」的特質について興味深い論点をいくつか提出しているが、詳しくふれることができない。なおムガル帝国期の権力構造については、松井透・山崎利男編、前掲書（とくに松井透・小谷汪之論文）、佐藤正哲「十八世紀ムガル帝国の地方支配と在地役人層」亜細亜大学『経済学紀要』第4巻第1号、1978年、26～60頁などを参照。

28――カースト制を意図的に破壊しないように配慮した。たとえば、インドへの法制導入に際しても、刑法および民事・刑事訴訟法はイギリスのコモン・ローをモデルとして採用したが、民法、とくに家族法（family Law）では、カースト裁判所（caste tribunals）が認められ、カーストの自主性が尊重された。なお、このカースト問題への非干渉政策がもたらした政治的・社会的効果とその後の展開については、Richard P. Tucker, 'From Dharmashastra to Politics', *IESHR*, Vol. 7, No. 3, 1970, pp. 325-345、およびBernard S. Cohn, 'From Indian Status to British Contract', *The Journal of Economic History*, Vol. 21, No. 4, 1961, pp. 613-628、などを参照せよ。

移民植民地だけに限られ、しかも本国側の植民地経費政策であって、植民地財政自体は全く分析されていない。

10——表2-1・表2-2の〔注〕参照。なお、No Report分は、推計しても、その誤差は全体で10%に満たないと考えられるので、原資料を忠実に再現し、それを単純合計することにした。また人口当たりの財政支出については、各植民地の人口統計の信頼度が低く、断片的であるため、ここではあえて取り上げなかった。

11——B. R. Mitchell and Phyllis Deane, *Abstract of British Historical Statistics* (Cambridge: Cambridge University Press, 1971), p. 397.

12——Mitchell and Deane, *op. cit.,* pp. 402-3.

13——1846〜55年は、カナダなどのNo Reportで、インド財政の比重は若干高くなっている。ただし、カナダの数字の現われる1860年から推察しても、その比重は大幅に下らないと思われる。なお、1850年後半以降の植民地公債中のインド公債の比重低下の場合（表2－3）、インド公債に代わる元利保証付インド鉄道債の急増があることに注意しておかねばならない（IV (2) 参照）。

14——しかも、そのわずかな民政費についても、「民政費増加の重要な原因は、多数の（イギリス人）高級官僚の雇用であった」(Parakunnel Joseph Thomas, *The Growth of Federal Finance in India: Being a Survey of India's Public Finances from 1833 to 1939* [Oxford: Oxford University Press, 1939], p. 58)。

15——さらに本国費に含まれる軍関係支出を加えれば、その額は一層大きくなる（表11参照）。

16——その過程で果たした東インド会社官吏の独自の役割を無視できない（Eric Stokes, *The Peasant and The Raj: Studies in agrarian society and peasant rebellion in colonial India* [Cambridge: Cambridge University Press, 1978], pp. 25-28)。なお諸戦争の概要については、山本達郎編『世界各国史10　インド史』山川出版社、1960年、第4章第2節（松井透稿）を参照せよ。

17——ちなみに「1813〜4年から、1856〜8年の44年間を考えると、13年間が黒字で31年間が赤字であった。黒字はわずか880万ポンドだが、赤字は6290万ポンドになった」(Thomas, *op. cit.,* p. 58)。同様の記述はKhushal Talaksi Shah, *Sixty Years of Indian Finance* (Bombay: Bombay Chronicle Press, 1921), p. 33にもある。

18——Thomas, *op. cit.,* P. 54. 戦争ごとの公債額の伸びについては、同じくShah, *op. cit.,* p. 29; Romesh Chunder Dutt, *The Economic History of India in the Victorian Age: From the Accession of Queen Victoria in 1837 to the Commencement of the Twentieth Century* (London: Routledge & Kegan Paul, 1956), originally published 1904, pp. 216-8などを見よ。

19——本書第V章2を参照。

20——西山一郎「「自由貿易的経費膨張」政策（2・完）——19世紀中葉のイギリス議会（下院）における経費削減論議の検討」『香川大学経済論叢』第39巻第4号、1967年、50頁、80頁。西山は軍事費の「削減」も、実は「効率化」を意味していたにすぎず、実際に減少傾向にあった公債費については、議会討論では余りふれられていないと述べている。

21——この点については、Macan大尉の証言を見よ。*Minutes of Evidence taken before the Select Committee on the Affairs of East India Company,* 16 Aug. 1832, V. Military（以下*Minutes of Evidence*と略す), Q. 2185.

22——Salmond大佐の証言（Minutes of Evidence, Appendix No. 2, P. 312)、多田博一「19世紀インド農村社会の変容」『岩波講座世界歴史　第21巻（近代8　近代世界の展開V）』岩波書店、1971年、

50――示唆的にではあるが、この点について本山が指摘している（本山美彦「イギリス資本主義の世界化とアジア――アヘンをめぐる東インド会社と広東商社の角逐」小野一一郎他編、前掲書所収、277-80頁）。

51――なおアジア三角貿易については、加藤祐三『イギリスとアジア――近代史の原画』岩波新書、1980年、II、同「植民地インドのアヘン生産――一七七三－一八三〇年」『東洋文化研究所紀要』第83冊、1981年2月、浜下武志「資本主義＝植民地体制の形成とアジア――一八五〇年代イギリス銀行資本の中国進出過程」野沢豊・田中正俊編『講座中国近現代史　第1巻（中国革命の起点）』東京大学出版会、1978年、本山美彦、前掲論文などを参照。

第二章

1――Gallgher and Robinson, *op. cit.*, 1953. なお自由貿易帝国主義論を中心とした帝国主義論については平田雅博『イギリス帝国と世界システム』晃洋書房、2000年を参照。

2――Brewer, *op. cit.,* 1989；ジョン・ブリュア（大久保桂子訳）、前掲書参照。

3――John F. Richards, 'Fiscal states in Mughal and British India', in Bartolomé Yun-Casalilla, Patrick K. O'Brien and Franciso Comín Comín, eds., *The Rise of Fiscal States: A Global History 1500-1914* (Cambridge: Cambridge University Press, 2012), pp. 410-441. リチャーズは、イギリス統治下のインドはムガル帝国との連続性が強いとして、財政規模の拡大の構造を論じている。

4――Cain and Hopkins, *op. cit.*, 1993；P.J. ケイン & A.G. ホプキンズ（竹内幸雄・秋田茂訳）Ⅰ、前掲書参照。

5――日本でも、こうした見方が長く定説の地位を占めてきた。大内兵衛・武田隆夫『経済学全集 14 財政学』弘文堂、1955年、第4章、武田隆夫・遠藤湘吉・大内力『近代財政の理論――その批判的解明（再訂版）』時潮社、1964年、第1篇第2章、および井出文雄『新稿 近代財政学（改訂版）』税務経理協会、1967年、72～77頁などを見よ。

6――植民地政府・地方政府を含めた多元的政府構造から経費膨張を見なければならないという視角は、すでに林健久によって示唆されている（林健久「経済膨張論ノート――F・ニッティをめぐって」武田隆夫・遠藤湘吉・大内力編『資本論と帝国主義論　下』東京大学出版会、1971年、331頁）ものの、従来、財政学の分野では植民地財政が全く射程外にあった。こうした点で、Morris D. Morris, 'Towards a Reinterpretation of Nineteenth-Century Indian Economic History', *The Journal of Economic History,* Vol. 23, No. 4, 1963, pp. 606-618（以下*JEH*と略す）を一つの契機として、今日まで数多くの批判・再検討が試みられているが、植民地側のナショナリストたちの主張を手掛かりにイギリス財政史を再検討する意義はなお失われていないと考える。

7――先のリチャーズのインド財政の分析とともに、Martin Daunton, *Trusting Leviathan: The Politics of Taxation in Britain, 1799-1914* (Cambridge: Cambridge University Press, 2001), pp. 125～129参照。ただしドーントンは、インドに「財政＝軍事国家」を輸出したという指摘だけで、具体的な分析はない。

8――イギリス金本位制の確立に果たしたインドの役割については、De Cecco, *op. cit.*,（デ・チェッコ，マルチェロ、前掲書、2000年）参照。

9――イギリスの植民地財政政策については、西山一郎「イギリス19世紀中葉における植民地政策の二側面について――スカイラー＝ボーデルセン説の検討を中心にして」『香川大学経済論叢』第40巻第5号、1967年12月、28～50頁、同「19世紀中葉におけるイギリスの植民地経費政策」香川大学『経済論叢』第41巻第3号、1968年8月、42～76頁があるが、これは対象が、ほぼ

pp. 97-9)。

34——*Ibid.,* pp. 78-100; C. H. Philips, *The East India Company 1784-1834*（London: Routledge, 1961), originally published 1940, pp. 54-60.

35——William Milburn, *Oriental Commerce: containing a geographical description of the principal places in the East Indies, China, and Japan, with their produce, manufactures, and trade, Vol. II*（London: Black, Parry and Co., 1813), pp. 197-9. 1797年以降、議会法で規定された制限人数を大幅に超過した国王軍派遣が行なわれた。

36——*Report from the Committee on the Account between the Public and the East India Company,* 1805, pp. 5-6.

37——*First Report from the Select Committee on the Affairs of the East India Company,* 1808, pp. 6-7.

38——Wilson, Horace Hayman, *op. cit.,* p. 494.

39——条約文については *The Second Report from the Select Committee on the Affairs of the East India Company,* 1810, Appendix No. 21-51 を見よ。なお負担金同盟において、イギリスは軍事援助の代わりに土侯国から経済的譲歩を勝ちとったことにも注目する必要がある（Judith Blow Williams, *British Commercial Policy and Trade Expansion 1750-1850* [Oxford: Clarendon Press, 1972], pp. 309-13 参照)。

40——塩専売とインドの塩市場については、神田さやこ『塩とインド —— 市場・商人・イギリス東インド会社』名古屋大学出版会、2017年が詳しい。

41——神田さやこ、前掲書、41～43頁。

42——その支出額については Milburn, *op. cit.,* p. 199 を見よ。

43——Milburn, *op. cit.,* p. 227.

44——*Supplement to the Forth Report on the Affairs of the East India Company,* 1812, Appendix No. 22, p. 205.

45——当初、私商人に許可されたイギリスからインドへの輸出枠は、1973～1804年までに3万6000トンであったが、実際の輸出量は6552トンだった（*Ibid.,* p. 207)。

46——*Ibid.,* p. 212; Milburn, *op. cit.,* pp. 223-4. なお私貿易の具体的推移については、Amales Tripathi, *Trade and Finance in the Bengal Presidency 1793-1833*（Bombay: Orient Longmans, 1956), chap. 2 参照。

47——なお1799年の倉庫法（the Warehouse Act）によって、半年ごとの競売が行なわれる間、陸あげされた綿布にはわずかの倉庫税がかかるだけとなった。同法は、在庫の関税負担を軽減することによって、インドから大陸諸国への直接輸出を抑制し、イギリスを通じた大陸再輸出へと綿布輸出の流れを収斂させる効果を持った（Baines, *op. cit.,* p. 223; Hamilton, *op. cit.,* p. 164, p. 175 & pp. 255-6)。

48——*Supplement to Fourth Report,* pp. 215-6.

49——なお、当時、イギリス産業資本のインド進出の障害は会社の貿易独占にあると考えられていたが、統治と商業の結合に基づく送金貿易をその根本原因と考え、統治権の放棄を主張していた数少ない一人にローダーデエイルがいたことに留意しておかねばならない（William J. Barber, *British Economic Thought and India 1600-1858: A Study in the History of Development Economics* [Oxford: Clarendon Press, 1975], chap. 7)。

ス綿業を保護育成するための消費税控除が行なわれた。すなわち1783年法（23Geo. III, c. 77）によって、綿工業および亜麻工業は、使用する石鹸について1ポンド（重量）あたり3/4ペンス、また糊についても1ポンド（重量）あたり11/2ペンスの消費税の控除を受けた（Baines, *op. cit.*, p. 329）。

26——Gandhi, *op. cit.*, p. 129. またデーサーイーも、インド都市手織工没落の要因について、①東インド会社の征服政策、保護関税、内陸通関税、②インドの王侯の廃絶による古い需要の喪失、③「ギルド」の弱体化等とともに、ヨーロッパから来る安価な綿製品との競争をあげている（T. B. Desai, *Economic History of India under the British* [Bombay: Vora, 1968], pp. 9-10, 77-8, 238）。

27——その後、イギリスの機械制綿工業と対抗しうるインド綿工業の出現が遅れ、インドが長い間、イギリス綿製品の市場とされていた原因を考えるには、たしかに科学的知識の集積、記述による熟練の継承、労働生産性改良の経済的インセンティヴ等の欠如といったインド綿織物生産の歴史的形成のあり方を問題とせねばならないだろう（K. N. Chaudhuri, *The Trading World of Asia and the English East India Company 1660-1760* [Cambridge: Cambridge University Press, 1978], pp. 272-5）。

28——東インド会社による綿布生産の組織と政策については、松井透「近世英印関係小論」『史学雑誌』第62巻第7号、1953年7月、607〜648頁、同「インドの植民地化」『岩波講座世界歴史　第16巻』岩波書店、1970年所収、西村孝夫、前掲書、126〜130頁参照。また18世紀前半におけるインド現地の綿織物生産と流通についてはChaudhuri, *op. cit.*, pp. 237-72参照。

29——今田秀作『パクス・ブリタニカと植民地インド——イギリス・インド経済史の《相関把握》』京都大学学術出版会、2000年、第1部が、その過程を詳しく取り扱っている。

30——RamsayMuir, *The Making of British India 1756-1858* (Karachi, etc: Oxford University Press, 1969), originally published 1915, pp. 170-8参照。

31——この「二重支配体制」の軋轢については今田秀作、前掲書、第2章が詳しい。今田は、取締役の構成が、次第に商業・金融・海運関係者からインド勤務の文官・武官など専門職へと比重が変化していくことも指摘する。東インド会社の性格変化を考える上で興味深い。

32——Raymond Callahan, *The East India Company and Army Reform 1783-1798* (Massachusetts: Harvard University Press, 1972), pp. 46, 51-4. もちろん、その背後に、ヨーロッパでの戦争勃発の際には必ずインドが主戦場の一つになるというダンダスの認識があった。

33——会社軍将校は、①大尉が会社軍部隊の指揮権を持つために佐官以上の構成割合が低く（国王軍では中佐が指揮権を持つ）、またセニョリティ（先任権）に基づく昇進が確立されていたため昇進が非常に遅かったため、②正規の給与以外の特別手当（batta）、歳入手当（revenue money）、バザール基金（bazar fund）などの役得を財産形成の源泉としていた。他方、国王軍将校は、①官職購入や外地派遣の際の地方特別昇任（local brevet commission）によって昇進が非常に早く、②また1754年のMutiny Actによって、同じ階級の場合、会社軍将校より高い地位にあることが保障され、③しかも休暇や年金制度があり、有利な地位にあった（*Ibid.*, pp. 25-37）。ダンダスと小ピットは、会社軍将校の抵抗にあって、1787年3月、(1) 会社軍将校も1783年にさかのぼって各々の階級に応じた国王の地方特別昇任を受け、(2) 以後、国王軍将校の地方特別昇任を廃止し、(3) 将来的には、インド軍務につく両軍将校のセニョリティは、各々の国王の任命日によって決定されるという譲歩を行なったが、それでも会社軍将校の不満は解消されなかった。まず第一に、1783年以前に形成された階級上の不平等はなくならず、第二に、会社軍将校の階級はインド以外では無効であり、第三に、休暇や退役についてはいかなる規定もなかったからである（*Ibid.*,

Kegan Paul, Trench, Trübner & Co., 1902), chap. XIV; Lajpat Rai, *England's Debt to India: A Historical Narrative of Britain's Fiscal Policy in India* (New York: B. W. Huebsch, 1917), chap. V)。

14——John Foster, *Class Struggle and the Industrial Revolution: Early industrial capitalism in three English towns* (London: Routledge, 1977), pp. 37-41.

15——大塚久雄「産業革命と資本主義」『大塚久雄著作集　第五巻　資本主義社会の形成II』岩波書店、1969年、437～8頁。

16——琴野孝「イギリス綿織業における工場制への移行過程」『社会経済史学』第38巻第4号、1972年10月、355～375頁。なお増加した手織工の存在形態については、Neil J. Smelser, *Social Change in the Industrial Revolution: An Application of Theory to the British Cotton Industry* (Chicago: University of Chicago Press, 1959), chap. VII参照。

17——石田光男「一九世紀前半のイギリス労働政策の展開（1795～1860年）（一）」同志社大学人文学会『評論・社会科学』第14号、1978年12月、104～134頁。

18——Jitendra. G. Borpujari, 'The Impact of the Transit Duty System in British India', *The Indian Economic and Social History Review,* Vol. 10, No. 3, 1973. pp. 218-241; Gandhi, Mahatma P. *The Indian Cotton Textile Industry* (Calcutta: The Book Company, 1930), pp. 36-8参照。

19——Jitendra. G. Borpujari, 'The Impact of the Transit Duty System in British India', in Asiya Siddiqi, ed., *Trade and Finance in Colonial India 1750-1860* (Delhi: Oxford University Press, 1995), pp. 321-323.

20——Gandhi, *op. cit.,* p. 38.

21——だが1820年以降、H. Mackenzie, Lord Ellenborough, Bentink, C. E. Trevelyanなど古典派経済学に基づいて内陸通関税制度廃止を主張したインド関係官吏が出てきたことに注目する必要がある。しかし本国の自由貿易主義者たちは、内陸通関税、差別関税問題に対して沈黙を守った（S. Ambirajan, *Classical Political Economy and British Policy in India* [Cambridge: Cambridge University Press, 1978], pp. 184-92; Dutt, op, cit., pp. 303-8.）。なお内陸通関税は、1836年にベンガル、1844年にマドラスで廃止されるまで残った。

22——吉岡昭彦編著『イギリス資本主義の確立』御茶の水書房、1968年、267～8頁、Hamilton, *op. cit.,* pp. 161-2. その他にも1787年法（27 Geo. III, c. 28）はキャラコ、モスリン、リンネルを捺染する原画図案の著作権を3カ月に延長した。

23——Baines, *op. cit.,* p. 329; Hamilton, *op. cit.,* p. 161. この制度は1832年まで継続した。なお1771年法（10 Geo. III, c. 38）と1781年法（21 Geo. III, c. 40）によって、リンネルに対する輸出補助金が先行的に行なわれていたことにも注目しておかねばならない（N. B. Harte, 'The Rise of Protection and the English Linen Trade, 1690-1790', in N. B. Harte and K. G. Ponting, eds., *Textile History and Economic History: Essays in Honour of Miss Julia de Lacy Mann* [Manchester: Manchester University Press, 1973], p. 99)。

24——内国消費税反対運動については、岡茂男「イギリス綿工業と東印度会社——産業革命展開期における初期自由貿易運動」『武蔵大学論集』第1巻第1号、1953年11月、8～9頁、荒井政治「一八世紀におけるイギリス産業資本家の政治的抬頭」『関西大学経済論集』第5巻第1号、1955年4月、62～5頁、Elijah Helm, *Chapters in the History of the Manchester Chamber of Commerce* (London: Simpkin, Marshall, Hamilton, Kent & Co., 1902), pp. 13-4参照。

25——Baines, *op. cit.,* pp. 279-81; Hamilton, *op. cit.,* pp. 162-3. なお輸出に限定されないが、イギリ

国製半導体の輸入割当を決めた。その一方で、国防総省高等研究計画局（DARPA）は、民間企業とのコンソーシアムを通じてコンピュータや半導体への研究資金を投じていった。最近になってアメリカ政府が、中国のIT企業潰しに動いている例も同じである。

5——Paul Mantoux, *The Industrial Revolution in the Eighteenth Century: an Outline of the Beginnings of the Modern Factory System in England* (London: Jonathan Cape, 1928), pp. 262-7［ポール・マントゥ（徳増栄太郎・井上幸治・遠藤輝明訳）『産業革命』東洋経済新報社、1964年、347〜352頁］。ただし、産業革命と保護政策の関係についてはすでに見解が分かれていた。たとえばピーター・レインは、政府活動や国家干渉を「意図せざる」ものであり、工業進歩を促進したというより妨げたと捉えている（Peter Lane, *The Industrial Revolution: The Birth of the Modern Age* (New York: Barnes & Noble, 1978), chap. 6）のに対し、エリック・ポーソンは、産業革命と成長は自生的なものではなく、対外関係（貿易および植民地拡大）と国家によって促進されたものと捉え、とくに国家の間接的役割を強調している（Eric Pawson, *The Early Industrial Revolution: Britain in the Eighteenth Century* (New York: Barnes and Noble, 1979) pp. 218-25)。

6——たとえば飯沼二郎「自由貿易主義の世界体制」河野健二・飯沼二郎編『世界資本主義の歴史構造』岩波書店、1970年所収、83〜84頁、吉信粛「資本主義と国際分業」小野一一郎・行沢健三・吉信粛編『世界経済と帝国主義』有斐閣、1973年所収、47〜52頁、西村孝夫『インド木綿工業史』未来社、1966年、第5章などを参照。

7——Edward Baines, *History of the Cotton Manufacture in Great Britain* (London: H. Fisher, R. Fisher, and P. Jackson, 1835), p. 324.

8——C. J. Hamilton, *The Trade Relations between England and India 1600-1896* (Calcutta: Thacker, Spink and Co., 1919), p. 162. ただし再輸出の際は、従価税率で14ポンド10シリング、反あたり5シリングが控除される。

9——M. M. Edwards, *The Growth of the British Cotton Trade 1780-1815* (Manchester: Manchester University Press, 1967), pp. 11, 37; Baines, *op. cit.,* p. 330. その後、東インド会社の特許更新を2年後に控えた1791年1月20日にも、マンチェスターの綿工業関係者は、低賃金労働に基づく東インド産綿織物に対抗する保護政策を請願した。そのためにアークライトやピールをはじめランカシャー、チェシャー、ダービーシャー等の指導的製造業者が加わった委員会が結成されたという（Arthur Redford, *Manchester Merchants and Foreign Trade, 1794-1858* [Manchester: Manchester University Press, 1934], p. 108; Thomas Ellison, *The Cotton Trade of Great Britain* [London: Effingham Wilson, 1886] p. 62)。

10——Edwards, *op. cit.,* pp. 19-20 and p. 28.

11——エリ・ア・メンデリソン（飯田貫一他訳）『恐慌の理論と歴史　第2分冊』青木書店、1960年、59〜60頁およびEllison, *op. cit.,* p. 50.

12——Edwards, *op. cit.,* pp. 19-20 and p. 28.

13——ウィルソンは次のように述べている。「もしこのような禁止関税と法令がなかったならば、ペイスレイとマンチェスターの工場が最初に停止され、蒸気力をもってさえも再び稼働することはできなかったろう。それらはインド製造業の犠牲によって創出されたのである」(Wilson, Horace Hayman, , James Mill, *The History of British India from 1805 to 1835,* vol. I (London: James Madden, 1843-) , p. 539: Romesh Chunder Dutt, *The Economic History of India Under Early British Rule: From The Rise of the British Power in 1757 to the Accession of Queen Victoria in 1837* (London:

註

はじめに

1——James M. Buchanan and Richard E. Wagner, *Democracy in Deficit: The Political Legacy of Lord Keynes* (New York: Academic Press, 1977)［ジェームズ・M・ブキャナン、リチャード・E・ワグナー（大野一訳）『赤字の民主主義——ケインズが遺したもの』日経BP社、2014年、James M. Buchanan, John Burton and Richard E. Wagner, *The Consequences of Mr. Keynes* (London: The Institute of Economic Affairs, 1978)［J.M. ブキャナン、J. バートン、R.E. ワグナー（水野正一・亀井敬之訳）『ケインズ財政の破綻』日本経済新聞社、1979年］。

2——P. J. Cain and A. G. Hopkins, *British Imperialism: Innovation and Expansion 1688-1914*, *British Imperianism: Crisis and Deconstruction 1914-1990* (London: Longman, 1993)［P.J. ケイン、A.G. ホプキンズ（竹内幸雄・秋田茂訳）『ジェントルマン資本主義の帝国 I ——創生と膨張 1688 － 1914』、（木畑洋一・旦祐介訳）『同 II ——危機と解体 1914-1990』、名古屋大学出版会、1997年］。

3——John Brewer, *The Sinews of Power: War, money and the English state, 1688-1783* (London: Unwin Hyman, 1989)［ジョン・ブリュア（大久保桂子訳）『財政＝軍事国家の衝撃——戦争・カネ・イギリス国家 1688-1783』名古屋大学出版会、2003年］。ただし本文中は「ブルーワ」の表記で統一している。

4——John Gallagher and Ronald Robinson, 'The Imperialism of Free Trade', *The Economic History Review*, Vol. 6, No. 1, 1953, pp. 1-15.

5——Marcello de Cecco, *Money and Empire: The International Gold Standard, 1890-1914* (Totowa, NJ: Rowman and Littlefield, 1975)［マルチェロ・デ・チェッコ（山本有造訳）『国際金本位制と大英帝国　1890-1914年』三嶺書房、2000年9月］。

第一章

1——David Ricardo, *On the Principles of Political Economy, and Taxation* (Ontario: Batoche Books, 1817)（デイヴィッド・リカードゥ（羽鳥卓也・吉沢芳樹訳）『経済学および課税の原理』上巻、岩波文庫、1987年）。

2——Ha-Joon Chang, *Kicking Away the Ladder: Development Strategy in Historical Perspective* (London: Anthem Press, 2002)［ハジュン・チャン（横川信治監訳）『はしごを外せ——蹴落とされる発展途上国』日本評論社、2009年］。

3——宇野弘蔵『宇野弘蔵著作集　第七巻　経済政策論』岩波書店、1974年および宇野弘蔵『宇野弘蔵著作集　第九巻　経済学方法論』岩波書店、1974年。

4——ちなみに、今日でも比較生産費説の自由貿易理論は通用しなくなっている。問題は関税だけにとどまらなくなっている。半導体やコンピュータをめぐって貿易摩擦問題が発生し、こうした先端産業の帰趨が国家間交渉で決まる局面がしばしば見られるようになったからである。たとえば、「日の丸半導体」が台頭したために、アメリカ政府の通商代表部（USTR）は1986年の日米半導体協定でダンピング防止を求め、価格競争力を奪おうとし、1991年の日米半導体協定では、外

First Report from the Select Committee on the Affairs of the East India Company, 1808
Second Report from the Select Committee on the Affairs of the East India Company, 1810
Fourth Report from the Select Committee on the Affairs of the East India Company, 1812
Minutes of Evidence taken before the Select Committee on the Affairs of the East India Company, 1832
Report from His Majesty's Commissioners for Inquiring into the Administration and Practical Operation of the Poor Laws, P. P., 1834
First Report of the Commissioners Appointed to Inquire into the Municipal Corporations in England and Wales, 1835
The Reports Showing the Past and Present State of Her Majesty's Colonial Possessions, and of the United States of the Ionian Islands of the years 1846 and 1847
Statistical Abstract for the several Colonial and other Possessions of the United Kingdom
Report from the Secret Committee on Indian Territories, 1952
Statistical Abstract for the United Kingdom
Statistical Table relating to the Colonial and other possessions of the United Kingdom, part IV (1857), part VII (1860).

Vakil, Chandulal Nagindas, *Financial Developments in Modern India 1860-1924* (Bombay: D.B. Taraporevala Sons & Co., 1924)

Vigier, François, *Change and Apathy: Liverpool and Manchester during the Industrial Revolution* (Massachusetts: MIT Press, 1970)

Ward, John Robert, *The Finance of Canal Building in Eighteenth-Century England* (London: Oxford University Press, 1974)

Webb, Sidney and Beatrice Webb, *English Local Government: The Story of the King's Highway* (London: Longmans, Green and Co., 1913)

Webb, Sidney and Beatrice Webb, *English Local Government Vol. 1: The Parish and the County* (London: Longmans, Green and Co., 1924), originally published 1906.

Webb, Sidney and Beatrice Webb, *English Local Government from the Revolution to the Municipal Corporations Act: The Manor and the Borough, Part 1* (London: Longmans, 1924), originally published 1908.

Weber, Max, Wirtschaft und Gesellschaft, Grundriss der Sozialökonomik, Abteilung III., (Tübingen: J. C. B. Mohr, 1922) [マックス・ウェーバー（濱島朗訳）『権力と支配――政治社会学入門』有斐閣、1967年]

Wheare, Kenneth Clinton, 'Civil Service', in Valerie Cromwell, *et al.*, eds., *Aspects of Government in Nineteenth Century Britain* (Dublin: Irish Academic Press, 1978)

Williams, Judith Blow, *British Commercial Policy and Trade Expansion 1750-1850* (Oxford: Clarendon Press, 1972)

Williams, Karel, *From Pauperism to Poverty* (London: Routledge and Kegan Paul, 1981)

Wilson, Horace Hayman, *The History of British India from 1805 to 1835,* vol. I (London: James Madden, 1843)

Wilson, Richard George, *Gentlemen Merchants: The merchant community in Leeds 1700-1830* (Manchester: Manchester University Press, 1971)

Wilson, Richard George, 'Georgian Leeds', in Derek Fraser, ed., *A History of Modern Leeds* (Manchester: Manchester University Press, 1980), pp. 24-43.

Zelliot, Eleanor, 'Mahar and Non-Brahman Movements in Maharashtra', *The Indian Economic and Social History Review*, Vol. 7, No. 3, 1970, pp. 397-415.

Zinkin, Maurice and Taya Zinkin, *Britain and India: Requiem for Empire* (London: Chatto & Windus, 1964)

議会資料

Parliamentary History

Journal of the House of Commons

Hansard Parliamentary Debates（イギリス議会議事録）

Finance Accounts of the United Kingdom（イギリス決算書）

Commissioners for Examining the Public Accounts

Report from the Committee on the Account between the Public and the East India Company, 1805

Smith, Adam, *An Inquiry into the Nature and Causes of the Wealth of Nations, edited by Edwin Cannan, Vol. II, sixth edition* (London: Methuen, 1950)［アダム・スミス（大内兵衛・松川七郎訳）『諸国民の富 II』岩波書店、1969 年］

Stanlis, Peter J., *Edmund Burke and the Natural Law* (Ann Arbor: The University of Michigan Press, 1965), originally published 1958.

Stedman Jones, Gareth, 'Class Struggle and the Industrial Revolution', *New Left Review,* Vol. 90, No. 65, 1975, pp. 30-31

Stevenson, John, *Popular Disturbances in England 1700-1870* (London: Longman, 1979)

Stokes, Eric, *The English Utilitarians and India* (Oxford: Clarendon Press, 1959)

Stokes, Eric, *The Peasant and The Raj: Studies in agrarian society and peasant rebellion in colonial India* (Cambridge: Cambridge University Press, 1978)

Taylor, Arthur J., *Laissez-faire and State Intervention in Nineteenth-century Britain* (London: Palgrave, 1972)

Taylor, James Stephen, 'The Impact of Pauper Settlement 1691-1834', *Past and Present,* Vol. 73, No. 1, 1976, pp. 42-73.

Terway, Vinodini, *East India Company and Russia 1800-1857* (New Delhi: S. Chand, 1977)

Thomas, Parakunnel Joseph, *The Growth of Federal Finance in India: Being a Survey of India's Public Finances from 1833 to 1939* (London: Oxford University Press, 1939)

Thompson, E. P., *The Making of the English Working Class* (London: Pelican Books, 1968)

Thompson, E. P., 'The Peculiarities of the English', in E. P. Thompson, *The Poverty of Theory and Other Essays* (London: Merlin Press, 1978)

Thompson, E. P., 'Eighteenth-century English Society: class struggle without class?' *Social History,* Vol. 3, No. 2, 1978, pp. 133-165.

Thompson, F. M. L., *English Landed Society in the Nineteenth Century* (London: Routledge, 1963)

Thompson, F. M. L., 'English landed society in the nineteenth-century', in Pat Thane, Geoffrey Crossick and Roderick Floud, eds., *The Power of the Past: Essays for Eric Hobsbawm* (Cambridge: Cambridge University Press, 1984), pp. 195-214.

Thorner, Daniel, *Investment in Empire: British Railway and Steam Shipping Enterprise in India 1825-1849* (Philadelphia: University of Pennsylvania Press, 1950)

Thornton, R. H., *British Shipping, second edition* (Cambridge: Cambridge University Press, 1959)

Tilby, A. Wyatt, *British India 1600-1828* (London: Constable and Co., 1911)

Torrance, John, 'Social Class and Bureaucratic Innovation: The Commissioners for Examining the Public Accounts 1780-1787', *Past and Present,* Vol. 78, No. 1, 1978, pp. 56-81.

Tripathi, Amales, *Trade and Finance in the Bengal Presidency 1793-1833* (Bombay: Orient Longmans, 1956)

Tripathi, Dwijendra, 'Opportunism of Free Trade: Lancashire Cotton Famine and Indian Cotton Cultivation', *The Indian Economic and Social History Review,* Vol. 4, No. 3, 1967, pp. 255-263.

Tucker, Josiah, *A Treatise Concerning Civil Government* (London: T. Cadell, 1781)

Tucker, Richard P., 'From Dharmashastra to Politics', *The Indian Economic and Social History Review,* Vol. 7, No. 3, 1970, pp. 325-345.

1978, pp. 70-100.
Rose, Michael E., 'The Allowance System under the New Poor Law', *The Economic History Review,* Vol. 19, No. 3, 1966, pp. 607-620.
Rose, Michael E., ed., *The Poor and the City: The English Poor Law in its Urban Context 1834-1914* (Leicester: Leicester University Press, 1985)
Rosen, A. 'Winchester in transition 1850-1700,' in Clark, Peter, ed., *Country towns in pre-industrial England* (Leicester: Leicester University Press, 1981)
Royle, Edward, and James Walvin, *English Radicals and Reformers 1760-1848* (Lexington: University Press of Kentucky, 1982)
Rudé, George, *Hanoverian London 1714-1808* (Berkeley: University of California Press, 1971)
Sacret, J. H., 'The Restoration Government and Municipal Corporations', *The English Historical Review,* Vol. 45, No. 178, 1930, pp. 232-259.
Sassoon, Anne Showstack, 'Hegemony and Political Intervention', in Sally Hibbin, ed., *Politics, Ideology and the State* (London: Lawrence & Wishart, 1978), pp. 9-39.
Sassoon, Anne Showstack, *Gramsci's Politics* (London: Routledge, 1980)
Seaman, L. C. B., *Victorian England: Aspects of English and Imperial History 1837-1901* (London: Routledge, 1973)
Semmel, Bernard, 'The Philosophic Radicals and Colonialism', *The Journal of Economic History,* Vol. 21, No. 4, 1961, pp. 513-525.
Semmel, Bernard, *The Rise of Free Trade Imperialism: Classical Political Economy, the Empire of Free Trade and Imperialism 1750-1850* (Cambridge: Cambridge University Press, 1970)
Sen, Sunil Kumar, *Studies in Industrial Policy and Development of India 1858-1914* (Calcutta: Progressive Publishers, 1964)
Schumpeter, Elizabeth Boody, *English Overseas Trade Statistics 1697-1808* (Oxford: Clarendon Press, 1960)
Seligman, E. R. A., *The Income Tax: A Study of the History, Theory and Practice of Income Taxation at Home and Abroad* (New York: Macmillan, 1911)
Siddiqi, Asiya, ed., *Trade and Finance in Colonial India 1750-1860* (New Delhi: Oxford University Press, 1995)
Shah, Khushal Talaksi, *Sixty Years of Indian Finance* (Bombay: Bombay Chronicle Press, 1921)
Shaw, A. G. L., ed., *Great Britain and the Colonies 1815-1865* (London: Methuen, 1970)
Silver, Pam and Harold Silver, *The Education of the Poor: The History of a National School 1824-1874* (London: Routledge and Kegan Paul, 1974)
Smellie, Kingsley Bryce, *A History of Local Government, third edition* (London: Allen and Unwin, 1963), originally published 1946.
Smelser, Neil J., *Social Change in the Industrial Revolution: An Application of Theory to the British Cotton Industry* (Chicago: University of Chicago Press, 1959)
Smith, Adam, *Lectures on Jurisprudence,* edited by R. L. Meek, D. D. Raphael and P. G. Stein (Oxford: Clarendon Press, 1978)［アダム・スミス（高島善哉・水田洋訳）『グラスゴウ大學講義』日本評論社、1947年］

University Press, 1980)
Pelcovits, Nathan Albert, *Old China Hands and the Foreign Office* (New York: King's Crown Press, 1948)
Perkin, Harold, *The Origins of Modern English Society 1780-1880* (London: Routledge and Kegan Paul, 1969)
Perkin, Harold, *The structured Crowd: Essays in English Social History* (Sussex: The Harvester Press, 1981)
Philips, C. H., *The East India Company 1784-1834* (London: Routledge, 1961), originally published 1940.
Phillips, N. C., 'Edmund Burke and the County Movement, 1779-1780', The *English Historical Review,* Vol. 76, 1961, pp. 254-278.
Rai, Lajpat, *England's Debt to India: A Historical Narrative of Britain's Fiscal Policy in India* (New York: B. W. Huebsch, 1917)
Redford, Arthur, *Manchester Merchants and Foreign Trade, 1794-1858* (Manchester: Manchester University Press, 1934)
Redlich, Josef, and Francis Wrigley Hirst, eds., *The History of Local Government in England* (London: Macmillan, 1970), originally published 1903.
Reed, Michael, 'Economic structure and change in seventeenth century Ipswich', in Peter Clark, ed., *Country towns in pre-industrial England* (Leicester: Leicester University Press, 1981)
Ricardo, David, *On the Principles of Political Economy, and Taxation* (Ontario: Batoche Books, 1817) [デイヴィッド・リカードゥ（羽鳥卓也・吉澤芳樹訳）『経済学および課税の原理』上巻、岩波文庫、1987年]
Richards, John F., 'Fiscal states in Mughal and British India', in Bartolomé Yun-Casalilla, Patrick K. O' Brien and Francisco Comín Comín, eds., *The Rise of Fiscal States: A Global History 1500-1914* (Cambridge: Cambridge University Press, 2012), pp. 410-441.
Richardson, Roger Charles, *The Debate on the English Revolution* (London: Methuen, 1977) [R. C. リチャードソン（今井宏訳）『イギリス革命論争史』刀水書房、1979年]
Roach, John, *Social Reform in England 1780-1880* (London: Batsford, 1978)
Roberts, David, *Victorian Origins of the British Welfare State* (New Haven, Conn: Yale University Press, 1960)
Roberts, David, *Paternalism in Early Victorian England* (London: Routledge, 1979)
Robinson, Ronald, 'Non-European foundations of European imperialism: sketch for a theory of collaboration', in Roger Owen and Robert B. Sutcliffe, eds., *Studies in the Theory of Imperialism* (London: Longman, 1972), pp. 117-142.
Robinson, Ronald, 'European Imperialism and Indigenous Reactions in British West Africa, 1880-1914', in H. L. Wesseling, ed., *Expansion and Reaction: Essays on European Expansion and Reactions in Asia and Africa* (Leiden: Leiden University Press, 1978), pp. 141-163.
Rogers, Nicholas, 'Aristocratic Clientage, Trade and Independency: Popular Politics in Pre-Radical Westminster', *Past and Present,* Vol. 61, No. 1, 1973, pp. 70-106.
Rogers, Nicholas, 'Popular Protest in Early Hanoverian London', *Past and Present,* Vol. 79, No. 1,

Moore, David. C., 'The Corn Laws and High Farming', *The Economic History Review,* Vol. 18, No. 3, 1965, pp. 544-561.

Moore, David Cresap, *The Politics of Deference: A Study of the Mid-Nineteenth Century English Political System* (Hassocks: Harvester Press, 1976)

Moore, R. J., 'Imperialism and "Free Trade" Policy in India, 1853-4', *The Economic History Review,* Vol. 17, No. 1, 1964, pp.135-145.

Morris, Morris D., 'Towards a Reinterpretation of Nineteenth-Century Indian Economic History', *The Journal of Economic History,* Vol. 23, No. 4, 1963, pp. 606-618.

Mudaliar, Chandra Y., 'The Non-Brahmin Movement in Kolhapur', *The Indian Economic and Social History Review*, Vol. 15, No. 1, 1978, pp. 1-19.

Muir, Ramsay, *The Making of British India 1756-1858* (Karachi, etc: Oxford University Press, 1969), originally published 1915.

Mukerjee, Tapan, 'Theory of Economic Drain: Impact of British Rule on the Indian Economy, 1840-1900', in Kenneth E. Boulding and Tapan Mukerjee, eds., *Economic Imperialism* (Ann Arbor: University of Michigan Press, 1972)

Namier, Lewis, *The Structure of Politics at the Accession of George III* (London: Macmillan, 1961), originally published 1929.

Namier, Lewis, and John Brooke, *The House of Commons 1754-1790, Vol. 1* (London: HMSO, 1964)

Naoroji, Dadabhai, *Poverty and Un-British Rule in India* (London: Swan Sonnenschein & Co., 1901)

O'Brien, Patrick K., and Philip A. Hunt, 'Excises and the Rise of a Fiscal State in England, 1586-1688', in Mark Ormrod, Margaret Bonney and Richard Bonney, eds., *Crises, Revolutions and Self-sustained Growth: Essays in European Fiscal History, 1130-1830* (Stamford: Shaun Tyas, 1999), pp. 198-223.

O'Brien, Patrick K., and Philip A. Hunt, 'England, 1485-1815', in Richard Bonney, ed., *The Rise of the Fiscal State in Europe, c.1200-1815* (Oxford: Oxford University Press, 1999), pp. 53-100.

Offer, Avner, *Property and Politics 1870-1914: Landownership, Law, Ideology, and Urban Development in England* (Cambridge: Cambridge University Press, 1981)

O'Gorman, Frank, *The Whig Party and the French Revolution* (London: Macmillan, 1967)

O'Gorman, Frank, *Edmund Burke* (London: Routledge, 1973)

O'Gorman, Frank, *The Emergence of the British Two-Party System 1760-1832* (London: Edward Arnold, 1982)

Paine, Thomas, *The Rights of Man* (1791～2) [トマス・ペイン（西川正身訳）『人間の権利』岩波文庫、1971 年]

Palmer, R. R., *The Age of the Democratic Revolution: A Political History of Europe and America, 1769-1800, Vol. 1* (Princeton: Princeton University Press, 1959)

Parssinen, T. M., 'Association, convention and anti-parliament in British radical politics, 1771-1848', *The English Historical Review,* Vol. 88, No. 348, 1973, pp. 504-533.

Pawson, Eric, *The Early Industrial Revolution: Britain in the Eighteenth Century* (New York: Barnes and Noble, 1979)

Paz, Denis G., *The politics of working-class education in Britain 1830-50* (Manchester: Manchester in London', *The Economic History Review*, Vol. 10, No. 3, 1958, pp. 381-394.

Kennedy, William, *English Taxation, 1640-1799: An Essay on Policy and Opinion* (London: Routledge, 1913)

Kirk, Neville, *The Growth of Working Class Reformism in Mid-Victorian England* (Urband: University of Illinois Press, 1985)

Kitson Clark, G., 'The Repeal of the Corn Laws and the Politics of the Forties', *The Economic History Review,* Vol. 4, No. 1, 1951, pp. 1-13.

Kitson Clark, G., *The Making of Victorian England* (London: Routledge, 1962)

Klein, Ira, 'Wilson vs Trevelyan', *The Indian Economic and Social History Review*, Vol. 7, No. 2, 1970, pp. 179-209.

Knowles, L. C. A., *The Economic Development of the British Overseas Empire* (London: Routledge, 1924)

Lane, Peter, *The Industrial Revolution: The Birth of the Modern Age* (New York: Barnes & Noble, 1978)

Langford, Paul, 'William Pitt and Public Opinion, 1757', *The English Historical Review,* Vol. 88, No. 346, 1973, pp. 54-80.

Locke, John, *Two Treatises of Government* (1690) [ジョン・ロック（鵜飼信成訳）『市民政府論』岩波文庫、1968年]

Lubenow, William C., *The Politics of Government Growth: Early Victorian Attitudes Toward State Intervention, 1833-1848* (Hamden, conn: David & Charles, 1971)

MacDonagh, Oliver, 'The Anti-Imperialism of Free Trade', *The Economic History Review,* Vol. 14, No. 3, 1962, pp. 489-501.

Macpherson, C. B., *Burke* (Oxford: Oxford University Press, 1980)

Macpherson, W. J., 'Investment in Indian Railways, 1845-1875', *The Economic History Review,* Vol. 8, No. 2, 1955, pp. 177-186.

Mandler, Peter, *Aristocratic Government in the Age of Reform: Whigs and Liberals 1830-1852* (Oxford: Clarendon Press, 1990)

Mantoux, Paul, *The Industrial Revolution in the Eighteenth Century: an Outline of the Beginnings of the Modern Factory System in England* (London: Jonathan Cape, 1928) [ポール・マントゥ（徳増栄太郎・井上幸治・遠藤輝明訳）『産業革命』東洋経済新報社、1964年]

Marx, Karl, *Das Kapital*, herausg. M. E. L. Institut, Moskau [カール・マルクス（長谷部文雄訳）『資本論』第一巻（下）、青木書店、1954年]

McAlpin, Michelle Burge, 'Railroads, Cultivation Patterns, and Foodgrain Availability: India 1860-1900', *The Indian Economic and Social History Review*, Vol. 12, No. 1, 1975, pp. 43-60.

Meeker, Royal, *History of Shipping Subsidies* (New York: Macmillan, 1905)

Milburn, William, *Oriental Commerce: containing a geographical description of the principal places in the East Indies, China, and Japan, with their produce, manufactures, and trade, Vol. II* (London: Black, Parry and Co., 1813)

Mitchell, B. R., and Phyllis Deane, *Abstract of British Historical Statistics* (Cambridge: Cambridge University Press, 1971)

Ponting, eds., *Textile History and Economic History: Essays in Honour of Miss Julia de Lacy Mann* (Manchester: Manchester University Press, 1973), pp. 74-112.

Hart, Jenifer, 'The genesis of the Northcote-Trevelyan Report', in Gillian Sutherland, ed., *Studies in the Growth of Nineteenth-Century Government* (London: Routledge and Kegan Paul, 1972), pp. 63-81.

Heaton, Herbert, *The Yorkshire Woollen and Worsted Industries* (Oxford: Clarendon Press, 1920)

Heesterman, J. C., 'Was there an Indian Reaction? Western Expansion in Indian Perspective', in H. L. Wesseling, ed., *Expansion and Reaction: Essays in European Expansion and Reactions in Asia and Africa* (Leiden: Leiden University Press, 1978)

Helm, Elijah, *Chapters in the History of the Manchester Chamber of Commerce* (London: Simpkin, Marshall, Hamilton, Kent & Co., 1902)

Hobsbawm, Eric J., 'Gramsci and Political Theory', *Marxism Today,* Vol. 21, No. 7, 1977, pp. 205-213.

Holdsworth, William, *A History of English Law, Vol. I* (London: Methuen, 1966), originally published 1924.

Horn, Pamela, *The Rural World 1780-1850: Social change in the English countryside* (London: Routledge, 1980)

Hyam, Ronald, *Britain's Imperial Century, 1815-1914: A Study of Empire and Expansion* (London: B.T. Batsford, 1976)

Ikenberry, G. John, *Liberal Order and Imperial Ambition: Essays on American Power and International Order* (Cambridge: Polity Press, 2006) [G・ジョン・アイケンベリー（細谷雄一監訳）『リベラルな秩序か帝国か――アメリカと世界政治の行方』上・下、勁草書房、2012 年]

Ingram, Edward, 'The Rules of the Game: A Commentary on the Defence of British India, 1798-1829', *The Journal of Imperial and Commonwealth History,* Vol. 3, No. 2, 1975, pp. 257-279.

Johnson, J. R., *Loans of Local Authorities: England and Wales, second edition, revised* (London: Knight and Company, 1925)

Jones, David, *Crime, Protest, Community and Police in Nineteenth-Century Britain* (Boston: Routledge and Kegan Paul, 1982)

Stedman Jones, Gareth, 'The Language of Chartism', in James Epstein and Dorothy Thompson, eds., *The Chartist Experience: Studies in Working-Class Radicalism and Culture, 1830-60* (London: Macmillan, 1982), pp. 3-58.

Stedman Jones, Gareth, *Languages of Class: Studies in English Working Class History 1832-1982* (Cambridge: Cambridge University Press, 1983) [G. ステッドマン・ジョーンズ（長谷川貴彦訳）『階級という言語――イングランド労働者階級の政治社会史 1832 - 1982 年』刀水書房、2010 年]

Joyce, Patrick, *Work, Society and Politics: The Culture of the Factory in Later Victorian England* (New Brunswick: Rutgers University Press, 1980)

Kaneko, Masaru, 'The Fallacy of the "Balanced-Budget Rule" in 19th Century Britain: "Cheap Government" and Colonial Government Finance', *Annals of the Institute of Social Science*, No. 25, 1983, pp. 90-115.

Kellett, J. R., 'The Breakdown of Gild and Corporation Control over the Handicraft and Retail Trade

Fraser, Derek, *Power and Authority in the Victorian City* (Oxford: Blackwell, 1979)
Fraser, Derek, ed., *A History of Modern Leeds* (Manchester: Manchester University Press, 1980)
Freeman, Michael, *Edmund Burke and the Critique of Political Radicalism* (Chicago: University of Chicago Press, 1980)
Friedman, Milton, and Rose D. Friedman, *Free to Choose: A Personal Statement* (Secker and Warburg, 1980) [ミルトン・フリードマン他（西山千明訳）『選択の自由』日本経済新聞社、1980年]
Fuller, Bampfylde, *The Empire of India* (London: Sir Isaac Pitman and Sons, Ltd., 1913)
Gallagher, John, and Ronald Robinson, 'The Imperialism of Free Trade', *The Economic History Review*, Vol. 6, No. 1, 1953, pp. 1-15.
Gandhi, Mahatma P., *The Indian Cotton Textile Industry* (Calcutta: The Book Company, 1930)
Ganguli, B. N., 'Dadabhai Naoroji and the Mechanism of "External Drain"', *The Indian Economic and Social History Review*, Vol. 2, No. 2, 1965, pp. 85-102.
Gash, Norman, *Aristocracy and People: Britain 1815-1865* (Massachusetts: Harvard University Press, 1979)
Gillard, David, *The Struggle for Asia 1828-1914: A Study in British and Russian Imperialism* (London: Methuen, 1977)
Goschen, George J., *Reports and Speeches on Local Taxation* (London: Macmillan, 1872)
Greenberg, Michael, *British Trade and the Opening of China 1800-42* (New York: Cambridge University Press, 1951)
Grice, James Watson, *National and Local Finance* (London: P. S. King & Son, 1910)
Halévy, Elie, *The Growth of Philosophic Radicalism,* translated by M. Morris (New York: Macmillan, 1928)
Halévy, Elie, 'Before 1835', in Harold J. Laski, W. Ivor Jennings and William A. Robson, *et al*, eds., *A Century of Municipal Progress 1835-1935* (London: Geoge Allen and Unwin Ltd., 1935), pp. 15-36.
Hamilton, C. J., *The Trade Relations between England and India: 1600-1896* (Calcutta: Thacker, Spink and Co., 1919)
Hardt, Michael, and Antonio Negri, *Empire* (Cambridge: Harvard University Press, 2000) [アントニオ・ネグリ、マイケル・ハート（水嶋一憲、酒井隆史、浜邦彦、吉田俊実 訳）『〈帝国〉――グローバル化の世界秩序とマルチチュードの可能性』以文社、2003年]
Harling, Philip, and Peter Mandler, 'From "Fiscal-Military" State to Laissez-Faire State, 1760-1850', *Journal of British Studies,* Vol. 32, No. 1, 1993, pp. 44-70.
Harling, Philip, 'Parliament, the state, and "Old Corruption": conceptualising reform, c.1790-1832', in Arthur Burns and Joanna Innes, eds., *Rethinking the Age of Reform: Britain 1780-1850* (Cambridge: Cambridge University Press, 2003), pp. 98-113.
Harnetty, Peter, 'Cotton Exports and Indian Agriculture 1861-1870', *The Economic History Review,* Vol. 24, No. 3, 1971, pp. 414-429.
Harnetty, Peter, *Imperialism and Free Trade: Lancashire and India in the mid-Nineteenth Century* (Manchester: Manchester University Press, 1972)
Harte, N. B., 'The Rise of Protection and the English Linen Trade, 1690-1790', in N. B. Harte and K. G.

and Social History Review, Vol. 8, No. 4, 1971, pp. 337-361.

Dewey, C. J., 'The Education of a Ruling Caste: The Indian Civil Service in the Era of Competitive Examination', *The English Historical Review,* Vol. 88, No. 347, 1973, pp. 262-285.

Dicey, A. V., *Lectures on the Relation between Law and Public Opinion in England during the Nineteenth Century* (London: Macmillan, 1905)［A. V. ダイシー（清水金二郎訳）『法律と世論』法律文化社、1972 年］

Dickinson, H. T., *Liberty and Property; Political Ideology in Eighteenth-Century Britain* (London: Weidenfeld and Nicolson, 1977)

Dickson, Peter G. M., *The Financial Revolution in England: A Study in the Development of Public Credit, 1688-1756* (London: Macmillan, 1967)

Digby, Anne, 'The Labour Market and the Continuity of Social Policy After 1834: The Case of the Eastern Counties', *The Economic History Review,* Vol. 28, No. 1, 1975, pp. 69-83.

Digby, Anne, 'The Rural Poor Law', in Derek Fraser, ed., *The New Poor Law in the Nineteenth Century* (London: Macmillan, 1976), pp. 149-170.

Dowell, Stephen, *A History of Taxation and Taxes in England From the Earliest Times to the Year 1885* (London: Longmans, Green, and Co., 1884)

Dreyer, F. A., 'The Whigs and the Political Crisis of 1845', *The English Historical Review,* Vol. 80, No. 316, 1965, pp. 514-537.

Dutt, Romesh, Chunder, *The Economic History of India Under Early British Rule: From The Rise of the British Power in 1757 to the Accession of Queen Victoria in 1837* (London: Kegan Paul, Trench, Trübner & Co., 1902)

Dutt, Romesh Chunder, *The Economic History of India in the Victorian Age: From the Accession of Queen Victoria in 1837 to the Commencement of the Twentieth Century* (London: Routledge & Kegan Paul, 1956), originally published 1904.

Eastwood, David, *Governing Rural England: Tradition and Transformation in Local Government 1780~1840* (Oxford: Clarendon Press, 1994)

Edsall, Nicholas C., *The anti-Poor Law movement 1834-44* (Manchester: Manchester University Press, 1971)

Edwards, M. M., *The Growth of the British Cotton Trade 1780-1815* (Manchester: Manchester University Press, 1967)

Ellison, Thomas, *The Cotton Trade of Great Britain* (London: Effingham Wilson, 1886)

Evans, Eric J., *The Forging of the Modern State: Early Industrial Britain 1783-1870* (London: Longman, 1983)

Foord, Archibald S., His Majesty's Opposition, 1714-1830 (Oxford: Clarendon Press, 1964)

Forster, G. C. F, 'The foundations: from the earliest times to c. 1700', in Derek Fraser, ed., *A History of Modern Leeds* (Manchester: Manchester University Press, 1980), pp. 2-23.

Foster, John, *Class Struggle and the Industrial Revolution: Early industrial capitalism in three English towns* (London: Routledge, 1977)

Fraser, Derek, *Urban Politics in Victorian England: The Structure of Politics in Victorian Cities* (London: Macmillan, 1976)

De Cecco, Marcello, *Money and Empire: The International Gold Standard, 1890-1914* (Totowa, NJ: Rowman and Littlefield, 1975) [マルチェロ・デ・チェッコ（山本有造訳）『国際金本位制と大英帝国　1890-1914 年』三嶺書房、2000 年 9 月]

Chakrabarty, Dipesh, 'The Colonial Context of the Bengal Renaissance: A Note on Early Railway-Thinking in Bengal', *The Indian Economic and Social History Review*, Vol. 11, No. 1, 1974, pp. 92-106.

Chandra, Bipan, 'Indian Nationalists and the Drain 1880-1905', *The Indian Economic and Social History Review*, Vol. 2, No. 2, 1965, pp. 103-144.

Chandra, Bipan, 'Reinterpretation of Nineteenth Century Indian Economic History', *The Indian Economic and Social History Review*, Vol. 5, No. 1, 1968, pp. 35-75.

Chang, Ha-Joon, *Kicking Away the Ladder: Development Strategy in Historical Perspective* (London: Anthem Press, 2002) [ハジュン・チャン（横川信治監訳）『はしごを外せ――蹴落とされる発展途上国』日本評論社、2009 年]

Chaudhuri, K. N., *The Trading World of Asia and the English East India Company 1660-1760* (Cambridge: Cambridge University Press, 1978)

Chesney, George T., *Indian Polity: A View of the System of Administration in India* (London: Longmans, Green, and Co., 1894)

Chester, Norman, *The English Administrative System 1780-1870* (Oxford: Clarendon Press, 1981)

Clark, Peter, ed., *Country towns in pre-industrial England* (Leicester: Leicester University Press, 1981)

Clarke, John J., *The Local Government of the United Kingdom* (London: Pitman, 1948), originally published 1922.

Cohen, Emmeline W., *The Growth of the British Civil Service 1780-1939* (London: Frank Cass & Co., 1965), originally published 1941.

Cohn, Bernard S., 'Recruitment and Training of British Civil Servants in India 1600-1860', in Ralph Braibanti, ed., *Asian Bureaucratic Systems Emergent from the British Imperial Tradition* (Durham: Duke University Press, 1966)

Cohn, Bernard S., 'From Indian Status to British Contract', *The Journal of Economic History,* Vol. 21, No. 4, 1961, pp. 613-628.

Cuenca-Esteban, Javier, 'The British balance of payments, 1772-1820: India transfers and war finance', *The Economic History Review*, Vol. 54, No.1, 2001, pp. 58-86.

Das, Manmath Nath, *Studies in the Economic and Social Development of Modern India: 1848-56, etc* (Calcutta: Firma K. L. Mukhopadhyay, 1959)

Daunton, Martin, *Trusting Leviathan: The Politics of Taxation in Britain, 1799-1914* (Cambridge: Cambridge University Press, 2001)

Daunton, Martin, 'The politics of British taxation, from the Glorious Revolution to the Great War', in Bartolomé Yun-Casalilla, Patrick K. O'Brien and Franciso Comín Comín, eds., *The Rise of Fiscal States: A Global History 1500-1914* (Cambridge: Cambridge University Press, 2012), pp. 111-142.

Desai, T. B., *Economic History of India under the British* (Bombay: Vora, 1968)

Desai, Meghnad, 'Demand for Cotton Textiles in Nineteenth Century India', *The Indian Economic*

Borpujari, Jitendra. G., 'The Impact of the Transit Duty System in British India', *The Indian Economic and Social History Review,* Vol. 10, No. 3, 1973. pp. 218-241.

Borpujari, Jitendra. G., 'The Impact of the Transit Duty System in British India', in Asiya Siddiqi ed., *Trade and Finance in Colonial India 1750-1860* (Delhi: Oxford University Press, 1995)

Braibanti, Ralph, ed., *Asian Bureaucratic Systems Emergent from the British Imperial Tradition* (Durham: Duke University Press, 1966)

Brewer, John, 'Servants of the Public—Servants of the Crown: Officialdom of Eighteenth-Century English Central Government', in John Brewer and Eckhart Hellmuth, eds., *Rethinking Leviathan: The Eighteenth-Century State in Britain and Germany* (Oxford: Oxford University Press, 1999), pp. 127-148.

Brewer, John, *Party ideology and popular politics at the accession of George III* (Cambridge: Cambridge University Press, 1976)

Brewer, John, 'English Radicalism in the Age of George III', in John Greville Agard Pocock, ed., *Three British Revolutions: 1641,1688,1776* (Princeton: Princeton University Press, 1980)

Brewer, John, *The Sinews of Power: War, money and the English state, 1688-1783* (London: Unwin Hyman, 1989) [ジョン・ブリュア(大久保桂子訳)『財政＝軍事国家の衝撃――戦争・カネ・イギリス国家 1688-1783』名古屋大学出版会、2003 年](本文中はブルーワで表記を統一している)

Brundage, Anthony, *The Making of the New Poor Law: The Politics of Inquiry, Enactment, and Implementation, 1832-39* (London: Hutchinson, 1978)

Buchanan, James M., and Richard E. Wagner, *Democracy in Deficit: The Political Legacy of Lord Keynes* (New York: Academic Press, 1977) [ジェームズ・M・ブキャナン、リチャード・E・ワグナー(大野一訳)『赤字の民主主義――ケインズが遺したもの』日経 BP 社、2014 年]

Buchanan, James M., John Burton and Richard E. Wagner, *The Consequences of Mr. Keynes* (London: The Institute of Economic Affairs, 1978) [J.M. ブキャナン、J. バートン、R.E. ワグナー(水野正一・亀井敬之訳)『ケインズ財政の破綻』日本経済新聞社、1979 年]

Burke, Edmund, *Reflections on the Revolution in France, edited with an introduction by C. C. O' Brien*, (London: Pelican Books, 1969), originally published 1790 (エドマンド・バーク(水田洋訳)『フランス革命についての省察』『世界の名著 41　バーク、マルサス』中公バックス、中央公論社、1980 年)

Cain, P. J., and A. G. Hopkins, *British Imperialism: Innovation and Expansion 1688-1914, British Imperiarism: Crisis and Deconstruction 1914-1990* (London: Longman, 1993) [P.J. ケイン、A.G. ホプキンズ(竹内幸雄・秋田茂訳)『ジェントルマン資本主義の帝国 I ――創生と膨張 1688 - 1914』,(木畑洋一・旦祐介訳)『同 II ――危機と解体 1914 - 1990』、名古屋大学出版会、1997 年]

Callahan, Raymond, *The East India Company and Army Reform 1783-1798* (Massachusetts: Harvard University Press, 1972)

Cannan, Edwin, *The History of Local Rates in England in Relation to the Proper Distribution of the Burden of Taxation, second edition* (London: P.S. King and Son, 1912)

Cannon, John, *The Fox-North Coalition: Crisis of the Constitution 1782-4* (Cambridge: Cambridge University Press, 1969)

Carroll, Lucy, 'Caste, Social Change, and the Social Scientist: A Note on the Ahistorical Approach to Indian Social History', *Journal of Asian Studies,* Vol. 35, No. 1, 1975, pp. 63-84.

吉岡昭彦「イギリス綿業資本と本位制論争」岡田与好編『近代革命の研究・下巻』東京大学出版会、1973年所収。

吉岡昭彦『近代イギリス経済史』岩波全書、1981年4月。

吉信粛「資本主義と国際分業」小野一一郎・行沢健三・吉信粛編『世界経済と帝国主義』有斐閣、1973年所収。

歴史学研究会編『アジア現代史・1』青木書店、1979年6月。

ローザ・ルクセンブルグ（長谷部文雄訳）『資本蓄積論　下巻』青木文庫、1955年2月。

Adelman, Paul, *Victorian Radicalism: The Middle-Class Experience 1830-1914* (London: Longman, 1984)

Ahmad, Imtiaz, 'Caste Mobility Movements in North India', *The Indian Economic and Social History Review*, Vol. 8, No. 2, 1971, pp. 164-191.

Albert, William, *The Turnpike Road System in England 1663-1840* (Cambridge: Cambridge University Press, 2007)

Ambirajan, S., *Classical Political Economy and British Policy in India* (Cambridge: Cambridge University Press, 1978)

Anderson, Perry, 'Origins of the Present Crisis', *New Left Review,* Vol. 23, No. 1, 1964, pp. 26-53 [ペリー・アンダーソン（米川伸一訳）「現代イギリス危機の諸起源」『思想』第498、501号、1965年12月、1966年3月、64～75頁、124～138頁]

Anderson, Perry, 'The Antinomies of Antonio Gramsci', *New Left Review,* No. 100, 1976, pp. 5-78.

Ashforth, David, 'The Urban Poor Law', in (Derek Fraser, ed., *The New Poor Law in the Nineteenth Century* (London: Macmillan, 1976)), pp. 128-148.

Bailey, Victor ed., *Policing and Punishment in Nineteenth Century Britain* (London: Routledge, 1981)

Baines, Edward, *History of the Cotton Manufacture in Great Britain* (London: H. Fisher, R. Fisher, and P. Jackson, 1835)

Baker, John H., *An Introduction to English Legal History* (London: Butterworths, 1971) [J. ベイカー（小山貞夫訳）『イングランド法制史概説』創文社、1975年]

Barber, William J., *British Economic Thought and India 1600-1858: A Study in the History of Development Economics* (Oxford: Clarendon Press, 1975)

Bentham, Jeremy, 'The Constitutional Code', in John Bowring, ed., *The Works of Jeremy Bentham, Vol. 9* (New York: Russel & Russel Inc., 1962)

Binney, John Edward Douglas, *British Public Finance and Administration 1774-92* (Oxford: Clarendon Press, 1958)

Blackstone, William, *Commentaries on the Laws of England, Vol. I* (Oxford: Clarendon Press, 1765)

Blackstone, William, *Commentaries on the Laws of England* (Oxford: Clarendon Press, 1765-1770)

Booth, Alan, 'Food Riots in the North-West of England 1790-1801', *Past and Present*, Vol. 77, No. 1, 1977, pp. 84-107.

Borpujari, Jitendra. G., 'Indian Cottons and the Cotton Famine 1860-65', *The Indian Economic and Social History Review*, Vol. 10. No. 1, 1973, pp. 37-49.

1970 年所収。

松井透『北インド農産物価格の史的研究』東京大学東洋文化研究所報告、1977 年 3 月。

松浦高嶺「18 世紀」青山吉信・今井宏・越智武臣・松浦高嶺編『イギリス史研究入門』山川出版社、1973 年 7 月所収。

松浦高嶺「「名誉革命体制」とフランス革命」柴田三千雄・成瀬治編『近代史における政治と思想』山川出版社、1977 年所収。

松尾太郎『近代イギリス国際経済政策史研究』法政大学出版局、1973 年。

松塚俊三「1790 年代イギリスの民衆運動 —— 1793、94 年のコンヴェンション（Convention）」『歴史学研究』第 461 号、1978 年 10 月、18〜27 頁。

満鉄東亜経済調査局編『印度統治機構の史的概観』1942 年 1 月。

三好信浩『イギリス公教育の歴史的構造』亜紀書房、1968 年。

村岡健次『ヴィクトリア時代の政治と社会』ミネルヴァ書房、1980 年。

毛利健三「絶対王制期イギリス土地立法の論理 —— いわゆる《Statute of Uses》を中心として」『西洋史学』第 53 号、1962 年 4 月、32〜56 頁。

毛利健三『自由貿易帝国主義 —— イギリス産業資本の世界展開』東京大学出版会、1978 年。

本山美彦「イギリス資本主義の世界化とアジア —— アヘンをめぐる東インド会社と広東商社の角逐」小野一一郎・行沢健三・吉信粛編『世界経済と帝国主義』有斐閣、1973 年所収。

本山美彦「The Oriental Bank Corporation, 1851-84 年 —— 世界市場創設期におけるアジアの為替と信用（中）」京都大学『経済論叢』第 121 巻第 6 号、1978 年 6 月、309〜330 頁。

山崎怜「"安価な政府"をめぐる諸解釈について」『香川大学経済論叢』第 38 巻第 6 号、1966 年 2 月、22〜63 頁。

山崎怜「アダム・スミスといわゆる"安価な政府"」『香川大学経済学部研究年報』5 号、1966 年 3 月、142〜166 頁。

山崎怜「昭和期におけるスミス租税第 1 原則の解釈について —— ひとつの序章」『香川大学経済学部研究年報』7 巻、1968 年 3 月、19〜37 頁。

山崎怜「『安価な政府』の基本構成」『香川大学経済論叢』第 41 巻第 2 号、1968 年 6 月、15〜38 頁。

山田秀雄「19 世紀中葉のイギリスにおける『反植民地主義』について」一橋大学『経済研究』第 18 巻第 2 号、1967 年 5 月、155〜159 頁。

山田秀雄『イギリス植民地経済史研究』岩波書店、1971 年。

山田浩之「イギリス定期船業の発達と海運政策（二）—— 定期船業の発達過程（二）」京都大学『経済論叢』第 87 巻第 3 号、1961 年 3 月、223〜245 頁。

山田盛太郎『日本資本主義分析 —— 日本資本主義における再生産過程把握』岩波文庫、1977 年（初版 1934 年）。

山之内靖『社会科学の現在』未来社、1986 年。

山本達郎編『世界各国史 10　インド史』山川出版社、1960 年 10 月。

吉岡昭彦編著『イギリス資本主義の確立』御茶の水書房、1968 年。

吉岡昭彦「イギリス自由主義国家の展開」『岩波講座　世界歴史　第 20 巻　近代 7　近代世界の展開 IV』岩波書店、1971 年所収。

吉岡昭彦「大不況期のイギリス綿業資本とインド輸入関税の撤廃」高橋幸八郎・安藤良雄・近藤晃編『市民社会の経済構造』有斐閣、1972 年所収。

服部正治「穀物法批判の前提（上）」『立教経済学研究』第36巻第3号、1983年1月、113～148頁。

服部正治「穀物法批判の前提（下）」『立教経済学研究』第36巻第4号、1983年3月、147～190頁。

土生芳人「ナポレオン戦争期のイギリス所得税」『岡山大学法経学会雑誌』第12巻第4号、1963年3月、443～480頁。

土生芳人『イギリス資本主義の発展と租税――自由主義段階から帝国主義段階へ』東京大学出版会、1971年。

浜下武志「資本主義＝植民地体制の形成とアジア――一八五〇年代イギリス銀行資本の中国進出過程」野沢豊・田中正俊編『講座中国近現代史　第1巻（中国革命の起点）』東京大学出版会、1978年所収。

林健久「経済膨張論ノート――F・ニッティをめぐって」武田隆夫・遠藤湘吉・大内力編『資本論と帝国主義論　下』東京大学出版会、1971年所収。

林健久『日本における租税国家の成立』東京大学出版会、1975年。

原田純孝『近代土地賃貸借法の研究――フランス農地賃貸借法の構造と史的展開』東京大学出版会、1980年5月。

原田純孝「「近代的土地所有権」論の再構成をめぐって（上）」『社会科学の方法』137号、1980年11月、10～16頁。

原田純孝「「近代的土地所有権」論の再構成をめぐって（下）」『社会科学の方法』140号、1981年2月、11～17頁。

パトリック・カール・オブライエン（秋田茂訳）「パクス・ブリタニカと国際秩序1688－1914」松田武・秋田茂編『ヘゲモニー国家と世界システム――20世紀をふりかえって』山川出版社、2002年、89～134頁。

平田雅博『イギリス帝国と世界システム』晃洋書房、2000年。

平野義太郎『日本資本主義社会の機構――史的過程よりの究明』岩波書店、1934年、1967年改版。

福井英雄「『議会の黄金時代』における治安判事と議会政治の構造（二）」大阪市立大学『法学雑誌』第12巻第2号、1965年11月所収。

福井英雄「一八世紀イギリスの地方政治と中央政治（一）――その統治媒介者たる治安判事を中心として」『立命館法学』第67号、1967年4月、28～55頁。

福士正博「ウィリアム・コベットの『急進』主義――とくに農業労働者の社会的抗議を中心として」『土地制度史学』第24巻第2号、1982年1月、38～54頁。

藤田暁男「イギリス資本主義経済の変動と植民地インドの鉄道建設1844年～1879年」長崎大学『東南アジア研究所研究年報』第15号、1974年10月、19～49頁。

藤田武夫『地方財政論』三笠書房、1951年。

藤田哲雄『近代イギリス地方行財政史研究――中央対地方、都市対農村』創風社、1996年。

藤村幸雄「ウィリアム・ピットの貿易政策――イギリス初期自由貿易運動をめぐって」『世界経済評論』第9巻第10号、1965年10月所収。

舟場正富『イギリス公信用史の研究』未来社、1971年。

松井透「近世英印関係小論」『史学雑誌』第62巻第7号、1953年7月、607～648頁。

松井透「イギリス帝国主義とインド社会――鉄道建設を焦点にして」『岩波講座　世界歴史　第22巻　近代9　帝国主義時代I』岩波書店、1969年所収。

松井透「インドの植民地化」『岩波講座世界歴史　第16巻　近代3　近代世界の形成III』岩波書店、

鶴田正治『イギリス政党成立史研究』亜紀書房、1977年。

鶴見卓三「18世紀イギリスの都市選挙区について」『西洋史学』第79号、1968年、1～21頁。

ドイツ社会主義統一党中央委員会付属マルクス＝レーニン主義研究所編（大内兵衛・細川嘉六監訳）『マルクス＝エンゲルス全集　第12巻』大月書店、1964年。

中谷武雄「財産の権威と国家の権威――アダム・スミスの国家論（2）」京都大学『経済論叢』第119巻第6号、1977年6月、380～400頁。

中西洋『日本における「社会政策」・「労働問題」研究』東京大学出版会、1979年。

中村英勝『イギリス議会史〔新版〕』有斐閣、1977年。

長崎暢子「1857年の反乱における権力問題の一考察」松井透・山崎利男編『インド史における土地制度と権力構造』東京大学出版会、1969年所収。

長崎暢子「1857年の反乱におけるラクナウ政権の構造」『東洋文化研究所紀要』第50冊、1970年3月、21～65頁。

長崎暢子「インドの1857年反乱におけるシャーハーバート政権について」『東洋文化研究所紀要』第55冊、1971年3月、1～37頁。

長崎暢子「1857年の反乱におけるデリー政権の構造（上）」『東洋文化研究所紀要』第64冊、1974年3月、179～229頁。

長崎暢子「1857年の反乱におけるデリー政権の構造（中）――反乱と農村社会」『東洋文化研究所紀要』第69冊、1976年3月、39～130頁。

新村聡「アダム・スミスにおける道徳と法と経済」『思想』第679号、1981年1月、38～59頁。

新村聡『経済学の成立――アダム・スミスと近代自然法学』御茶の水書房、1994年。

西村孝夫『イギリス東インド会社史論――イギリス東インド貿易及び貿易思想史研究への序論』大阪府立大学経済学部、1960年。

西村孝夫『インド木綿工業史』未来社、1966年。

西山一郎「「自由貿易的経費膨張」政策（2・完）――19世紀中葉のイギリス議会（下院）における経費削減論議の検討」『香川大学経済論叢』第39巻第4号、1966年10月、48～83頁。

西山一郎「イギリス19世紀中葉における植民地政策の二側面について――スカイラー＝ボーデルセン説の検討を中心にして」『香川大学経済論叢』第40巻第5号、1967年12月、28～50頁。

西山一郎「19世紀中葉におけるイギリスの植民地経費政策」『香川大学経済論叢』第41巻第3号、1968年8月、42～76頁。

西山一郎「自由主義時代のイギリスの国家経費政策」『香川大学経済論叢』第44巻第2号、1971年6月、1～15頁。

西山一郎「自由主義時代のイギリスにおける民事行政費について」一橋大学『経済研究』第22巻第3号、1971年7月、281～284頁。

西山一郎「リヴァプール財政改革協会について――その成立まで」『香川大学経済学部研究年報』第20号、1981年3月、148～50頁。

長谷川貴彦「アソシエーションの社会的起源」『西洋史論集』第4号、2001年3月、65～81頁。

長谷川貴彦「産業革命期のモラル・リフォメーション運動――バーミンガムの日曜学校を事例として」『思想』第946号、2003年2月号、4～30頁。

長谷川貴彦『イギリス福祉国家の歴史的源流――近世・近代転換期の中間団体』東京大学出版会、2014年。

雑誌』第 69 巻第 3・4 号、1955 年 10 月所収。

佐藤滋「第二次世界大戦下のイギリス帝国財政 ── 植民地における所得税構想の展開と動員体制の機制」『三田学会雑誌 』102 巻 2 号、2009 年 7 月、343～374 頁。

佐藤進『近代税制の成立過程』東京大学出版会、1965 年。

佐藤正哲「十八世紀ムガル帝国の地方支配と在地役人層」亜細亜大学『経済学紀要』第 4 巻第 1 号、1978 年、26～60 頁。

佐藤芳彦「1853 年関税＝財政改革における『不動産・継承的動産取得税』の成立」『土地制度史学』第 25 巻第 4 号、1983 年 7 月、40～51 頁。

佐藤芳彦『近代イギリス財政政策史研究』勁草書房、1994 年。

椎名重明『イギリス産業革命期の農業構造』農業総合研究所、1962 年。

椎名重明『近代的土地所有 ── その歴史と理論』東京大学出版会、1973 年。

柴田三千雄『近代世界と民衆運動』岩波書店、1983 年。

島恭彦「『安価な政府』論の再構成」滋賀大学『彦根論叢』第 46・47 合併号、1958 年 9 月、45～63 頁。

島恭彦『近世租税思想史』有斐閣、1938 年。

島恭彦『財政学概論』岩波書店、1963 年。

鈴木正四「セポイの反乱 ── 1857─59 年のインド独立戦争」『歴史学研究』第 150 号、1951 年 3 月、43～73 頁。

鈴木正四「セポイの反乱の性格 ── 最近の研究書の紹介と批判」愛知大学『国際問題研究所紀要』第 28 号、1959 年 9 月、11～29 頁。

杉原薫「1870～1913 年におけるインドの輸出貿易 ── 多角的貿易決済構造形成史の一局面」アジア経済研究所『アジア経済』第 17 巻第 5 号、1976 年 5 月、24～42 頁。

隅田哲司『イギリス財政史研究 ── 近代租税制度の生成』ミネルヴァ書房、1971 年。

世界教育史研究会編『世界教育史大系 7 ── イギリス教育史 I』講談社、1974 年。

世界教育史研究会編『世界教育史大系 29 ── 教育財政史』講談社、1976 年。

高畠稔「インドにおける植民地支配体制の成立」『岩波講座世界歴史　第 21 巻　近代 8　近代世界の展開Ⅴ』岩波書店、1971 年所収。

武田隆夫「イギリスの地租と日本の地租」宇野弘蔵編『地租改正の研究　下巻』東京大学出版会、1958 年所収。

武田隆夫・遠藤湘吉・大内力『近代財政の理論 ── その批判的解明（再訂版）』時潮社、1964 年。

多田博一「19 世紀インドにおける地主・小作関係」松井透・山崎利男編『インド史における土地制度と権力構造』東京大学出版会、1969 年所収。

多田博一「19 世紀インド農村社会の変容」『岩波講座世界歴史　第 21 巻　近代 8　近代世界の展開Ⅴ』岩波書店、1971 年所収。

多田博一「1859 年ベンガル借地法」松井透編『インド土地制度史研究 ── 史料を中心に』東京大学出版会、1972 年所収。

角山栄「「自由帝国主義」時代におけるインド・ルートおよびインドの鉄道建設とイギリス資本」和歌山大学『経済理論』第 126 号、1972 年 3 月、1～33 頁。

角山栄「イギリス資本とインドの鉄道建設」『社会経済史学』第 38 巻第 5 号、1973 年 1 月、485～510 頁。

月、53～109頁。

金子勝「「安価な政府」と植民地財政 —— 英印財政関係を中心にして」福島大学『商学論集』第48巻第3号、1980年1月、97～163頁。

金子勝「「自由主義的」行財政改革の形成 (1)」東京大学『社会科学研究』第34巻第2号、1982年8月、1～58頁。

金子勝「「自由主義的」行財政改革の形成 (2)」東京大学『社会科学研究』第34巻第3号、1982年10月、103～170頁。

金子勝「段階論と「世界市場」像の再検討 —— イギリス綿業資本の資本蓄積と植民地インド」東京大学『社会科学研究』第34巻6号、1983年3月、1～52頁。

金子勝「産業革命期における教区制度の動揺 —— イギリス近代国家の世俗化と統治原理の転換」東京大学『社会科学研究』第35巻第6号、1984年3月、1～52頁。

金子勝「イギリス近代国家における中央と地方」『思想』第746号、1986年8月号、68～91頁。

金子勝『新・反グローバリズム —— 金融資本主義を超えて』岩波現代文庫、2010年。

金子勝『資本主義の克服 ——「共有論」で社会を変える』集英社新書、2015年。

金子勝・児玉龍彦『日本病 —— 長期衰退のダイナミクス』岩波新書、2016年。

神武庸四郎「19世紀後半のイギリス資本主義と「自由貿易帝国主義」論 —— 研究史整理のための試論的覚書」『歴史評論』306号、1975年10月、17～29頁。

河合正修「ナポレオン戦争期のイギリス戦費金融の一考察 (前)」『本州大学経済学部紀要』第1巻、1971年3月、9～24頁。

神田さやこ『塩とインド —— 市場・商人・イギリス東インド会社』名古屋大学出版会、2017年。

北村裕明「D・ヒュームと国家破産」京都大学『経済論叢』第128巻第1・2号、1981年7月、92～109頁。

木畑洋一『イギリス帝国と帝国主義 —— 比較と関係の視座』有志舎、2008年。

木村元一『近代財政学総論』春秋社、1958年。

古賀秀男『チャーティスト運動の研究』ミネルヴァ書房、1975年。

小谷汪之「インド近代における農民層分解と地主的土地所有 —— マルクス『インド論』の再検討をとおして」『アジア経済』第18巻第1号、1977年1月、2～26頁。

小谷汪之『マルクスとアジア —— アジア的生産様式論争批判』青木書店、1979年。

琴野孝「イギリス綿織業における工場制への移行過程」『社会経済史学』第38巻第4号、1972年10月、1～21頁。

小林昇『重商主義解体期の研究』未来社、1955年。

小山路男『西洋社会事業史論』光生館、1978年。

近藤和彦「1756－7年の食糧蜂起について (上)」『思想』第654号、1978年12月、42～61頁。

近藤和彦「1756－7年の食糧蜂起について (下)」『思想』第655号、1979年1月、112～131頁。

坂下史「国家・中間層・モラル —— 名誉革命体制成立期のモラル・リフォーム運動から」『思想』第879号、1997年9月、140～165頁。

坂下史「名誉革命体制下の地方都市エリート —— ブリストルにおけるモラル・リフォーム運動から」『史学雑誌』第106巻第12号、1997年12月、2067～2100頁。

坂野正高『近代中国政治外交史 —— ヴァスコ・ダ・ガマから五四運動まで』東京大学出版会、1973年。

坂本義和「国際政治における反革命思想 —— その一類型としてのエドマンド・バーク (二)」『国家学会

論集』第83号、1980年3月、266〜388頁。

梅川正美「イギリス産業革命期の救貧法──ギルバート法と『名誉革命体制』(二・完)」名古屋大学『法制論集』第84号、1980年7月、469〜505頁。

梅川正美「英国国家論の史的構成」横越英一編『政治学と現代世界──横越英一教授退官記念論集』御茶の水書房、1983年所収。

衛藤瀋吉『近代中国政治史研究』東京大学出版会、1968年。

エリ・ア・メンデリソン(飯田貫一他訳)『恐慌の理論と歴史　第2分冊』青木書店、1960年。

大内兵衛・武田隆夫『経済学全集XIV　財政学』弘文堂、1955年。

大河内繁男「英国における大蔵省統制の展開過程(一)」『国家学会雑誌』第82巻第9・10号、1969年9月、1〜46頁。

大沢真理『イギリス社会政策史──救貧法と福祉国家』東京大学出版会、1986年。

大塚久雄「産業革命と資本主義」『大塚久雄著作集　第五巻　資本主義社会の形成II』岩波書店、1969年所収。

大塚久雄『国民経済──その歴史的考察』岩波書店、1980年。

大前真「イギリス団結禁止法の研究──1799・1800年法と労働運動」京都大学『人文学報』第40号、1975年12月、45〜68頁。

岡茂男「イギリス綿工業と東印度会社──産業革命展開期における初期自由貿易運動」『武蔵大学論集』第1巻第1号、1953年11月、3〜28頁。

岡田章宏「イギリスにおける近代的地方政府の法的構造に関する覚書」『早稲田法学』第85巻第3号、2010年3月、115〜153頁。

岡田与好『イギリス初期労働立法の歴史的展開』御茶の水書房、1961年。

岡田与好「自由放任主義と社会改革──「19世紀行政革命」論争に寄せて」『社会科学研究』第27巻第4号、1976年2月、1〜37頁。

岡田与好『自由経済の思想』東京大学出版会、1979年。

岡田与好「自由放任と近代国家」吉岡昭彦・成瀬治編『近代国家形成の諸問題』木鐸社、1979年所収。

岡本英男「コンソル国債成立前史──ギデオンとバーナードを中心として」東北大学経済学会『研究年報・経済学』第41巻第3号、1979年12月、339〜359頁。

岡本英男「ペラムの低利借換とコンソル国債の成立」東北大学『研究年報・経済学』第43巻第2号、1981年10月、205〜227頁。

岡本充弘「1839年のチャーティズム──第1回国民大会について」『山形大学紀要(人文科学)』第9巻第4号、1981年1月、109〜139頁。

岡本充弘「『上から』のチャーティズム」『山形大学史学論集』第1号、1981年1月、29〜40頁。

岡本充弘「『下から』のチャーティズム」『社会運動史』第9号、1981年5月、81〜117頁。

戒能通厚「司法国家制の歴史的構造──近代イギリス統治構造分析・序」『社会科学研究』第24巻第5・6合併号、1973年3月、152〜185頁。

戒能通厚『イギリス土地所有権法研究』岩波書店、1980年。

戒能通厚『土地法のパラドックス──イギリス法研究、歴史と展開』日本評論社、2010年。

樫原朗『イギリス社会保障の史的研究I』法律文化社、1973年。

加藤祐三『イギリスとアジア──近代史の原画』岩波新書、1980年。

加藤祐三「植民地インドのアヘン生産──1773-1830年」『東洋文化研究所紀要』第83冊、1981年2

イギリス史および帝国研究関連文献

青木康「ホイッグ党のイーデン条約反対論——イギリス産業革命初期の工業利害と政党」『西洋史学』第104号、1977年4月、43〜59頁。

青木康「ホイッグ党とヨークシャー運動」『史学雑誌』第87編第2号、1978年2月、139〜173頁。

青木康「ネーミア以後のイギリス一八世紀政治史——一七六〇年代をめぐる最近の研究」『史学雑誌』第89編第1号、1980年1月、64〜89頁。

青木康「地域社会と名望家支配——一八世紀イギリスの地主貴族」柴田三千雄他編『シリーズ世界史への問い5　規範と統合』岩波書店、1990年、99〜124頁。

秋田　茂『イギリス帝国とアジア国際秩序——ヘゲモニー国家から帝国的な構造的権力へ』名古屋大学出版会、2003年。

荒井政治「一八世紀におけるイギリス産業資本家の政治的抬頭」『関西大学経済論集』第5巻第1号、1955年4月、45〜79頁。

飯沼二郎『地主王政の構造——比較史的研究』未来社、1964年。

飯沼二郎「自由貿易主義の世界体制」河野健二・飯沼二郎編『世界資本主義の歴史構造』岩波書店、1970年所収。

池本幸三「ブリストルと奴隷貿易」『龍谷大学経済学論集』第11巻第3号、1971年12月、95〜128頁。

石井寛治『日本経済史』東京大学出版会、1976年。

石田真「イギリス雇用契約法の形成と展開（一）」『社会科学研究』第32巻第4号、1981年2月、1〜69頁。

石田真「イギリス雇用契約法の形成と展開（二）」『社会科学研究』第32巻第6号、1981年3月、1〜86頁。

石田光男「一九世紀前半のイギリス労働政策の展開（1795〜1860年）（一）」同志社大学『評論・社会科学』第14号、1978年12月、104〜134頁。

板倉孝信「小ピット政権初期（1783〜92年）における財政改革の再検討（1）」『早稲田政治公法研究』第103号、2013年8月、25〜39頁。

板倉孝信「反革命戦争中期（1799〜1806年）の英国戦時財政に対する請願運動の展開」『相関社会科学』第26号、2017年3月、35〜55頁。

井出文雄『新稿 近代財政学（改訂版）』税務経理協会、1967年。

井上洋「「19世紀イギリス行政革命（1）」論争に関する一考察」名古屋大学『法政論集』第93号、1982年10月、95〜147頁。

井上洋「「19世紀イギリス行政革命」論争に関する一考察（2・完）」名古屋大学『法政論集』第94号、1983年1月、82〜130頁。

今田秀作『パクス・ブリタニカと植民地インド——イギリス・インド経済史の《相関把握》』京都大学学術出版会、2000年。

宇野弘蔵『宇野弘蔵著作集　第七巻　経済政策論（改訂版）』岩波書店、1974年。

宇野弘蔵『宇野弘蔵著作集　第九巻　経済学方法論』岩波書店、1974年。

梅川正美「イギリス産業革命期の救貧法——ギルバート法と『名誉革命体制』（一）」名古屋大学『法制

ワ行

マ行

ヤ行

ラ行

ナ行

ハ行

タ行

サ行

事項索引

ア行

カ行

マ行

ヤ行

ラ行

ワ行

人名索引

ア行

カ行

サ行

タ行

ナ行

ハ行

金子 勝（かねこ・まさる）

1952年、東京都生まれ。経済学者。東京大学大学院経済学研究科博士課程修了。東京大学社会科学研究所助手、法政大学経済学部教授、慶應義塾大学経済学部教授などを経て現在、立教大学経済学研究科特任教授、慶應義塾大学名誉教授。財政学、地方財政論、制度経済学を専攻。著書に『市場と制度の政治経済学』（東京大学出版会）、『新・反グローバリズム』（岩波現代文庫）、『「脱原発」成長論』（筑摩書房）、『平成経済 衰退の本質』（岩波新書）、『資本主義の克服』（集英社新書）、『人を救えない国』（朝日新書）など多数。児玉龍彦氏との共著に『現代カタストロフ論』（岩波新書）、飯田哲也氏との共著に『メガ・リスク時代の「日本再生」戦略』（筑摩選書）などがある。

イギリス近代と自由主義——近代の鏡は乱反射する

2023年1月30日　初版第1刷発行

著者　金子 勝

装丁　岩瀬 聡

発行者　喜入冬子

発行所　株式会社筑摩書房

〒111-8755
東京都台東区蔵前 2-5-3
電話番号03-5687-2601（代表）

印刷　株式会社精興社

製本　株式会社積信堂

ISBN978-4-480-86742-1　C0022